Köhler

Das neue WEG

Beratung · Verwaltung · Prozess

D1664916

Das neue
WEG

Beratung · Verwaltung · Prozess

von

Wilfried J. Köhler
Fachanwalt für Miet-
und Wohnungseigentumsrecht
Köln

2007

Verlag
Dr. Otto Schmidt
Köln

Bibliografische Information
der Deutschen Nationalbibliothek

Die Deutsche Nationalbibliothek verzeichnet diese
Publikation in der Deutschen Nationalbibliografie;
detaillierte bibliografische Daten sind im Internet
über http://dnb.d-nb.de abrufbar.

Verlag Dr. Otto Schmidt KG
Gustav-Heinemann-Ufer 58, 50968 Köln
Tel. 02 21/9 37 38-01, Fax 02 21/9 37 38-943
info@otto-schmidt.de
www.otto-schmidt.de

ISBN 978-3-504-45710-5

Das verwendete Papier ist aus chlorfrei gebleichten
Rohstoffen hergestellt, holz- und säurefrei, alterungs-
beständig und umweltfreundlich.

Einbandgestaltung nach einem Entwurf von:
Jan P. Lichtenford
Gesamtherstellung: Bercker, Kevelaer
Printed in Germany

Vorwort

Der Gesetzgeber hat am 14.12.2006 ein neues Wohnungseigentumsgesetz und einige Änderungen anderer Gesetze beschlossen. Das Gesetz ist umstritten. Viele der Fachkollegen sind – wie ich – der Auffassung, dass die Gesetzesänderungen unnötig waren oder zumindest übereilt, weil beispielsweise die Teilrechtsfähigkeit der Eigentümergemeinschaft, die der BGH in seiner Entscheidung vom 2.6.2005 für die Rechtswissenschaft „entdeckt" hat, noch nicht ausreichend diskutiert werden konnte. Auch die politischen Entscheidungsträger haben den Rechtsbegriff, den Hintergrund und die Auswirkungen der Teilrechtsfähigkeit noch nicht durchschaut. Dieser Eindruck drängt sich jedenfalls auf, wenn man einzelne Redebeiträge in der entscheidenden Bundestags-Sitzung vom 14.12.2006 Revue passieren lässt:

„Diese Teilrechtsfähigkeit ist juristisch gesehen ein nicht ganz einfaches Feld. Schon der Name ist schwierig. ... Wir haben die Regelung so getroffen, dass ... die Wohnungseigentümergemeinschaft ... sich also voll verpflichten und Forderungen stellen kann. Der Verwalter kann zum Beispiel selbstständig Öl kaufen, ohne vorher alle Miteigentümer zu fragen. Er kann am Gesamteigentum Reparaturen vornehmen lassen, die dringend notwendig sind. ..."

Norbert Geis, MdB, Aschaffenburg

Damit der Verwalter „selbständig Öl kaufen" oder am „Gesamteigentum" Reparaturen vornehmen kann, musste das Gesetz nicht geändert werden. Der Öleinkauf gehörte schon bisher zum Aufgabenbereich des Verwalters und zur laufenden Verwaltung. Auch am Gemeinschaftseigentum durfte der Verwalter schon bisher die dringend notwendigen Arbeiten durchführen lassen.

Solche laienhaften Äußerungen dürfen jedoch nicht zum Anlass genommen werden, das neue Wohnungseigentumsgesetz zu ignorieren oder gar zu unterschätzen. Es stellt den Rechtsanwender, den Verwalter und den Wohnungseigentümer vor ganz neue Herausforderungen und Probleme. In seiner Pressemitteilung vom 14.12.2006 hat das Bundesjustizministerium mit unverkennbarem Stolz geäußert,

„Das Gesetz vereinfacht die Verwaltung von Eigentumswohnungen"

und

„Die neuen Regelungen stärken die Entscheidungs- und Handlungsfähigkeit der Eigentümergemeinschaften".

Nach der Bearbeitung des neuen Gesetzes habe ich ernsthafte Zweifel, dass diese optimistische Aussage haltbar ist. Ich glaube eher, es wird eintreffen, was der MdB *Dirk Manzewski*, Bad Doberan – Güstrow – Müritz, in der Bundestagssitzung vom 14.12.2006 schon geäußert hat:

„Ich bin mir natürlich durchaus bewusst, dass wir in absehbarer Zeit vermutlich noch einige Justierungen am WEG vornehmen werden; ..."

Die erste „Justierung" ist schon vor der Ausfertigung und Verkündung des Gesetzes wegen eines kapitalen Fehlers von Rechtsausschuss und Bundestag notwendig (vgl. Rz. 772). Wegen der beschnittenen Rechtsfindungsmöglichkeiten – es wird zukünftig grundsätzlich nur noch zwei Instanzen, nämlich Amts- und Landgericht, geben – werden „Justierungen" auf Grund von Entwicklungen in der Rechtsprechung längere Zeit auf sich warten lassen. Deshalb müssen sich alle, die mit dem Wohnungseigentum befasst sind oder mit ihm in Berührung kommen, auf die jetzigen Regelungen des neuen Gesetzes einstellen. Das vorliegende Buch soll hierauf vorbereiten und Hilfestellung geben.

Köln, im März 2007   Wilfried J. Köhler

Inhaltsübersicht

---

* Kursiv gesetzte Paragraphen beinhalten Änderungen.

I. Einleitung

Auslöser der Reformbestrebungen für das neue Wohnungseigentumsgesetz waren ver- 1
schiedene Entscheidungen des BGH. Die erste Entscheidung, die zu massiven Diskussionen unter den Verwaltern und den Fachleuten führte, war die **BGH-Entscheidung
vom 20.9.2000 – V ZB 58/99, BGHZ 145, 158**[1]. Dieser als „Jahrhundertentscheidung"
(später als „1. Jahrhundertentscheidung") bezeichnete wohnungseigentumsrechtliche
Beschluss beschäftigte sich mit der grundlegenden Frage der Beschlusskompetenz im
Zusammenhang mit der Übertragung eines Sondernutzungsrechts. Der BGH stellte
klar, dass die Gemeinschaft nur eine „Beschlusskompetenz" in solchen Angelegenheiten hat, die nach dem Gesetz oder der Gemeinschaftsordnung durch Beschluss
geregelt werden dürfen.

Die zweite Entscheidung, die den Reformbestrebungen weiteren Auftrieb gab, war 2
die **BGH-Entscheidung vom 25.9.2003 – V ZB 21/03, BGHZ 156, 193**[2]. Diese beschäftigte sich mit der Möglichkeit der Gemeinschaft, den privaten Verbrauch von
Wasser durch Beschluss zu regeln („Kaltwasserzähler-Entscheidung"), stellte aber
gleichwohl auch klar, dass eine Abänderung eines Verteilungsschlüssels nur verlangt werden kann, wenn **außergewöhnliche Umstände** vorliegen, ein Festhalten an
der bisherigen Regelung **grob unbillig** ist und dies **gegen Treu und Glauben** verstößt.

Diese Entscheidungen veranlassten das Bundesjustizministerium, im Oktober 2004 3
einen ersten Gesetzentwurf zur Änderung des Wohnungseigentumsgesetzes vorzulegen[3]. Dieser wurde dann auch in der wichtigsten wohnungseigentumsrechtlichen
Tagung – 30. Fachgespräch des ESW in Fischen/Allgäu – vorgestellt, rief jedoch
keine Begeisterung hervor. Die Kritik an dem Entwurf durch die interessierte Fach-
öffentlichkeit war ganz im Gegenteil überwiegend vernichtend.

Ein weiterer Beschluss des BGH ist hier als Hintergrund für die Änderungsabsichten 4
zu nennen, nämlich die **BGH-Entscheidung vom 7.10.2004 – V ZB 22/04, BGHZ
160, 354**[4]. In dieser beschäftigte sich der BGH mit der Frage, wann eine Kostenbelastung die Annahme rechtfertigt, dass die bisherige Kostenregelung unbillig ist und
gegen Treu und Glauben verstößt. Der BGH meinte, dass 58 % Mehrkosten (noch)
keinen Verstoß gegen Treu und Glauben darstellen.

Die Bundesregierung brachte dann beim Bundesrat am 25.5.2005 einen ersten Ge- 5
setzentwurf ein[5], zu dem der Bundesrat Stellung nahm und eine Vielzahl von Ände-

---

1 BGH, Beschl. v. 20.9.2000 – V ZB 58/99, BGHZ 145, 158 = MDR 2000, 1367 = ZMR 2000,
771 = NJW 2000, 3500 = WuM 2000, 620 = DWE 2000, 113.
2 BGH, Beschl. v. 25.9.2003 – V ZB 21/03, BGHZ 156, 193 = ZMR 2003, 937 = NJW 2003, 3476
= DWE 2004, 131 = WuM 2003, 712.
3 Vgl. ZMR-Sonderdruck (Beilage zu Heft 11/2004 der ZMR); Dokumentation in der NZM
2004, 924 ff.
4 BGH, Beschl. v. 7.10.2004 – V ZB 22/04, BGHZ 160, 354 = BGHR 2004, 1604 = ZMR 2004,
834 = NJW 2004, 3413.
5 BR-Drucks. 397/05 v. 27.5.2005.

rungen vorschlug[1]. Wegen der Auflösung des 15. Deutschen Bundestages unterlag der Entwurf dem Diskontinuitätsgrundsatz[2] und verfiel damit am Ende der Legislaturperiode.

6   In der Zwischenzeit hatte der BGH eine weitere „Jahrhundertentscheidung" getroffen, nämlich die **BGH-Entscheidung vom 2.6.2005 – V ZB 32/05, BGHZ 163, 154**[3]. Mit dieser stellte der BGH die Teilrechtsfähigkeit der Wohnungseigentümergemeinschaft fest.

7   In der 16. Legislaturperiode wurde dann auf Grund der zwischen CDU/CSU und SPD im Koalitionsvertrag getroffenen Vereinbarung das Gesetz am 9.3.2006 neu in den Bundestag eingebracht[4]. Am 13.12.2006 gab der Rechtsausschuss seinen Bericht über die Beratungen und die Anhörung verschiedener Fachleute sowie seine Beschlussempfehlung ab[5]. Bereits am 14.12.2006 wurde vom Bundestag die Änderung des Wohnungseigentumsgesetzes und anderer Gesetze beschlossen[6].

8   Der Bundesrat hat das Gesetz am 16.2.2007 passieren lassen, ohne den Vermittlungsausschuss nach Art. 77 Abs. 2 GG anzurufen.

9   Das Gesetz soll am ersten Tag des vierten Monats, der auf die Verkündung im Bundesgesetzblatt folgt, in Kraft treten. Trotz des kapitalen Fehlers des Gesetzgebers bei der zunächst vorgesehenen landgerichtlichen Sonderzuständigkeit (Einzelheiten bei Rz. 772) soll offensichtlich das Gesetz mit diesem Fehler verkündet werden. Es kann damit am 1.7.2007 in Kraft treten. Die Fehlerkorrektur hat der Bundestag am 1.2.2007 beschlossen; der Bundesrat hat am 9.3.2007 das Änderungsgesetz passieren lassen, ohne den Vermittlungsausschuss anzurufen. Das Änderungsgesetz soll zur gleichen Zeit in Kraft treten wie das ursprüngliche Gesetzgebungswerk.

---

1 Vgl. „Anlage 2" zur BT-Drucks. 16/887 v. 9.3.2006.
2 Vgl. § 125 GO des Deutschen Bundestages.
3 BGH, Beschl. v. 2.6.2005 – V ZB 32/05, BGHZ 163,154 = BGHR 2005, 1090 = MDR 2005, 1156 = ZWE 2005, 422 = ZMR 2005, 547 = NJW 2005, 2061.
4 BT-Drucks. 16/887 v. 6.3.2006.
5 BT-Drucks. 16/3843 v. 13.12.2006.
6 BT-Plenarprotokoll 16/73; vgl. auch BR-Drucks. 47/07 v. 26.1.2007 (Wiedergabe des Bundestagsbeschlusses).

II. Das neue WEG

ALT	NEU[1]
I. Teil	**I. Teil**
§ 1 Begriffsbestimmungen	**§ 1 Begriffsbestimmungen** 10
(1) Nach Maßgabe dieses Gesetzes kann an Wohnungen das Wohnungseigentum, an nicht zu Wohnzwecken dienenden Räumen eines Gebäudes das Teileigentum begründet werden.	(1) Nach Maßgabe dieses Gesetzes kann an Wohnungen das Wohnungseigentum, an nicht zu Wohnzwecken dienenden Räumen eines Gebäudes das Teileigentum begründet werden.
(2) Wohnungseigentum ist das Sondereigentum an einer Wohnung in Verbindung mit dem Miteigentumsanteil an dem gemeinschaftlichen Eigentum, zu dem es gehört.	(2) Wohnungseigentum ist das Sondereigentum an einer Wohnung in Verbindung mit dem Miteigentumsanteil an dem gemeinschaftlichen Eigentum, zu dem es gehört.
(3) Teileigentum ist das Sondereigentum an nicht zu Wohnzwecken dienenden Räumen eines Gebäudes in Verbindung mit dem Miteigentumsanteil an dem gemeinschaftlichen Eigentum, zu dem es gehört.	(3) Teileigentum ist das Sondereigentum an nicht zu Wohnzwecken dienenden Räumen eines Gebäudes in Verbindung mit dem Miteigentumsanteil an dem gemeinschaftlichen Eigentum, zu dem es gehört.
(4) Wohnungseigentum und Teileigentum können nicht in der Weise begründet werden, dass das Sondereigentum mit Miteigentum an mehreren Grundstücken verbunden wird.	(4) Wohnungseigentum und Teileigentum können nicht in der Weise begründet werden, dass das Sondereigentum mit Miteigentum an mehreren Grundstücken verbunden wird.
(5) Gemeinschaftliches Eigentum im Sinne dieses Gesetzes sind das Grundstück sowie die Teile, Anlagen und Einrichtungen des Gebäudes, die nicht im Sondereigentum oder im Eigentum eines Dritten stehen.	(5) Gemeinschaftliches Eigentum im Sinne dieses Gesetzes sind das Grundstück sowie die Teile, Anlagen und Einrichtungen des Gebäudes, die nicht im Sondereigentum oder im Eigentum eines Dritten stehen.
(6) Für das Teileigentum gelten die Vorschriften über das Wohnungseigentum entsprechend.	(6) Für das Teileigentum gelten die Vorschriften über das Wohnungseigentum entsprechend.

---

1 Beschluss des Deutschen Bundestages v. 14.12.2006 (auf Grund der Beschlussempfehlung des Rechtsausschusses v. 13.12.2006 – BT-Drucks. 16/3843); Plenarprotokoll 16/73 des Deutschen Bundestages; Beschluss des Bundesrates v. 16.2.2007, Plenarprotokoll 830. Zur Änderung des § 72 GVG: vgl. Beschluss des Deutschen Bundestages v. 1.2.2007 (auf Grund der Beschlussempfehlung und des Berichts des Rechtsausschusses v. 31.1.2007 – BT-Drucks. 16/4194), Plenarprotokoll 16/79 v. 1.2.2007; Beschluss des Bundesrates v. 9.3.2007, Plenarprotokoll 831.

ALT	NEU

1. Abschnitt

11 **§ 2 Arten der Begründung**

Wohnungseigentum wird durch die vertragliche Einräumung von Sondereigentum (§ 3) oder durch Teilung (§ 8) begründet.

12 **§ 3 Vertragliche Einräumung von Sondereigentum**

(1) Das Miteigentum (§ 1008 des Bürgerlichen Gesetzbuches) an einem Grundstück kann durch Vertrag der Miteigentümer in der Weise beschränkt werden, dass jedem der Miteigentümer abweichend von § 93 des Bürgerlichen Gesetzbuches das Sondereigentum an einer bestimmten Wohnung oder an nicht zu Wohnzwecken dienenden bestimmten Räumen in einem auf dem Grundstück errichteten oder zu errichtenden Gebäude eingeräumt wird.

(2) Sondereigentum soll nur eingeräumt werden, wenn die Wohnungen oder sonstigen Räume in sich abgeschlossen sind. Garagenstellplätze gelten als abgeschlossene Räume, wenn ihre Flächen durch dauerhafte Markierungen ersichtlich sind.

(3) Unbeschadet der im Übrigen Bundesgebiet bestehenden Rechtslage wird die Abgeschlossenheit von Wohnungen oder sonstigen Räumen, die vor dem 3. Oktober 1990 bauordnungsrechtlich genehmigt worden sind, in dem in Artikel 3 des Einigungsvertrages bezeichneten Gebiet nicht dadurch ausgeschlossen, dass die Wohnungstrennwände und Wohnungstrenndecken oder die entsprechenden Wände oder Decken bei sonstigen Räumen nicht den bauordnungsrechtlichen Anforderungen entsprechen, die im Zeitpunkt der Erteilung der Bescheinigung nach § 7 Abs. 4 Nr. 2 gelten. Diese Regelung gilt bis zum 31. Dezember 1996.

---

1. Abschnitt

§ 2 Arten der Begründung

Wohnungseigentum wird durch die vertragliche Einräumung von Sondereigentum (§ 3) oder durch Teilung (§ 8) begründet.

§ 3 Vertragliche Einräumung von Sondereigentum

(1) Das Miteigentum (§ 1008 des Bürgerlichen Gesetzbuches) an einem Grundstück kann durch Vertrag der Miteigentümer in der Weise beschränkt werden, dass jedem der Miteigentümer abweichend von § 93 des Bürgerlichen Gesetzbuches das Sondereigentum an einer bestimmten Wohnung oder an nicht zu Wohnzwecken dienenden bestimmten Räumen in einem auf dem Grundstück errichteten oder zu errichtenden Gebäude eingeräumt wird.

(2) Sondereigentum soll nur eingeräumt werden, wenn die Wohnungen oder sonstigen Räume in sich abgeschlossen sind. Garagenstellplätze gelten als abgeschlossene Räume, wenn ihre Flächen durch dauerhafte Markierungen ersichtlich sind.

(3) aufgehoben

➲ Erläuterungen zum geänderten § 3 WEG

§ 3 Abs. 3 galt schon nach dem bisherigen Gesetzeswortlaut nur bis zum 31.1.1996 in den neuen Bundesländern und ist deshalb aus Rechtsbereinigungsgründen aufgehoben worden.

ALT	NEU	

§ 4 Formvorschriften

(1) Zur Einräumung und zur Aufhebung des Sondereigentums ist die Einigung der Beteiligten über den Eintritt der Rechtsänderung und die Eintragung in das Grundbuch erforderlich.

(2) Die Einigung bedarf der für die Auflassung vorgeschriebenen Form. Sondereigentum kann nicht unter einer Bedingung oder Zeitbestimmung eingeräumt oder aufgehoben werden.

(3) Für einen Vertrag, durch den sich ein Teil verpflichtet, Sondereigentum einzuräumen, zu erwerben oder aufzuheben, gilt § 311b Abs. 1 des Bürgerlichen Gesetzbuchs entsprechend.

§ 5 Gegenstand und Inhalt des Sondereigentums

(1) Gegenstand des Sondereigentums sind die gemäß § 3 Abs. 1 bestimmten Räume sowie die zu diesen Räumen gehörenden Bestandteile des Gebäudes, die verändert, beseitigt oder eingefügt werden können, ohne dass dadurch das gemeinschaftliche Eigentum oder ein auf Sondereigentum beruhendes Recht eines anderen Wohnungseigentümers über das nach § 14 zulässige Maß hinaus beeinträchtigt oder die äußere Gestaltung des Gebäudes verändert wird.

(2) Teile des Gebäudes, die für dessen Bestand oder Sicherheit erforderlich sind, sowie Anlagen und Einrichtungen, die

§ 4 Formvorschriften   13

(1) Zur Einräumung und zur Aufhebung des Sondereigentums ist die Einigung der Beteiligten über den Eintritt der Rechtsänderung und die Eintragung in das Grundbuch erforderlich.

(2) Die Einigung bedarf der für die Auflassung vorgeschriebenen Form. Sondereigentum kann nicht unter einer Bedingung oder Zeitbestimmung eingeräumt oder aufgehoben werden.

(3) Für einen Vertrag, durch den sich ein Teil verpflichtet, Sondereigentum einzuräumen, zu erwerben oder aufzuheben, gilt § 311b Abs. 1 des Bürgerlichen Gesetzbuchs entsprechend.

§ 5 Gegenstand und Inhalt des Sondereigentums   14

(1) Gegenstand des Sondereigentums sind die gemäß § 3 Abs. 1 bestimmten Räume sowie die zu diesen Räumen gehörenden Bestandteile des Gebäudes, die verändert, beseitigt oder eingefügt werden können, ohne dass dadurch das gemeinschaftliche Eigentum oder ein auf Sondereigentum beruhendes Recht eines anderen Wohnungseigentümers über das nach § 14 zulässige Maß hinaus beeinträchtigt oder die äußere Gestaltung des Gebäudes verändert wird.

(2) Teile des Gebäudes, die für dessen Bestand oder Sicherheit erforderlich sind, sowie Anlagen und Einrichtungen, die

ALT	NEU
dem gemeinschaftlichen Gebrauch der Wohnungseigentümer dienen, sind nicht Gegenstand des Sondereigentums, selbst wenn sie sich im Bereich der im Sondereigentum stehenden Räume befinden.	dem gemeinschaftlichen Gebrauch der Wohnungseigentümer dienen, sind nicht Gegenstand des Sondereigentums, selbst wenn sie sich im Bereich der im Sondereigentum stehenden Räume befinden.
(3) Die Wohnungseigentümer können vereinbaren, dass Bestandteile des Gebäudes, die Gegenstand des Sondereigentums sein können, zum gemeinschaftlichen Eigentum gehören.	(3) Die Wohnungseigentümer können vereinbaren, dass Bestandteile des Gebäudes, die Gegenstand des Sondereigentums sein können, zum gemeinschaftlichen Eigentum gehören.
(4) Vereinbarungen über das Verhältnis der Wohnungseigentümer untereinander können nach den Vorschriften des 2. und 3. Abschnittes zum Inhalt des Sondereigentums gemacht werden.	(4) Vereinbarungen über das Verhältnis der Wohnungseigentümer untereinander können nach den Vorschriften des 2. und 3. Abschnittes zum Inhalt des Sondereigentums gemacht werden. *Ist das Wohnungseigentum mit der Hypothek, Grund- oder Rentenschuld oder der Reallast eines Dritten belastet, so ist dessen nach anderen Rechtsvorschriften notwendige Zustimmung zu der Vereinbarung nur erforderlich, wenn ein Sondernutzungsrecht begründet oder ein mit dem Wohnungseigentum verbundenes Sondernutzungsrecht aufgehoben, geändert oder übertragen wird. Bei der Begründung eines Sondernutzungsrechts ist die Zustimmung des Dritten nicht erforderlich, wenn durch die Vereinbarung gleichzeitig das zu seinen Gunsten belastete Wohnungseigentum mit einem Sondernutzungsrecht verbunden wird.*

➲ Erläuterungen zum geänderten § 5 WEG

1. Die Begründung der Bundesregierung zur Gesetzesänderung[1]

15   Zur Änderung von Vereinbarungen war nach der bisherigen Rechtslage, die von der herrschenden Meinung in Rechtsprechung und Literatur bestimmt wurde, neben dem Einverständnis der Wohnungseigentümer auch die Zustimmung der Inhaber dinglicher Rechte an den einzelnen Wohnungen erforderlich (§§ 877, 876 Satz 1 BGB

---

1 Aus der BT-Drucks. 16/887, S. 14 ff.

analog), wenn die Rechtsinhaber von der Änderung betroffen waren. Eine Zustimmung war nur entbehrlich, wenn jede rechtliche Beeinträchtigung ausgeschlossen werden konnte[1]. Es reichte nicht aus, dass wirtschaftliche Beeinträchtigungen ausgeschlossen werden konnten.

Diese Rechtslage führte zu einer Überdehnung des notwendigen Schutzes der Inhaber dinglicher Rechte, so die Meinung der Bundesregierung. Eine „Überdehnung" sah die Bundesregierung darin, dass beispielsweise die Begründung von Sondernutzungsrechten für Kfz-Stellplätze selbst dann der Zustimmung der Grundpfandgläubiger der einzelnen Wohnungen bedurfte, wenn jeder Wohnungseigentümer der Anlage einen Stellplatz erhielt. Nach der BGH-Rechtsprechung[2]. schränkte die Einräumung die Befugnis der einzelnen Wohnungseigentümer auf Mitgebrauch aller Plätze des gemeinschaftlichen Eigentums ein und musste deshalb rechtlich als Beeinträchtigung gewertet werden. Für die Rechtsprechung war unerheblich, dass die Wohnung nach Zuweisung eines Stellplatzes einen höheren Wert als vorher hatte und damit die Haftungsgrundlage für die Grundpfandgläubiger verbessert wurde. 16

Diese „Überdehnung", so meinte die Bundesregierung, ginge einher mit einem unnötigen Arbeitsaufwand und mit vermeidbaren hohen Kosten. Die Praxis neigte wegen der umstrittenen Reichweite der Zustimmungsverpflichtung dazu, sicherheitshalber die Zustimmung der Gläubiger aller eingetragenen Rechte (insbesondere der Grundpfandgläubiger) einzuholen. Das sei aufwändig gewesen, weil eine Vielzahl von Banken beteiligt werden musste, deren Eintragungsbewilligungen von den Notaren jeweils in öffentlich beglaubigter Form eingeholt und dem Grundbuchamt vorgelegt werden mussten. Änderungen der Gemeinschaftsordnung seien deshalb bisher in kleineren Eigentümergemeinschaften problematisch, in größeren nahezu ausgeschlossen gewesen. Eine befriedigende Lösung der aufgetretenen Probleme sei im Rahmen des geltenden Rechts von der Rechtsprechung bisher nicht gefunden worden, weshalb eine gesetzliche Regelung notwendig sei. 17

Die Bundesregierung lehnte eine Regelung, wonach die Zustimmung der Drittberechtigten entbehrlich sein sollte, wenn deren Rechte nur geringfügig betroffen würden, grundsätzlich ab. Mit einer solchen Regelung würde im Grundsatz eine wirtschaftliche Betrachtungsweise vorgenommen, sie hätte aber bedeutet, dass dann vom Grundbuchamt der „Grad der Betroffenheit" hätte festgestellt werden müssen. Das Grundbuchamt ist jedoch von der Prüfung materiell-rechtlicher Grundlagen entbunden[3]. 18

Unter Bezug auf einen älteren Aufsatz von Brambring[4] vertrat die Bundesregierung die Auffassung, dass das Ziel einer Vereinfachung nur erreicht werden könne, wenn 19

---

1 BGH, Beschl. v. 14.6.1984 – V ZB 32/82, BGHZ 91, 343 = MDR 1984, 830 = Rpfleger 1984, 408 = DWE 1984, 120 = NJW 1984, 2409.
2 BGH, Beschl. v. 14.6.1984 – V ZB 32/82, BGHZ 91, 343 = MDR 1984, 830 = Rpfleger 1984, 408 = DWE 1984, 120 = NJW 1984, 2409.
3 § 19 GBO – formelles Konsensprinzip.
4 Brambring, Die Zustimmung von Drittberechtigten zur Änderung der Gemeinschaftsordnung nach der Novelle zum WEG, DNotZ 1979, 155 (zu einem alten Änderungsvorschlag).

die betroffenen Rechte und der Gegenstand der Vereinbarung unter Berücksichtigung des Schutzzwecks der Zustimmung konkret festgelegt würden.

Durch die Gesetzesänderung wollte die Bundesregierung erreichen, dass eine Vereinbarung oder eine Änderung einer Vereinbarung nur noch der Zustimmung Dritter bedürfen, wenn das Wohnungseigentum zu Gunsten des Dritten mit Grundpfandrechten oder Reallasten belastet ist und wenn es sich um Vereinbarungen handelt, die

– die Begründung,

– die Aufhebung,

– die Änderung oder

– die Übertragung

20 von Sondernutzungsrechten betreffen. Die Bundesregierung sah keine Notwendigkeit, für den Begriff des Sondernutzungsrechts eine Legaldefinition vorzugeben, sondern hat die von der Rechtsprechung entwickelte Definition als ausreichend angesehen. Danach beinhaltet ein Sondernutzungsrecht das Recht für den Berechtigten, einen Teil des gemeinschaftlichen Eigentums unter Ausschluss der übrigen Wohnungseigentümer zu nutzen[1].

21 Mit der Gesetzesänderung wollte die Bundesregierung aber auch die **Zustimmungsnotwendigkeit bei der Begründung** eines Sondernutzungsrechts begrenzen. Die Zustimmung soll nur noch dann erforderlich sein, wenn durch die Vereinbarung das zu Gunsten des Dritten belastete Wohnungseigentum selbst *nicht* mit einem Sondernutzungsrecht verbunden wird. Wird durch ein und dieselbe Vereinbarung auch das belastete Wohnungseigentum mit einem Sondernutzungsrecht verbunden, tritt nach Ansicht der Bundesregierung keine Schmälerung des Wohnungswerts und damit auch keine Rechtsbeeinträchtigung des Dritten ein; in diesem Fall soll die Zustimmung des Grundpfandrechtsgläubigers nicht erforderlich sein.

22 Mit dem neuen § 5 Abs. 4 Satz 2 WEG wollte die Bundesregierung lediglich eine Einschränkung des Zustimmungserfordernisses bewirken, nicht aber eine Erweiterung. Dies sollte mit dem Wort „nur" erreicht und durch die Wörter „nach anderen Rechtsvorschriften notwendige Zustimmung" unterstrichen werden.

23 **Vereinbarungen anderer Art**, nämlich

– Verfügungsbeschränkungen gemäß § 12 WEG,

– Zweckänderungen gemäß § 13 WEG oder

– Gebrauchsbeschränkungen gemäß § 15 WEG sowie

– Vereinbarungen über Kostenangelegenheiten,

24 wollte die Bundesregierung nicht regeln. Sie meinte, ob eine Einschränkung der Verwertungsmöglichkeit gegeben sei, könne erst im Zeitpunkt der Vollstreckung (und nicht zum Zeitpunkt des Abschlusses der Vereinbarung) beurteilt werden. Ver-

---

1 Vgl. BGH, Urt. v. 19.4.2002 – V ZR 90/01, BGHZ 150, 334 = MDR 2002, 1001 = BGHR 2002, 667 = ZMR 2002, 763 = NJW 2002, 2247.

einbarungen über solche Angelegenheiten entsprächen in ihrer Wirkung anderen, zustimmungsfreien Maßnahmen der Wohnungseigentümer, die den Wert der Wohnung beeinflussten und vom Verhalten der Wohnungseigentümer abhingen, wie etwa die Instandhaltung der Wohnung oder die Verwaltung des gemeinschaftlichen Eigentums. Auch deren Auswirkungen auf die Grundpfandrechte ließen sich konkret erst im Zeitpunkt der Vollstreckung beurteilen. Wenn der Grundpfandrechtsgläubiger dies bei solchen Maßnahmen der Gemeinschaft in Rechnung stellen müsse, könne er das auch bei den Vereinbarungen. Die Bundesregierung will deshalb beide Fallgruppen gleich behandeln und sie dem Risikobereich des Grundpfandrechtsgläubigers zuordnen.

Für eine Regelung der Frage, ob Vormerkungsberechtigte einer Vereinbarung zustimmen müssen, sah die Bundesregierung ebenfalls keine Notwendigkeit. Sie wollte das der Rechtsprechung überlassen. 25

Bei anderen Rechten sollte es nach dem Willen der Bundesregierung bei der Zustimmungspflicht in ihrem bisherigen Umfang bleiben und die Rechtslage durch die Novellierung nicht geändert werden. Das betrifft vor allem 26

– Dienstbarkeiten, also Grunddienstbarkeiten und/oder beschränkt persönliche Dienstbarkeiten,

– den Nießbrauch,

– das Wohnungsrecht und

– das Dauerwohn- oder Dauernutzungsrecht.

Die Inhaber dieser Rechte müssen einer Vereinbarung also weiterhin zustimmen, wenn eine Beeinträchtigung ihres Rechts nicht ausgeschlossen ist. Dienstbarkeiten, so meinte die Bundesregierung, würden durch Vereinbarungen der Wohnungseigentümer untereinander regelmäßig nicht berührt, weil sie auf dem Grundstück selbst lasten[1], so dass aus diesem Grunde eine Beeinträchtigung der Drittrechte häufig ausgeschlossen werden könnte. 27

2. Bewertung der gesetzlichen Neuregelung

Nach meiner Auffassung kann durchaus eine Erleichterung der Verfahrensweise bei der Einräumung eines Sondernutzungsrechts durch die gesetzliche Neuregelung erzielt werden. Die Zustimmungsnotwendigkeit ist allerdings **nur wenig** reduziert worden. Ob die Vorschrift allerdings überhaupt in der Praxis Bedeutung erlangen wird, wage ich zu bezweifeln. Die **grundsätzliche Problematik**, dass alle Wohnungseigentümer – auch unter Berücksichtigung des neuen **§ 10 Abs. 2 Satz 3 WEG** – der Änderung einer Vereinbarung zustimmen müssen, bleibt. Die Einräumung von Sondernutzungsrechten – notwendigerweise durch Vereinbarung – wird der eher seltene Ausnahmefall bleiben. 28

---

1 Vgl. BT-Drucks. 16/887, S. 16, unter bb).

ALT	NEU

29 § 6 Unselbständigkeit des Sondereigentums

(1) Das Sondereigentum kann ohne den Miteigentumsanteil, zu dem es gehört, nicht veräußert oder belastet werden.

(2) Rechte an dem Miteigentumsanteil erstrecken sich auf das zu ihm gehörende Sondereigentum.

30 § 7 Grundbuchvorschriften

(1) Im Falle des § 3 Abs. 1 wird für jeden Miteigentumsanteil von Amts wegen ein besonderes Grundbuchblatt (Wohnungsgrundbuch, Teileigentumsgrundbuch) angelegt. Auf diesem ist das zu dem Miteigentumsanteil gehörende Sondereigentum und als Beschränkung des Miteigentums die Einräumung der zu den anderen Miteigentumsanteilen gehörenden Sondereigentumsrechte einzutragen. Das Grundbuchblatt des Grundstücks wird von Amts wegen geschlossen.

(2) Von der Anlegung besonderer Grundbuchblätter kann abgesehen werden, wenn hiervon Verwirrung nicht zu besorgen ist. In diesem Falle ist das Grundbuchblatt als gemeinschaftliches Wohnungsgrundbuch (Teileigentumsgrundbuch) zu bezeichnen.

(3) Zur näheren Bezeichnung des Gegenstandes und des Inhalts des Sondereigentums kann auf die Eintragungsbewilligung Bezug genommen werden.

(4) Der Eintragungsbewilligung sind als Anlagen beizufügen:

1. eine von der Baubehörde mit Unterschrift und Siegel oder Stempel versehene Bauzeichnung, aus der die Aufteilung des Gebäudes sowie die Lage und Größe der im Sondereigentum und der im gemeinschaftlichen Eigentum stehenden Gebäudeteile ersichtlich ist (Aufteilungs-

§ 6 Unselbständigkeit des Sondereigentums

(1) Das Sondereigentum kann ohne den Miteigentumsanteil, zu dem es gehört, nicht veräußert oder belastet werden.

(2) Rechte an dem Miteigentumsanteil erstrecken sich auf das zu ihm gehörende Sondereigentum.

§ 7 Grundbuchvorschriften

(1) Im Falle des § 3 Abs. 1 wird für jeden Miteigentumsanteil von Amts wegen ein besonderes Grundbuchblatt (Wohnungsgrundbuch, Teileigentumsgrundbuch) angelegt. Auf diesem ist das zu dem Miteigentumsanteil gehörende Sondereigentum und als Beschränkung des Miteigentums die Einräumung der zu den anderen Miteigentumsanteilen gehörenden Sondereigentumsrechte einzutragen. Das Grundbuchblatt des Grundstücks wird von Amts wegen geschlossen.

(2) Von der Anlegung besonderer Grundbuchblätter kann abgesehen werden, wenn hiervon Verwirrung nicht zu besorgen ist. In diesem Falle ist das Grundbuchblatt als gemeinschaftliches Wohnungsgrundbuch (Teileigentumsgrundbuch) zu bezeichnen.

(3) Zur näheren Bezeichnung des Gegenstandes und des Inhalts des Sondereigentums kann auf die Eintragungsbewilligung Bezug genommen werden.

(4) Der Eintragungsbewilligung sind als Anlagen beizufügen:

1. eine von der Baubehörde mit Unterschrift und Siegel oder Stempel versehene Bauzeichnung, aus der die Aufteilung des Gebäudes sowie die Lage und Größe der im Sondereigentum und der im gemeinschaftlichen Eigentum stehenden Gebäudeteile ersichtlich ist (Aufteilungs-

ALT	NEU

plan); alle zu demselben Wohnungs-eigentum gehörenden Einzelräume sind mit der jeweils gleichen Nummer zu kenn-zeichnen;

2. eine Bescheinigung der Baubehörde, dass die Voraussetzungen des § 3 Abs. 2 vorliegen.

Wenn in der Eintragungsbewilligung für die einzelnen Sondereigentumsrechte Nummern angegeben werden, sollen sie mit denen des Aufteilungsplanes überein-stimmen.

plan); alle zu demselben Wohnungs-eigentum gehörenden Einzelräume sind mit der jeweils gleichen Nummer zu kenn-zeichnen;

2. eine Bescheinigung der Baubehörde, dass die Voraussetzungen des § 3 Abs. 2 vorliegen.

Wenn in der Eintragungsbewilligung für die einzelnen Sondereigentumsrechte Nummern angegeben werden, sollen sie mit denen des Aufteilungsplanes überein-stimmen. *Die Landesregierungen können durch Rechtsverordnung bestimmen, dass und in welchen Fällen der Auftei-lungsplan (Satz 1 Nr. 1) und die Abge-schlossenheit (Satz 1 Nr. 2) von einem öffentlich bestellten oder anerkannten Sachverständigen für das Bauwesen statt von der Baubehörde ausgefertigt und be-scheinigt werden. Werden diese Aufga-ben von dem Sachverständigen wahrge-nommen, so gelten die Bestimmungen der Allgemeinen Verwaltungsvorschrift für die Ausstellung von Bescheinigungen ge-mäß § 7 Abs. 4 Nr. 2 und § 32 Abs. 2 Nr. 2 des Wohnungseigentumsgesetzes vom 19. März 1974 (BAnz. Nr. 58 vom 23. März 1974) entsprechend. In diesem Fall bedürfen die Anlagen nicht der Form des § 29 der Grundbuchordnung. Die Landesregierungen können die Ermächti-gung durch Rechtsverordnung auf die Landesbauverwaltungen übertragen.*

(5) Für Teileigentumsgrundbücher gelten die Vorschriften über Wohnungsgrundbü-cher entsprechend.

(5) Für Teileigentumsgrundbücher gelten die Vorschriften über Wohnungsgrundbü-cher entsprechend.

11

↻ Erläuterungen zum geänderten § 7 WEG

1. Die Begründung der Bundesregierung zur Gesetzesänderung[1]

31   Die Begründung von Wohnungseigentum setzt nach geltendem Recht voraus, dass der Eintragungsbewilligung ein von der Baubehörde geprüfter Aufteilungsplan und eine Bescheinigung der Baubehörde über die Abgeschlossenheit der einzelnen Wohnungen beigefügt werden (§ 7 Abs. 4 Satz 1 WEG). Der Aufteilungsplan muss einen Aufriss des ganzen Gebäudes und auch die Grundrisse der einzelnen Stockwerke sowie Angaben zur Lage und Größe der im Sondereigentum und der im gemeinschaftlichen Eigentum stehenden Gebäudeteile enthalten. Der Aufteilungsplan grenzt damit das Sondereigentum vom gemeinschaftlichen Eigentum ab und legt mit der im Eigentumsrecht erforderlichen Bestimmtheit die einzelnen Anteile fest.

32   Die Bundesregierung hält sowohl den Aufteilungsplan als auch die Abgeschlossenheitsbescheinigung für nicht verzichtbar.

33   Die Abgeschlossenheitsbescheinigung ist erforderlich, um die Eigentums- und Benutzungsverhältnisse innerhalb des Gebäudes klarzustellen und Streitigkeiten vorzubeugen, die sich aus einer Unklarheit dieser Beziehungen ergeben können. Jede Wohnung muss in sich abgeschlossen sein und einen Zugang vom Gemeinschaftseigentum haben, also aus dem Freien oder aus dem Treppenhaus. Die Wohnung muss außerdem zur Führung eines selbstständigen Haushalts geeignet sein, was eine Ausstattung mit Küche, Toilette und Stromanschluss voraussetzt.

34   Ein Verzicht auf diese Abgeschlossenheitskriterien würde es nach Auffassung der Bundesregierung ermöglichen, Wohnungseigentum auch an Einzelzimmern ohne Küche oder Toilette oder sogar an „Schlafstätten" in Übergangswohnheimen zu begründen. Wohnanlagen dieser Art führten aber „erfahrungsgemäß" vermehrt zu Streitigkeiten über Art und Intensität der Nutzung der gemeinschaftlichen Einrichtungen sowie über die Höhe der anteiligen Kosten. Dies führe zu einer Belastung der Gerichte.

35   Die tatsächliche und rechtliche Situation im Bauwesen habe sich, so die Bundesregierung, seit Inkrafttreten des Wohnungseigentumsgesetzes geändert. Heute werde Wohnungseigentum weniger im Zuge der Errichtung neuer Gebäude als vielmehr durch Aufteilung vorhandener Geschossbauten begründet, also durch Umwandlung von Miet- in Eigentumswohnungen. Während bei einem baurechtlichen Genehmigungsverfahren durch die Baubehörde die Voraussetzungen für den Aufteilungsplan und für die Abgeschlossenheit von fachlich kompetenten und vom Bauherrn unabhängigen Personen mitgeprüft würden, bedürfe es für die Aufteilung bestehender Gebäude keiner baurechtlichen Genehmigung. Im Übrigen seien die baurechtlichen Vorschriften der Länder dahingehend geändert worden, dass es in vielen Ländern genehmigungsfreie Bauvorhaben sowie ein vereinfachtes Genehmigungsverfahren gebe.

36   Mit der neuen Öffnungsklausel in § 7 Abs. 4 will die Bundesregierung der veränderten Situation Rechnung tragen und den Ländern ermöglichen – generell oder nur für

---

1 BT-Drucks. 16/887, S. 17.

bestimmte Fälle – zu bestimmen, dass der Aufteilungsplan und die Abgeschlossenheit von einem Sachverständigen statt von der Baubehörde ausgefertigt und bescheinigt werden.

Die Bundesregierung will ausdrücklich auf einen „öffentlich bestellten oder anerkannten Sachverständigen" abstellen, weil sie eine Unabhängigkeit des Prüfers gegenüber dem teilenden Eigentümer erreichen will. Die Unabhängigkeit sei erforderlich, damit die Genauigkeit der Angaben im Aufteilungsplan hinreichend sicher geprüft werden könne. Sie wäre nicht gewährleistet, wenn auch der Bauvorlageberechtigte den Aufteilungsplan ausfertigen oder wenn er die Abgeschlossenheit bescheinigen könnte. Es wäre zu befürchten, dass es bei den Arbeiten vermehrt zu Ungenauigkeiten bei der Kennzeichnung der Eigentumsverhältnisse käme und dass damit auch die Zahl der Streitigkeiten der Wohnungseigentümer und letztlich die Belastung der Gerichte zunähme.   37

Der neue Satz 4 regelt, dass die Bestimmungen der Allgemeinen Verwaltungsvorschrift für die Ausstellung von Abgeschlossenheitsbescheinigungen vom 19. März 1974[1] entsprechend gelten, wenn ein Sachverständiger die bisherigen Aufgaben der Baubehörde wahrnimmt. Dies bedeute auch, so die Bundesregierung, dass der Sachverständige eine Abgeschlossenheitsbescheinigung über ein genehmigungsfreies Bauvorhaben erst erteilen darf, wenn die Unterlagen bei der Baubehörde eingegangen sind und die Wartefrist für den Beginn des Bauvorhabens abgelaufen sei (Nr. 8 der Verwaltungsvorschrift). Vorher lasse sich nämlich nicht feststellen, ob die Voraussetzungen der Genehmigungsfreiheit gegeben seien.   38

2. Meinung des Bundesrates[2]

Der Bundesrat lehnte diese Öffnungsklausel ab, weil er befürchtete, dass für die Länder neuer Verwaltungsaufwand entsteht. Der im Gesetz verwendete Sachverständigenbegriff werde neu eingeführt und es werde somit eine Prüfung und Kontrolle der Sachverständigen durch die öffentlichen Bauverwaltungen erforderlich.   39

3. Die Änderungsvorschläge des Rechtsausschusses[3]

Der Rechtsausschuss des Deutschen Bundestages sah ausdrücklich davon ab, die Tätigkeit eines Sachverständigen in der Öffnungsklausel räumlich einzugrenzen. Sofern ein Bundesland von der Öffnungsklausel Gebrauch mache, würden auch öffentlich bestellte oder anerkannte Sachverständige für das Bauwesen aus anderen Bundesländern in diesem Bundesland tätig werden dürfen. Dem Vorschlag, den der *Bund der Öffentlich bestellten Vermessungsingenieure* in seiner Stellungnahme[4]   40

---

1 Veröffentlicht im BAnz. Nr. 58 v. 23.3.1974.
2 BR-Drucks. 397/05, Beschl. v. 8.7.2005, auch abgedruckt in BT-Drucks. 16/887, Anlage 2, S. 49 f.
3 BT-Drucks. 16/3843 v. 13.12.2006, S. 45.
4 Protokoll der 23. Sitzung des Rechtsausschusses des Deutschen Bundestages v. 18.9.2006, S. 83 ff.

zur Anhörung im Rechtsausschuss gemacht hatte, die Zuständigkeit der Baubehörde generell aufzugeben und Abgeschlossenheitsbescheinigungen nur noch durch Sachverständige erteilen zu lassen, ist der Rechtausschuss nicht gefolgt.

41 Der Rechtsausschuss schlug jedoch einen neuen **Satz 5** vor, mit dem klargestellt werden soll, dass § 7 Abs. 4 WEG, soweit es sich um die dort genannten Anlagen, nämlich den Aufteilungsplan und die Abgeschlossenheitsbescheinigung handelt, dem § 29 GBO (Nachweis der Eintragungsunterlagen) als lex specialis vorgeht. Die von einem Sachverständigen erstellten Anlagen bedürfen danach nicht der Form des § 29 GBO. Das heißt, die Form der Anlagen richtet sich allein nach der entsprechend anzuwendenden Allgemeinen Verwaltungsvorschrift vom 19.3.1974.

42 Demnach müssen Aufteilungsplan und Abgeschlossenheitsbescheinigung lediglich von dem Sachverständigen unterschrieben und mit seinem Stempel versehen und einheitlich bezeichnet sein. Sie müssen nicht als öffentliche Urkunden erstellt werden. Es bedarf auch nicht des Nachweises, dass sie von einem Sachverständigen erstellt oder bescheinigt worden sind. Die öffentliche Beglaubigung der Unterschrift des Sachverständigen ist ebenfalls entbehrlich. Die Klarstellung hielt der Rechtsausschuss für angezeigt, weil Zweifel aufgetreten sind, ob die Ansicht zum Verhältnis des neuen § 7 Abs. 4 WEG zu § 29 GBO von der Praxis geteilt und sich durchsetzen wird. Die Regelung ist nach Auffassung des Rechtsausschusses auch sachlich gerechtfertigt, da die Bescheinigung des Sachverständigen ausreicht, dem Grundbuchamt die Richtigkeit des Inhalts der Anlagen zu bestätigen. Das Prüfungsrecht des Grundbuchamts bleibt unberührt.

4. Bewertung der gesetzlichen Neuregelung

43 Die Änderung ist für die Praxis der Wohnungseigentumsverwaltung unbedeutend. Es bleibt auch abzuwarten, ob die Landesregierungen überhaupt von dieser Ermächtigung Gebrauch machen.

ALT	NEU
44 **§ 8 Teilung durch den Eigentümer**	**§ 8 Teilung durch den Eigentümer**
(1) Der Eigentümer eines Grundstücks kann durch Erklärung gegenüber dem Grundbuchamt das Eigentum an dem Grundstück in Miteigentumsanteile in der Weise teilen, dass mit jedem Anteil das Sondereigentum an einer bestimmten Wohnung oder an nicht zu Wohnzwecken dienenden bestimmten Räumen in einem auf dem Grundstück errichteten oder zu errichtenden Gebäude verbunden ist.	(1) Der Eigentümer eines Grundstücks kann durch Erklärung gegenüber dem Grundbuchamt das Eigentum an dem Grundstück in Miteigentumsanteile in der Weise teilen, dass mit jedem Anteil das Sondereigentum an einer bestimmten Wohnung oder an nicht zu Wohnzwecken dienenden bestimmten Räumen in einem auf dem Grundstück errichteten oder zu errichtenden Gebäude verbunden ist.

ALT	NEU
(2) Im Falle des Absatzes 1 gelten die Vorschriften des § 3 Abs. 2 und der §§ 5, 6, § 7 Abs. 1, 3 bis 5 entsprechend. Die Teilung wird mit der Anlegung der Wohnungsgrundbücher wirksam.	(2) Im Falle des Absatzes 1 gelten die Vorschriften des § 3 Abs. 2 und der §§ 5, 6, § 7 Abs. 1, 3 bis 5 entsprechend. Die Teilung wird mit der Anlegung der Wohnungsgrundbücher wirksam.

§ 9 Schließung der Wohnungsgrundbücher

§ 9 Schließung der Wohnungsgrund- 45 bücher

(1) Die Wohnungsgrundbücher werden geschlossen:

(1) Die Wohnungsgrundbücher werden geschlossen:

1. von Amts wegen, wenn die Sondereigentumsrechte gemäß § 4 aufgehoben werden;

1. von Amts wegen, wenn die Sondereigentumsrechte gemäß § 4 aufgehoben werden;

2. auf Antrag sämtlicher Wohnungseigentümer, wenn alle Sondereigentumsrechte durch völlige Zerstörung des Gebäudes gegenstandslos geworden sind und der Nachweis hierfür durch eine Bescheinigung der Baubehörde erbracht ist;

2. auf Antrag sämtlicher Wohnungseigentümer, wenn alle Sondereigentumsrechte durch völlige Zerstörung des Gebäudes gegenstandslos geworden sind und der Nachweis hierfür durch eine Bescheinigung der Baubehörde erbracht ist;

3. auf Antrag des Eigentümers, wenn sich sämtliche Wohnungseigentumsrechte in einer Person vereinigen.

3. auf Antrag des Eigentümers, wenn sich sämtliche Wohnungseigentumsrechte in einer Person vereinigen.

(2) Ist ein Wohnungseigentum selbständig mit dem Rechte eines Dritten belastet, so werden die allgemeinen Vorschriften, nach denen zur Aufhebung des Sondereigentums die Zustimmung des Dritten erforderlich ist, durch Absatz 1 nicht berührt.

(2) Ist ein Wohnungseigentum selbständig mit dem Rechte eines Dritten belastet, so werden die allgemeinen Vorschriften, nach denen zur Aufhebung des Sondereigentums die Zustimmung des Dritten erforderlich ist, durch Absatz 1 nicht berührt.

(3) Werden die Wohnungsgrundbücher geschlossen, so wird für das Grundstück ein Grundbuchblatt nach den allgemeinen Vorschriften angelegt; die Sondereigentumsrechte erlöschen, soweit sie nicht bereits aufgehoben sind, mit der Anlegung des Grundbuchblatts.

(3) Werden die Wohnungsgrundbücher geschlossen, so wird für das Grundstück ein Grundbuchblatt nach den allgemeinen Vorschriften angelegt; die Sondereigentumsrechte erlöschen, soweit sie nicht bereits aufgehoben sind, mit der Anlegung des Grundbuchblatts.

2. Abschnitt

2. Abschnitt

§ 10 Allgemeine Grundsätze

§ 10 Allgemeine Grundsätze 46

(1) Inhaber der Rechte und Pflichten nach den Vorschriften dieses Gesetzes, insbesondere des Sondereigentums und

ALT	NEU

des gemeinschaftlichen Eigentums, sind die Wohnungseigentümer, soweit nicht etwas anderes ausdrücklich bestimmt ist.

(1) Das Verhältnis der Wohnungseigentümer untereinander bestimmt sich nach den Vorschriften dieses Gesetzes und, soweit dieses Gesetz keine besonderen Bestimmungen enthält, nach den Vorschriften des Bürgerlichen Gesetzbuches über die Gemeinschaft. Die Wohnungseigentümer können von den Vorschriften dieses Gesetzes abweichende Vereinbarungen treffen, soweit nicht etwas anderes ausdrücklich bestimmt ist.

(2) Das Verhältnis der Wohnungseigentümer untereinander bestimmt sich nach den Vorschriften dieses Gesetzes und, soweit dieses Gesetz keine besonderen Bestimmungen enthält, nach den Vorschriften des Bürgerlichen Gesetzbuches über die Gemeinschaft. Die Wohnungseigentümer können von den Vorschriften dieses Gesetzes abweichende Vereinbarungen treffen, soweit nicht etwas anderes ausdrücklich bestimmt ist. *Jeder Wohnungseigentümer kann eine vom Gesetz abweichende Vereinbarung oder die Anpassung einer Vereinbarung verlangen, soweit ein Festhalten an der geltenden Regelung aus schwerwiegenden Gründen unter Berücksichtigung aller Umstände des Einzelfalles, insbesondere der Rechte und Interessen der anderen Wohnungseigentümer, unbillig erscheint.*

(2) Vereinbarungen, durch die die Wohnungseigentümer ihr Verhältnis untereinander in Ergänzung oder Abweichung von Vorschriften dieses Gesetzes regeln, sowie die Abänderung oder Aufhebung solcher Vereinbarungen wirken gegen den Sondernachfolger eines Wohnungseigentümers nur, wenn sie als Inhalt des Sondereigentums im Grundbuch eingetragen sind.

(3) Vereinbarungen, durch die die Wohnungseigentümer ihr Verhältnis untereinander in Ergänzung oder Abweichung von Vorschriften dieses Gesetzes regeln, sowie die Abänderung oder Aufhebung solcher Vereinbarungen wirken gegen den Sondernachfolger eines Wohnungseigentümers nur, wenn sie als Inhalt des Sondereigentums im Grundbuch eingetragen sind.

(3) Beschlüsse der Wohnungseigentümer gemäß § 23 und Entscheidungen des Richters gemäß § 43 bedürfen zu ihrer Wirksamkeit gegen den Sondernachfolger eines Wohnungseigentümers nicht der Eintragung in das Grundbuch.

(4) Beschlüsse der Wohnungseigentümer gemäß § 23 und *gerichtliche Entscheidungen in einem Rechtsstreit gemäß § 43* bedürfen zu ihrer Wirksamkeit gegen den Sondernachfolger eines Wohnungseigentümers nicht der Eintragung in das Grundbuch. *Dies gilt auch für die gemäß § 23 Abs. 1 auf Grund einer Vereinbarung gefassten Beschlüsse, die vom Gesetz abweichen oder eine Vereinbarung ändern.*

16

ALT	NEU

(4) Rechtshandlungen in Angelegenheiten, über die nach diesem Gesetz oder nach einer Vereinbarung der Wohnungseigentümer durch Stimmenmehrheit beschlossen werden kann, wirken, wenn sie auf Grund eines mit solcher Mehrheit gefassten Beschlusses vorgenommen werden, auch für und gegen die Wohnungseigentümer, die gegen den Beschluss gestimmt oder an der Beschlussfassung nicht mitgewirkt haben.

(5) Rechtshandlungen in Angelegenheiten, über die nach diesem Gesetz oder nach einer Vereinbarung der Wohnungseigentümer durch Stimmenmehrheit beschlossen werden kann, wirken, wenn sie auf Grund eines mit solcher Mehrheit gefassten Beschlusses vorgenommen werden, auch für und gegen die Wohnungseigentümer, die gegen den Beschluss gestimmt oder an der Beschlussfassung nicht mitgewirkt haben.

(6) Die Gemeinschaft der Wohnungseigentümer kann im Rahmen der gesamten Verwaltung des gemeinschaftlichen Eigentums gegenüber Dritten und Wohnungseigentümern selbst Rechte erwerben und Pflichten eingehen. Sie ist Inhaberin der als Gemeinschaft gesetzlich begründeten und rechtsgeschäftlich erworbenen Rechte und Pflichten. Sie übt die gemeinschaftsbezogenen Rechte der Wohnungseigentümer aus und nimmt die gemeinschaftsbezogenen Pflichten der Wohnungseigentümer wahr, ebenso sonstige Rechte und Pflichten der Wohnungseigentümer, soweit diese gemeinschaftlich geltend gemacht werden können oder zu erfüllen sind. Die Gemeinschaft muss die Bezeichnung „Wohnungseigentümergemeinschaft" gefolgt von der bestimmten Angabe des gemeinschaftlichen Grundstücks führen. Sie kann vor Gericht klagen und verklagt werden.

(7) Das Verwaltungsvermögen gehört der Gemeinschaft der Wohnungseigentümer. Es besteht aus den im Rahmen der gesamten Verwaltung des gemeinschaftlichen Eigentums gesetzlich begründeten und rechtsgeschäftlich erworbenen Sachen und Rechten sowie den entstandenen Verbindlichkeiten. Zu dem Verwaltungsvermögen gehören insbesondere die Ansprüche und Befugnisse aus Rechtsverhältnissen mit Dritten und mit

ALT	NEU

*Wohnungseigentümern sowie die einge-
nommenen Gelder. Vereinigen sich sämtliche Wohnungseigentumsrechte in einer
Person, geht das Verwaltungsvermögen
auf den Eigentümer des Grundstücks
über.*

*(8) Jeder Wohnungseigentümer haftet
einem Gläubiger nach dem Verhältnis
seines Miteigentumsanteils (§ 16 Abs. 1
Satz 2) für Verbindlichkeiten der Gemeinschaft der Wohnungseigentümer, die
während seiner Zugehörigkeit zur Gemeinschaft entstanden oder während dieses Zeitraums fällig geworden sind; für
die Haftung nach Veräußerung des Wohnungseigentums ist § 160 des Handels-
gesetzbuches entsprechend anzuwenden. Er kann gegenüber einem Gläubiger
neben den in seiner Person begründeten
auch die der Gemeinschaft zustehenden
Einwendungen und Einreden geltend machen, nicht aber seine Einwendungen
und Einreden gegenüber der Gemeinschaft. Für die Einrede der Anfechtbar-
keit und Aufrechenbarkeit ist § 770
des Bürgerlichen Gesetzbuches entsprechend anzuwenden. Die Haftung eines
Wohnungseigentümers gegenüber der
Gemeinschaft wegen nicht ordnungsmäßiger Verwaltung bestimmt sich nach
Satz 1.*

➲ Erläuterungen zum geänderten § 10 WEG

1. Die Begründung der Bundesregierung zur Gesetzesänderung

47 Die Bundesregierung hatte auf die Bitte des Bundesrates[1] den „Teilrechtsfähigkeits"-
Beschluss des BGH vom 2.6.2005[2] geprüft und hielt es auf Grund der Entscheidung
des BGH für notwendig, über den bisherigen Gesetzentwurf hinaus weitere Ände-

---

1 BR-Drucks. 397/05, Beschl. v. 8.7.2005, auch abgedruckt in BT-Drucks. 16/887, Anlage 2,
   S. 49 f.
2 BGH, Beschl. v. 2.6.2005 – V ZB 32/05, BGHZ 163, 154 = BGHR 2005, 1090 = MDR 2005,
   1156 = ZWE 2005, 422 = ZMR 2005, 547 = NJW 2005, 2061.

rungen im Gesetz vorzuschlagen. Dies teilte die Bundesregierung in ihrer Gegenäußerung[1] zur Stellungnahme des Bundesrates mit.

Der BGH hat mit dem Beschluss seine bisherige Rechtsprechung geändert und **48** entschieden, dass die Gemeinschaft der Wohnungseigentümer teilrechtsfähig ist. Die Gemeinschaft ist nach Auffassung des BGH ein **Rechtssubjekt eigener Art**, nämlich eine durch Gesetz zu einer Organisation zusammengefasste Personenmehrheit. Sie kann neben den Wohnungseigentümern im Rechtsverkehr auftreten. Die Rechtsfähigkeit ist nach der Entscheidung des BGH aber nicht umfassend, sondern auf die Teilbereiche des Rechtslebens beschränkt, bei denen die Wohnungseigentümer im Rahmen der Verwaltung des gemeinschaftlichen Eigentums als Gemeinschaft am Rechtsverkehr teilnehmen. Dies ist insbesondere bei Rechtsgeschäften und Rechtshandlungen im Außenverhältnis der Fall, kann aber auch im Innenverhältnis vorliegen.

Somit sind nunmehr – soweit es um die Teilnahme der Wohnungseigentümer am **49** Rechtsverkehr zur Verwaltung des gemeinschaftlichen Eigentums geht – **Verträge mit Dritten** im Namen und mit Wirkung für und gegen die **Gemeinschaft** zu schließen. Die Wohnungseigentümer sind insoweit nicht mehr Vertragspartner des Dritten. Im Innenverhältnis ist es jetzt Sache der Gemeinschaft[2], Ansprüche auf Zahlung der Beiträge zu den Lasten und Kosten und auf **Schadensersatz** wegen Verletzung des gemeinschaftlichen Eigentums gegenüber Wohnungseigentümern geltend zu machen.

Die Teilrechtsfähigkeit hat im Wesentlichen zur Folge, dass es bei dem Wechsel **50** eines Wohnungseigentümers im Unterschied zur früheren Rechtslage **keiner Einzelübertragung** der Anteile am **Verwaltungsvermögen** mehr bedarf, da dieses der Gemeinschaft zusteht. Außerdem kann die Gemeinschaft jetzt als Gläubigerin einer Zwangssicherungshypothek in das Grundbuch eingetragen werden. Das Grundbuch, in das bisher die einzelnen Wohnungseigentümer eingetragen werden mussten, wird dadurch entlastet. Insbesondere ist die Gemeinschaft in einem Prozess, in dem es um die Teilnahme der Wohnungseigentümer am Rechtsverkehr geht, nun **parteifähig**. Auf den aktuellen Mitgliederbestand kommt es dabei nicht an, so dass im Unterschied zum früheren Recht die Namen der einzelnen Wohnungseigentümer zur **Identifizierung der Gemeinschaft** nicht mehr genannt werden müssen. Dies vereinfacht die Aktiv- wie die Passivprozesse.

In ihrem alten Regierungsentwurf[3] hatte die Bundesregierung, so ihre Aussage in der **51** Gegenäußerung auf die Vorschläge des Bundesrates, die **Zuordnung des Verwaltungsvermögens** der Wohnungseigentümer bewusst nicht neu konzipiert und sich zur Rechtsnatur der Gemeinschaft der Wohnungseigentümer nicht geäußert. Entsprechende Regelungen seien bei der Ermittlung des Handlungsbedarfs nur vereinzelt angeregt worden. Insbesondere hätten die Landesjustizverwaltungen und die

---

1 BT-Drucks. 16/887, Anlage 3, S. 56 ff.
2 Gemeint ist hier die Eigentümergemeinschaft als „Verband".
3 BR-Drucks. 397/05 v. 27.5.2005, identisch mit dem erneut eingebrachten Gesetzentwurf BT-Drucks. 16/887 v. 8.3.2006.

beteiligten Verbände bei der Anhörung – bis zur Entscheidung des BGH – keinen Regelungsbedarf geltend gemacht. Deshalb und weil entsprechende Fälle in der Praxis nur selten zu Schwierigkeiten geführt hätten, habe der alte Gesetzentwurf vorgesehen, die Lösung dieser Fälle weiterhin der Rechtsprechung zu überlassen[1].

52   Nach der Entscheidung des BGH aber, so die Bundesregierung, habe das laufende Gesetzgebungsverfahren die Möglichkeit geboten, die von der Literatur im Zusammenhang mit der BGH-Entscheidung angesprochenen ungelösten Fragen einer Lösung zuzuführen. Die Bundesregierung lehnte aber ausdrücklich ab, den Rechtszustand vor der BGH-Entscheidung wieder herzustellen und nur einen gesetzlichen Übergang des Verwaltungsvermögens bei einer Übertragung des Wohnungseigentums zu normieren, weil nach ihrer Ansicht wesentlich mehr für als gegen eine Teilrechtsfähigkeit spreche.

53   Insbesondere stimmten nach Auffassung der Bundesregierung die mit der Rechtsprechungsänderung verbundenen Erleichterungen mit dem Ziel des Gesetzentwurfs der Bundesregierung überein, das **Wohnungseigentumsrecht praktikabler** zu gestalten. Hinzu komme, dass der Entscheidung des BGH in der Rechtsprechung bereits Rechnung getragen worden sei[2]. Deshalb und aus Gründen der Rechtssicherheit und Verständlichkeit des Gesetzes wollte die Bundesregierung in ihrem (ergänzenden) Entwurf der Entscheidung des BGH im Grundsatz folgen und die Teilrechtsfähigkeit der Gemeinschaft auch gesetzlich anerkennen. Die für das prozessuale Verfahren wichtige Frage der **Rechtsnatur der Gemeinschaft** werde so unmittelbar aus dem Gesetzestext ersichtlich, gleichzeitig würden die derzeit noch bestehenden „rechtsmethodischen Zweifel an der Entscheidung des BGH" hinfällig. Die Normierung der Teilrechtsfähigkeit der Gemeinschaft sei im Übrigen Voraussetzung dafür, aufgeworfene Folgefragen für jedermann erkennbar und verständlich zu lösen. Nur so sei es auch möglich, die Rechtsprechung dort zu korrigieren, wo sie nach einhelliger Auffassung die **Kreditfähigkeit** der Gemeinschaft übermäßig schwäche. Die Bundesregierung stützt sich dabei auf die bisherigen Äußerungen in der Literatur[3].

54   Hervorgehoben wurde von der Bundesregierung, dass sich die Normierung der Rechtsfähigkeit der Gemeinschaft auf **Teile der Angelegenheiten** der Wohnungseigentümer beschränken müsse, weil ansonsten – insbesondere, wenn die Wohnungseigentümer nur noch Mitglieder der Gemeinschaft mit einem dinglich gesicherten Anteil an deren Vermögen wären – das Wohnungseigentum nicht mehr als echtes Eigentum charakterisiert werden könnte.

55   Die Bundesregierung hielt eine Klärung insbesondere hinsichtlich der folgenden Punkte für notwendig:

---

1 Vgl. BT-Drucks. 16/887, S. 13 (unter III.).
2 Vgl. z.B. OLG München, Beschl. v. 13.7.2005 – 34 Wx 61/05, OLGR München 2005, 565 = MDR 2005, 1282 = ZMR 2005, 729 = NJW-RR 2005, 1326; OLG München, Beschl. v. 27.7.2005 – 34 Wx 69/05, OLGR München 2005, 645 = MDR 2006, 18 = NJW 2005, 3006; LG Wuppertal, Urt. v. 22.9.2005 – 5 O 446/04, ZMR 2005, 990, mit Anmerkung Fritsch, ZMR 2005, 991.
3 Vgl. die umfangreiche Literaturliste in BT-Drucks. 16/887, Anlage 3, S. 57.

1. Die sachenrechtlichen und die korporativen Elemente des Wohnungseigentums sollten klar voneinander unterschieden werden, damit deutlich werde, ob die mit dem Miteigentum zusammenhängenden Rechte und Pflichten den Wohnungseigentümern oder der Gemeinschaft zuzuordnen sind.

2. Es sollte näher geregelt werden, auf welche Angelegenheiten der Wohnungseigentümer sich die Rechtsfähigkeit der Gemeinschaft erstreckt, damit das neue Recht für den Rechtsanwender leichter verständlich werde.

3. Da es auf Grund der Teilrechtsfähigkeit der Gemeinschaft auch zu ihrer Insolvenz kommen könne, bedürfe es wegen der Besonderheiten des Wohnungseigentumsrechts ergänzender Regelungen.

4. Eine Abgrenzung der Vertretungsmacht des Verwalters in seiner neuen Funktion als Organ der Gemeinschaft gegenüber seiner davon zu unterscheidenden Funktion als Vertreter der Wohnungseigentümer mit Einzelaufgaben erscheine zur Vermeidung von Missverständnissen geboten.

Vor allem hielt die Bundesregierung eine Änderung der Außenhaftung der Wohnungseigentümer für angezeigt, weil der BGH in der „Teilrechtsfähigkeits"-Entscheidung[1] mit der Anerkennung der Rechtsfähigkeit zugleich die bisher von ihm vertretene gesamtschuldnerische Haftung aller Wohnungseigentümer für Verwaltungsschulden grundsätzlich abgelehnt hatte. Der BGH hielt eine persönliche Haftung der Wohnungseigentümer neben der Gemeinschaft für nicht zumutbar und auch für entbehrlich. Eine persönliche Haftung komme nur in Betracht, wenn ein Wohnungseigentümer sich gegenüber einem Gläubiger klar und eindeutig auch persönlich verpflichtet habe. Diese Entscheidung führte nach Auffassung der Bundesregierung zu einer erheblichen Einschränkung der Kreditfähigkeit der Gemeinschaft und einer Einschränkung des Schutzes ihrer Gläubiger.   56

Der neue **Absatz 1** (Inhaberschaft von Rechten und Pflichten) und die neuen **Absätze 6** (Umschreibung der Teilrechtsfähigkeit), **7** (Zuweisung des Verwaltungsvermögens an den Verband) und **8** (Haftungsregelungen abweichend von der BGH-Entscheidung) setzten diese Änderungen nach Meinung der Bundesregierung in die gesetzliche Wirklichkeit um.   57

2. Der neue § 10 Abs. 1 WEG[2]

Die Regelung dient der erforderlichen **Abgrenzung der Rechte und Pflichten** der Wohnungseigentümer einerseits und der Gemeinschaft der Wohnungseigentümer als Rechtssubjekt (Gemeinschaft) andererseits. Die **Gemeinschaft** ist im Übrigen zu unterscheiden von der **nicht rechtsfähigen Gesamtheit der Wohnungseigentümer** als Teilhaber der Bruchteilsgemeinschaft.   58

Halbsatz 1 verdeutlicht nach Meinung der Bundesregierung die im Wohnungseigentumsrecht maßgebliche Stellung der Wohnungseigentümer. Ihnen gegenüber – in   59

---

1 BGH, Beschl. v. 2.6.2005 – V ZB 32/05, BGHZ 163, 154 = BGHR 2005, 1090 = MDR 2005, 1156 = ZWE 2005, 422 = ZMR 2005, 547 = NJW 2005, 2061.
2 Begründung der Bundesregierung aus BT-Drucks. 16/887, S. 60.

ihrer Gesamtheit oder als Einzelpersonen – hat die Gemeinschaft lediglich die Funktion, das gemeinschaftliche Eigentum, insbesondere in mittleren und größeren Wohnanlagen, **leichter als bisher** verwalten zu können. Die beispielhafte Aufzählung von Sondereigentum und Gemeinschaftseigentum beugt dem Missverständnis vor, die Eigentumsrechte könnten Teil des Vermögens der Gemeinschaft sein.

3. Der neue § 10 Abs. 2 WEG[1]

60 Die Bundesregierung hat in ihrem Gesetzentwurf zu den in § 10 Abs. 2 Satz 3[2] vorgenommenen Änderungen ausgeführt:

61 • Eine **Änderung der Gemeinschaftsordnung** kann grundsätzlich nur durch Vereinbarung erfolgen. Lässt sich ein solches Einvernehmen nicht erzielen, so kann die fehlende Zustimmung allein durch gerichtliche Entscheidung herbeigeführt werden. Ein Anspruch auf Zustimmung zur Änderung einer Vereinbarung steht einem Wohnungseigentümer gegenüber einem anderen nach herrschender Rechtsprechung dann zu, wenn **außergewöhnliche Umstände** ein Festhalten an der geltenden Regelung als **grob unbillig** und damit als **Verstoß gegen** den Grundsatz von **Treu und Glauben** (§ 242 BGB) erscheinen lassen, was der **BGH** bestätigt hat[3].

62 Die Rechtsprechung bejaht einen solchen Anspruch nur in seltenen Ausnahmefällen, weil sie zur Feststellung der groben Unbilligkeit einen **strengen Maßstab** anlegt. Zur Begründung stellen die Gerichte meist darauf ab, der Grundsatz, dass Vereinbarungen bindend sind, dürfe aus Gründen der Rechtssicherheit nicht ausgehöhlt werden. Dem Wohnungseigentümer sei die Gemeinschaftsordnung bei dem Erwerb der Wohnung bekannt gewesen oder sie hätte ihm bekannt sein können und er hätte sich auf die Folgen einstellen können und müssen.

63 Demgegenüber wird in der Praxis darauf hingewiesen, dass ein Wohnungseigentümer bei dem Erwerb einer Eigentumswohnung häufig überfordert ist. Er könne die Folgen seiner Zustimmung zur Gemeinschaftsordnung, die bei Neubauten allein vom Bauträger und bei der Umwandlung von Miet- in Eigentumswohnungen allein vom (Alt-)Eigentümer festgelegt wird, vielfach nicht übersehen. Auch könne er in vielen Fällen erst nach dem Erwerb einer Eigentumswohnung feststellen, ob die einseitig festgelegten Regelungen der Situation der Gemeinschaft Rechnung trügen[4].

64 Einen strengen Maßstab legen die Gerichte insbesondere in Verfahren zur **Änderung des Kostenverteilungsschlüssels** an, die unter den Verfahren zur Anpassung der Gemeinschaftsordnung bei weitem überwiegen und um die es hier vor allem geht. Dies zeigen folgende Beispiele: Das **Bayerische Oberste Landesgericht**[5] hat einen An-

---

1 Begründung der Bundesregierung aus BT-Drucks. 16/887, S. 17 ff.
2 Der Gesetzentwurf sah eine Änderung des § 10 Abs. 1 vor; die vorgesehene Änderung ist jetzt in Abs. 2 Satz 3 enthalten.
3 BGH, Beschl. v. 25.9.2003 – V ZB 21/03, BGHZ 156, 193 = ZMR 2003, 937 = NJW 2003, 3476 = DWE 2004, 131 = WuM 2003, 712.
4 Würfel, Änderung des Kostenschlüssels durch Mehrheitsbeschluss, WE 2000, 100.
5 BayObLG, Beschl. v. 1.2.2001 – 2 Z BR 136/00, ZWE 2001, 320 = NZM 2001, 290 = WuM 2001, 142 = ZMR 2001, 473.

spruch auf Änderung des Verteilungsschlüssels verneint, obwohl die Größe des für die Kostenverteilung maßgeblichen Miteigentumsanteils – der vom teilenden Eigentümer ohne Bindung an die Größe oder den Wert der einzelnen Wohnung festgelegt werden kann – zu etwa 50 Prozent höheren Kosten eines Wohnungseigentümers als bei einer Verteilung nach der Wohnfläche führte. Das **Bayerische Oberste Landesgericht** hatte schon früher[1] darauf hingewiesen, dass es einen **Änderungsanspruch** nur in Fällen bejaht hat, in denen die betroffenen Miteigentümer das Dreifache oder mehr als das Dreifache im Verhältnis zu einer sachgerechten Kostenverteilung zu zahlen hatten.

Unter Hinweis auf diesen Beschluss hat auch das **Oberlandesgericht Frankfurt/ Main**[2] entschieden, eine Änderung sei nur bei einem krassen Missverhältnis und in extremen Ausnahmefällen gerechtfertigt. Es hat Mehrkosten von 31 und von 59 Prozent nicht als grob unbillige Mehrbelastung gewertet. Dies steht in Übereinstimmung mit der Entscheidung des **Oberlandesgerichts Köln**[3], mit der ein Änderungsanspruch wegen einer Mehrbelastung von 30 Prozent verneint wurde, sowie mit der Meinung des **Oberlandesgerichts Zweibrücken**[4], dass ein Missverhältnis erst vorliege, wenn das Mehrfache dessen zu bezahlen ist, was bei sachgemäßer Kostenverteilung zu tragen wäre. 65

Auch das **Oberlandesgericht Hamm**[5] hat eine Mehrbelastung von 38 bzw. 42 Prozent nicht als grob unbillig angesehen, obwohl andere Wohnungseigentümer bei sachgerechter Abrechnungsweise 63 bzw. 69 Prozent höhere Kostenbeiträge hätten leisten müssen. Das Gericht hat dabei deutlich gemacht, die bestehende Kostenverteilung nicht für sachgerecht zu halten; gleichwohl sei ein Änderungsanspruch nicht gegeben, weil die Verteilung noch nicht grob unbillig sei. 66

Die strengen Anforderungen der Gerichte gelten nicht nur dann, wenn sich die Kostenverteilung der Gemeinschaftsordnung von Anfang an als verfehlt oder unzweckmäßig erweist, sondern auch dann, wenn nachträgliche bauliche Veränderungen am Gebäude Auswirkungen auf die Kostenverteilung haben, etwa wenn – was nach Ansicht der Bundesregierung in der Praxis häufiger vorkommt – die Nutzfläche durch den Ausbau von Speicherräumen zu Wohnzwecken vergrößert, nicht aber die ursprüngliche Vereinbarung an eine sachgerechte Kostenverteilung angepasst wird[6]. 67

• Soweit es allein um die Normierung eines **Anspruchs auf Anpassung**, also auf **Zustimmung** zum Abschluss einer vom Gesetz abweichenden **Vereinbarung** oder 68

---

1 BayObLG, Beschl. v. 10.11.1994 – 2 Z BR 100/94, NJW-RR 1995, 529 = WuM 1995, 217 = DWE 1995, 26 = WE 1995, 343.
2 OLG Frankfurt/Main, Beschl. v. 13.4.2000 – 20 W 485/98, NZM 2001, 140.
3 OLG Köln, Beschl. v. 5.7.2001 – 16 Wx 27/01, OLGR Köln 2002, 38 = ZMR 2002, 153 = DWE 2001, 100.
4 Pfälzisches OLG Zweibrücken, Beschl. v. 19.2.1999 – 3 W 24/99, OLGR Zweibrücken 1999, 433 = WE 1999, 192 = NJW-RR 1999, 886 = NZM 1999, 808.
5 OLG Hamm, Beschl. v. 9.9.2002 – 15 W 235/00, OLGR Hamm 2003, 179 = ZMR 2003, 286 = WE 2003, 198.
6 Vgl. BayObLG, Beschl. v. 12.8.1999 – 2 Z BR 80/99, ZWE 2000, 171 = ZMR 1999, 842 = NZM 2000, 301 = DWE 2000, 33.

deren Änderung geht, dient die Regelung des § 10 Abs. 1 Satz 3 WEG nach Ansicht der Bundesregierung der Rechtsklarheit, weil sich dieser Anspruch aus dem Gesetz bisher nicht ersehen lässt. Soweit es um die Voraussetzungen des Anspruchs geht, sieht die Regelung eine Erleichterung vor. Eine solche ist angezeigt, weil die Vorgaben des § 242 BGB und die darauf fußenden Anforderungen der Rechtsprechung zur Anpassung zu hoch erscheinen.

69 Zwar ist es in jüngerer Zeit zu gerichtlichen Entscheidungen gekommen, die auf eine Abmilderung dieser strengen Anforderungen zielen. So hat das **Oberlandesgericht Düsseldorf**[1] mit Rücksicht auf den Beschluss des BGH vom 20.9.2000 geäußert, es ziehe in Erwägung, die hohe Eingriffsschwelle von sich aus zu senken. Das **Kammergericht**[2] vertritt ebenfalls die Meinung, die Rechtsprechung habe die Anforderungen überspannt. Es hält einen Änderungsanspruch – soweit es um Kosten geht – für gegeben, wenn die Wohn- oder Nutzfläche von dem für die Kostenverteilung maßgeblichen Miteigentumsanteil mehr als 25 Prozent abweicht. Eine Absenkung der Eingriffsschwelle wird auch vom Schrifttum angeregt[3]. Diese Tendenz hat sich in der Rechtsprechung aber nicht durchgesetzt. Der **BGH**[4] hat jüngst die Meinung vertreten, dass bei Kosten jedenfalls eine Abweichung von 58 Prozent nicht gegen § 242 BGB verstößt. Im Übrigen hat er die Frage eines Grenzwertes offen gelassen.

70 Die Neuregelung lässt die bisherige **Rechtslage im Kern** zwar unverändert. Sie gibt den Gerichten aber Anlass, bei der Bewertung der Frage, wann ein Anspruch zu bejahen ist, von der geltenden Rechtsprechung abzuweichen und die bisherige Schwelle zu senken.

71 Die Vorschrift sieht auch davon ab, einen konkreten Schwellenwert im Hinblick auf die Frage festzulegen, **ab wann von einer unbilligen Kostenverteilung auszugehen ist**. Eine solche Normierung dürfte sich im Einzelfall als zu starr erweisen. Außerdem stünde zu befürchten, dass ansonsten von der Möglichkeit einer ergänzenden Vertragsauslegung, die der BGH in der vorgenannten Entscheidung aufgezeigt hat, auch dann abgesehen würde, wenn sie zu einer interessengerechten Lösung des Einzelfalles führte. Bei Kosten dürfte eine Orientierung an dem vom **Kammergericht**[5] in der oben genannten Entscheidung zugrunde gelegten Prozentsatz (25 %) **nahe liegen**, und zwar unabhängig davon, ob die Kostenregelung von Anfang an verfehlt war oder auf Grund geänderter Umstände unbillig erscheint. Jedenfalls soll ausgeschlossen werden, dass ein Anspruch wegen eines Missverhältnisses der Kostenregelung – so-

---

1 OLG Düsseldorf, Beschl. v. 13.6.2001 – 3 Wx 132/01, OLGR Düsseldorf 2002, 220 = ZMR 2002, 68 = ZWE 2001, 559 = NJW-RR 2002, 731.
2 KG, Beschl. v. 14.6.2004 – 24 W 32/04, KGR Berlin 2005, 576 = NZM 2004, 549 = ZMR 2004, 705 = DWE 2004, 98.
3 Vgl. Deckert, Anspruch auf Zustimmung zur Änderung der Gemeinschaftsordnung, PiG Bd. 63, 227, 247; Müller, Der vereinbarungswidrige Beschluss als künftiges Regelungsinstrument? – Mehr als eine Replik, ZWE 2001, 191.
4 BGH, Beschl. v. 7.10.2004 – V ZB 22/04, BGHZ 160, 354 = BGHR 2004, 1604 = ZMR 2004, 834 = NJW 2004, 3413.
5 KG, Beschl. v. 14.6.2004 – 24 W 32/04, KGR Berlin 2005, 576 = NZM 2004, 549 = ZMR 2004, 705 = DWE 2004, 98.

weit es nicht um kleinere und damit nicht spürbar belastende Geldbeträge geht – erst bejaht wird, wenn das Mehrfache dessen zu bezahlen ist, was bei sachgemäßer Kostenverteilung zu tragen wäre.

Die Senkung der Eingriffsschwelle gegenüber der derzeitigen Rechtslage soll da- 72 durch zum Ausdruck gebracht werden, dass statt auf die bislang erforderlichen „außergewöhnlichen Umstände" nunmehr auf „schwerwiegende Gründe" abgestellt wird. Diese liegen eher vor als außergewöhnliche Umstände.

Zudem muss die bestehende Regelung in der Gemeinschaftsordnung künftig nicht 73 mehr grob unbillig sein und damit gegen Treu und Glauben verstoßen. Ausreichend ist vielmehr, dass ein Festhalten an der geltenden Regelung unbillig erscheint. Der Wortlaut macht – so die Bundesregierung – deutlich, dass für den Betroffenen kein so großer Nachteil erforderlich ist wie bei dem bisherigen Maßstab der groben Unbilligkeit. Dies ließe sich aus den Begriffen „für ihn nicht hinnehmbar" und „unangemessen", die auch in Erwägung gezogen worden sind[1], weniger deutlich erkennen. Außerdem betonte die Formulierung „für ihn nicht hinnehmbar" zu stark die subjektive Seite des Betroffenen. Dies harmonierte nicht mit der erforderlichen gleichmäßigen Gewichtung aller Umstände. Die ebenfalls in Betracht gezogene Formulierung „nicht zugemutet werden", die in § 18 Abs. 1 WEG und in § 313 Abs. 1 BGB verwendet wird, scheidet deshalb aus, weil es sich bei § 313 BGB um eine Konkretisierung des § 242 BGB handelt und demnach wieder der dortige Maßstab der groben Unbilligkeit gälte. Dies wird dadurch bestätigt, dass der Begriff der „Unzumutbarkeit" im Gesetz üblicherweise eine sehr hohe Schwelle beschreibt, die mit der Neuregelung aber gerade nicht gesetzt werden soll.

Der erforderliche Schutz des Vertrauens der Wohnungseigentümer in die bestehende 74 Situation bleibt bei der Neufassung gewährleistet. Die Rechte und Interessen der anderen Wohnungseigentümer müssen in die Abwägung miteinbezogen werden. Dies wird im Text ausdrücklich hervorgehoben, so dass die Anforderungen an den Anpassungsanspruch weiterhin erheblich bleiben.

Die Neuregelung enthält – so die Bundesregierung – unbestimmte Rechtsbegriffe, 75 deren Inhalt von der Rechtsprechung im Einzelfall festgestellt werden muss. Die Frage, ob schwerwiegende Gründe vorliegen und ob die bestehende Regelung unbillig erscheint, lässt sich aber nicht allgemein beantworten.

Eine Einschränkung der Vorschrift auf der Tatbestandsseite, etwa dahin, dass Um 76 stände, die für die Vereinbarung wesentlich sind, sich geändert oder als falsch herausgestellt haben müssen, erschien der Bundesregierung nicht geboten. Zum einen wird, so die Bundesregierung, mit der Neuregelung lediglich die bisherige Rechtsprechung in ihrem Kern kodifiziert.

Die Rechtsprechung sieht eine derartige Einschränkung aber nicht vor. Zwar geht es 77 in ihren Entscheidungen häufig um Umstände, die sich geändert oder als falsch herausgestellt haben. Dies wird aber nur bei der Beurteilung der Unbilligkeit be-

---

1 Nämlich im Entwurf des BMJ v. 1.10.2004.

rücksichtigt, nicht als eigenständige Tatbestandsvoraussetzung. Zum anderen widerspräche eine solche Einschränkung dem Ziel des Entwurfs, weil dann die Fälle nicht erfasst wären, in denen die Gemeinschaftsordnung sich von Anfang an als verfehlt erweist, in denen sich also später weder etwas geändert noch als falsch herausgestellt hat.

78 Schließlich wäre die Feststellung, welche Umstände für eine Vereinbarung – insbesondere für die von einem Alleineigentümer einseitig errichtete Gemeinschaftsordnung – wesentlich sind und ob die Umstände sich geändert oder als falsch herausgestellt haben, in der Praxis mit erheblichen Schwierigkeiten verbunden, ohne dass der damit einhergehende Aufwand gerechtfertigt erscheint. Der vorgesehene Regelungsgegenstand – die Anpassung unbilliger Bestimmungen der Gemeinschaftsordnung – ließe sich durch eine solche Einschränkung nicht wesentlich konkretisieren. Die insoweit offene Formulierung nimmt der Rechtsprechung im Übrigen nicht die Möglichkeit, in Fällen, in denen sich die Umstände maßgeblich geändert haben, eine ergänzende Auslegung der bereits bestehenden Vereinbarung vorzunehmen.

79 Die Neuregelung betrifft – wie neben ihrem Wortlaut auch die systematische Stellung zeigen soll – **nur (schuldrechtliche) Vereinbarungen**. Zwar gibt es Stimmen, die darüber hinaus die Normierung eines Anspruchs auf Zustimmung zur **Änderung** der sachenrechtlichen Zuordnung des Wohnungseigentums, also des **Miteigentumsanteils**, vorschlagen. Für eine entsprechende Regelung besteht aber kein Bedürfnis. In den Fällen, in denen vor Gericht eine solche Zustimmung begehrt wird, geht es letztlich fast immer um die Änderung der schuldrechtlichen Kostenvereinbarung, nicht aber um die sachenrechtliche Zuordnung.

80 • Die neue Vorschrift ist nicht deshalb entbehrlich, weil in der Neufassung des § 16 Abs. 3 und 4 WEG **Beschlusskompetenzen** für die dort bezeichneten **Kostenregelungen** (Betriebs- und Verwaltungskosten sowie Kosten zur Instandhaltung und Instandsetzung und zu baulichen Veränderungen und Aufwendungen sowie zu Maßnahmen der Modernisierung) normiert werden.

81 Zwar wird die Meinung vertreten[1], eine Änderung des Kostenverteilungsschlüssels der Gemeinschaftsordnung ließe sich schon über die Regeln zur **Anfechtung eines Negativbeschlusses** durchsetzen. Dies erfordere lediglich, dass nur die begehrte Kostenverteilung ordnungsmäßiger Verwaltung entspräche, was bei Vorliegen der Voraussetzungen des neuen § 10 Abs. 1 Satz 3 WEG regelmäßig der Fall sei.

82 Gerade davon kann aber gegenwärtig nicht ausgegangen werden. Es lässt sich nämlich nicht vorhersagen, in welcher Weise die Rechtsprechung künftig das Individualinteresse des einzelnen Wohnungseigentümers bei der Auslegung des unbestimmten Rechtsbegriffs „ordnungsmäßige Verwaltung" berücksichtigen wird. Außerdem träte ein Wertungswiderspruch auf. Würde von einer Änderung des § 10 Abs. 1 WEG abgesehen, müsste die jetzt hier vorgesehene Absenkung der Eingriffsschwelle jedenfalls in dem neuen § 16 Abs. 3 und 4 WEG ausdrücklich normiert werden, weil

---

1 Abramenko, Anmerkungen zum Entwurf eines Gesetzes zur Änderung des WEG, ZMR 2005, 22.

sich ansonsten die Auffassung durchsetzen könnte, ein Änderungsbegehren nach dieser Vorschrift sei weiterhin am Maßstab des § 242 BGB zu messen und deshalb meist abzulehnen. Eine solche Normierung hätte dann aber zur Folge, dass es für Änderungen zum einen die niedrigere Schwelle des § 16 Abs. 3 und 4 WEG für die dort bestimmten Kostenregelungen und zum anderen die höhere Schwelle des § 242 BGB für andere Regelungen der Gemeinschaftsordnung gäbe, etwa zum Gebrauch des Gemeinschaftseigentums. Für eine solche Unterscheidung ist nach Auffassung der Bundesregierung ein überzeugender Grund nicht ersichtlich.

4. Der neue § 10 Abs. 4 WEG[1]

Die Bundesregierung hat im ursprünglichen Gesetzentwurf[2] ausgeführt, dass nach geltendem Recht **Vereinbarungen** gegenüber einem **Sondernachfolger** wie dem Käufer des Wohnungseigentums nur wirken, wenn sie in das **Grundbuch** eingetragen sind (§ 10 Abs. 2 WEG). Im Unterschied dazu bedürfen Beschlüsse zu ihrer Wirksamkeit gegenüber einem Sondernachfolger nicht der Eintragung in das Grundbuch (§ 10 Abs. 3 WEG). Sie sind deshalb nach herrschender Meinung auch nicht eintragungsfähig. Die unterschiedliche Regelung findet ihre Rechtfertigung darin, dass Vereinbarungen das Verhältnis der Wohnungseigentümer untereinander, also ihre Rechte und Pflichten, wie ein Statut festlegen, während es bei Beschlüssen um die der Grundordnung nachrangigen Maßnahmen meist vorübergehender Art geht. Vor solchen Eintragungen soll das Grundbuch aus praktischen Erwägungen bewahrt werden, zumal sie zahlreich sind. Sie belasteten das Grundbuchamt sehr und machten insbesondere das Grundbuch unübersichtlich. 83

In jüngerer Zeit mehren sich nun Stimmen, die den Anwendungsbereich des § 10 Abs. 3 WEG teleologisch reduzieren und jenen des § 10 Abs. 2 WEG im Wege der Analogie erweitern wollen. Während der BGH in seiner oben genannten Entscheidung vom 20.9.2000 noch davon ausgeht, dass auch die auf Grund einer Öffnungsklausel in der Gemeinschaftsordnung gemäß § 23 Abs. 1 WEG gefassten Beschlüsse, die vom Gesetz abweichen oder eine Vereinbarung ändern (so genannte **gesetzes- oder vereinbarungsändernde Beschlüsse**) ohne Eintragung in das Grundbuch wirksam sind ("... *vereinbarungsändernde Beschlüsse [bedürfen] zu ihrer Wirksamkeit gegen den Sondernachfolger eines Wohnungseigentümers nicht der Eintragung in das Grundbuch ...*"), wird jetzt auch die Meinung vertreten, diese Beschlüsse seien in das Grundbuch einzutragen, weil sie die Wirkung einer Vereinbarung haben und deshalb dieser grundbuchrechtlich gleichzustellen seien. Dies diene – so heißt es – dem Schutz des Erwerbers[3]. 84

Angesichts dieser Situation erscheint im **Interesse der Rechtssicherheit** eine Klarstellung der Rechtslage geboten. Eintragungsbedürftig und damit eintragungsfähig 85

---

1 Begründung der Bundesregierung aus der BT-Drucks. 16/887, S. 20 f.
2 Bezogen auf § 10 Abs. 3 Satz 2 des ursprünglichen Regierungsentwurfs (jetzt findet sich die Regelung in § 10 **Abs. 4** Satz 2).
3 Vgl. Wenzel, Beschluss oder Vereinbarung, Festschrift für Deckert, 2002, 517; Wenzel, Öffnungsklauseln und Grundbuchpublizität, ZWE 2004, 130.

sind nach dem Entwurf auch weiterhin nur Vereinbarungen, nicht aber Beschlüsse, auch nicht so genannte gesetzes- oder vereinbarungsändernde Beschlüsse. Hierfür sind folgende Gründe maßgeblich:

86 Die Eintragung solcher Beschlüsse liefe dem Zweck des § 10 Abs. 3 WEG zuwider. Es muss davon ausgegangen werden, dass künftig in verstärktem Maße Gemeinschaftsordnungen mit Öffnungsklauseln errichtet werden mit der Folge, dass die Zahl von Mehrheitsbeschlüssen erheblich steigt[1]. Müssten diese eingetragen werden, bestünde die Gefahr, dass es zu einer Überlastung des Grundbuchamtes käme und damit dessen Funktionsfähigkeit beeinträchtigt würde. Auch führten weitere Eintragungen zu einer Unübersichtlichkeit und damit zu einer Minderung des Informationsgehalts des Grundbuchs, was aber mit der Regelung des § 10 Abs. 3 WEG vermieden werden soll.

87 Hinzu kommt, dass die Eintragung die Wohnungseigentümer mit nicht unerheblichen Kosten belastete. Die Wohnungseigentümer müssten nicht nur notarielle und gerichtliche Gebühren für die Beglaubigung von Unterschriften und die Eintragung in das Grundbuch bezahlen. Sie müssten auch bei jedem einzelnen Beschluss prüfen, ob er in das Grundbuch einzutragen ist oder nicht und dazu vielfach Rechtsrat einholen. Denn die Frage, ob eine bestimmte Regelung „ohne Öffnungsklausel einer Vereinbarung im Sinne des § 10 Abs. 2 WEG bedurft hätte"[2], wird anders als die rein formale Unterscheidung zwischen Vereinbarung und Beschluss von vielen Wohnungseigentümern nicht ohne Rechtsrat zu beantworten sein. Im Ergebnis würde die Eintragung so genannter gesetzes- oder vereinbarungsändernder Beschlüsse vom Rechtsverkehr nicht als Aufwertung des Grundbuchs empfunden, sondern als bürokratische Hürde für die Willensbildung der Wohnungseigentümer.

88 Auch der bei einer Bewertung in Betracht zu ziehende **Schutz des Erwerbers** führt zu keinem anderen Ergebnis. Bereits nach geltendem Recht kann ein Erwerber aus der **Öffnungsklausel** einer Gemeinschaftsordnung die **Beschlusskompetenz** der Wohnungseigentümer zu **Mehrheitsbeschlüssen** ersehen. Er ist in einem solchen Fall hinreichend vorgewarnt und kann nicht darauf vertrauen, dass das Wohnungseigentum mehrheitsfest ist[3]. Dabei ist auch von Bedeutung, dass es gerichtliche Streitigkeiten über diese Frage – soweit ersichtlich – bisher nicht gegeben hat.

89 Um den **Informationsinteressen des Erwerbers** gerecht zu werden, ist eine Beschluss-Sammlung vorgesehen (vgl. den neuen § 24 Abs. 7 und 8 WEG). Die Beschluss-Sammlung ist gemäß der Neufassung des § 24 Abs. 7 WEG übersichtlich gestaltet und ermöglicht es jedem Kaufinteressenten, sich vor dem Erwerb umfassend über die aktuelle Beschlusslage der Gemeinschaft zu unterrichten. Damit ist die Beschluss-Sammlung gerade für den rechtsunkundigen Käufer das geeignete **Informationsmedium**. Demgegenüber wäre das Grundbuch für ihn schwieriger zu handhaben. Hierbei ist auch zu bedenken, dass der Wortlaut von Beschlüssen keineswegs auf dem

---

1 Vgl. Wenzel, Beschluss oder Vereinbarung, Festschrift für Deckert, 2002, S. 517.
2 Wenzel, Öffnungsklauseln und Grundbuchpublizität, ZWE 2004, 130, 135.
3 So auch Becker, Beschlusskompetenz kraft Vereinbarung – sog. Öffnungsklausel, ZWE 2002, 341, 346.

Grundbuchblatt verzeichnet werden könnte (§ 7 Abs. 3 WEG i.V.m. § 3 Abs. 2 WGV) und deshalb stets die Grundakten beigezogen werden müssten.

Im Ergebnis wird die Beschluss-Sammlung die Informationsmöglichkeiten auch des 90 Käufers gegenüber der heutigen Situation entscheidend verbessern. Ein darüber hinausgehender Schutz durch Eintragung von Beschlüssen in das Grundbuch ist nicht geboten, zumal solche Eintragungen dem von Bund und Ländern verfolgten Ziel des Abbaus bürokratischer Hemmnisse und der Stärkung privater Initiativen zuwiderliefen.

5. Der neue § 10 Abs. 6 WEG[1]

• In **Satz 1** wird **im Anschluss** an den Beschluss des BGH vom 2.6.2005[2] die **Rechts-** 91 **fähigkeit der Gemeinschaft** normiert, nämlich als Fähigkeit, Rechte zu erwerben und Pflichten einzugehen. Die Formulierung lehnt sich an § 14 Abs. 2 BGB (Rechtsfähigkeit der Personengesellschaft) und an § 124 Abs. 1 HGB (Rechtsfähigkeit der offenen Handelsgesellschaft) an. Sie vermeidet aber den dortigen Begriff „Verbindlichkeit", der enger als der Begriff „Pflicht" verstanden werden und deshalb hier zu Missverständnissen führen könnte. Die Wörter „gegenüber Dritten und Wohnungseigentümern" stellen klar, dass die Rechtsfähigkeit das Außenverhältnis der Gemeinschaft zu Dritten wie das Innenverhältnis zu den Wohnungseigentümern erfasst. Das Wort „selbst" verdeutlicht die eigenständige Stellung der Gemeinschaft gegenüber den Wohnungseigentümern.

Die **Rechtsfähigkeit der Gemeinschaft** erfasst Rechtsgeschäfte und Rechtshandlun- 92 gen „im Rahmen der gesamten Verwaltung". Die Formulierung „gesamte Verwaltung" macht unter Berücksichtigung des üblichen Sprachgebrauchs deutlich, dass **die gesamte Geschäftsführung zu Gunsten der Wohnungseigentümer** in Bezug auf das gemeinschaftliche Eigentum erfasst wird, also nicht nur die im 3. Abschnitt des I. Teils des Wohnungseigentumsgesetzes unter der Überschrift „Verwaltung" genannten Maßnahmen. Demnach werden auch Rechtsgeschäfte und Rechtshandlungen einbezogen, bei denen es um die **Verwaltung des Gebrauchs**[3] der im Gemeinschaftseigentum stehenden Teile der Wohnanlage oder um die **verwaltungsmäßige Umsetzung** einer von den Wohnungseigentümern beschlossenen Entziehung des Wohnungseigentums geht. Bei Gebrauch ist an die Geltendmachung eines Anspruchs gemäß § 1004 BGB auf Unterlassung einer Störung, etwa wegen unzulässigen Musizierens oder wegen unzulässiger Hundehaltung, und bei der Entziehung des Wohnungseigentums ist an eine Klagerhebung zu denken.

Für die **Erfassung der gesamten Geschäftsführung** unter der Formulierung „gesamte 93 Verwaltung" spricht, dass es keinen sachlich rechtfertigenden Grund gibt, die

---

1 Begründung der Bundesregierung aus der BT-Drucks. 16/887, S. 60 ff.
2 BGH, Beschl. v. 2.6.2005 – V ZB 32/05, BGHZ 163, 154 = BGHR 2005, 1090 = MDR 2005, 1156 = ZWE 2005, 422 = ZMR 2005, 547 = NJW 2005, 2061.
3 Der Begriff „Verwaltung des Gebrauchs" ist völlig unklar. Der Gebrauch des Eigentums erfolgt durch die einzelnen Eigentümer, in welcher Weise soll dieser Gebrauch „verwaltet" werden?

Rechtsfähigkeit **auf einen bloßen Teilaspekt** der Verwaltung zu beschränken. Die Angelegenheiten, die nach Sinn und Zweck der Neuregelung auf jeden Fall der Gemeinschaft zuzuordnen sind und ihr auch nach der BGH-Entscheidung zustehen – wie etwa die Verfolgung von Schadensersatzansprüchen wegen Beschädigung des gemeinschaftlichen Eigentums –, unterscheiden sich nicht wesentlich von den sonstigen, oben genannten Verwaltungsangelegenheiten. Auch bei sonstigen Verwaltungsangelegenheiten tritt die Gemeinschaft dem beteiligten Wohnungseigentümer wie einem Dritten gegenüber, nicht anders als die Gesellschaft gegenüber einem Mitgesellschafter in einem Mietrechtsstreit wegen einer an ihn vermieteten Wohnung der Gesellschaft auftritt.

94   Hinzu kommt, dass bei einer anderen Bewertung einheitliche Lebenssachverhalte ohne überzeugenden Grund rechtlich getrennt würden. So hätte ein Abstellen nur auf „Verwaltung" zur Folge, dass sonstige gemeinschaftliche Angelegenheiten, also etwa solche, die den Gebrauch betreffen, bei der Gesamtheit der Wohnungseigentümer verblieben und nicht von der Gemeinschaft erledigt werden könnten. Im Fall der Hundehaltung stünde dann der Gemeinschaft etwa wegen Zerkratzens der Haustür durch den Hund zwar ein Schadensersatzanspruch, nicht aber ein Anspruch gemäß § 1004 BGB auf Entfernung des Hundes zu. Eine solche Trennung stiftete bei den Rechtsanwendern nur Verwirrung und wäre das Gegenteil einer praktikablen Regelung. Nur eine Zusammenfassung der Angelegenheiten unter der Formulierung „gesamte Verwaltung" stellt daher sicher, dass der mit der Normierung der Rechtsfähigkeit verfolgte Zweck, das Wohnungseigentumsrecht praktikabler als bisher zu gestalten, auch erreicht werden kann. Dass der Gesamtheit in Ausnahmefällen, etwa dann, wenn ein Verwalter fehlt oder nicht zur Vertretung der Gemeinschaft befugt ist (vgl. den neuen § 27 Abs. 3 Satz 2 WEG), Verwaltungsaufgaben zukommen, steht dem nicht entgegen.

95   • **Satz 2** stellt klar, dass die Rechtsfähigkeit die in der Person der Gemeinschaft gesetzlich begründeten und die von ihr rechtsgeschäftlich erworbenen Rechte und Pflichten erfasst. Dies sind praktisch wie nach geltendem Recht im Wesentlichen alle Geschäfte, die der Verwalter im Rahmen der ihm gemäß dem neuen § 27 Abs. 3 WEG gesetzlich zugewiesenen oder ihm übertragenen Aufgaben und Befugnisse schließt, bisher als Vertreter der Wohnungseigentümer und nun als **Organ der Gemeinschaft.** Dazu gehören etwa die Bestellung von Heizöl, die Beauftragung von Handwerkern für Reparaturen oder die Einholung von Kostenvoranschlägen für eine Sanierungsmaßnahme.

96   • **Satz 3** betrifft Rechte und Pflichten der Wohnungseigentümer, die bislang von der Gesamtheit der Wohnungseigentümer geltend gemacht und erfüllt wurden und die zukünftig von der Gemeinschaft auszuüben und zu erfüllen sind. Mit der Formulierung, dass die Rechte und Pflichten von der Gemeinschaft „ausgeübt" und „wahrgenommen" werden, ordnet das Gesetz ihre **Geltendmachung und Erfüllung** der Gemeinschaft zu. Dies bedeutet, dass die Befugnis zur Ausübung von Rechten und zur Wahrnehmung von Pflichten (**Ausübungsbefugnis**) aus der bisherigen Kompetenz der Gesamtheit der Wohnungseigentümer ausgegliedert und **der Gemeinschaft zugeordnet** wird. Dass die Befugnis künftig **nur ihr und nicht auch der Gesamtheit**

zusteht, folgt bereits aus Sinn und Zweck der Regelung und bedarf keiner ausdrücklichen Normierung. Die Änderung der Zuordnung von der Gesamtheit der Wohnungseigentümer zur Gemeinschaft führt nicht zu einem Inhaberwechsel. **Inhaber der Rechte und Pflichten bleiben die Wohnungseigentümer.**

Die Normierung der **Ausübungsbefugnis** der Gemeinschaft für Angelegenheiten der   97
Wohnungseigentümer knüpft an das geltende Recht an. Sie ermöglicht es, dass die bestehende Rechtsprechung des BGH[1], nach der die Gesamtheit der Wohnungseigentümer die Befugnis hat, die **Geltendmachung von Individualansprüchen** durch Mehrheitsbeschluss **an sich zu ziehen** und sie auf diese Weise zu gemeinschaftsbezogenen Ansprüchen zu machen, ohne systematischen Bruch weiterhin Anwendung finden und auch fortgeführt werden kann[2].

Die Normierung der **Ausübungsbefugnis** an Stelle einer **Vollrechtsübertragung** be-   98
rücksichtigt darüber hinaus, dass den Wohnungseigentümern – wie schon der neue Absatz 1 des § 10 WEG deutlich macht – **weiterhin** die **maßgebliche Stellung** und der Gemeinschaft nur eine gleichsam **dienende Funktion** zukommen soll. Ansonsten könnte der mit der Normierung der Rechtsfähigkeit eingeschlagene Weg bei extensiver Auslegung der Vorschriften zu einer **nachhaltigen Minderung,** wenn nicht **Aushöhlung der Individualrechte** der Wohnungseigentümer und so letztlich zu einer Gefährdung des Wohnungseigentums als echtem Eigentum führen. Im Übrigen reicht für die mit der Teilrechtsfähigkeit beabsichtigte **Erleichterung der Verwaltung** in mittleren und größeren Wohnanlagen die Normierung einer Ausübungsbefugnis aus, einer **Vollrechtsübertragung** der Angelegenheiten **bedarf es** insoweit **nicht.**

Der Begriff „**gemeinschaftsbezogen"** ist in Rechtsprechung, Lehre und Praxis der   99
Verwaltung bekannt und macht von seinem Wortlaut her die Zuordnung der Ange-

---

1 Die Begründung nennt hier keine Rechtsprechung; es ist unklar, welche Entscheidungen des BGH hier gemeint sind. BGH, Beschl. v. 25.9.2003 – V ZB 21/03, BGHZ 155, 193 = BGHR 2003, 1385 = MDR 2004, 86 = ZWE 2004, 66 = ZMR 2003, 937 = NJW 2003, 3476 = WuM 2003, 712 = WE 2004, 32, kommt nicht in Betracht, weil der BGH in dieser Entscheidung die Kompetenz der Gemeinschaft für die Wasserkostenverteilung nach Verbrauch angenommen hatte. Gegenstand der Beschlussfassung sei nämlich nicht der individuelle Wasserverbrauch, führt der BGH aus, sondern die Verteilung der durch den Verbrauch an den einzelnen Entnahmestellen verursachten Kosten. Das ist aber eine Angelegenheit der Gemeinschaft, wenn die Wohnungseigentümer gegenüber dem Versorgungsunternehmen mit dem Abschluss eines Vertrages über die Belieferung mit Wasser und die Abwasserentsorgung eine gemeinschaftliche Verpflichtung eingegangen sind. Die Entscheidung BGH, Urt. v. 27.7.2006 – VII ZR 276/05, BGHR 2006, 1401 = BauR 2006, 1747 = NJW 2006, 3275 = NZM 2006, 778, lässt ausdrücklich offen, ob die Wohnungseigentümergemeinschaft bei Erfüllungs- und Mängelgewährleistungsansprüchen die Geltendmachung von Ansprüchen gegen den Bauträger an sich ziehen kann.

2 Vgl. neuerdings die Rechtsprechung des OLG München, die allerdings der Begründung des Regierungsentwurfs schon wegen der zeitlichen Abfolge nicht zugrunde gelegen haben kann: OLG München, Beschl. v. 12.12.2005 – 34 Wx 083/05, OLGR München 2006, 173 = ZMR 2006, 304 = DWE 2006, 30 = ZWE 2006, 337 = NJW-RR 2006, 592 = NZM 2006, 345; OLG München, Beschl. v. 14.12.2005 – 34 Wx 100/05, OLGR München 2006, 215 = ZWE 2006, 439.

legenheiten, um die es hier geht, deutlich. **Gemeinschaftsbezogen** sind die Angelegenheiten, für die zum einen gemäß § 21 Abs. 1 WEG (Grundsatz der gemeinschaftlichen Verwaltung) **bisher** eine **ausschließliche Verwaltungszuständigkeit** der Gesamtheit der Wohnungseigentümer besteht und bei deren Geltendmachung sich – wie es für die Rechtsfähigkeit und die Teilnahme am Rechtsverkehr charakteristisch ist – die Gemeinschaft und ein Wohnungseigentümer wie Dritte gegenüberstehen.

100   Die Normierung stellt – wie bereits erwähnt – auf die Rechtsprechung des BGH[1] zur **Geltendmachung gemeinschaftsbezogener Forderungen** der Wohnungseigentümer ab[2]. Danach können solche Ansprüche mit Rücksicht auf das Interesse der Gesamtheit der Wohnungseigentümer nur von dieser, **nicht** aber von den **einzelnen Wohnungseigentümern** geltend gemacht werden. Für sie ist kennzeichnend, dass die mit dem Anspruch geltend gemachte Leistung **allen Wohnungseigentümern gemeinsam** zusteht. Dazu zählen insbesondere die Ansprüche auf Zahlung der **Beiträge** zu den Lasten und Kosten[3] und auf **Schadensersatz** wegen Verletzung des gemeinschaftlichen Eigentums[4]. Die genannten Rechte und Ausübungsbefugnisse gehören auch zum Verwaltungsvermögen der Gemeinschaft (vgl. den neuen § 10 Abs. 7 Satz 2 und 3 WEG), so wie im **Gesellschaftsrecht** die **Sozialansprüche** Teil des Gesellschaftsvermögens sind. Bei Schadensersatzansprüchen ist es im Übrigen nicht von Bedeutung, gegen wen sie sich richten. Auch **Schadensersatzansprüche gegen den Verwalter** sind gemeinschaftsbezogen[5]; sie werden von allen Wohnungseigentümern oder einem oder mehreren ermächtigten Wohnungseigentümern geltend gemacht (vgl. den neuen § 27 Abs. 3 Satz 2 und 3 WEG). Dass das **Finanz- und Rechnungswesen** der Wohnungseigentümer (§ 28 WEG) nun **Sache der Gemeinschaft** ist, folgt aus der entsprechenden **Zuordnung der Ansprüche, Befugnisse und Gelder** zum Verwaltungsvermögen (neuer § 10 Abs. 7 WEG).

101   **Gemeinschaftsbezogen** sind auch die **Mängelansprüche** der Wohnungseigentümer aus Erwerbsverträgen mit Bauträgern, soweit deren Geltendmachung nach geltendem Recht auch im Interesse des Schuldnerschutzes grundsätzlich der **Gesamtheit**,

---

1 BGH, Beschl. v. 15.12.1988 – V ZB 9/88, BGHZ 106, 222 = MDR 1989, 436 = ZMR 1989, 182 = NJW 1989, 1091 = DWE 1989, 66; BGH, Beschl. v. 20.4.1990 – V ZB 1/90, BGHZ 111, 148 = MDR 1991, 138 = ZMR 1990, 389 = NJW 1990, 2386 = WuM 1990, 468 = DWE 1990, 140; BGH, Beschl. v. 2.10.1991 – V ZB 9/91, BGHZ 115, 253 = MDR 1992, 257 = ZMR 1992, 30 = NJW 1992, 182 = DWE 1991, 152; BGH, Beschl. v. 19.12.1991 – V ZB 27/90, BGHZ 116, 392 = MDR 1992, 484 = ZMR 1992, 167 = NJW 1992, 978 = DWE 1992, 72; BGH, Urt. v. 11.12.1992 – V ZR 118/91, BGHZ 121, 22 = MDR 1993, 445 = ZMR 1993, 173 = NJW 1993, 727 = DWE 1993, 60 = WuM 1993, 143.
2 Vgl. auch KK-WEG-Abramenko, § 43, Rn. 3; Merle in Bärmann/Pick/Merle, WEG, 9. Auflage, § 21, Rn. 6 f., 22; Niedenführ in Niedenführ/Schulze, WEG, 7. Auflage, § 21, Rn. 10 ff.; Staudinger/Wenzel (2005), Vorbemerkung zu § 43 ff., Rn. 75; jeweils m.w.N.
3 BGH, Beschl. v. 20.4.1990 – V ZB 1/90, BGHZ 111, 148 = MDR 1991, 138 = ZMR 1990, 389 = NJW 1990, 2386 = WuM 1990, 468 = DWE 1990, 140.
4 BGH, Urt. v. 11.12.1992 – V ZR 118/91, BGHZ 121, 22 = MDR 1993, 445 = ZMR 1993, 173 = NJW 1993, 727 = DWE 1993, 60 = WuM 1993, 143.
5 BGH, Beschl. v. 15.12.1988 – V ZB 9/88, BGHZ 106, 222 = MDR 1989, 436 = ZMR 1989, 182 = NJW 1989, 1091 = DWE 1989, 66.

nicht aber den **einzelnen Wohnungseigentümern** zusteht, etwa die **Entscheidung,** ob
statt **Nachbesserung gemindert oder kleiner Schadensersatz** verlangt werden soll,
oder die Befugnis, die **Rechte auf Minderung oder kleinen Schadensersatz** geltend zu
machen[1].

Auch **Mängelansprüche,** deren Geltendmachung grundsätzlich jedem einzelnen   102
Wohnungseigentümer zusteht, wie ein Anspruch auf Nachbesserung, sind nach geltendem Recht **dann gemeinschaftsbezogen,** wenn die Gesamtheit sie durch be-
standskräftigen Mehrheitsbeschluss **zulässigerweise** an sich gezogen hat[2].

Zu den „**sonstigen"** der Gemeinschaft neben jedem Wohnungseigentümer zustehen-   103
den **Rechten** zählen gemeinschaftliche Ansprüche, die bisher von der Gesamtheit
der Wohnungseigentümer auf Grund eines entsprechenden Mehrheitsbeschlusses
geltend gemacht werden können, ihr aber nicht ausschließlich zustehen. Es geht
insbesondere um die Geltendmachung gemeinschaftlicher **Ansprüche** gegen einen
Wohnungseigentümer **gemäß § 1004 BGB** auf Beseitigung und **Unterlassung einer
Störung**[3], etwa die Beeinträchtigung des gemeinschaftlichen Eigentums durch **bauliche Veränderungen** und die **Wiederherstellung des früheren Zustandes.** Auch in
einem solchen Fall stehen sich die Gemeinschaft und der Wohnungseigentümer wie
Dritte gegenüber. Dass jedem **Wohnungseigentümer** insoweit **auch ein Individualanspruch** zusteht oder dass dieser von einem einzelnen Wohnungseigentümer in
einem Rechtsstreit bereits geltend gemacht wird, hindert die Gemeinschaft nach
einem Mehrheitsbeschluss nicht, den Anspruch zu verfolgen. Die nach geltendem
Recht zulässige **Konkurrenz** der Verfolgung **von Individual- und gemeinschaftlichen
Ansprüchen** bleibt also unberührt.

Von den gemeinschaftsbezogenen Rechten sind die **Individualrechte** zu unterschei-   104
den. Ihre Geltendmachung ist Sache eines jeden Wohnungseigentümers und wird
durch die in dem neuen Satz 3 geregelte Kompetenz der Gemeinschaft nicht beeinträchtigt. Dies verdeutlicht die Beschränkung der Gemeinschaft auf Rechte, „soweit" diese (auf Grund eines Mehrheitsbeschlusses) geltend gemacht werden können oder zu erfüllen sind. Außerdem folgt dies aus § 10 Abs. 1 WEG. Neben den im
Gesetz genannten Rechten, wie etwa dem Recht auf **Anfechtung eines Beschlusses**
durch Klageerhebung (neuer § 46 Abs. 1 WEG) oder dem **Anspruch auf ordnungsmäßige Verwaltung** (§ 21 Abs. 4 WEG), zählen zu den Individualansprüchen auch
Schadensersatzansprüche der Wohnungseigentümer **untereinander** oder **gegen
Dritte,** etwa wenn eine Beeinträchtigung des gemeinschaftlichen Eigentums nur
einen einzelnen Wohnungseigentümer schädigt und eine gemeinsame Empfangszu-
ständigkeit der Wohnungseigentümer nicht begründet ist[4]. Auch bei dem Anspruch

---

1 Merle in Bärmann/Pick/Merle, WEG, 9. Auflage, § 21, Rn. 8 f., 15 ff.; Niedenführ in Nieden-
  führ/Schulze, WEG, 7. Auflage, § 21, Rn. 21, 39 ff.; Staudinger/Wenzel (2005), Vorbemerkung
  zu § 43 ff., Rn. 76; jeweils m.w.N.
2 Vgl. Briesemeister, Rechtsfähigkeit der WEG-Gemeinschaft und Verfahren, ZWE 2006, 15.
3 Vgl. BayObLG, Beschl. v. 17.2.2000 – 2 Z BR 180/99, BayObLGZ 2000, 43 = ZWE 2000, 350 =
  ZMR 2000, 394 = NJW-RR 2000, 968 = WuM 2001, 91.
4 BGH, Beschl. v. 2.10.1991 – V ZB 9/91, BGHZ 115, 253 = MDR 1992, 257 = ZMR 1992, 30 =
  NJW 1992, 182 = DWE 1991, 152.

aus § 1004 BGB auf Beseitigung und Unterlassung einer Beeinträchtigung des gemeinschaftlichen Eigentums gegen einen Miteigentümer handelt es sich um einen Individualanspruch[1]. Dass der **Gebrauch** – soweit es um seine Beeinträchtigung geht – nach der Vorstellung der Bundesregierung nunmehr ein **Teilaspekt der gesamten Verwaltung** ist und demnach in die **Kompetenz der Gemeinschaft** fällt, steht dem nicht entgegen. Die **Kompetenzverlagerung** der gemeinschaftlichen Verwaltungsangelegenheiten von der Gesamtheit auf die Gemeinschaft ändert nichts daran, dass es sich insoweit um einen **Individualanspruch** handelt. Dabei ist insbesondere von Bedeutung, dass ansonsten das Wohnungseigentum als echtes Eigentum durch den einzelnen Wohnungseigentümer nicht hinreichend geschützt werden könnte.

105 • Die in **Satz 4** vorgeschriebene **Bezeichnung** „Wohnungseigentümergemeinschaft" und die ebenso erforderliche Angabe des Grundstücks dienen der Rechtssicherheit. Es muss auch im Hinblick auf die Haftung deutlich sein, dass eine Gemeinschaft handelt und welche Gemeinschaft handelt. Die „**bestimmte Angabe des gemeinschaftlichen Grundstücks**" entspricht der des § 44 Abs. 1 Satz 1 WEG für die Bezeichnung der Wohnungseigentümer in der Klageschrift und kann nach der postalischen Anschrift oder der Grundbucheintragung erfolgen. Eine unterschiedliche Bezeichnung der teilrechtsfähigen Gemeinschaft einerseits und der Wohnungseigentümer im Fall der Klageerhebung gemäß § 44 Abs. 1 Satz 1 WEG andererseits erscheint nicht geboten, da es kaum zu Verwechslungen kommen kann. Im Rechtsverkehr zur Verwaltung des gemeinschaftlichen Eigentums tritt künftig in aller Regel nur noch die Gemeinschaft auf, und im Fall der Klageerhebung ist für die Beteiligten klar, dass mit der **Kurzbezeichnung** die einzelnen Wohnungseigentümer gemeint sind.

106 • **Satz 5** normiert in Anlehnung an § 124 Abs. 1 HGB, dass die Gemeinschaft im Rahmen ihrer eingeschränkten Rechtsfähigkeit auch **parteifähig** ist, und zwar sowohl für Streitigkeiten mit Dritten als auch mit Wohnungseigentümern.

6. Der neue § 10 Abs. 7 WEG[2]

107 • **Absatz 7** ordnet in Satz 1 das **Verwaltungsvermögen** der Gemeinschaft der Wohnungseigentümer als Rechtssubjekt zu. Als Verwaltungsvermögen werden in Satz 2 alle im Rahmen der gesamten Verwaltung des gemeinschaftlichen Eigentums gesetzlich und rechtsgeschäftlich erworbenen Sachen und Rechte und die hierbei entstandenen Verbindlichkeiten definiert.

108 Von der rechtlichen Behandlung des Verwaltungsvermögens hängt die Beantwortung einiger für die Rechtspraxis wichtiger Fragen ab. Dadurch entscheidet sich etwa, ob es einen **Anteil** der Wohnungseigentümer **am Verwaltungsvermögen** gibt und ob dieser Anteil bei einer rechtsgeschäftlichen Veräußerung des Wohnungseigentums oder auch bei einer Zwangsversteigerung ohne weiteres auf den Rechts-

---

1 BGH, Beschl. v. 19.12.1991 – V ZB 27/90, BGHZ 116, 392 = MDR 1992, 484 = ZMR 1992, 167 = NJW 1992, 978 = DWE 1992, 72.
2 Begründung der Bundesregierung aus BT-Drucks. 16/887, S. 62 ff.

nachfolger übergeht. Daneben geht es um die Frage, ob der einzelne Wohnungseigentümer bei seinem Ausscheiden aus der Gemeinschaft die Auseinandersetzung
des Verwaltungsvermögens fordern und etwa seinen Anteil an der Instandhaltungsrücklage herausverlangen kann und inwieweit die Ansprüche des einzelnen Wohnungseigentümers in Bezug auf das Verwaltungsvermögen **Gegenstände zwangsvoll-
streckungsrechtlicher Maßnahmen** sein können.

Eine langfristige Wirtschaftsplanung ist den Wohnungseigentümern nur möglich,   109
wenn sie sich darauf verlassen können, dass ihnen die einmal in das Verwaltungsvermögen überführten Gegenstände langfristig zur Verfügung stehen, und zwar unabhängig davon, ob einzelne Wohnungseigentümer zukünftig aus der Gemeinschaft
ausscheiden oder Zwangsvollstreckungsmaßnahmen ausgesetzt werden. Außerdem
haben nicht nur die Wohnungseigentümer, sondern auch der Rechtsverkehr ein Interesse daran, dass das Verwaltungsvermögen eindeutig den derzeitigen Wohnungseigentümern rechtlich zugeordnet werden kann. Zumindest nach einem Eigentums-
wechsel wäre es ansonsten denkbar, dass auch Außenstehende und möglicherweise
unauffindbare Personen Rechtspositionen am Verwaltungsvermögen innehaben.

Die in Rechtsprechung und Literatur bislang vertretenen Auffassungen werden die-   110
ser Interessenlage nicht immer gerecht. So wird teilweise vertreten, dass den Wohnungseigentümern jeder einzelne Gegenstand des Verwaltungsvermögens in
schlichter Rechtsgemeinschaft nach Maßgabe des Wohnungseigentumsgesetzes und
§ 741 ff. BGB zusteht[1].

Nach dieser Auffassung ist es sowohl möglich als auch erforderlich, die Anteile an   111
den einzelnen Gegenständen des Verwaltungsvermögens gesondert und vom Wohnungseigentum getrennt auf einen Dritten zu übertragen (§ 747 Satz 1 BGB). Bei
einem Erwerb durch Zuschlag in der Zwangsversteigerung gehen diese Anteile danach nur insoweit auf den Ersteher über, als sich auf sie bei einem Grundstück die
Hypothek erstreckt (§ 90 Abs. 2, § 20 Abs. 2 ZVG). Diese Lösung ermöglicht es
einem Gläubiger eines Wohnungseigentümers auch, die Anteile des Wohnungseigentümers an den einzelnen Vermögensgegenständen im Wege der Zwangsversteigerung zu verwerten[2].

Der Auffassung von der schlichten Bruchteilsgemeinschaft wird entgegengehalten,   112
an der praktischen Durchführbarkeit zu scheitern[3]. Es sind daher unterschiedliche
Ansätze entwickelt worden, denen gemeinsam ist, einen möglichst automatischen
Rechtsübergang des Anteils am Verwaltungsvermögen zusammen mit dem Wohnungseigentum im Fall der Veräußerung und der Zwangsvollstreckung zu bewirken
und eine selbständige Pfändbarkeit oder Auseinandersetzung des Verwaltungsvermögens auszuschließen[4]. Diese Lösungsansätze sind dogmatisch aufwändig und da-

---

1 BayObLG, Beschl. v. 25.7.1984 – 2 Z 108/83, BayObLGZ 1984, 198 = MDR 1984, 1028 =
  Rpfleger 1984, 428 = DNotZ 1985, 416; Weitnauer, WEG, 8. Auflage, § 1 Rz. 13.
2 Näheres bei Weitnauer, WEG, 8. Auflage, § 1 Rz. 13.
3 Vgl. Briesemeister in Weitnauer, WEG, 9. Auflage, § 1 Rz. 25.
4 Vgl. die Übersicht bei Wicke, Das WEG-Verwaltungsvermögen: Bruchteilseigentum, Ge-
  samthandsvermögen, Gemeinschaftseigentum, Zubehör oder wesentlicher Bestandteil, ZfIR
  2005, 301.

her umstritten. Zum Teil gehen sie zwar von einzelnen Bruchteilsgemeinschaften aus, mildern die hieraus sich ergebenden Rechtsfolgen aber ab, indem die Anteile etwa als Zubehör des Wohnungseigentums angesehen werden (mit der Folge des § 311c BGB)[1] oder indem § 11 WEG analog auch auf diese Bruchteilsgemeinschaften angewendet wird[2]. Zum Teil sind auch Gegenentwürfe zur „Bruchteilslösung" konzipiert worden. So hat das Kammergericht entschieden, aus dem Gesetz ergebe sich eine notwendige Akzessorietät des Mobiliarverwaltungsvermögens der Wohnungseigentümergemeinschaft zu dem jeweiligen Grundbuchstand[3]. In eine ähnliche Richtung geht die Vorstellung, das Verwaltungsvermögen sei in erweiternder Auslegung des § 1 Abs. 5 WEG dem Gemeinschaftseigentum zuzuordnen[4]. Es wird auch vertreten, der Anteil des einzelnen Wohnungseigentümers am Verwaltungsvermögen sei wesentlicher Bestandteil des Wohnungseigentums[5].

Die Normierung der Rechtsfähigkeit der Gemeinschaft der Wohnungseigentümer bietet jetzt die Möglichkeit, die **Fragen um das Verwaltungsvermögen** dogmatisch schlüssig und gleichzeitig praktikabel zu lösen. Denn das Verwaltungsvermögen wird nun der **Gemeinschaft der Wohnungseigentümer** als Rechtssubjekt zugewiesen. Dort verbleiben die Gegenstände auch bei einem Eigentümerwechsel. Der Sonderrechtsnachfolger hat zwanglos an ihnen teil, unabhängig davon, ob er das Eigentum rechtsgeschäftlich oder durch Zuschlag in der Zwangsversteigerung erwirbt.

113 Eine gesonderte Übertragung der Gegenstände durch den Wohnungseigentümer ist nicht erforderlich; sie ist dem Wohnungseigentümer als Nichtberechtigtem auch gar nicht mehr möglich. Auch die Frage, ob ein einzelner Wohnungseigentümer Auseinandersetzung verlangen kann, ist eindeutig geklärt. Denn die Gemeinschaft der Wohnungseigentümer und damit auch das Rechtssubjekt als solches ist gemäß § 11 Abs. 1 WEG unauflöslich. Dies setzt sich auch bei Zwangsvollstreckungsmaßnahmen gegen einen einzelnen Wohnungseigentümer durch. Um das Verwaltungsvermögen im Wege der Zwangsvollstreckung verwerten zu können, ist daher ein Titel gegen die Gemeinschaft als solche erforderlich und ausreichend.

114 • **Absatz 7** weist das Verwaltungsvermögen dementsprechend der Gemeinschaft der Wohnungseigentümer als Rechtssubjekt zu. Die Vorschrift versteht sich zunächst als ergänzende Klarstellung zu **Absatz 6**. Denn schon nach dem neuen Absatz 6 Satz 1 und 2 ist die Gemeinschaft der Wohnungseigentümer **in der Lage**, selbst Vermögensgegenstände zu erwerben, also etwa **Inhaberin eines Bankkontos** zu werden oder **Eigentümerin eines Gartengerätes**. Im Hinblick auf die große praktische Bedeutung der Vermögenszuordnung ist es gleichwohl angezeigt, diese Rechtsfolge ausdrücklich zu regeln. Hinzu kommt, dass die Entscheidung des BGH vom 2.6.2005 aus den bereits dargestellten Gründen keine allgemeine Anerkennung er-

---

1 Vgl. OLG Düsseldorf, Urt. v. 20.4.1994 – 9 U 220/93, NJW-RR 1994, 1038.
2 Röll, Das Verwaltungsvermögen der Wohnungseigentümergemeinschaft, NJW 1987, 1049.
3 KG, Beschl. v. 15.2.1988 – 24 W 3007/87, OLGZ 1988, 302 = ZMR 1988, 272 = WuM 1988, 179 = NJW-RR 1988, 844.
4 Niedenführ/Schulze, WEG, 7. Auflage, § 21 Rz. 4.
5 Merle in Bärmann/Pick/Merle, WEG, 9. Auflage, § 21, Rz. 157 ff.; Roth, Die Zuordnung des Verwaltungsvermögens, ZWE 2001, 238.

fahren hat. Bliebe es allein bei der Regelung in Absatz 6, wäre somit zweifelhaft, ob auch das zum Zeitpunkt des Inkrafttretens des Änderungsgesetzes bereits vorhandene Verwaltungsvermögen schon der Gemeinschaft der Wohnungseigentümer als Rechtssubjekt gehört. Es bliebe offen, ob die bis zu diesem Zeitpunkt erworbenen Gegenstände des Verwaltungsvermögens bis auf weiteres noch den Wohnungseigentümern in Bruchteilsgemeinschaft zustehen und zunächst auf die Gemeinschaft der Wohnungseigentümer als Rechtssubjekt übertragen werden müssen. Nach Absatz 7 erfasst die **Zuordnung des Verwaltungsvermögens** zur Gemeinschaft der Wohnungseigentümer daher alle im Rahmen der gesamten Verwaltung des gemeinschaftlichen Eigentums erworbenen **Sachen und Rechte**, gleichviel, ob der Erwerb schon vor langer Zeit stattgefunden hat, in der Zeit seit dem 2.6.2005 stattfand oder erst in der Zukunft, nach Inkrafttreten des Änderungsgesetzes, stattfinden wird.

Die Regelung des Absatzes 7 erstreckt sich ausdrücklich auch auf **Verbindlichkeiten**. Damit wird deutlich, dass das Verwaltungsvermögen nicht nur aus Aktiva, sondern auch aus Passiva besteht. Auch bei Verbindlichkeiten der Gemeinschaft bedarf es bei einem Rechtsübergang **keiner gesonderten Schuldübernahme** oder ähnlicher Vereinbarungen mehr. Die Verbindlichkeiten treffen die Gemeinschaft unabhängig von ihrem jeweiligen Mitgliederbestand und unabhängig davon, ob sie gesetzlich oder rechtsgeschäftlich begründet sind.   115

• **Satz 3** dient ebenfalls der Klarstellung, um zu verdeutlichen, dass auch die der Gemeinschaft gemäß dem neuen Absatz 6 Satz 3 zustehende Befugnis zur Ausübung der gemeinschaftsbezogenen Rechte und Wahrnehmung der gemeinschaftsbezogenen Pflichten und die von dem Verwalter gemäß § 27 Abs. 1 Nr. 6 WEG eingenommenen Gelder zum Verwaltungsvermögen gehören.   116

• **Satz 4** sieht einen **gesetzlichen Übergang** des Verwaltungsvermögens auf den Grundstückseigentümer vor, wenn sich alle Wohnungseigentumsrechte in einer Person vereinigen. Da die Gemeinschaft in einem solchen Fall nicht mehr besteht, kann sie auch nicht mehr Träger des Verwaltungsvermögens sein[1]. Der in Satz 4 angeordnete Übergang löst die damit verbundenen Fragen und schließt die sich sonst möglicherweise ergebenden Haftungslücken. Veräußert der Grundstückseigentümer im Anschluss wieder ein Wohnungseigentumsrecht, so dass erneut eine Gemeinschaft entsteht, steht dieser das Verwaltungsvermögen gemäß den Sätzen 1 und 2 wieder zu.   117

7. Der neue § 10 Abs. 8 WEG[2]

• **Satz 1** der Vorschrift bestimmt, inwieweit die Wohnungseigentümer im Verhältnis gegenüber Dritten für die Verbindlichkeiten der Gemeinschaft einzustehen haben.   118

Bis zur Entscheidung des BGH vom 2.6.2005 waren **die Wohnungseigentümer** selbst Vertragspartei, wenn sie im Rahmen der Verwaltung mit Dritten Verträge   119

---

1 Kreuzer, Der verstorbene WE-Verband, ZMR 2006, 15.
2 Begründung der Bundesregierung aus BT-Drucks. 16/887, 63 ff.

schlossen. Es verpflichteten sich also mehrere gemeinschaftlich, so dass die Wohnungseigentümer nach der Auslegungsregel des § 427 BGB im Zweifel **gesamtschuldnerisch** für die in ihrem Namen begründeten Verwaltungsschulden hafteten[1].

120   Dies war ständige und allgemein anerkannte Rechtsprechung[2]. Der einzelne Wohnungseigentümer konnte nicht geltend machen, der Gläubiger habe vor einem Zugriff auf sein Vermögen zunächst das Verwaltungsvermögen in Anspruch zu nehmen. Es gab keine Einrede der Vorausklage[3].

121   Etwas anderes gilt von jeher für so genannte **Aufbauschulden**. Geben künftige Wohnungseigentümer Arbeiten für die Errichtung eines Gebäudes im eigenen Namen in Auftrag, so haften sie nur anteilig, nicht aber als Gesamtschuldner[4].

122   Nach Auffassung des OLG Köln greifen diese Grundsätze auch für Verwaltungsmaßnahmen, die eine grundlegende Sanierung des Gemeinschaftseigentums betreffen, so dass auch hier die Wohnungseigentümer im Zweifel nur im Umfang ihrer Miteigentumsanteile haften[5].

123   Nach der Entscheidung des BGH vom 2.6.2005 tritt nunmehr die Gemeinschaft als Vertragspartner eines Dritten auf. Sie haftet mit dem Verwaltungsvermögen. Die Frage, inwieweit ein Dritter auch unmittelbar gegen die einzelnen Wohnungseigentümer vorgehen kann, stellt sich damit neu. Nach der Entscheidung des BGH kommt eine **akzessorische gesamtschuldnerische Haftung** der Wohnungseigentümer mangels einer entsprechenden gesetzlichen Regelung nicht in Betracht. Sie sei nur anzunehmen, wenn sich die Wohnungseigentümer neben der Gemeinschaft klar und eindeutig auch persönlich verpflichtet hätten.

124   Der BGH rechtfertigt dieses Ergebnis vor allem damit, dass eine gesamtschuldnerische Haftung den Wohnungseigentümern nicht zuzumuten sei. Wegen ihres Finanzierungssystems (vgl. § 28 WEG) sei sie überdies entbehrlich. Sei das vorhandene Geldvermögen der Gemeinschaft nicht ausreichend, um den Anspruch des Gläubi-

---

1 BGH, Urt. v. 21.10.1976 – VII ZR 193/75, BGHZ 67, 232 = MDR 1977, 217 = NJW 1977, 44 = ZMR 1978, 253; BGH, Urt. v. 12.5.1977 – VII ZR 167/76, MDR 1977, 924 = NJW 1977, 1686; BGH, Urt. v. 18.6.1979 – VII ZR 187/78, BGHZ 75, 26 = MDR 1979, 1014 = NJW 1979, 2101.
2 Vgl. Briesemeister in Weitnauer, WEG, 9. Auflage, § 1 Rz. 26 m.w.N.
3 Vgl. Pick in Bärmann/Pick/Merle, WEG, 9. Auflage, Einleitung Rz. 37.
4 Vgl. etwa BGH, Urt. v. 29.9.1959 – VIII ZR 105/58, MDR 1959, 1007 = NJW 1959, 2160; BGH, Urt. v. 18.6.1979 – VII ZR 187/78, BGHZ 75, 26 = MDR 1979, 1014 = NJW 1979, 2101; BGH, Urt. v. 21.1.2002 – II ZR 2/00, BGHZ 150, 1 = MDR 2002, 766–767 = BGHR 2002, 637 = ZMR 2002, 604 = NJW 2002, 1642; vgl. auch Briesemeister in Weitnauer, WEG, 9. Auflage, nach § 3 Rz. 20; Häublein, Die rechtsfähige Wohnungseigentümergemeinschaft – Vorzüge eines Paradigmenwechsels – dargestellt am Beispiel der Haftung für Verwaltungsschulden, FS Wenzel, S. 175, 178 ff.; Armbrüster, Rechtsfähigkeit und Haftungsverfassung der Wohnungseigentümergemeinschaft, ZWE 2005, 369, 379.
5 OLG Köln, Urt. v. 6.3.2002 – 17 U 100/00, NZM 2002, 625; hierzu Armbrüster, Rechtsfähigkeit und Haftungsverfassung der Wohnungseigentümergemeinschaft, ZWE 2005, 369, 379; vgl. auch Rau, Vertragsabschlüsse/Auftragsvergabe durch den Verwalter; Köhler/Bassenge, AnwHdB, Teil 10.

gers zu befriedigen, könnten die Ansprüche der Gemeinschaft gegen die Wohnungseigentümer insbesondere auf Zahlung der Beitragsvorschüsse und Sonderumlagen
gepfändet werden. Hätten die Wohnungseigentümer solche Ansprüche noch nicht
durch Beschluss entstehen lassen, könnte der Gläubiger auch auf den Anspruch der
Gemeinschaft gegenüber den Wohnungseigentümern auf ordnungsmäßige Verwaltung zurückgreifen. Schließlich könnten auch Schadensersatzansprüche der Gemeinschaft gepfändet werden: Fassten die Wohnungseigentümer nämlich trotz Aufforderung und Setzung einer angemessenen Frist keinen Beschluss über die Zufüh-
rung von Mitteln, habe jeder Einzelne von ihnen der Gemeinschaft als Schadensersatz den Betrag zu zahlen, der bei ordnungsmäßiger Beschlussfassung von den
Wohnungseigentümern insgesamt hätte eingefordert werden können. Auch könne
sich eine gesamtschuldnerische Haftung unter Umständen aus einer entsprechenden Anwendung der im Körperschaftsrecht entwickelten Grundsätze zur Durchgriffshaftung (§§ 826, 840 BGB) ergeben.

Die Rechtsprechung des BGH zur Haftung der Wohnungseigentümer stellt einen   125
Gläubiger der Gemeinschaft vor hohe, nach Äußerungen mancher Kritiker nahezu
unüberwindbare **praktische Hindernisse** bei der Durchsetzung seiner Forderung. Sie
ist zum Teil heftig kritisiert und nahezu einhellig abgelehnt worden[1].

Eine **effektive Vollstreckung** ist danach nur gewährleistet, wenn das Verwaltungs-   126
vermögen ausreicht, um die Verbindlichkeit zu erfüllen. Andernfalls muss der Gläubiger auf Ansprüche der Gemeinschaft gegen die Wohnungseigentümer zugreifen.
Der Gläubiger muss also zunächst einen **Titel gegen die Gemeinschaft** erstreiten,
um sodann im anschließenden Vollstreckungsverfahren zu versuchen, eine Vielzahl
von Beitragsforderungen der Gemeinschaft gegen die Wohnungseigentümer zu pfänden. Um deren Bestand und Umfang beurteilen zu können, muss er die internen
Vorgänge in der Gemeinschaft genau kennen. Da die erforderlichen Informationen
nur schwer zu erlangen sind, kann es sein, dass er schon hierfür, nämlich zur
Durchsetzung seines vollstreckungsrechtlichen Offenbarungsanspruchs, gerichtliche Hilfe benötigt. Schließlich muss der Gläubiger die gepfändeten Ansprüche gegen
die einzelnen Wohnungseigentümer durchsetzen, gegebenenfalls gerichtlich einschließlich einer erneuten Zwangsvollstreckung.

Die denkbaren Hürden sind zahlreich. Der Gläubiger muss etwa damit rechnen,   127
dass ein einzelner Wohnungseigentümer Gegenrechte geltend macht, die aus den
Akten des Verfahrens gegen die Gemeinschaft nicht ersichtlich sind. In Betracht

---

1 Vgl. Armbrüster, ZWE 2005, 369, 372 und 375 ff.; Bork, Wider die Rechtsfähigkeit der Wohnungseigentümergemeinschaft – eine resignierende Polemik, ZIP 2005, 1205, 1207 ff.; Demharter, Der Beschluss des BGH zur Teilrechtsfähigkeit der Gemeinschaft der Wohnungseigentümer, ZWE 2005, 357, 359; Götting, Vertragspartner WEG – Ende mit Schrecken oder
  ein Schrecken ohne Ende, ZfIR 2005, 623; Hügel, Die Teilrechtsfähigkeit der Wohnungseigentümergemeinschaft und ihre Folgen für die notarielle Praxis, DNotZ 2005, 753; Lüke,
  Zur Frage der Teilrechtsfähigkeit der Wohnungseigentümergemeinschaft, ZfIR 2005, 516;
  Maroldt, Die rechtsfähige Gemeinschaft der Wohnungseigentümer – ein Paradigmenwechsel
  im Wohnungseigentumsrecht, ZWE 2005, 361, 363; Rapp, Wohnungseigentümergemeinschaft oder Verein der Wohnungseigentümer, MittBayNot 2005, 449.

kommt auch, dass der die Beitragsforderung begründende Beschluss der Wohnungseigentümer nichtig ist oder während des **Vollstreckungsverfahrens** angefochten wird. Sind die Zahlungsansprüche nicht durch Beschluss begründet, kommt ein weiteres Vollstreckungsverfahren hinzu: Der Gläubiger muss dann die Ansprüche der Gemeinschaft auf ordnungsmäßige Beschlussfassung pfänden, um im Wege ihrer Verwertung, etwa durch die Anordnung eines Zwangsgeldes, eine Beschlussfassung über die Beitragszahlung zu erreichen.

128   Zwar kann die Gemeinschaft nach der Meinung des BGH gegen einzelne Wohnungseigentümer auch einen Schadensersatzanspruch haben, der auf eine gesamtschuldnerische Haftung gerichtet ist. Auf diesem Wege kann eine gesamtschuldnerische Haftung also trotz fehlender Außenhaftung in Betracht kommen. Der Gläubiger müsste zwar zunächst einen Titel gegen die Gemeinschaft erstreiten, sodann müsste er aber nur noch einen solchen Schadensersatzanspruch gegen einen einzelnen zahlungskräftigen Wohnungseigentümer pfänden.

129   Es ist nicht ganz klar, unter welchen Umständen ein derartiger Anspruch besteht[1]. Letztlich sind die Voraussetzungen für einen solchen Anspruch aber auch nicht entscheidend. Denn der BGH hat zu Recht darauf hingewiesen, dass das **Haftungssystem** der Wohnungseigentümergemeinschaft dem Einzelnen **keine existenzbedrohenden Zahlungspflichten** auferlegen darf. Vor diesem Hintergrund ist es **nicht** sinnvoll, die bisherige **gesamtschuldnerische Außenhaftung** durch eine **gesamtschuldnerische Innenhaftung** zu ersetzen.

130   Ob das Haftungssystem für den einzelnen Wohnungseigentümer zumutbar ist, hängt nicht in erster Linie davon ab, ob die Wohnungseigentümer nur über eine Innen- oder auch über eine Außenhaftung in Anspruch genommen werden können. Vielmehr kommt es auf den Umfang der Haftung an[2]. Durch einen Ersatz der gesamtschuldnerischen Außenhaftung durch die gesamtschuldnerische Innenhaftung würde zwar das Risiko einer existenzbedrohenden Vorleistung gemindert, nicht aber das einer ebenso überfordernden Ausfallhaftung. Damit stünde auch eine gesamtschuldnerische Innenhaftung der Zielsetzung des Wohnungseigentumsgesetzes entgegen, den Erwerb einer Eigentumswohnung möglichst vielen Bürgern, nicht nur einkommensstärkeren, zu ermöglichen. Hierbei ist auch zu berücksichtigen, dass die gesamtschuldnerische Haftung trotz der gefestigten Rechtsprechung vor allem in größeren Wohnanlagen kaum auf Verständnis unter den Wohnungseigentümern stoßen dürfte.

131   Die Bundesregierung spricht sich nach allem dafür aus, einerseits dem Vertragspartner der Gemeinschaft die Möglichkeit einzuräumen, wegen Verbindlichkeiten der Gemeinschaft auch **unmittelbar** gegen die Wohnungseigentümer vorzugehen, ohne dass diese Einwendungen und Einreden aus dem Verhältnis zwischen den Wohnungseigentümern und der Gemeinschaft erheben können. Andererseits soll dieser

---

1 Vgl. Lüke, Zur Frage der Teilrechtsfähigkeit der Wohnungseigentümergemeinschaft, ZfIR 2005, 516.
2 Armbrüster, Rechtsfähigkeit und Haftungsverfassung der Wohnungseigentümergemeinschaft, ZWE 2005, 369, 372.

Anspruch in seinem Umfang begrenzt werden. Eine solche Lösung entspricht auch Forderungen aus der Praxis und der Wissenschaft[1].

Dabei soll sich die Haftung des einzelnen Wohnungseigentümers auf den **Anteil** **132** **beschränken**, den dieser am Gemeinschaftseigentum hat. Dann entspricht die **Haf-** **tung im Außenverhältnis** der gesetzlichen Regelung im **Innenverhältnis** (vgl. § 16 Abs. 2 WEG), und der einzelne Wohnungseigentümer muss die Kosten nur in dieser Höhe tragen. Für diese Form der Haftungsbegrenzung spricht auch ein Vergleich mit der Haftung der künftigen Wohnungseigentümer für **Aufbauschulden einer Bauher-** **rengemeinschaft**. Dort nimmt die Rechtsprechung schon bislang eine **Teilschuld** nach dem Verhältnis des Miteigentumsanteils an.

Demgegenüber führen andere in Betracht gezogene Lösungen mit begrenztem Haf- **133** tungsumfang zu Ergebnissen, die die Bundesregierung nach Abwägen aller Umstän- de vermeiden will. So könnten etwa bei einer gesamtschuldnerischen Haftung mit typisierender Abgrenzung nach Art des Geschäftes, etwa unter Ausschluss umfang- reicher Sanierungsmaßnahmen, Verwaltungsschulden im Einzelfall einen sehr ho- hen Betrag erreichen und entgegen dem angestrebten Ziel zu einer finanziellen Überforderung des einzelnen Wohnungseigentümers führen. Auch mit einer ge- samtschuldnerischen Haftung, von der außergewöhnliche Geschäfte ausgenommen sind, könnte eine existenzbedrohende Zahlungsverpflichtung nicht sicher verneint werden, da auch gewöhnliche Geschäfte, etwa die Heizöllieferung für ein 100-Par- teien-Haus, hohe Zahlungen erfordern können. Vor allem spricht die Unbestimmt- heit der Haftungsvoraussetzungen gegen Lösungen dieser Art. Schließlich muss sich jede auch dem Umfang nach begrenzte gesamtschuldnerische Haftung entgegenhal- ten lassen, dass sie ein kollusives Zusammenwirken zwischen dem Verwalter und einem Gläubiger zum Nachteil eines dem Verwalter unliebsamen Wohnungseigen- tümers ermöglicht und letztlich dazu führen kann, dass ein solcher Wohnungs- eigentümer durch seine gesamtschuldnerische Inanspruchnahme aus der Gemein- schaft gedrängt wird.

Eine **anteilsmäßige Außenhaftung** enthebt den Vertragspartner der Gemeinschaft **134** nicht davon, sich über die Bonität der Gemeinschaft und die damit verbundenen Risiken des Geschäfts Klarheit zu verschaffen. Insoweit ist er in einer schwierigeren Situation als bei einer gesamtschuldnerischen Haftung der Wohnungseigentümer, die praktisch jeder Eigentümergemeinschaft eine nahezu unbegrenzte Kreditwürdig- keit verleiht. Die gesamtschuldnerische Haftung verteilt das Risiko der Zahlungs- unfähigkeit einzelner Wohnungseigentümer allerdings nicht angemessen zwischen dem Vertragspartner und den übrigen Wohnungseigentümern. Gewisse Sicherungs- maßnahmen können auch dem Vertragspartner einer Wohnungseigentümergemein- schaft zugemutet werden. Hierbei ist zu bedenken, dass es dem Vertragspartner der Gemeinschaft eher möglich ist, sich gegen eine Zahlungsunfähigkeit der Woh- nungseigentümer abzusichern, als es dem einzelnen Wohnungseigentümer möglich ist, die anderen Wohnungseigentümer dazu zu bringen, die Gemeinschaft ausrei-

---

1 Vgl. Armbrüster, ZWE 2005, 369, 379; 575; Häublein, ZMR 2005, 557; 2006, 1, 4 f.; Hügel, DNotZ 2005, 753, 767; Kreuzer, ZMR 2006, 15, 18.

chend mit Finanzmitteln auszustatten oder gar ihre eigene Zahlungsunfähigkeit zu verhindern.

135 Die **teilschuldnerische Außenhaftung** erleichtert die Durchsetzung der Forderung gegenüber dem Haftungskonzept des BGH erheblich, da sie ohne Rücksicht auf das Innenverhältnis zwischen Gemeinschaft und Wohnungseigentümern besteht. Die **Außenhaftung** der Wohnungseigentümer ist im Verhältnis zur Gemeinschaft auch **nicht subsidiär** ausgestaltet. Dies macht eine zeit- und kostenaufwändige vorrangige Klage zunächst gegen die Gemeinschaft entbehrlich und dürfte den Wohnungseigentümern überdies Motivation sein, die Gemeinschaft stets in ausreichendem Umfang mit Geldmitteln auszustatten. Denn spätestens wenn der Vertragspartner an einen einzelnen Wohnungseigentümer herantritt, wird dieser in aller Regel die anderen Mitglieder der Gemeinschaft veranlassen, ebenfalls ihren Beitrag zu leisten. Auf ergänzende Ansprüche aus dem Innenverhältnis zwischen Gemeinschaft und Wohnungseigentümern – etwa aus der Nachschusspflicht der zahlungsfähigen Wohnungseigentümer, wenn einzelne zahlungsunfähig sind – ist der Gläubiger also nur angewiesen, wenn weder das Verwaltungsvermögen noch die Außenhaftung der zahlungsfähigen Wohnungseigentümer ausreicht, um die Verbindlichkeit zu erfüllen. § 10 Abs. 8 WEG gilt für sämtliche Verbindlichkeiten der Gemeinschaft, gegebenenfalls auch für eine Haftung aus Delikt, soweit der Gemeinschaft deliktisches Handeln zugerechnet werden kann.

136 Durch die **Anordnung der Außenhaftung** in § 10 Abs. 8 WEG wird im Übrigen verdeutlicht, dass einem Werkunternehmer das Sicherungsmittel der **Bauhandwerkerhypothek** (§ 648 BGB) weiterhin zur Verfügung steht. Dies ist vereinzelt verneint worden, ohne es näher zu begründen[1]. Nun stellt sich die Rechtslage wie folgt dar: Nach § 648 BGB kann der Unternehmer die Einräumung einer Sicherungshypothek nur an dem Baugrundstück „des Bestellers" verlangen. Damit ist grundsätzlich eine rechtliche Identität von Eigentümer und Besteller gefordert. Eine Übereinstimmung nach wirtschaftlicher Betrachtungsweise genügt nach der höchstrichterlichen Rechtsprechung regelmäßig nicht.

137 Die geltend gemachten Zweifel am Fortbestand des Sicherungsmittels stellen wohl auf die Verschiedenheit der Wohnungseigentümer als Grundstückseigentümer und der Gemeinschaft als Besteller der Werkleistung ab. Allerdings muss sich der Eigentümer eines Grundstücks nach der Rechtsprechung des BGH von einem Unternehmer im Bereich der dinglichen Haftung gemäß § 242 BGB wie ein Besteller behandeln lassen, wenn „die Wirklichkeit des Lebens und die Macht der Tatsachen" es gebieten[2], so der BGH in einem vergleichbaren Fall aus dem Personenhandelsgesellschaftsrecht. Dabei hat der BGH darauf abgestellt, ob der Eigentümer den Besteller (nämlich die Gesellschaft) „wirtschaftlich und rechtlich ganz überwiegend beherrscht" und ob der Eigentümer die „Nutzungs- und Ausnutzungsmöglichkeit" des

---

1 Vgl. Demharter, Der Beschluss des BGH zur Teilrechtsfähigkeit der Gemeinschaft der Wohnungseigentümer, ZWE 2005, 357, 358.
2 BGH, Urt. v. 22.10.1987 – VII ZR 12/87, BGHZ 102, 95, 102 f. = MDR 1988, 220 = NJW 1988, 255 = NJW-RR 1988, 266.

Grundstücks innehat und von dieser Möglichkeit auch tatsächlich Gebrauch macht[1]. Im Falle des Wohnungseigentums sind es in erster Linie die Wohnungseigentümer, die über den Abschluss eines Bauhandwerkervertrages entscheiden. Sie haben also eine wirtschaftlich und rechtlich beherrschende Stellung. Hinzu kommt, dass allein die Wohnungseigentümer – nicht die Gemeinschaft – einen Nutzen aus einer entsprechenden Bauleistung haben. Schon diese Umstände legen es nahe, dass sich die Wohnungseigentümer im Bereich der dinglichen Haftung gemäß § 242 BGB wie Besteller behandeln lassen müssen. Wenn § 10 Abs. 8 WEG nun bestimmt, dass die Wohnungseigentümer dem Unternehmer auch im Außenverhältnis haften, wird noch deutlicher, dass es gerechtfertigt ist, die Wohnungseigentümer auch im Rahmen des § 648 BGB haften zu lassen und dem Werkunternehmer einen Anspruch auf Einräumung einer Sicherungshypothek zuzuerkennen[2].

Wie es schon bisher für die **Aufbauschulden** vertreten wird[3], besteht der Anspruch auf Einräumung der **Sicherungshypothek** künftig aber nur in Höhe der jeweiligen **anteiligen Mithaftung**.   138

• Durch die in **Satz 1** vorgesehene Beschränkung der Haftung auf die Zeit der Zugehörigkeit eines Wohnungseigentümers zur Gemeinschaft wird erreicht, dass die Verbindlichkeiten von dem Wohnungseigentümer zu erfüllen sind, dem die entsprechenden Leistungen zugute kommen.   139

• Die **Sätze 2 und 3** regeln, welche **Einwendungen** und **Einreden** der in Anspruch genommene Wohnungseigentümer geltend machen kann. Hierzu wird klargestellt, dass es dem einzelnen Wohnungseigentümer nicht möglich ist, seine Einwendungen und Einreden gegenüber der Gemeinschaft auch gegenüber dem Gläubiger geltend zu machen. Der Gläubiger wird also nicht mit Fragen aus dem Innenverhältnis zwischen Wohnungseigentümer und Gemeinschaft belastet. Das System der Einwendungen und Einreden ist auch im Übrigen dem Vorbild der Bürgenhaftung nachgebildet.   140

• **Satz 4** regelt den **Gleichlauf der Haftung** der Wohnungseigentümer gegenüber der Gemeinschaft mit der gegenüber Gläubigern der Gemeinschaft. In beiden Fällen sollen die Wohnungseigentümer zur Begrenzung ihres finanziellen Risikos nur anteilmäßig haften. Ohne die Regelung des Satzes 4 wäre es, wie der BGH aufgezeigt hat, grundsätzlich möglich, dass ein Gläubiger der Gemeinschaft jeden Wohnungseigentümer auf Zahlung der gesamten Schuld, also nicht nur anteilmäßig, in Anspruch nehmen könnte, und zwar aus einem gepfändeten **Anspruch** der Gemeinschaft **auf Schadensersatz** gemäß § 280 Abs. 1, § 281 BGB. Jeden Wohnungseigentümer trifft nämlich nach Ansicht des BGH die Pflicht, der Gemeinschaft durch entsprechende Beschlussfassung zur ordnungsmäßigen Verwaltung die finanzielle Grundlage zur Begleichung der laufenden Verpflichtungen zu verschaffen[4]. Verstößt   141

---

1 Noch weiter gehend OLG Frankfurt/Main, Urt. v. 25.5.2000 – 16 U 103/98, BauR 2001, 129.

2 Dies gilt unabhängig von § 648a BGB, vgl. KG, Urt. v. 11.11.1998 – 26 U 5753/98, KGR Berlin 1999, 123 = MDR 1999, 803 = BauR 1999, 921 = NJW-RR 1999, 1247.

3 Vgl. etwa Staudinger-Peters, Rz. 24; Voit in Bamberger/Roth, Rz. 13, jeweils zu § 648 BGB.

4 Vgl. Wenzel, ZWE 2006, 2, 7.

er gegen diese Pflicht, etwa dadurch, dass er nicht auf einen Beschluss über ausreichende finanzielle Mittel der Gemeinschaft hinwirkt, so haftet jeder Wohnungseigentümer nach der Entscheidung des BGH vom 2.6.2005[1] für entsprechende Schäden grundsätzlich als Gesamtschuldner. Ein solches Ergebnis widerspräche der vorgesehenen **Risikobegrenzung**.

142   Für die Zwangsvollstreckung gegen die einzelnen Wohnungseigentümer ist immer ein gegen sie gerichteter Titel erforderlich. Ein Titel **gegen die Gemeinschaft genügt nicht**, ebenso wie ein Schuldtitel gegen die offene Handelsgesellschaft für die Vollstreckung gegen die Gesellschafter nicht ausreicht (§ 129 Abs. 4 HGB). Dies bedarf hier indessen keiner ausdrücklichen Normierung.

8. Die Vorschläge und Äußerungen des Rechtsausschusses[2]

143   Zu den in der Begründung der Gegenäußerung der Bundesregierung genannten Beispielen für gemeinschaftsbezogene Forderungen stellte der Rechtsausschuss klar, dass die Gemeinschaft der Wohnungseigentümer nach ihrer Anerkennung als teilrechtsfähige Gemeinschaft **Inhaberin des Anspruchs** auf Zahlung der Beiträge zu den Lasten und Kosten des gemeinschaftlichen Eigentums ist und ihr insoweit nach dem neuen Satz 3 des Absatzes 6 **nicht nur eine Ausübungsbefugnis** zusteht.

144   • **Absatz 8** sieht eine Anteilshaftung der Wohnungseigentümer entsprechend ihrem Miteigentumsanteil sowohl im **Außenverhältnis** gegenüber Dritten als auch im **Innenverhältnis** gegenüber der Gemeinschaft vor. Die Regelung ist angezeigt, weil die vom BGH mit dem oben genannten Beschluss zugleich geregelte Haftung der Wohnungseigentümer für Verwaltungsschulden die Kreditfähigkeit der Gemeinschaft schwächt und den Schutz ihrer Gläubiger zu stark einschränkt. Die Pflicht zur Zahlung der Beiträge zu den Lasten und Kosten des gemeinschaftlichen Eigentums, auch zur Deckung aufgetretener Finanzierungslücken (**Nachschusspflicht**), bleibt von der Haftungsregelung unberührt. Insoweit gilt: Hat ein Wohnungseigentümer seinen Anteil etwa zu einer Sonderumlage oder zur Instandhaltungsrücklage bereits geleistet und wird er dann von einem Gläubiger wegen Schulden der Gemeinschaft in Anspruch genommen, so muss er diese zwar entsprechend seinem Miteigentumsanteil bezahlen, er kann den an die Gemeinschaft gezahlten Betrag von den anderen Wohnungseigentümern aber zurückverlangen. Insgesamt muss er die Schulden also nur in Höhe seines Miteigentumsanteils tragen.

145   Der Rechtsausschuss hielt noch eine **Ergänzung und Klarstellung** für notwendig. **§ 10 Abs. 8 Satz 1 Halbsatz 1 WEG** regelt zunächst die anteilige Haftung eines Wohnungseigentümers für Verbindlichkeiten der Gemeinschaft. Der Relativsatz verdeutlicht sodann, dass ein Wohnungseigentümer nicht nur für die während seiner Zugehörigkeit zur Gemeinschaft entstandenen, sondern auch für die fällig gewordenen Forderungen haftet, unabhängig davon, ob es sich um wiederkehrende

---

1 Vgl. dort unter III.9.d.
2 Vgl. BT-Drucks. 16/3843, S. 46 f.

Leistungen handelt. Dadurch wird erreicht, dass bei der Veräußerung eines Wohnungseigentums zwischen Begründung und Fälligkeit einer Verbindlichkeit der frühere und der neue Wohnungseigentümer haften, und zwar insoweit als Gesamtschuldner und begrenzt nach dem Verhältnis ihres Miteigentumsanteils. Die Haftung ist auch angemessen, weil der frühere Wohnungseigentümer für die während seiner Zeit entstandenen Forderungen einzustehen hat und dem neuen Eigentümer die entsprechenden Leistungen zugute kommen. Der Rechtsausschuss schlug deshalb in Halbsatz 2 eine entsprechende Anwendung des § 160 HGB vor, die zu einer zeitlichen Begrenzung der Haftung des Wohnungseigentümers nach Veräußerung seines Wohnungseigentums auf **fünf Jahre** führt. Dies entspricht dem geltenden Handelsrecht.

Der Deutsche Bundestag hat diese Änderung so beschlossen.

9. Bewertung der gesetzlichen Neuregelung

Die Neuregelung des § 10 WEG mit den Änderungen/Neugestaltungen in **Abs. 1,**   146
Abs. 4 und Abs. 6 bis 8 ist nur in Teilen sinnvoll.

a) Änderungs-/Anpassungsverlangen durch jeden Wohnungseigentümer (§ 10 Abs. 2 WEG)

Auch zukünftig wird eine Betrachtung der bisherigen Rechtsprechung und ein Ver-   147
gleich zwischen der Rechtsprechung und dem jetzigen Gesetzeswortlaut notwendig
Jeder Wohnungseigentümer kann zukünftig nach dem neuen § 10 Abs. 2 Satz 3 verlangen:

• Eine vom **Gesetz abweichende** Vereinbarung oder die **Anpassung** einer **Vereinbarung.** Er kann allerdings nicht die Änderung der Miteigentumsanteile im Grundbuch verlangen, weil nur eine **schuldrechtliche Vereinbarung** verlangt werden kann.

Die **Voraussetzung** für ein solches Verlangen ist, dass ein **Festhalten** an der gelten-   148
den Regelung **unbillig** ist.

Der **Inhalt** der **Unbilligkeitsprüfung** umfasst nunmehr:

– Es müssen schwerwiegende Gründe vorliegen,

– es sind alle Umstände des Einzelfalles und insbesondere

– die Rechte und Interessen der anderen Wohnungseigentümer zu berücksichtigen.

Wie das nunmehr zu erfolgen hat, ist unklar. Der Gesetzgeber hat ausdrücklich   149
keinen konkreten „**Schwellenwert**" festlegen wollen. Dies ist misslich, insbesondere, weil in der Gesetzesbegründung erwähnt wird, eine Anpassung an die 25-%-Rechtsprechung des KG[1] liege nahe[2].

---

1 KG, Beschl. v. 14.6.2004 – 24 W 32/04, KGR Berlin 2005, 576 = NZM 2004, 549 = ZMR 2004, 705 = DWE 2004, 98.
2 BT-Drucks. 16/887, S. 19.

150 Der Begriff der **Billigkeit** ist schillernd und wenig geeignet für eine gesetzliche Regelung, die die Rechte von einzelnen Wohnungseigentümern bestimmen soll. Bei der Auslegung wird jeder Beteiligte den Begriff nach seinen Vorstellungen auslegen. Billigkeit wird mit „Das im Einzelfall Angemessene" gekennzeichnet; im etymologischen Rechts-Wörterbuch wird der Begriff als „angemessen, passend, wohlfeil" bezeichnet und mit „natürlicher Gerechtigkeit" umschrieben. Der Gesetzgeber hat im neuen WEG nicht den Begriff „grobe" Unbilligkeit verwendet und wollte damit die Hürde für das Änderungsverlangen senken. Allerdings ist die Abgrenzung zwischen „grober Unbilligkeit" und „Unbilligkeit" nicht erkennbar.

151 Der Begriff der **schwerwiegenden Gründe** ist ebenfalls nicht sonderlich geeignet, die gesetzliche Vorschrift einfacher anwenden zu können. Nach der Vorstellung des Gesetzgebers soll der Begriff eine Senkung der Eingriffsschwelle kennzeichnen und weniger als das vom BGH vertretene Kriterium „außergewöhnliche Umstände" sein. § 313 BGB (diese Vorschrift gehört zum „Billigkeitsrecht") gibt einen Anpassungsanspruch, wenn sich die Umstände seit Vertragsschluss „schwerwiegend" verändert haben, wobei auch dort keine näheren Definitionen oder Kriterien genannt werden. Eine schwerwiegende Störung im Sinne des § 313 BGB soll nur dann vorliegen, wenn nicht ernstlich zweifelhaft ist, dass eine der Parteien oder beide den Vertrag bei Kenntnis der Änderungen nicht oder nur mit anderem Inhalt abgeschlossen hätten[1]. Dies führt bei wohnungseigentumsrechtlichen Rechtsbeziehungen nicht weiter, da die gesetzlichen Bestimmungen oder Bestimmungen der Gemeinschaftsordnung hier änderbar sein sollen. Regelmäßig werden Gemeinschaftsordnungen einseitig mit der Teilungserklärung begründet. Die gesetzlichen Regelungen muss jeder Wohnungseigentümer erst einmal akzeptieren, wobei generell die Frage auftritt, wie eine gesetzliche Vorschrift einer Billigkeitsprüfung unterworfen werden kann.

152 Auch hier wird erkennbar, dass eine „Erleichterung der Verwaltung" sicherlich nicht mit unbestimmten Rechtsbegriffen zu erlangen ist.

153 Wie die **Umstände des Einzelfalles** zu kennzeichnen oder zu bewerten sein sollen, ist im Gesetz weder genannt noch angedeutet. Der Gesetzgeber wollte keinen „**konkreten Schwellenwert**" festlegen, was zu bedauern ist. Nur ein solcher hätte die Anwendung des Gesetzes erleichtert.

Wie die **Rechte und Interessen** der anderen Wohnungseigentümer zu bewerten sind, ist im Gesetz ebenfalls nicht erwähnt und auch nicht angedeutet.

154 Insgesamt betrachtet, wird auch in der Zukunft eine Beurteilung anhand der bisherigen Rechtsprechung zu **Änderungsverlangen** notwendig sein, um die gesetzliche Regelung überhaupt in den Griff zu bekommen.

155 Bisherige – auch in der Begründung genannte – Rechtsprechung, in der ein **wohnungseigentumsrechtlicher Änderungsanspruch verneint** wird:

---

1 Palandt/Grüneberg, 66. Auflage, § 313 Rz. 18.

BayObLG[1]:	Mehrkosten des Miteigentümers von 50 %
OLG Frankfurt/M.[2]:	Mehrkosten von 31 oder 59 %
OLG Köln[3]:	Mehrbelastung von 30 %
OLG Zweibrücken[4]:	Mehrfaches dessen, was bei sachgemäßer Kostenverteilung zu zahlen wäre
OLG Hamm[5]:	Mehrbelastung von 38 oder 42 %
BGH[6]:	Mehrbelastung von 58 %.

Bisherige Rechtsprechung, in der **Änderungsanspruch bejaht** wird:

OLG Düsseldorf[7]:	In **Erwägung** gezogen, die Schwelle zu senken
KG[8]:	Mehrbelastung von 25 %.

Die Entscheidung des KG liegt nach der Vorstellung des Gesetzgebers[9] als Maßstab **156** für zukünftige Fälle nahe. Warum dies so sein soll, ist nicht ersichtlich. Wenn irgendeine Entscheidung als Maßstab dienen soll, hätte der Gesetzgeber das vom Gericht angewandte Kriterium auch in das Gesetz aufnehmen und damit die gesetzliche Lage konkretisieren müssen.

Die hier zu erwartenden Streitigkeiten werden heftig sein. Immer dann, wenn ein **157** Wohnungseigentümer seine eigenen Lasten und Kosten durch Änderung der Vereinbarung oder Änderung der gesetzlichen Lage senken will, ist mindestens ein anderer Wohnungseigentümer negativ betroffen. Die Gesamtkosten einer Gemeinschaft sinken schließlich nicht, sondern werden lediglich anders verteilt.

Ob die im Zusammenhang mit § 313 BGB entschiedenen Fälle zur „Äquivalenzstö- **158** rung"[10] für die wohnungseigentumsrechtliche Beurteilung nutzbar gemacht werden können, bezweifele ich.

---

1 BayObLG, Beschl. v. 1.2.2001 – 2 Z BR 136/00, ZWE 2001, 320 = NZM 2001, 290 = WuM 2001, 142 = ZMR 2001, 473; BayObLG, Beschl. v. 10.11.1994 – 2 Z BR 100/94, NJW-RR 1995, 529 = WuM 1995, 217 = DWE 1995, 26 = WE 1995, 343.

2 OLG Frankfurt/Main, Beschl. v. 13.4.2000 – 20 W 485/98, NZM 2001, 140.

3 OLG Köln, Beschl. v. 5.7.2001 – 16 Wx 27/01, OLGR Köln 2002, 38 = ZMR 2002, 153 = DWE 2002, 100.

4 Pfälzisches OLG Zweibrücken, Beschl. v. 19.2.1999 – 3 W 24/99, OLGR Zweibrücken 1999, 433 = WE 1999, 192 = NJW-RR 1999, 886 = NZM 1999, 808.

5 OLG Hamm, Beschl. v. 9.9.2002 – 15 W 235/00, OLGR Hamm 2003, 179 = ZMR 2003, 286 = WE 2003, 198.

6 BGH, Beschl. v. 25.9.2003 – V ZB 21/03, BGHZ 156, 193 = ZMR 2003, 937 = NJW 2003, 3476 = DWE 2004, 131 = WuM 2003, 712.

7 OLG Düsseldorf, Beschl. v. 13.6.2001 – 3 Wx 132/01, OLGR Düsseldorf 2002, 220 = ZMR 2002, 68 = ZWE 2001, 559 = NJW-RR 2002, 731.

8 KG, Beschl. v. 14.6.2004 – 24 W 32/04, KGR Berlin 2005, 576 = NZM 2004, 549 = ZMR 2004, 705 = DWE 2004, 98.

9 BT-Drucks. 16/887, S. 19.

10 Vgl. nur RG v. 21.9.1920, RGZ 100, 126 („Wasserdampf"); BGH, Urt. v. 4.7.1996 – I ZR 101/94, BGHZ 133, 281 = NJW 1997, 320 = MDR 1997, 254 („Klimbim"); BGH, Urt. v. 29.11.1995 – XII ZR 230/94, MDR 1996, 355 = NJW 1996, 714 = WE 1996, 230; BAG, Urt. v. 30.3.1973 – 3 AZR 26/72, BAGE 25, 146 = MDR 1973, 615 = NJW 1973, 959.

b) Keine Eintragungsbedürftigkeit für Beschlüsse/gerichtliche Entscheidungen (§ 10 Abs. 4 WEG)

159   Der Gesetzgeber hat in § 10 Abs. 4 WEG lediglich klargestellt, dass gerichtliche Entscheidungen und Beschlüsse, die **auf einer Öffnungsklausel in der Gemeinschaftsordnung beruhen**, nicht im Grundbuch eingetragen werden müssen. Damit wird die Diskussion in der Literatur[1] aufgegriffen und gesetzlich beendet.

160   Diese Regelung dürfte **aus Klarstellungszwecken** und um spätere Rechtsstreitigkeiten zu vermeiden sinnvoll sein.

c) Teilrechtsfähigkeit/Haftungsverfassung der Gemeinschaft (§ 10 Abs. 6, 7 und 8 WEG)

161   **Wolf-Rüdiger Bub** lehnt in seiner Stellungnahme[2] zur Anhörung im Rechtsausschuss die neue Haftungsverfassung des § 10 Abs. 8 WEG scharf ab. Die Einführung einer Teilschuld sei eine auf das Wohnungseigentum beschränkte Neuschöpfung des Gesetzgebers. Sie stehe im Widerspruch zu dem gesellschaftsrechtlichen Grundsatz, dass die akzessorische persönliche Haftung der Gesellschafter zwingende Folge der Anerkennung der Rechtsfähigkeit der Gesellschaft ist, soweit es sich nicht um eine juristische Person handelt. Er plädierte für eine zu normierende gesamtschuldnerische, aber subsidiäre Haftung.

162   Diesem Appell ist der Gesetzgeber nicht gefolgt. Tatsächlich ist die Haftungsverfassung wenig sinnvoll und die falsche Reaktion auf die Entscheidung des BGH[3] zur Teilrechtsfähigkeit. Diese Entscheidung des BGH war einer der Auslöser der Novellierung und bedarf einer näheren Betrachtung.

163   **aa) Grundlegende Aussagen zur Teilrechtsfähigkeit in der BGH-Entscheidung vom 2.6.2005**

164   Wenn man sich mit den wesentlichen Inhalten der Teilrechtsfähigkeitsentscheidung des BGH beschäftigt, ergeben sich folgende **grundlegenden Aussagen** des Senats[4]:

– Die Wohnungseigentümergemeinschaft ist *teil*rechtsfähig.

– Die Teilrechtsfähigkeit schließt die ergänzende Anwendung der §§ 741 ff. BGB (Vorschriften über die Bruchteilsgemeinschaft) nicht aus.

– Die Wohnungseigentümergemeinschaft verfügt über eine eigene „Satzung", die Gemeinschaftsordnung, die die Rechte und Pflichten der Wohnungseigentümer

---

1 Vgl. Wenzel, Beschluss oder Vereinbarung, FS Deckert, 2002, 517; Wenzel, Öffnungsklauseln und Grundbuchpublizität, ZWE 2004, 130.

2 Protokoll der 23. Sitzung des Rechtsausschusses des Deutschen Bundestages v. 18.9.2006, S. 89 ff.

3 BGH, Beschl. v. 2.6.2005 – V ZB 32/05, BGHZ 163, 154 = NJW 2005, 2061 = ZMR 2005, 547 = WuM 2005, 530.

4 BGH, Beschl. v. 2.6.2005 – V ZB 32/05, BGHZ 163, 154 = NJW 2005, 2061 = ZMR 2005, 547 = WuM 2005, 530.

untereinander inhaltlich gestalten kann. Das geht über die Bruchteilsgemeinschaft hinaus und nähert die WEG dem Verein an.

- Die WEG handelt nach typischen Merkmalen eines rechtsfähigen Verbandes, wie bei Mehrheitsbeschlüssen (§ 25 Abs. 1 WEG), an die die überstimmten oder nicht anwesenden Wohnungseigentümer gebunden sind.

- Es gibt in §§ 24¹, 25 WEG detaillierte Vorgaben über Stimmrechte, Beschlussfähigkeit und Beschlussprotokollierung, was eine Parallele zum Beschlussrecht bei Körperschaften aufzeigt.

- Die WEG hat eigene Organe, nämlich die Wohnungseigentümerversammlung, den Verwalter und (fakultativ) den Beirat.

- Der Verwalter ist **Fremdorganschafter**, da er nicht aus den Reihen der Wohnungseigentümer kommen muss; damit wird die WEG der juristischen Person angenähert.

- Die WEG ist von dem jeweiligen Mitgliederbestand unabhängig und unauflöslich, was über die Bruchteilsgemeinschaft hinausgeht (*diese* kann aus wichtigem Grunde aufgelöst werden, § 749 Abs. 2 Satz 1 BGB – für die WEG gilt dies **nicht**).

- Die Entstehungsgeschichte des WEG spricht für die Anerkennung einer Teilrechtsfähigkeit.

- Nur die Teilrechtsfähigkeit kann die wesentlichen und praxisrelevanten Rechtsprobleme lösen,

  - wie das **Schicksal** gemeinschaftlicher Forderungen bei **Eigentümerwechsel** (Träger des Vermögens einschließlich der gemeinschaftlichen Forderung und Verbindlichkeiten ist unabhängig von einem Eigentümerwechsel der *Verband*, also die WEG),

  - wie bei der **Durchsetzung** gemeinschaftlicher Forderungen (bei der Bruchteilsgemeinschaft kann jeder Gemeinschafter alleine die Leistung an alle fordern; bei der WEG musste auch schon vor der Entscheidung des BGH ein Wohnungseigentümer eine Ermächtigung der Gemeinschaft haben, wenn der WEG die Entscheidungskompetenz über die Rechtsverfolgung zustand); *durch* die Teilrechtsfähigkeit ist die WEG als Verband selbst Forderungsinhaber[2],

  - wie bei der **Parteibezeichnung** (bei einer Teilrechtsfähigkeit der WEG kann diese als Verband klagen oder verklagt werden, ohne dass es auf den aktuellen Mitgliederbestand ankommt, wenn es um Forderungen und Verbindlichkeiten geht, die das Verwaltungsvermögen betreffen),

  - wie das **Haftungssystem** (wegen der Teilrechtsfähigkeit haftet der Verband in seiner jeweiligen Zusammensetzung mit seinem Verwaltungsvermögen; eine akzessorische gesamtschuldnerische Haftung der einzelnen Wohnungseigentümer entsteht nur dann, wenn sie sich *neben* dem Verband auch persönlich verpflichtet haben),

  - wie bei der Eintragung einer **Zwangssicherungshypothek** (der Verband kann eingetragen werden).

---

1 Gemeint ist hier die alte Fassung.
2 Vgl. Elzer, Anm. zu OLG München v. 13.7.2005, ZMR 2005, 730.

– Ein Vergleich mit anderen Rechtsgebieten spricht für die Teilrechtsfähigkeit der Gemeinschaft:

   – Im Steuerrecht kann sie **Steuersubjekt** sein[1],

   – die **Gründe** für eine **Teilrechtsfähigkeit** der GbR gelten erst recht für die WEG, weil diese (anders als die GbR) über ein „**Refinanzierungssystem**" verfügt (die WEG ist aber nicht als besondere Form der GbR anzusehen; sie lässt sich auch keinem anderen Typ von Körperschaften zuordnen – sie ist ein Verband „**sui generis**"!)

165 **bb) Auswirkungen der BGH-Entscheidung auf den Verwalter**

– Der Verwalter kann nur den **Verband verpflichten**, nicht die einzelnen Wohnungseigentümer.

– Das **Rubrum** bei Hausgeldanträgen lautet „WEG ...Straße, vertreten durch den Verwalter" (Der BGH nimmt also an, dass der Verwalter hier Vertreter der WEG ist)[2].

166 **cc) Auswirkungen der BGH-Entscheidung auf die Wohnungseigentümergemeinschaft**

– Die Teilrechtsfähigkeit ist nicht von der **Größe der WEG** abhängig.

– Das **Gemeinschaftseigentum** steht nicht als **Haftungsmasse** zur Verfügung.

– Die Rechtsfähigkeit ist nur **auf Teilbereiche** beschränkt, nämlich dort, wo die WEG im Rahmen der Verwaltung des gemeinschaftlichen Eigentums **als Gemeinschaft am Rechtsverkehr** teilnimmt (Das sind Rechtsgeschäfte und Rechtshandlungen im Außenverhältnis sowie bei der Verfolgung gemeinschaftlicher Beitrags- oder Schadensersatzansprüche gegen einzelne Wohnungseigentümer im Innenverhältnis).

– **Antragsteller** im Hausgeldverfahren ist der Verband[3].

167 **dd) Auswirkungen der BGH-Entscheidung auf den einzelnen Wohnungseigentümer**

– Für die **Verbindlichkeiten des Verbandes haftet** der Wohnungseigentümer **persönlich** nur **neben** und gesamtschuldnerisch **mit** dem Verband, wenn er sich hierzu ausdrücklich verpflichtet hat. Eine **Beschlussfassung der WEG** reicht hier nicht, weil diese **keine Beschlusskompetenz** für die Schaffung persönlicher Leistungspflichten eines Wohnungseigentümers hat.

– Das **Sondereigentum** steht nicht als **Haftungsmasse** zur Verfügung.

---

1 Vgl. auch Kahlen, Die Wohnungseigentümergemeinschaft als Unternehmer, ZMR 2005, 685.
2 Vgl. Elzer, Anm. zu OLG München v. 13.7.2005, ZMR 2005, 730.
3 Vgl. Elzer, Anm. zu OLG München v. 13.7.2005, ZMR 2005, 730; vgl. auch Abramenko, Zu den praktischen Auswirkungen der neuen Rechtsprechung zur Teilrechtsfähigkeit, ZMR 2005, 749.

– Die Anfechtung von Beschlüssen bleibt Angelegenheit der einzelnen Wohnungseigentümer (Der Anfechtungsantrag richtet sich gegen die übrigen Wohnungseigentümer).

ee) Auswirkungen der BGH-Entscheidung auf Dritte (Gläubiger der WEG)[1]   168

– Ein *„mit den Wohnungseigentümern"* abgeschlossener Vertrag ist in der Regel **mit dem Verband** abgeschlossen, auch wenn er nicht *„die WEG"* als Vertragspartner benennt.

– Eine **Klage** ist **gegen** den **Verband** (die WEG) zu richten, ohne dass es auf die jeweilige Zusammensetzung der Gemeinschaft ankommt.

– Gläubiger der WEG können zugreifen auf das Verwaltungsvermögen (Ansprüche der WEG gegen die Wohnungseigentümer und Dritte [z.B. Banken, bei denen Konten geführt werden]).

– Bei von Dritten **titulierten Forderungen** kann gepfändet werden

– in die Konten der Gemeinschaft bei Banken,

– in Ansprüche der Gemeinschaft auf Zahlungen von Hausgeldern, Sonderumlagen pp gegenüber den einzelnen Wohnungseigentümern,

– in Ansprüche auf Schadensersatz, die der **Verband** gegenüber den Miteigentümern wegen verspäteten Beschlusses über einen Wirtschaftsplan hat.

– Es kann eine **Durchgriffshaftung** auf die (dann gesamtschuldnerisch haftenden) Wohnungseigentümer in Betracht kommen, wenn der Verband unzureichend finanziell ausgestattet wurde.

ff) Gegenüberstellung BGH-Entscheidung/Neue Regelung im WEG

Während der Gesetzgeber bei den **grundlegenden Aussagen** über die Teilrechtsfähig-   169
keit der Eigentümergemeinschaft die Positionen des BGH übernommen hat, trifft das für die **Haftungsverfassung** der Gemeinschaft nicht zu. Hier hat der Gesetzgeber Änderungen vorgenommen.

BGH	Neues WEG
„Grundsätze" BGH Beschl. v. 2.6.2005 – V ZB 32/05	170
	§ 10 Abs. 6:
Der „Verband" ist Träger des Vermögens einschließlich der gemeinschaftlichen Forderungen und Verbindlichkeiten.	Der „Verband" kann im Rahmen der gesamten Verwaltung gegenüber Dritten und Wohnungseigentümern selbst Rechte erwerben und Pflichten eingehen.

1 Kreuzer, Der verstorbene WE-Verband, ZMR 2006, 15.

BGH	Neues WEG
Das ist unabhängig von einem Eigentümerwechsel.	Der „Verband" ist Inhaber der erworbenen Rechte und Pflichten.
Wegen der Teilrechtsfähigkeit der WEG kann diese als Verband klagen oder verklagt werden.	Der „Verband" kann vor Gericht klagen und verklagt werden.

§ 10 Abs. 7:

Es kommt nicht auf den aktuellen Mitgliederbestand an, wenn es um Forderungen und Verbindlichkeiten geht, die das Verwaltungsvermögen betreffen.	Das Verwaltungsvermögen gehört dem „Verband"

171   **„Haftungsverfassung" BGH Beschl. v. 2.6.2005 – V ZB 32/05**

Der „Verband" haftet mit seinem Verwaltungsvermögen.	Der „Verband" haftet mit seinem Verwaltungsvermögen.
Das Gemeinschaftseigentum und das Sondereigentum ist keine Haftungsmasse.	

§ 10 Abs. 8:

Eine gesamtschuldnerische Haftung der einzelnen Wohnungseigentümer tritt nur ein, wenn sich der Wohnungseigentümer neben dem Verband persönlich verpflichtet hat. Eventuell tritt eine (gesamtschuldnerische) Durchgriffshaftung auf die Wohnungseigentümer ein, wenn der Verband unzureichend ausgestattet wurde.	Die Wohnungseigentümer haften gegenüber einem Verbandsgläubiger jeweils nach ihren Miteigentumsanteilen.
	Die Verbindlichkeiten müssen während der Zugehörigkeit der Eigentümer zur Gemeinschaft entstanden/fällig geworden sein.
Der Verwalter kann nur den Verband verpflichten, nicht die einzelnen Wohnungseigentümer.	Die Haftung des Wohnungseigentümers nach Veräußerung seines Wohnungseigentums bestimmt sich entsprechend § 160 HGB (also im Grundsatz 5 Jahre).
	Der Wohnungseigentümer kann gegenüber dem Gläubiger Einwendungen und Einreden geltend machen, die dem Verband zustehen und hat Leistungsverweigerungsrecht (§ 770 BGB: Anfechtbarkeit/Aufrechenbarkeit).

§ 11 Abs. 3:

Die Insolvenzfähigkeit hat der BGH *nicht* erwähnt.	Kein Insolvenzverfahren über das Verwaltungsvermögen.

gg) Ausübungsbefugnis des Verbandes (§ 10 Abs. 6 Satz 3 WEG)

Der Gesetzgeber überträgt in § 10 Abs. 6 Satz 3 WEG Ausübungsbefugnisse auf den **172** Verband. Damit soll keine **Vollrechtsübertragung** bewirkt werden. Die Ausübungsbefugnisse sollen sich beziehen auf

– „gemeinschaftsbezogene" Rechte,

– „gemeinschaftsbezogene" Pflichten,

– Rechte und Pflichten, die gemeinschaftlich geltend gemacht werden können oder zu erfüllen sind.

Mit **„gemeinschaftsbezogenen"** Rechten/Pflichten sollen solche gemeint sein, sagt **173** jedenfalls die Bundesregierung, für die bisher eine ausschließliche Verwaltungszuständigkeit des Verbandes bestand und bei denen sich der Wohnungseigentümer und die Gemeinschaft wie Dritte gegenüberstehen. Der Begriff „gemeinschaftsbezogen" sei bekannt, wobei sich die Bundesregierung dabei auf die Rechtsprechung des BGH[1] bezieht. Diese Bezugnahme ist allerdings verfehlt, weil der Begriff in den Entscheidungen des BGH nicht genannt wird. Der Gesetzgeber hätte hier eine konkrete **Legaldefinition** ins Gesetz aufnehmen müssen, die darauf ausgerichtet ist, dass Rechte und Pflichten gemeint sind, die ausschließlich dem Verband zustehen können. Allerdings ist die Begründung der Bundesregierung auch nicht überzeugend. Wenn schon bisher allein dem Verband bestimmte Ansprüche zustanden, besteht doch schon ein **Vollrecht**, so dass es widersprüchlich ist, (nur) eine **Ausübungsbefugnis** für solche Rechte und Pflichten zu übertragen.

Die gesetzliche Normierung hinsichtlich der Ansprüche, die gemeinschaftlich **gel-** **174** **tend gemacht** werden können oder **zu erfüllen** sind, ist m.E. ebenfalls verfehlt. Der Gesetzeswortlaut erweckt den Eindruck, dass der Verband **an die Stelle** der Wohnungseigentümer tritt. Das soll aber nach der Begründung der Bundesregierung gerade nicht der Fall sein. Das Gesetz hätte also so formuliert werden müssen, dass klar ist, dass der Verband die **Angelegenheit** durch Mehrheitsbeschluss **an sich ziehen kann**, der einzelne Wohnungseigentümer aber gleichwohl eine **konkurrierende** und parallele Ausübungsbefugnis besitzt.

---

1 BGH, Beschl. v. 15.12.1988 – V ZB 9/88, BGHZ 106, 222 = MDR 1989, 436 = ZMR 1989, 182 = NJW 1989, 1091 = DWE 1989, 66; BGH, Beschl. v. 20.4.1990 – V ZB 1/90, BGHZ 111, 148 = MDR 1991, 138 = ZMR 1990, 389 = NJW 1990, 2386 = WuM 1990, 468 = DWE 1990, 140; BGH, Beschl. v. 2.10.1991 – V ZB 9/91, BGHZ 115, 253 = MDR 1992, 257 = ZMR 1992, 30 = NJW 1992, 182 = DWE 1991, 152; BGH, Beschl. v. 19.12.1991 – V ZB 27/90, BGHZ 116, 392 = MDR 1992, 484 = ZMR 1992, 167 = NJW 1992, 978 = DWE 1992, 72; BGH, Urt. v. 11.12.1992 – V ZR 118/91, BGHZ 121, 22 = MDR 1993, 445 = ZMR 1993, 173 = NJW 1993, 727 = DWE 1993, 60 = WuM 1993, 143.

ALT	NEU

175 **§ 11 Unauflöslichkeit der Gemein-schaft**

§ 11 Unauflöslichkeit der Gemein-schaft

(1) Kein Wohnungseigentümer kann die Aufhebung der Gemeinschaft verlangen. Dies gilt auch für eine Aufhebung aus wichtigem Grund. Eine abweichende Vereinbarung ist nur für den Fall zulässig, dass das Gebäude ganz oder teilweise zerstört wird und eine Verpflichtung zum Wiederaufbau nicht besteht.

(1) Kein Wohnungseigentümer kann die Aufhebung der Gemeinschaft verlangen. Dies gilt auch für eine Aufhebung aus wichtigem Grund. Eine abweichende Vereinbarung ist nur für den Fall zulässig, dass das Gebäude ganz oder teilweise zerstört wird und eine Verpflichtung zum Wiederaufbau nicht besteht.

(2) Das Recht eines Pfändungsgläubigers (§ 751 des Bürgerlichen Gesetzbuchs) sowie das im Insolvenzverfahren bestehende Recht (§ 84 Abs. 2 der Insolvenzordnung), die Aufhebung der Gemeinschaft zu verlangen, ist ausgeschlossen.

(2) Das Recht eines Pfändungsgläubigers (§ 751 des Bürgerlichen Gesetzbuchs) sowie das im Insolvenzverfahren bestehende Recht (§ 84 Abs. 2 der Insolvenzordnung), die Aufhebung der Gemeinschaft zu verlangen, ist ausgeschlossen.

(3) Ein Insolvenzverfahren über das Verwaltungsvermögen der Gemeinschaft findet nicht statt.

↪ Erläuterungen zum geänderten § 11 WEG

176 Die Bundesregierung hatte zuerst beabsichtigt, dem § 11 zwei Absätze hinzuzufügen, um das Problem eines Insolvenzverfahrens in den Griff zu bekommen. Diese sollten lauten:

„(3) Die Eröffnung des Insolvenzverfahrens über das Verwaltungsvermögen der Gemeinschaft der Wohnungseigentümer führt nicht zu deren Auflösung. Die Schlussverteilung in dem Insolvenzverfahren erfolgt, sobald die Verwertung der Insolvenzmasse einschließlich der in den ersten drei Monaten nach der Eröffnung des Insolvenzverfahrens fälligen Beitragsvorschüsse und Sonderumlagen beendet ist. § 93 der Insolvenzordnung ist entsprechend anzuwenden.

(4) Der Verwalter ist nicht verpflichtet, die Eröffnung des Insolvenzverfahrens zu beantragen."

177 Mit der Neuregelung wäre die – durchaus umstrittene – Insolvenzfähigkeit der Eigentümergemeinschaft grundsätzlich anerkannt worden. Allerdings trifft nach Auffassung der Bundesregierung[1] den Verwalter der Eigentümergemeinschaft auch ohne gesetzliche Regelung keine Pflicht, ein Insolvenzverfahren für die Gemeinschaft zu beantragen. Der geplante Absatz 4 sollte nur der Klarstellung dienen[2].

---

1 Vgl. BT-Drucks. 16/887, S. 67 f.
2 Vgl. BT-Drucks. 16/887, S. 69.

Der Rechtsausschuss des Deutschen Bundestages hat sich nach Anhörung der Sach-   178
verständigen, die sich überwiegend gegen die von der Bundesregierung vorgeschlagene Regelung ausgesprochen haben, entschieden, die Insolvenzfähigkeit der Eigentümergemeinschaft gesetzlich auszuschließen[1]. Der Aufwand und die Kosten eines
solchen Insolvenzverfahrens stehen nach Auffassung des Rechtsausschusses in keinem Verhältnis zu eventuellen Vorteilen für die Gläubiger. Außerdem würden
Überschneidungen zwischen den Tätigkeiten des Insolvenzverwalters und des
WEG-Verwalters auftreten, wenn ein Insolvenzverfahren zugelassen würde.

Bewertung der gesetzlichen Neuregelung

Die Vorgabe des neuen § 11 Abs. 3 WEG, dass kein **Insolvenzverfahren** stattfindet,   179
ist sinnvoll und wird der Praxis die **notwendige Klarheit** bringen. Auf Grund der
Entscheidung des BGH zur Teilrechtsfähigkeit[2] gab es in der Literatur[3] und Rechtsprechung[4] **unterschiedliche Auffassungen** zu der Frage, ob die rechtsfähige Gemeinschaft **insolvenzfähig** ist und der Verwalter verpflichtet sein könnte, einen **Insolvenzantrag** für die Gemeinschaft zu stellen. Wie ein solches Insolvenzverfahren
ablaufen sollte, wenn die Frage nach der Insolvenzfähigkeit positiv beantwortet
wurde, war völlig ungeklärt.

---

1 Vgl. Beschlussempfehlung des Rechtsausschusses des Deutschen Bundestages v. 13.12.2006,
  BT-Drucks. 16/3843, S. 48.
2 BGH, Beschl. v. 2.6.2005 – V ZB 32/05, BGHZ 163, 154 = NJW 2005, 2061 = ZMR 2005, 547
  = WuM 2005, 530.
3 Vgl. z.B. Bork, Die Insolvenz der Wohnungseigentümergemeinschaft, ZInsO 2005, 1067;
  Häublein, Die rechtsfähige Wohnungseigentümergemeinschaft: Auswirkungen auf die persönliche Haftung der Eigentümer und die Insolvenzfähigkeit, ZIP 2005, 1720; Eckardt, Zur
  Insolvenzfähigkeit der Wohnungseigentümergemeinschaft, EWir 2006, 593; Lehmann-Rich-
  ter, Keine Insolvenfähigkeit der Wohnungseigentümergemeinschaft, ZMR 2006, 321; Nissen,
  Keine Insolvenzfähigkeit der teilrechtsfähigen Wohnungseigentümergemeinschaft, ZMR
  2006, 563; Nissen, Der Insolvenzantrag für die insolvente Wohnungseigentümergemeinschaft, ZMR 2006, 897; Gundlach/Frenzel, Zur Insolvenzfähigkeit der Wohnungseigentümergemeinschaft, DZWiR 2006, 149 und 483; Gundlach/Frenzel/Schmidt, Die Wohnungseigentümergemeinschaft in der Insolvenz, NZI 2006, 437; Drasdo, Das Dilemma ist da –
  Streit um die Insolvenzfähigkeit der Wohnungseigentümergemeinschaft, NZI 2006, 209;
  Köster/Sankol, Zur Insolvenzfähigkeit der Wohnungseigentümergemeinschaft, EWiR 2006,
  465 und 741.
4 LG Dresden, Beschl. v. 15.5.2006 – 5 T 105/06, ZMR 2006, 561 = NJW 2006, 2710 = NZM
  2006, 513 = ZfIR 2006, 767 (Vorentscheidung: AG Dresden, Beschl. v. 12.1.2006 – 531 IN
  3653/05, ZMR 2006, 320 = NJW 2006, 1071 = ZfIR 2006, 769); AG Mönchengladbach, Beschl.
  v. 24.2.2006 – 32 IN 26/06, ZMR 2006, 403 = NJW 2006, 1071 = NZM 2006, 227 = ZfIR 2006,
  769.

ALT   NEU

180 **§ 12 Veräußerungsbeschränkung**   **§ 12 Veräußerungsbeschränkung**

(1) Als Inhalt des Sondereigentums kann vereinbart werden, dass ein Wohnungseigentümer zur Veräußerung seines Wohnungseigentums der Zustimmung anderer Wohnungseigentümer oder eines Dritten bedarf.

(2) Die Zustimmung darf nur aus einem wichtigen Grunde versagt werden. Durch Vereinbarung gemäß Absatz 1 kann dem Wohnungseigentümer darüber hinaus für bestimmte Fälle ein Anspruch auf Erteilung der Zustimmung eingeräumt werden.

(3) Ist eine Vereinbarung gemäß Absatz 1 getroffen, so ist eine Veräußerung des Wohnungseigentums und ein Vertrag, durch den sich der Wohnungseigentümer zu einer solchen Veräußerung verpflichtet, unwirksam, solange nicht die erforderliche Zustimmung erteilt ist. Einer rechtsgeschäftlichen Veräußerung steht eine Veräußerung im Wege der Zwangsvollstreckung oder durch den Insolvenzverwalter gleich.

(1) Als Inhalt des Sondereigentums kann vereinbart werden, dass ein Wohnungseigentümer zur Veräußerung seines Wohnungseigentums der Zustimmung anderer Wohnungseigentümer oder eines Dritten bedarf.

(2) Die Zustimmung darf nur aus einem wichtigen Grunde versagt werden. Durch Vereinbarung gemäß Absatz 1 kann dem Wohnungseigentümer darüber hinaus für bestimmte Fälle ein Anspruch auf Erteilung der Zustimmung eingeräumt werden.

(3) Ist eine Vereinbarung gemäß Absatz 1 getroffen, so ist eine Veräußerung des Wohnungseigentums und ein Vertrag, durch den sich der Wohnungseigentümer zu einer solchen Veräußerung verpflichtet, unwirksam, solange nicht die erforderliche Zustimmung erteilt ist. Einer rechtsgeschäftlichen Veräußerung steht eine Veräußerung im Wege der Zwangsvollstreckung oder durch den Insolvenzverwalter gleich.

(4) Die Wohnungseigentümer können durch Stimmenmehrheit beschließen, dass eine Veräußerungsbeschränkung gemäß Absatz 1 aufgehoben wird. Diese Befugnis kann durch Vereinbarung der Wohnungseigentümer nicht eingeschränkt oder ausgeschlossen werden. Ist ein Beschluss gemäß Satz 1 gefasst, kann die Veräußerungsbeschränkung im Grundbuch gelöscht werden. Der Bewilligung gemäß § 19 der Grundbuchordnung bedarf es nicht, wenn der Beschluss gemäß Satz 1 nachgewiesen wird. Für diesen Nachweis ist § 26 Abs. 4 entsprechend anzuwenden.

⊃ Erläuterungen zum geänderten § 12 WEG

1. Die Begründung der Bundesregierung zur Gesetzesänderung[1]

Die Vorschrift des § 12 Abs. 1 WEG gestattet die Festlegung in der Gemeinschafts- 181
ordnung oder in einer sonstigen Vereinbarung, dass ein Wohnungseigentümer zur
Veräußerung seines Wohnungseigentums der Zustimmung anderer Wohnungseigentümer oder eines Dritten bedarf, und zwar in Anlehnung an die §§ 5 bis 8 ErbbauVO
(Vereinbarung einer Veräußerungsbeschränkung) und abweichend von der allgemeinen Vorschrift des § 137 BGB, nach der rechtsgeschäftliche Verfügungsbeschränkungen gegenüber einem Dritten unwirksam sind. Durch § 12 Abs. 1 WEG soll den
Wohnungseigentümern die Möglichkeit gegeben werden, sich gegen das Eindringen
unerwünschter Personen in die Gemeinschaft und gegen sonstige unerwünschte
Veränderungen im Personenkreis der Teilhaber zu schützen.

Beschränkungen dieser Art finden sich in vielen Gemeinschaftsordnungen. Vor 182
allem von Bauträgern und von anderen Alleineigentümern wird bei der Begründung
von Wohnungseigentum häufig vorgeschrieben, dass die Veräußerung der Zustimmung des bereits von ihnen eingesetzten Verwalters bedarf.

Allerdings kann der vom Gesetz erstrebte Zweck in der Praxis jedenfalls in mitt- 183
leren und größeren Wohnanlagen kaum erreicht werden, da insbesondere die Absicht einer für die Gemeinschaft **unzumutbaren Nutzung** und die **finanzielle Situation** eines Erwerbers nicht rechtzeitig erkennbar sind. Außerdem kann die Zustimmung gemäß § 12 Abs. 2 WEG ohnehin nur aus wichtigem Grund versagt werden,
so dass die Rechtsprechung einen Anspruch auf ihre Erteilung zumeist bejaht.
Schließlich führt die Einholung der Zustimmung oft zu **unnötigem Verwaltungsaufwand** insbesondere für die Grundbuchämter sowie zu vermeidbaren Kosten, da die
Wohnungseigentümer neben den Gebühren und Auslagen des Notars und des
Grundbuchamts meist auch eine Provision[2] des Verwalters bezahlen müssen. Aus
der Praxis ist zudem berichtet worden, es entstünden Probleme, wenn die Gemeinschaftsordnung die Zustimmung des Verwalters bei einer Veräußerung vorsehe, ein
Verwalter aber nicht vorhanden sei[3]. Unter Umständen müsse das Gericht dann
einen Verwalter bestellen, auch wenn die Zustimmung selbst von den Betroffenen
als reine Formsache angesehen werde.

Angesichts dessen ist geltend gemacht worden, dass eine Streichung der Vorschrift 184
angezeigt sei, weil sie sich nicht bewährt habe. Allerdings hat sich im Zuge der
Prüfung des Handlungsbedarfs ergeben, dass der Regelung insbesondere bei kleineren Gemeinschaften und im ländlichen Bereich[4] eine, wenn auch nicht große, Be-

---

1 Begründung der Bundesregierung aus BT-Drucks. 16/887, S. 21 f.
2 Gemeint ist hier wohl eine „Pauschalvergütung" für den zeitlichen Aufwand des Verwalters,
die Zustimmungserklärung von einem Notar beglaubigen zu lassen.
3 Das ist eine Behauptung, die nicht einmal mit Quellen belegt wird!
4 Unerfindlich bleibt, warum gerade (nur?) bei „kleineren Gemeinschaften" und solchen Gemeinschaften, die im „ländlichen Bereich" liegen, die Zustimmungserfordernis von Bedeutung sein soll.

deutung zukommen kann. Um dem Rechnung zu tragen und gleichzeitig eine Möglichkeit zur Lösung der aufgezeigten Schwierigkeiten zu schaffen, sieht der Entwurf in Übereinstimmung mit vielen Stimmen eine Beschlusskompetenz zur Aufhebung von Veräußerungsbeschränkungen vor.

185 • **Satz 1** regelt, dass die Wohnungseigentümer die **Aufhebung** einer bestehenden Veräußerungsbeschränkung **mit Stimmenmehrheit** beschließen können. Die Begründung von Veräußerungsbeschränkungen bleibt nach wie vor durch Vereinbarung zulässig. Es ist darüber nachgedacht worden, statt der einfachen eine qualifizierte Stimmenmehrheit vorzusehen. Die jetzige Lösung wird die eingangs beschriebenen Schwierigkeiten aber leichter beseitigen können. Gleichzeitig entspricht sie am ehesten dem Meinungsbild, das sich im Zuge der Beratungen ergeben hat. Dabei ist wiederum zu bedenken, dass von vielen die völlige Streichung der Vorschrift befürwortet wird.

186 • **Satz 2** stellt – wie die parallelen Regelungen von § 16 Abs. 5 und § 22 Abs. 2 Satz 2 WEG – sicher, dass die in Satz 1 geregelte Befugnis **nicht** durch abweichende Vereinbarungen **zu Ungunsten** der Mehrheit der Wohnungseigentümer eingeschränkt oder ausgeschlossen werden kann. Dadurch wird erreicht, dass **auch geltende Gemeinschaftsordnungen** erfasst werden. Außerdem wird verhindert, dass ein Bauträger oder ein anderer Alleineigentümer bei der Begründung von Wohnungseigentum in der allein von ihm festgelegten Gemeinschaftsordnung die Einstimmigkeit künftig erneut vorschreiben könnte und dass es dadurch wiederum zu Schwierigkeiten käme, die der Entwurf gerade verhindern will.

187 Zum Teil ist vorgeschlagen worden, die Befugnis der Mehrheit insoweit zu beschneiden, als durch eine Aufhebung der Veräußerungsbeschränkung in „Sonderrechte" eingegriffen werde. Ebenso ist darüber nachgedacht worden, eine Beschränkung der Befugnis nach Satz 1 durch eine notariell beurkundete Vereinbarung zuzulassen. Beides hätte die vorstehend dargestellten Schwierigkeiten aber nicht beseitigen können. Es wäre dem teilenden Alleineigentümer ein Leichtes, eine Veräußerungsbeschränkung ausdrücklich als „Sonderrecht" auszugestalten. Auch werden Gemeinschaftsordnungen schon heute meist zu notarieller Urkunde vereinbart.

188 Bei der Bestimmung des Satzes 2 hat der Entwurf die Praxis des Wohnungseigentumsrechts vor Augen. In der Praxis werden Gemeinschaftsordnungen häufig einseitig und ohne Gestaltungsmöglichkeit der einzelnen Wohnungseigentümer festgelegt. Daraus wird deutlich, dass Satz 2 und die parallelen Vorschriften von § 16 Abs. 5 und § 22 Abs. 2 Satz 2 WEG die Privatautonomie der Wohnungseigentümer nicht etwa schwächen, sondern stärken, weil deren Rechte künftig durch einseitige Festlegungen in der Gemeinschaftsordnung weniger als bisher eingeschränkt werden können. Die Gespräche mit der Praxis haben zudem gezeigt, dass es in aller Regel als **Beschränkung der Gestaltungsmacht** der Wohnungseigentümer empfunden wird, wenn eine Regelung von der Zustimmung eines jeden einzelnen Wohnungseigentümers abhängig ist. Die Gefahr, ein Einzelner könnte sinnvolle Entscheidungen aus sachwidrigen Gründen verhindern, wird dort ersichtlich als größer angesehen als die Gefahr, dass die Mehrheit nicht sachgerechte Entscheidungen trifft, zumal die Mehrheit nach allgemeinen Grundsätzen für jede ihrer Entschei-

dungen einen sachlichen Grund benötigt, während der Einzelne seine Mitwirkung auch aus nicht nachvollziehbaren Gründen verweigern kann.

Die Unabdingbarkeit bezieht sich nicht allein auf die Beschlusskompetenz als solche, sondern auch auf die Mehrheitsmacht. Dies wird im Entwurf dadurch verdeutlicht, dass auf die Befugnis „im Sinne des Satzes 1" abgestellt wird. 189

Belange der Wohnungseigentümer in „Familienanlagen" oder ähnlichen kleinen Gemeinschaften werden durch die Unabdingbarkeit auch künftig praktisch nicht eingeschränkt. Dem Anliegen der Miteigentümer, bestimmen zu können, wer im Haus wohnt, wird schon nach geltendem Recht üblicherweise dadurch Rechnung getragen, dass ein durch Vormerkung gesicherter Rückübertragungsanspruch für den Fall einer Veräußerung ohne die vorgesehene Zustimmung vereinbart oder dass ein gegenseitiges Vorkaufsrecht eingeräumt wird. 190

2. Bewertung der gesetzlichen Neuregelung

Die Neuregelung wird in der Praxis durchaus unterschiedliche Bewertungen hervorrufen. Während die eine Seite sagen wird, dass solche Zustimmungsnotwendigkeiten entfallen können, weil sie wenig für die Eigentümergemeinschaft bringen, wird die Gegenseite sagen, dass gerade durch das Institut einer Dritt-Zustimmung Personen aus der Gemeinschaft fern gehalten werden können, die – wenn keine Zustimmungsnotwendigkeit bestanden hätte – erst mühsam aus der Gemeinschaft herausgeklagt werden müssten. 191

Es wird abzuwarten sein, welche Probleme sich in der Praxis zeigen werden. Derzeit kann den Verwaltern nur angeraten werden, dieses Thema in einer Eigentümerversammlung zu besprechen und auch zur Abstimmung zu stellen. Die Wohnungseigentümer sollten entscheiden, ob sie eine Beibehaltung der Zustimmungsnotwendigkeit wünschen oder nicht. Wenn die Zustimmungsnotwendigkeit aufgehoben wird, ist jedenfalls der Verwalter des Problems der eigenen Haftung enthoben. Möglicherweise können aber andere Probleme – Zahlungsunfähigkeit, Nichtanpassung an die Gemeinschaft – auftreten. 192

ALT	NEU	
§ 13 Rechte des Wohnungseigentümers	**§ 13 Rechte des Wohnungseigentümers**	193
(1) Jeder Wohnungseigentümer kann, soweit nicht das Gesetz oder Rechte Dritter entgegenstehen, mit den im Sondereigentum stehenden Gebäudeteilen nach Belieben verfahren, insbesondere diese bewohnen, vermieten, verpachten oder in sonstiger Weise nutzen, und andere von Einwirkungen ausschließen.	(1) Jeder Wohnungseigentümer kann, soweit nicht das Gesetz oder Rechte Dritter entgegenstehen, mit den im Sondereigentum stehenden Gebäudeteilen nach Belieben verfahren, insbesondere diese bewohnen, vermieten, verpachten oder in sonstiger Weise nutzen, und andere von Einwirkungen ausschließen.	

ALT   NEU

(2) Jeder Wohnungseigentümer ist zum Mitgebrauch des gemeinschaftlichen Eigentums nach Maßgabe der §§ 14, 15 berechtigt. An den sonstigen Nutzungen des gemeinschaftlichen Eigentums gebührt jedem Wohnungseigentümer ein Anteil nach Maßgabe des § 16.

194 **§ 14 Pflichten des Wohnungseigentümers**

Jeder Wohnungseigentümer ist verpflichtet:

1. die im Sondereigentum stehenden Gebäudeteile so instand zu halten und von diesen sowie von dem gemeinschaftlichen Eigentum nur in solcher Weise Gebrauch zu machen, dass dadurch keinem der anderen Wohnungseigentümer über das bei einem geordneten Zusammenleben unvermeidliche Maß hinaus ein Nachteil erwächst;

2. für die Einhaltung der in Nummer 1 bezeichneten Pflichten durch Personen zu sorgen, die seinem Hausstand oder Geschäftsbetrieb angehören oder denen er sonst die Benutzung der in Sonder- oder Miteigentum stehenden Grundstücks- oder Gebäudeteile überlässt;

3. Einwirkungen auf die im Sondereigentum stehenden Gebäudeteile und das gemeinschaftliche Eigentum zu dulden, soweit sie auf einem nach Nummer 1, 2 zulässigen Gebrauch beruhen;

4. das Betreten und die Benutzung der im Sondereigentum stehenden Gebäudeteile zu gestatten, soweit dies zur Instandhaltung und Instandsetzung des gemeinschaftlichen Eigentums erforderlich ist; der hierdurch entstehende Schaden ist zu ersetzen.

(2) Jeder Wohnungseigentümer ist zum Mitgebrauch des gemeinschaftlichen Eigentums nach Maßgabe der §§ 14, 15 berechtigt. An den sonstigen Nutzungen des gemeinschaftlichen Eigentums gebührt jedem Wohnungseigentümer ein Anteil nach Maßgabe des § 16.

§ 14 Pflichten des Wohnungseigentümers

Jeder Wohnungseigentümer ist verpflichtet:

1. die im Sondereigentum stehenden Gebäudeteile so instand zu halten und von diesen sowie von dem gemeinschaftlichen Eigentum nur in solcher Weise Gebrauch zu machen, dass dadurch keinem der anderen Wohnungseigentümer über das bei einem geordneten Zusammenleben unvermeidliche Maß hinaus ein Nachteil erwächst;

2. für die Einhaltung der in Nummer 1 bezeichneten Pflichten durch Personen zu sorgen, die seinem Hausstand oder Geschäftsbetrieb angehören oder denen er sonst die Benutzung der in Sonder- oder Miteigentum stehenden Grundstücks- oder Gebäudeteile überlässt;

3. Einwirkungen auf die im Sondereigentum stehenden Gebäudeteile und das gemeinschaftliche Eigentum zu dulden, soweit sie auf einem nach Nummer 1, 2 zulässigen Gebrauch beruhen;

4. das Betreten und die Benutzung der im Sondereigentum stehenden Gebäudeteile zu gestatten, soweit dies zur Instandhaltung und Instandsetzung des gemeinschaftlichen Eigentums erforderlich ist; der hierdurch entstehende Schaden ist zu ersetzen.

ALT	NEU

§ 15 Gebrauchsregelung

(1) Die Wohnungseigentümer können den Gebrauch des Sondereigentums und des gemeinschaftlichen Eigentums durch Vereinbarung regeln.

(2) Soweit nicht eine Vereinbarung nach Absatz 1 entgegensteht, können die Wohnungseigentümer durch Stimmenmehrheit einen der Beschaffenheit der im Sondereigentum stehenden Gebäudeteile und des gemeinschaftlichen Eigentums entsprechenden ordnungsmäßigen Gebrauch beschließen.

(3) Jeder Wohnungseigentümer kann einen Gebrauch der im Sondereigentum stehenden Gebäudeteile und des gemeinschaftlichen Eigentums verlangen, der dem Gesetz, den Vereinbarungen und Beschlüssen und, soweit sich die Regelung hieraus nicht ergibt, dem Interesse der Gesamtheit der Wohnungseigentümer nach billigem Ermessen entspricht.

§ 16 Nutzungen, Lasten und Kosten

(1) Jedem Wohnungseigentümer gebührt ein seinem Anteil entsprechender Bruchteil der Nutzungen des gemeinschaftlichen Eigentums. Der Anteil bestimmt sich nach dem gemäß § 47 der Grundbuchordnung im Grundbuch eingetragenen Verhältnis der Miteigentumsanteile.

(2) Jeder Wohnungseigentümer ist den anderen Wohnungseigentümern gegenüber verpflichtet, die Lasten des gemeinschaftlichen Eigentums sowie die Kosten der Instandhaltung, Instandsetzung, sonstigen Verwaltung und eines gemeinschaftlichen Gebrauchs des gemeinschaftlichen Eigentums nach dem Verhältnis seines Anteils (Absatz 1 Satz 2) zu tragen.

§ 15 Gebrauchsregelung   195

(1) Die Wohnungseigentümer können den Gebrauch des Sondereigentums und des gemeinschaftlichen Eigentums durch Vereinbarung regeln.

(2) Soweit nicht eine Vereinbarung nach Absatz 1 entgegensteht, können die Wohnungseigentümer durch Stimmenmehrheit einen der Beschaffenheit der im Sondereigentum stehenden Gebäudeteile und des gemeinschaftlichen Eigentums entsprechenden ordnungsmäßigen Gebrauch beschließen.

(3) Jeder Wohnungseigentümer kann einen Gebrauch der im Sondereigentum stehenden Gebäudeteile und des gemeinschaftlichen Eigentums verlangen, der dem Gesetz, den Vereinbarungen und Beschlüssen und, soweit sich die Regelung hieraus nicht ergibt, dem Interesse der Gesamtheit der Wohnungseigentümer nach billigem Ermessen entspricht.

§ 16 Nutzungen, Lasten und Kosten   196

(1) Jedem Wohnungseigentümer gebührt ein seinem Anteil entsprechender Bruchteil der Nutzungen des gemeinschaftlichen Eigentums. Der Anteil bestimmt sich nach dem gemäß § 47 der Grundbuchordnung im Grundbuch eingetragenen Verhältnis der Miteigentumsanteile.

(2) Jeder Wohnungseigentümer ist den anderen Wohnungseigentümern gegenüber verpflichtet, die Lasten des gemeinschaftlichen Eigentums sowie die Kosten der Instandhaltung, Instandsetzung, sonstigen Verwaltung und eines gemeinschaftlichen Gebrauchs des gemeinschaftlichen Eigentums nach dem Verhältnis seines Anteils (Absatz 1 Satz 2) zu tragen.

ALT	NEU
	(3) Die Wohnungseigentümer können abweichend von Absatz 2 durch Stimmenmehrheit beschließen, dass die Betriebskosten des gemeinschaftlichen Eigentums oder des Sondereigentums im Sinne des § 556 Abs. 1 des Bürgerlichen Gesetzbuches, die nicht unmittelbar gegenüber Dritten abgerechnet werden, und die Kosten der Verwaltung nach Verbrauch oder Verursachung erfasst und nach diesem oder nach einem anderen Maßstab verteilt werden, soweit dies ordnungsmäßiger Verwaltung entspricht.
	(4) Die Wohnungseigentümer können im Einzelfall zur Instandhaltung oder Instandsetzung im Sinne des § 21 Abs. 5 Nr. 2 oder zu baulichen Veränderungen oder Aufwendungen im Sinne des § 22 Abs. 1 und 2 durch Beschluss die Kostenverteilung abweichend von Absatz 2 regeln, wenn der abweichende Maßstab dem Gebrauch oder der Möglichkeit des Gebrauchs durch die Wohnungseigentümer Rechnung trägt. Der Beschluss zur Regelung der Kostenverteilung nach Satz 1 bedarf einer Mehrheit von drei Viertel aller stimmberechtigten Wohnungseigentümer im Sinne des § 25 Abs. 2 und mehr als der Hälfte aller Miteigentumsanteile.
	(5) Die Befugnisse im Sinne der Absätze 3 und 4 können durch Vereinbarung der Wohnungseigentümer nicht eingeschränkt oder ausgeschlossen werden.
(3) Ein Wohnungseigentümer, der einer Maßnahme nach § 22 Abs. 1 nicht zugestimmt hat, ist nicht berechtigt, einen Anteil an Nutzungen, die auf einer solchen Maßnahme beruhen, zu beanspruchen; er ist nicht verpflichtet, Kosten, die durch eine solche Maßnahme verursacht sind, zu tragen.	(6) Ein Wohnungseigentümer, der einer Maßnahme nach § 22 Abs. 1 nicht zugestimmt hat, ist nicht berechtigt, einen Anteil an Nutzungen, die auf einer solchen Maßnahme beruhen, zu beanspruchen; er ist nicht verpflichtet, Kosten, die durch eine solche Maßnahme verursacht sind, zu tragen. *Satz 1 ist bei einer Kostenverteilung gemäß Absatz 4 nicht anzuwenden.*

ALT	NEU
(4) Zu den Kosten der Verwaltung im Sinne des Absatzes 2 gehören insbesondere Kosten eines Rechtsstreits gemäß § 18 und der Ersatz des Schadens im Falle des § 14 Nr. 4.	*(7) Zu den Kosten der Verwaltung im Sinne des Absatzes 2 gehören insbesondere Kosten eines Rechtsstreits gemäß § 18 und der Ersatz des Schadens im Falle des § 14 Nr. 4.*
(5) Kosten eines Verfahrens nach § 43 gehören nicht zu den Kosten der Verwaltung im Sinne des Absatzes 2.	*(8) Kosten eines Rechtsstreits gemäß § 43 gehören nur dann zu den Kosten der Verwaltung im Sinne des Absatzes 2, wenn es sich um Mehrkosten gegenüber der gesetzlichen Vergütung eines Rechtsanwalts auf Grund einer Vereinbarung über die Vergütung (§ 27 Abs. 2 Nr. 4, Abs. 3 Nr. 6) handelt.*

⊃ Erläuterungen zum geänderten § 16 WEG

1. Die Begründung der Bundesregierung zu Absatz 3[1]

Nach geltendem Recht können Wohnungseigentümer mit Mehrheit die Erfassung 197 und den Verteilungsmaßstab von Betriebskosten beschließen, soweit es um Wasser- und Abwasserkosten und den dazu erforderlichen Einbau von Wasseruhren geht. Der BGH hat nämlich im Anschluss an Stimmen aus der jüngeren Literatur mit Beschluss vom 25.9.2003[2] entschieden, dass den Wohnungseigentümern insoweit gemäß § 21 Abs. 3 WEG eine Beschlusskompetenz zusteht, wenn diese hierüber nicht durch Vereinbarung eine andere Regelung getroffen haben.

Da sich dies aus dem Gesetz nicht ohne weiteres ersehen lässt und Rechtsprechung 198 und Verwaltungspraxis bisher über lange Zeit eine gegenteilige Auffassung vertreten haben, ist es aus Gründen der Klarstellung und wegen der Bedeutung der Frage für die Praxis geboten, diese Kompetenzen im Gesetz ausdrücklich zu normieren. In der Vergangenheit hat es nämlich in Wohnungseigentümergemeinschaften vielfach Streit über diese Befugnisse gegeben.

Als Standort für die neue Vorschrift ist § 16 WEG gewählt, weil die aufgetretenen 199 Fragen in Rechtsprechung, Schrifttum und Verwaltungspraxis im Zusammenhang mit der in § 16 Abs. 2 WEG geregelten Verteilung der Kosten erörtert werden, nicht aber im Zusammenhang mit der in § 21 WEG geregelten Verwaltung des gemeinschaftlichen Eigentums.

Die vorgesehene Regelung erfasst – wie der Wortlaut zeigt – Betriebskosten im 200 Sinne des § 556 Abs. 1 BGB. Die Einbeziehung dieses Begriffs dient der Rechtsver-

---

1 Begründung der Bundesregierung aus BT-Drucks. 16/887, S. 22 ff.
2 BGH, Beschl. v. 25.9.2003 – V ZB 21/03, BGHZ 156, 193 = ZMR 2003, 937 = NJW 2003, 3476 = DWE 2004, 131 = WuM 2003, 712.

einheitlichung und vereinfacht die Rechtsanwendung. Im Unterschied zum geltenden Recht ist die Regelung aber nicht nur bei Betriebskosten aus dem Sondereigentum, sondern auch bei denen aus dem gemeinschaftlichen Eigentum anzuwenden,
also insbesondere bei Wasser-, Abwasser- und Allgemeinstromkosten. Außerdem
werden die Kosten für die Verwaltung der Wohnanlage erfasst. Es erscheint nicht
sinnvoll, dass Wohnungseigentümer über die Verteilung etwa der Wasserkosten des
Sondereigentums gemäß der Rechtsprechung des BGH mit Mehrheit und über die
Wasserkosten des gemeinschaftlichen Eigentums etwa einer Waschküche, eines
Schwimmbads oder einer Bewässerung des Gartens nur einstimmig entscheiden
können. In beiden Fällen soll aus praktischen Erwägungen und zur Vermeidung von
Abgrenzungsschwierigkeiten zwischen Kosten des Sondereigentums und des ge-
meinschaftlichen Eigentums die Mehrheit ausreichen.

201 Dies kann nur durch eine Gesetzesänderung erreicht werden. Eine Mehrheitsentscheidung ist nämlich bei Betriebskosten des gemeinschaftlichen Eigentums und bei
den Kosten der Verwaltung nach geltendem Recht nicht möglich: Gemäß § 16 Abs. 2
WEG tragen die Wohnungseigentümer diese Kosten nach dem Verhältnis der meist
von einem Bauträger festgesetzten Miteigentumsanteile, die mit der Größe der Wohnung nicht übereinstimmen müssen. Wollen die Wohnungseigentümer von diesem
Maßstab abweichen, bedarf dies **bisher** als Vereinbarung der Einstimmigkeit[1].

202 Auf die einfache Mehrheit wird abgestellt, weil eine qualifizierte Mehrheit der
angestrebten Einheitlichkeit zuwiderliefe. Im Übrigen gibt es auch keinen sachlich
überzeugenden Grund, bei Wasser- und anderen Kosten des Gemeinschaftseigentums ein höheres Maß an Zustimmung zu verlangen als bei Kosten aus dem Sondereigentum.

203 Betriebskosten des gemeinschaftlichen Eigentums und des Sondereigentums werden
nur erfasst, soweit sie von der Gemeinschaft, nicht aber, soweit sie von einem
Wohnungseigentümer unmittelbar gegenüber Dritten abgerechnet werden. Es wird
zwar die Meinung vertreten, dass sich dies von selbst verstehe und nicht geregelt
werden müsse, zumal ein abweichender Beschluss der Wohnungseigentümer ordnungsmäßiger Verwaltung widerspräche. Zur Vermeidung von Missverständnissen
wird dieser Punkt aber ausdrücklich klargestellt[2].

204 Bei der Ausgestaltung der Kompetenz und ihrer Grenzen berücksichtigt die Änderung folgende Rechtslage[3]: Soweit Erfassungsgeräte etwa auf Grund landesrechtli-

---

1 Hier verkennt die Bundesregierung, dass eine Vereinbarung nicht durch Beschluss geschaffen
wird; **Vereinbarungen** sind schuldrechtliche Verträge, die auf übereinstimmenden Willenserklärungen aller Wohnungseigentümer beruhen. Der Begriff „Einstimmigkeit" ist hier also
völlig fehl am Platz.
2 Von „klarstellen" kann keine Rede sein. Gemeint ist hier die Formulierung in Absatz 3
„... Betriebskosten ... des Sondereigentums ..., die nicht unmittelbar gegenüber Dritten abgerechnet werden ...". Das ist allerdings sprachlich verfehlt. Es hätte heißen müssen, dass
Betriebskosten „unmittelbar von Dritten abgerechnet werden" oder „unmittelbar zwischen
dem Wohnungseigentümer und Dritten abgerechnet werden".
3 Vgl. BGH, Beschl. v. 25.9.2003 – V ZB 21/03, BGHZ 156, 193 = ZMR 2003, 937 = NJW 2003,
3476 = DWE 2004, 131 = WuM 2003, 712 (unter III.2.d bb).

cher Bestimmungen vorgeschrieben oder bereits vorhanden sind, verlangt eine ordnungsmäßige Verwaltung und damit das geltende Recht, dass sie auch eingebaut
und genutzt und dass die Betriebskosten entsprechend der Erfassung abgerechnet
werden. Soweit dies nicht der Fall ist, werden Maßnahmen zur Erfassung und ver-
brauchsabhängigen Abrechnung im Allgemeinen ordnungsmäßiger Verwaltung entsprechen, weil sie dem Verursacherprinzip Rechnung tragen und als Anreiz zur
Sparsamkeit zu deutlichen Einsparungen und zu mehr Verteilungsgerechtigkeit führen. Die Wohnungseigentümer haben allerdings auf Grund ihres Selbstorganisationsrechts einen Ermessensspielraum, der es ihnen ermöglicht, alle Umstände, die
für oder gegen eine verbrauchs- oder verursachungsabhängige Abrechnung sprechen,
abzuwägen.

Sind die wirtschaftlichen Aufwendungen für eine Erfassung und Abrechnung nach 205
Verbrauch oder Verursachung unverhältnismäßig hoch, so können die entsprechenden Maßnahmen einer ordnungsmäßigen Verwaltung widersprechen. Ob das der
Fall ist, kann wegen der vergleichbaren Interessenlage nach den Grundsätzen beurteilt werden, welche die Rechtsprechung zur Verbrauchserfassung für die Wärme-
und Warmwasserversorgung im Hinblick auf § 11 Abs. 1 Nr. 1 Buchstabe a, Abs. 2
HeizkostenV entwickelt hat. Danach steht die Einführung einer verbrauchs- oder
verursachungsabhängigen Erfassung und Abrechnung von Betriebskosten nicht
mehr im Einklang mit einer ordnungsmäßigen Verwaltung, wenn die Aufwendungen die Einsparungen übersteigen, die sich über zehn Jahre hin voraussichtlich
erzielen lassen.

Dieser Situation trägt die Neuregelung Rechnung. Sie enthält zunächst die Kompe- 206
tenz für Mehrheitsentscheidungen zur Erfassung und Verteilung von Betriebskosten.
Diese erfasst alle dafür erforderlichen Maßnahmen, allerdings keine Eingriffe in das
durch Artikel 14 Abs. 1 GG geschützte Sonder-(Allein-)Eigentum. Solche Eingriffe
sind auch nicht erforderlich, da Anlagen und Einrichtungen des gemeinschaftlichen
Gebrauchs, um die es hier geht – wie etwa Wasserzähler –, ohnehin gemäß § 5
Abs. 2 WEG im Gemeinschaftseigentum stehen[1]. Die Kompetenz ist allerdings dadurch begrenzt, dass die beschlossenen Maßnahmen in Übereinstimmung mit dem
geltenden Recht ordnungsmäßiger Verwaltung entsprechen müssen. Demnach können die Wohnungseigentümer auf Grund ihrer Privatautonomie zwar grundsätzlich
frei entscheiden, ob sie eine verursachungs- oder verbrauchsabhängige Abrechnung
einführen oder ob sie davon absehen und weiterhin nach dem geltenden oder nach
einem anderen Maßstab abrechnen wollen, aber jeweils nur im Rahmen ordnungsmäßiger Verwaltung.

Sowohl für die Entscheidung des „Ob" einer Änderung der Kostenverteilung als 207
auch für die des „Wie" muss es – wie bei der Anwendung einer Öffnungsklausel –
einen sachlichen Grund geben. Die Wohnungseigentümer dürfen also nicht willkürlich entscheiden. Angesichts der Mehrzahl der in Betracht kommenden Verteilungsschlüssel sind sie gehalten, den auszuwählen, der den Interessen der Gemeinschaft

---

1 Vgl. OLG Hamburg, Beschl. v. 30.12.2003 – 2 Wx 73/01, OLGR Hamburg 2004, 417 = ZMR
  2004, 291 = WuM 2004, 360.

und des einzelnen Wohnungseigentümers angemessen ist und insbesondere nicht zu
einer ungerechtfertigten Benachteiligung Einzelner führt. Diese Begrenzung ist ge-
setzesimmanent und muss hier nicht ausdrücklich geregelt werden. Auch stünde
ansonsten zu befürchten, dass durch verfehlte Rückschlüsse die Erforderlichkeit
eines sachlichen Grundes für andere Entscheidungen der Wohnungseigentümer in
Frage gestellt würde.

208   Eine weiter gehende Eingrenzung der Eigenverantwortlichkeit der Wohnungseigentümer ist nicht angezeigt, auch mit Rücksicht auf die Wertentscheidung des Miet-
rechts. Dort steht es dem Vermieter ebenfalls frei, ob er die Betriebskosten erfasst
und verbrauchsabhängig abrechnet (vgl. § 556a Abs. 2 Satz 1 BGB). Auch von der
Festlegung von Kriterien für andere Abrechnungsmaßstäbe, wie den Flächenmaß-
stab oder die Umlage nach Personenzahl oder – etwa beim Aufzug – das Maß der
tatsächlichen Nutzung oder Nutzungsmöglichkeit, muss abgesehen werden, da es
insoweit auf die jeweiligen Umstände des Einzelfalles ankommt und etwa auch die
Größe der Wohnanlage von Bedeutung sein kann. Soweit im Einzelfall möglicherweise Abgrenzungsfragen auftreten, ist es Aufgabe der Rechtsprechung, diese zu
klären.

209   **Bielefeld** hält es in seiner Stellungnahme[1] zur Anhörung im Rechtsausschuss für
wünschenswert, die Kostenverteilungsschlüssel durch Beschluss ändern zu können;
das sei bisher nicht möglich. Als „gravierendes" Beispiel für eine Änderungsnotwen-
digkeit verweist er auf die Verwalterkosten. Diese würden vom Verwalter nach
Wohneinheiten berechnet, diese Kosten müssten jedoch intern nach Miteigentumsanteilen verteilt werden, obwohl doch der Verwaltungsaufwand je Wohnung der
gleiche sei.

2. Die Begründung der Bundesregierung zu Absatz 4

210   Der vorgesehenen neuen Beschlusskompetenz liegen folgende Erwägungen zugrunde: Nach geltendem Recht können die Wohnungseigentümer Maßnahmen zur ordnungsmäßigen Instandhaltung oder Instandsetzung des gemeinschaftlichen Eigentums gemäß § 21 Abs. 5 Nr. 2 WEG mit Mehrheit beschließen, also insbesondere
Art, Umfang und Zeitpunkt der Arbeiten. Im Unterschied dazu bedarf es hinsichtlich der Kosten dieser Maßnahmen gemäß § 10 Abs. 1 Satz 2 WEG grundsätzlich
einer Vereinbarung, sofern die Wohnungseigentümer von der gesetzlichen Verteilung des § 16 Abs. 2 WEG nach Miteigentumsanteilen oder von einem vereinbarten
Verteilungsmaßstab abweichen wollen. Ein gleichwohl gefasster Mehrheitsbeschluss ist mangels Beschlusskompetenz nach der Entscheidung des BGH vom
20.9.2000[2] nichtig.

211   In der Praxis wird die einzelne Instandsetzungsmaßnahme gemeinsam mit den dadurch ausgelösten Kosten als einheitlicher Lebenssachverhalt angesehen und der

---

1 Protokoll der 23. Sitzung des Rechtsausschusses des Deutschen Bundestages v. 18.9.2006,
  S. 77 ff.
2 BGH, Beschl. v. 20.9.2000 – V ZB 58/99, BGHZ 145, 158 = MDR 2000, 1367 = ZMR 2000,
  771 = NJW 2000, 3500 = WuM 2000, 620 = DWE 2000, 113.

Beschluss über die Maßnahme selbst und jener über die Kostenverteilung daher regelmäßig miteinander verbunden. Auf Grund der vorstehend erörterten Rechtslage kommt es dabei zu erheblichen Schwierigkeiten, wenn die Wohnungseigentümer mit Mehrheit beschließen, im Einzelfall eine Instandhaltung oder Instandsetzung mit einer Kostenregelung zu verbinden, die zwar sinnvoll ist, aber von der gesetzlichen oder vereinbarten Verteilung nach Miteigentumsanteilen abweicht. Die Wohnungseigentümer fassen solche Beschlüsse häufiger, etwa dann, wenn sie die Kosten für das Streichen von Fenstern nach deren Anzahl abrechnen oder die Reparatur der im Gemeinschaftseigentum stehenden Teile von Balkonen nur den Wohnungseigentümern in Rechnung stellen, zu deren Wohnung ein Balkon gehört oder wenn sie allein die Nutzungsberechtigten von Garagen oder Stellplätzen mit den Kosten der Instandsetzung belasten.

Ein Beschluss dieser Art, also ein Beschluss, in dem sowohl über die Maßnahme als auch über die Kosten entschieden wird, ist nach der Rechtsprechung und manchen Äußerungen im Schrifttum zwar wirksam[1]. Er wendet nämlich – soweit es um die Kosten geht – den geltenden Kostenverteilungsschlüssel im Einzelfall lediglich fehlerhaft an, ändert ihn aber im Unterschied zu einem unwirksamen vereinbarungsändernden Beschluss nicht dauerhaft ab, sondern erschöpft sich in seinem Vollzug. Er ist aber anfechtbar und muss im Falle der Anfechtung schon deshalb aufgehoben werden, weil er von der gesetzlichen oder vereinbarten Kostenregelung abweicht (so genannter gesetzes- oder vereinbarungswidriger Beschluss im Sinne der Entscheidung des BGH vom 20.9.2000). 212

In der Literatur wird auch die Meinung vertreten[2], ein solcher Beschluss sei hinsichtlich der Kostenverteilung nicht nur anfechtbar, sondern unwirksam, weil er nach Sinn und Zweck darauf gerichtet sei, bestehendes Recht durch ein anderes zu ersetzen, also eine Regelung zu schaffen, auch wenn diese nur im Einzelfall gelten solle. Er ziele auf die Beseitigung eines sonst gegebenen Anfechtungsgrundes und damit auf die Legitimierung von Maßnahmen. Ob die Nichtigkeit den ganzen Beschluss erfasse, sei gemäß § 139 BGB (Teilnichtigkeit) zu beurteilen. 213

In dieser Situation ist es zur Erleichterung der Willensbildung sowie aus Gründen der Klarstellung und im Interesse der Rechtssicherheit und der Funktionalität der Gemeinschaft der Wohnungseigentümer angezeigt, eine ausdrückliche Beschlusskompetenz zur Kostenregelung zu normieren. 214

• **Satz 1 Halbsatz 1** enthält zunächst die Beschlusskompetenz. Außerdem sind dort und in dem Halbsatz 2 („wenn") sowie in Satz 2 deren Voraussetzungen festgelegt. Der Beschluss der Wohnungseigentümer zur Regelung der Kosten muss einen Ein- 215

---

1 Vgl. BayObLG, Beschl. v. 31.7.2003 – 2 Z BR 125/30, ZMR 2003, 950 = NJW-RR 2004, 228 = NZM 2004, 659, sowie OLG Köln, Beschl. v. 8.2.2002 – 16 Wx 6/02, OLGR 2002, 335 = DWE 2004, 69; Bielefeld, Worüber können die Wohnungseigentümer entscheiden?, DWE 2003, 77, 80.

2 Wenzel, Die Entscheidung des Bundesgerichtshofes zur Beschlusskompetenz der Wohnungseigentümerversammlung und ihre Folgen, ZWE 2001, 226, 236; Merle in Bärmann/Pick/Merle, WEG, 9. Auflage, § 22, Rz. 250 m.w.N.

zelfall betreffen. Damit knüpft die Vorschrift an die oben genannte Rechtsprechung zu vereinbarungswidrigen Beschlüssen an. Sie berücksichtigt auch, dass ein Wohnungseigentümer von einer einzelnen Änderung weniger stark als von einer generellen Abweichung betroffen wird und dass er nachteilige Auswirkungen einer abweichenden Kostenentscheidung im Einzelfall leichter erkennen kann.

216 Der Begriff „Einzelfall" bezieht sich sowohl auf die in Satz 1 Halbsatz 1 bezeichneten Maßnahmen als auch auf die Kostenregelung und grenzt die Beschlusskompetenz gegenüber einem Änderungsanspruch gemäß § 10 Abs. 1 Satz 3 WEG ab. Dieser zielt auf eine generelle Änderung, etwa der geltenden Kostenverteilung, also nicht nur auf den Einzelfall. Die Formulierung „im Einzelfall zur" macht auch deutlich, dass die Kostenregelung in Zusammenhang mit der Beschlussfassung über eine der dort bezeichneten Maßnahmen stehen muss, also einer Instandhaltung oder Instandsetzung oder einer baulichen Maßnahme oder Aufwendung gemäß § 22 Abs. 1 WEG oder einer solchen zur Modernisierung oder Anpassung an den Stand der Technik gemäß § 22 Abs. 2 WEG. Die letztgenannten Maßnahmen werden erfasst, weil bei ihnen die tatsächliche und rechtliche Situation derjenigen von Instandhaltungen oder Instandsetzungen entspricht und es deshalb folgerichtig erscheint, beide Fallgestaltungen gleich zu regeln.

217 Mit der beschlossenen Kostenverteilung können die Wohnungseigentümer von der gesetzlichen („abweichend von Absatz 2") und der vereinbarten Kostenverteilung abweichen (siehe Absatz 5 – neu –). Insbesondere ist es ihnen also möglich, Wohnungseigentümer, die einer Maßnahme gemäß § 22 Abs. 1 oder 2 WEG nicht zustimmen möchten, entgegen § 16 Abs. 6 Satz 2 WEG , der dies klarstellt, zur anteiligen Kostentragung zu verpflichten. Durch die Regelung in Halbsatz 2 – neu – (siehe sogleich) ist sichergestellt, dass auch diese Wohnungseigentümer nur in sachgerechter Weise an den Kosten beteiligt werden.

218 • **Satz 1 Halbsatz 2** („wenn") grenzt die Mehrheitsmacht ein und regelt im Unterschied zu Halbsatz 1, in dem es um die Frage des „Ob" geht, das „Wie" der abweichenden Kostenverteilung. Die Festlegung des vorgesehenen Maßstabs ist aus Gründen der Verteilungsgerechtigkeit und zur Konkretisierung des Grundsatzes der ordnungsmäßigen Verwaltung angezeigt. Dieser gilt auch hier, ohne dass dies ausdrücklich normiert werden müsste. Er verlangt im Übrigen, dass der abweichende Maßstab einen einzelnen Wohnungseigentümer im Hinblick auf den erforderlichen Eigentumsschutz (Artikel 14 Abs. 1 GG) nicht unbillig benachteiligt.

219 Die Kosten müssen bei einer abweichenden Regelung nach dem Gebrauch oder der Möglichkeit des Gebrauchs des Gemeinschaftseigentums durch die Wohnungseigentümer verteilt werden. Dieser Maßstab ist in der Praxis weithin als sinnvoll anerkannt. Er hält die einzelnen Wohnungseigentümer auch zu einem sorgsamen Umgang mit dem gemeinschaftlichen Eigentum an. Aus Gründen der Rechtssicherheit ist er anderen in Betracht kommenden Eingrenzungen vorzuziehen, etwa einem Abstellen auf einen sachlichen oder wichtigen Grund.

220 Die Formulierung „Gebrauch oder Möglichkeit des Gebrauchs" ist aus folgenden Gründen gewählt worden: In der Laiensphäre wird insoweit von der tatsächlichen

Nutzung oder der Möglichkeit der tatsächlichen Nutzung gesprochen. Gleichwohl ist der Begriff „Nutzung" zu vermeiden, da es sonst zu verfehlten Rückschlüssen aus der Verwendung dieses Begriffs in § 16 Abs. 1 WEG kommen könnte. Es erscheint daher sinnvoll, in § 16 Abs. 4 Satz 1 WEG wie in den §§ 15 und 16 Abs. 2 WEG die Formulierung „Gebrauch" zu verwenden. Im Übrigen ist erwogen worden, nur auf die „Möglichkeit des Gebrauchs", nicht aber auf den Gebrauch selbst abzustellen, weil dadurch möglicherweise Streitigkeiten zwischen den Wohnungseigentümern über das Maß des tatsächlichen Gebrauchs vermieden oder zumindest vermindert werden könnten. Dies erscheint jedoch nicht angezeigt, weil dadurch der Ermessensbereich der Wohnungseigentümer zu stark eingeschränkt würde.

Die Formulierung „Rechnung tragen" verdeutlicht, dass die Wohnungseigentümer einen Spielraum haben, insbesondere also pauschalisieren dürfen oder neben dem in erster Linie anzuwendenden „Gebrauchsmaßstab" auch andere Kriterien bei der Entscheidung über den Kostenverteilungsschlüssel berücksichtigen können, um im Rahmen ordnungsmäßiger Verwaltung zu einer sachgerechten Lösung zu kommen. **221**

• **Satz 2:** Das Erfordernis einer qualifizierten statt einer nur einfachen Mehrheit ist angezeigt, weil Kostenregelungen für die Wohnungseigentümer besonders wichtig sind. Es gewährleistet, dass ein Beschluss über eine Änderung der Kostenverteilung nur gefasst werden kann, wenn dies dem Willen der ganz überwiegenden Mehrheit entspricht. Entscheidend ist – wie der Text deutlich macht – die qualifizierte Mehrheit aller Wohnungseigentümer, nicht nur der in der Versammlung vertretenen, wobei es nach der gesetzlichen Regelung (§ 25 Abs. 2 WEG) auf eine Mehrheit nach Köpfen ankommt. Dabei zählen nur die stimmberechtigten Wohnungseigentümer. **222**

Die weiterhin erforderliche Mehrheit aller Miteigentumsanteile berücksichtigt die erhebliche Bedeutung des vermögensrechtlichen Elements. Es soll verhindert werden, dass Wohnungseigentümer, denen der größere Teil des gemeinschaftlichen Eigentums zusteht, die demgemäß entsprechende Investitionen gemacht und die gemäß § 16 Abs. 2 WEG die Kosten grundsätzlich nach ihrem Miteigentumsanteil zu tragen haben, bei der Änderung der Kostenverteilung durch Mehrheiten überstimmt werden können, die allein nach Köpfen berechnet werden. **223**

Anders als für die Mehrheit nach Köpfen wird für die Mehrheit nach Miteigentumsanteilen auf die Hälfte abgestellt. Dies soll Missbräuche erschweren. Die zulässige Verbindung von übergroßen Miteigentumsanteilen mit einzelnen Wohnungen bei der Begründung von Wohnungseigentum könnte ansonsten dazu führen, dass eine wirtschaftlich relativ unbedeutende Minderheit von einem Viertel zur Verhinderung eines Änderungsbeschlusses ausreicht. **224**

Das Mehrheitserfordernis gemäß Satz 2 entspricht dem der Beschlussfassung über eine Modernisierungs- oder Anpassungsmaßnahme im Sinne des § 22 Abs. 2 WEG. Beschließen die Wohnungseigentümer über eine solche Maßnahme, können sie dabei also auch über die Kostenverteilung entscheiden, ohne dass sich hierdurch die erforderliche Stimmenmehrheit verändert. Anders verhält es sich bei Instandhaltungen und Instandsetzungen im Sinne des § 21 Abs. 5 Nr. 2 WEG. Wollen die Wohnungseigentümer hier eine besondere Regelung über die Kosten treffen, erhöhen **225** sich dadurch die Anforderungen an die Stimmenmehrheit. Dies berücksichtigt die oben angesprochene Bedeutung einer abweichenden Kostenregelung. Damit wird verhindert, dass der vereinbarte oder gesetzliche Kostenverteilungsschlüssel zu leicht – wenn auch nur im Einzelfall – außer Kraft gesetzt werden kann.

226 Ähnliches gilt für Maßnahmen gemäß § 22 Abs. 1 WEG. Soll hier ein abweichender Kostenverteilungsschlüssel gelten, muss neben den gemäß § 22 Abs. 1 WEG erforderlichen Zustimmungen für die Maßnahme als solche auch die in § 16 Abs. 4 Satz 2 WEG geforderte Stimmenmehrheit (für die Kostenverteilung) gegeben sein. Dabei erfordert die Kostenverteilung aber nicht etwa die Zustimmung aller Wohnungseigentümer, die mit den Kosten belastet werden. Diese Rechtsfolge ist angemessen. Wer eine Gebrauchsmöglichkeit erhält und damit regelmäßig auch an einer Werterhöhung teilnimmt, soll sich nicht der Kostentragung entziehen können, wenn sich dies nicht mit dem Willen der weit überwiegenden Mehrheit der Wohnungseigentümer deckt.

227 Bei alledem wird zugrunde gelegt, dass die Entscheidung über die Maßnahme und jene über den anzuwendenden Kostenverteilungsschlüssel in der Praxis einheitlich getroffen wird. In der Lebenswirklichkeit werden nämlich die Maßnahme und die Kostenverteilung regelmäßig als einheitlicher Komplex angesehen.

228 Wird bei der Beschlussfassung die gemäß Absatz 4 Satz 2 WEG erforderliche Stimmenzahl nicht erreicht, so ist ein gleichwohl gefasster Mehrheitsbeschluss wirksam, aber anfechtbar. Er erlangt unter den Voraussetzungen des § 24 Abs. 4 WEG Bestandskraft.

3. Die Vorschläge des Rechtsausschusses zu Abs. 4

229 Während die Bundesregierung in ihrem Entwurf noch eine Änderungsmehrheit von „mehr als drei Viertel" aller stimmberechtigten Eigentümer vorgesehen hatte, hielt der Rechtsausschuss eine Mehrheit von „drei Viertel" der stimmberechtigten Eigentümer bei § 16 Abs. 4 für ausreichend[1]. Es könne dann nämlich auch bei einer (nur) aus vier Miteigentümern bestehenden Gemeinschaft mit jeweils gleichen Miteigentumsanteilen zu Mehrheitsentscheidungen kommen. Andere Grenzfälle hat der Rechtsausschuss nicht in Erwägung gezogen.

4. Die Begründung der Bundesregierung zu Absatz 5

230 Absatz 5 stellt – wie die parallelen Vorschriften von § 12 Abs. 4 Satz 3 und § 22 Abs. 2 Satz 2 WEG – sicher, dass die in den neuen Absätzen 3 und 4 geregelten Befugnisse durch abweichende Vereinbarungen nicht zu Ungunsten der vorgesehenen Mehrheiten der Wohnungseigentümer eingeschränkt oder ausgeschlossen werden können. Wie in § 12 Abs. 4 Satz 2 WEG werden auch geltende Gemeinschaftsordnungen erfasst. Im Übrigen verhindert die Regelung, dass es künftig erneut zu abweichenden Gestaltungen der meist einseitig festgelegten Gemeinschaftsordnun-

---

1 Vgl. BT-Drucks. 16/3843, S. 48 f.

gen und damit wiederum zu solchen Streitigkeiten käme, welche die Neuregelung gerade verhindern will. Die oben genannte Entscheidung des BGH vom 25.9.2003[1] löst die Fälle abweichender Vereinbarungen nicht. Dass die neue Vorschrift die Rechte der Wohnungseigentümer in aller Regel stärkt und nicht etwa einschränkt und dass die Unabdingbarkeit sich auf die Beschlusskompetenz einschließlich der Mehrheitsmacht bezieht, ist oben in der Begründung zu §12 Abs. 4 Satz 3 WEG bereits ausgeführt.

Abweichende Kostenverteilungsbeschlüsse auf Grund einer Öffnungsklausel mit geringeren Anforderungen, also im Falle des Absatzes 4 etwa ohne Korrelation zwischen Gebrauch oder Gebrauchsmöglichkeit und Kostenlast oder ohne das Erfordernis einer qualifizierten Mehrheit, bleiben im Übrigen zulässig, weil solche Beschlüsse die Befugnis der Mehrheit der Wohnungseigentümer nicht „einschränken", sondern erweitern.   231

5. Die Begründung der Bundesregierung zu Abs. 6

Bei Satz 1 handelt es sich um eine redaktionelle Folgeänderung (Umnummerierung) zur Einfügung der neuen Absätze 3 bis 5.   232

Satz 2 enthält eine Folgeänderung zu §16 Abs. 4 WEG und Klarstellung. Haben die Wohnungseigentümer die Verteilung der Kosten einer Maßnahme nach §22 Abs. 1 WEG gemäß §16 Abs. 4 WEG geregelt, ist für eine Anwendung des geltenden §16 Abs. 3 WEG (§16 Abs. 6 Satz 1 WEG – neu –) kein Raum mehr. Wer als Folge der Regelung der Wohnungseigentümer gemäß §16 Abs. 4 WEG die Kosten zu tragen hat, muss auch die Nutzungen beanspruchen können, unabhängig davon, ob er die Kostenverteilung mitbeschlossen oder ob er ihr nicht zugestimmt hat und überstimmt worden ist.   233

6. Die Begründung der Bundesregierung zu Abs. 8

Kosten eines Rechtsstreits gemäß §43 WEG sollen – wie auch nach bisher geltendem Recht (§16 Abs. 5 WEG) – **grundsätzlich** keine Kosten der Verwaltung sein.   234

Nach der **ursprünglichen Absicht** der Bundesregierung[2] sollte §50 Abs. 2 Satz 3, Abs. 3 WEG vorsehen, dass einzelne Wohnungseigentümer im Falle ihres Unterliegens – insbesondere bei Anfechtungsklagen gemäß §46 WEG – der Gegenseite, also den übrigen beteiligten Wohnungseigentümern, deren Kosten nur nach einem gemäß der **geplanten Vorschrift** des §50 Abs. 2 Satz 1 WEG herabgesetzten Streitwert zu erstatten gehabt hätten. Die übrigen Wohnungseigentümer hingegen hätten ihre Kosten, insbesondere die Gebühren für die anwaltliche Vertretung, nach einem höheren Streitwert gemäß der **geplanten Vorschrift** des §50 Abs. 1 WEG zu entrichten gehabt. Die Bundesregierung sah es als sachgerecht an, dass diese zunächst von   235

---

1 BGH, Beschl. v. 25.9.2003 – V ZB 21/03, BGHZ 156, 193 = ZMR 2003, 937 = NJW 2003, 3476 = DWE 2004, 131 = WuM 2003, 712.
2 BT-Drucks. 16/887, S. 26.

der obsiegenden Mehrheit zu tragende Differenz von **allen** Wohnungseigentümern getragen werden sollte. Die Bundesregierung hielt es zudem für unbillig, wenn einzelne später im Rechtsstreit unterlegene Wohnungseigentümer an den Mehrkosten, die den anderen Miteigentümern durch die Klageerhebung oder Rechtsverteidigung entstehen, nicht beteiligt würden.

236 Nachdem der Bundesrat diesen Plänen widersprochen und vorgeschlagen hatte[1], eine Kostenregelung im Gerichtskostengesetz anzusiedeln, im Übrigen aber auch gebeten hatte, die Frage der Teilrechtsfähigkeit auf Grund der Entscheidung des BGH vom 2.6.2005[2] zu prüfen, änderte die Bundesregierung ihren Vorschlag in ihrer **Gegenäußerung**[3] auf die Vorschläge des Bundesrates ab. Die jetzt geschaffene Gesetzesregelung steht im Zusammenhang mit den Änderungen der §§ 27 Abs. 2 Nr. 4 und Abs. 3 Nr. 6, 50 WEG, 49a GKG (vgl. auch die dortigen Ausführungen Rz. 489 ff., 512 f., 674 ff., 776 ff.).

237 Zu der jetzigen Regelung hat die Bundesregierung ausgeführt[4]: Die Differenz der auf Grund einer Vereinbarung erhöhten Anwaltsvergütung zu der gesetzlichen Vergütung können die übrigen Wohnungseigentümer nach der Regelung zur Vergütungsvereinbarung auch im Fall des Obsiegens nicht vom Prozessgegner erstattet verlangen. Eine Regelung, nach der dieses möglich wäre, könnte zu einer verfassungsrechtlich nicht vertretbaren Aushöhlung des Justizgewährungsanspruchs des einzelnen Wohnungseigentümers führen. Dieser Besonderheit trägt die jetzige Fassung des § 16 Abs. 8 WEG Rechnung. Danach sollen die durch eine Vergütungsvereinbarung entstehenden Mehrkosten für die Wohnungseigentümer **Kosten der Verwaltung** sein.

238 Auch nach der neuen Vorschrift ist es möglich, dass einzelne Wohnungseigentümer im Falle ihres Unterliegens der Gegenseite, also den übrigen beteiligten Wohnungseigentümern, die Kosten nur nach einem beschränkten Streitwert zu erstatten haben (vgl. oben die ursprüngliche Absicht der Bundesregierung). Die übrigen Wohnungseigentümer hingegen haben die Gebühren für anwaltliche Vertretung wegen der Vergütungsvereinbarung nach einem höheren Streitwert zu entrichten. Dass die obsiegende Mehrheit die Differenz zunächst tragen muss, ist Besonderheit eines Rechtsstreits innerhalb einer Wohnungseigentümergemeinschaft und kann entgegen der Meinung des Bundesrates nicht als deren Benachteiligung gewertet werden.

239 Da die Entscheidung gegen alle Wohnungseigentümer wirkt, ist es sachgerecht, dass alle Wohnungseigentümer die Differenz zu bezahlen haben. Es wäre zudem **unbillig,** wenn einzelne später **im Rechtsstreit unterlegene Wohnungseigentümer** an den Mehrkosten, die den anderen Miteigentümern durch die Klageerhebung oder Rechtsverteidigung entstehen, nicht beteiligt würden.

---

1 BT-Drucks. 16/887, Anlage 2, S. 53 ff.
2 BGH, Beschl. v. 2.6.2005 – V ZB 32/05, BGHZ 163,154 = BGHR 2005, 1090 = MDR 2005, 1156 = ZWE 2005, 422 = ZMR 2005, 547 = NJW 2005, 2061.
3 BT-Drucks. 16/887, Anlage 3, S. 77.
4 BT-Drucks. 16/887, Anlage 3, S. 77.

7. Bewertung der gesetzlichen Neuregelung

a) Zusammenfassung der Neuregelungen

aa) Der neue § 16 Abs. 3 WEG

Die Wohnungseigentümer können durch **Mehrheitsbeschluss** darüber entscheiden, 240
dass die **Betriebskosten** und die **Kosten der Verwaltung**

– nach Verbrauch oder

– Verursachung oder

– nach einem anderen Maßstab

verteilt werden. Erfasst werden nur solche Betriebskosten, die **nicht unmittelbar** 241
von Dritten gegenüber den Wohnungseigentümern abgerechnet werden.
Eingeschränkt wird das Recht dadurch, dass die Änderung **ordnungsmäßiger Verwaltung** entsprechen muss.

Die Betriebskosten-Definition richtet sich nach § 556 BGB in Verbindung mit der 242
Betriebskostenverordnung (BetrKV):

Verordnung über die Aufstellung von Betriebskosten 243

Betriebskostenverordnung

§ 1 Betriebskosten

(1) Betriebskosten sind die Kosten, die dem Eigentümer oder Erbbauberechtigten durch das
Eigentum oder Erbbaurecht am Grundstück oder durch den bestimmungsmäßigen Gebrauch
des Gebäudes, der Nebengebäude, Anlagen, Einrichtungen und des Grundstücks laufend entstehen. Sach- und Arbeitsleistungen des Eigentümers oder Erbbauberechtigten dürfen mit dem
Betrag angesetzt werden, der für eine gleichwertige Leistung eines Dritten, insbesondere eines
Unternehmers, angesetzt werden könnte; die Umsatzsteuer des Dritten darf nicht angesetzt
werden.

Zu den Betriebskosten gehören nicht:

1. die Kosten der zur Verwaltung des Gebäudes erforderlichen Arbeitskräfte und Einrichtungen, die Kosten der Aufsicht, der Wert der vom Vermieter persönlich geleisteten Verwaltungsarbeit, die Kosten für die gesetzlichen oder freiwilligen Prüfungen des Jahresabschlusses und
die Kosten für die Geschäftsführung (Verwaltungskosten),

2. die Kosten, die während der Nutzungsdauer zur Erhaltung des bestimmungsmäßigen Gebrauchs aufgewendet werden müssen, um die durch Abnutzung, Alterung und Witterungseinwirkung entstehenden baulichen oder sonstigen Mängel ordnungsgemäß zu beseitigen (Instandhaltungs- und Instandsetzungskosten).

§ 2 Aufstellung der Betriebskosten

Betriebskosten im Sinne von § 1 sind:

1. die laufenden öffentlichen Lasten des Grundstücks,

hierzu gehört namentlich die Grundsteuer;

2. die Kosten der Wasserversorgung,

hierzu gehören die Kosten des Wasserverbrauchs, die Grundgebühren, die Kosten der Anmietung oder anderer Arten der Gebrauchsüberlassung von Wasserzählern sowie die Kosten ihrer
Verwendung einschließlich der Kosten der Eichung sowie der Kosten der Berechnung und

Aufteilung, die Kosten der Wartung von Wassermengenreglern, die Kosten des Betriebs einer hauseigenen Wasserversorgungsanlage und einer Wasseraufbereitungsanlage einschließlich der Aufbereitungsstoffe;

3. die Kosten der Entwässerung,

hierzu gehören die Gebühren für die Haus- und Grundstücksentwässerung, die Kosten des Betriebs einer entsprechenden nicht öffentlichen Anlage und die Kosten des Betriebs einer Entwässerungspumpe;

4. die Kosten

a) des Betriebs der zentralen Heizungsanlage einschließlich der Abgasanlage, hierzu gehören die Kosten der verbrauchten Brennstoffe und ihrer Lieferung, die Kosten des Betriebsstroms, die Kosten der Bedienung, Überwachung und Pflege der Anlage, der regelmäßigen Prüfung ihrer Betriebsbereitschaft und Betriebssicherheit einschließlich der Einstellung durch eine Fachkraft, der Reinigung der Anlage und des Betriebsraums, die Kosten der Messungen nach dem Bundes-Immissionsschutzgesetz, die Kosten der Anmietung oder anderer Arten der Gebrauchsüberlassung einer Ausstattung zur Verbrauchserfassung sowie die Kosten der Verwendung einer Ausstattung zur Verbrauchserfassung einschließlich der Kosten der Eichung sowie der Kosten der Berechnung und Aufteilung

oder

b) des Betriebs der zentralen Brennstoffversorgungsanlage,

hierzu gehören die Kosten der verbrauchten Brennstoffe und ihrer Lieferung, die Kosten des Betriebsstroms und die Kosten der Überwachung sowie die Kosten der Reinigung der Anlage und des Betriebsraums

oder

c) der eigenständig gewerblichen Lieferung von Wärme, auch aus Anlagen im Sinne des Buchstabens a,

hierzu gehören das Entgelt für die Wärmelieferung und die Kosten des Betriebs der zugehörigen Hausanlagen entsprechend Buchstabe a

oder

d) der Reinigung und Wartung von Etagenheizungen und Gaseinzelfeuerstätten,

hierzu gehören die Kosten der Beseitigung von Wasserablagerungen und Verbrennungsrückständen in der Anlage, die Kosten der regelmäßigen Prüfung der Betriebsbereitschaft und Betriebssicherheit und der damit zusammenhängenden Einstellung durch eine Fachkraft sowie die Kosten der Messungen nach dem Bundes-Immissionsschutzgesetz;

5. die Kosten

a) des Betriebs der zentralen Warmwasserversorgungsanlage,

hierzu gehören die Kosten der Wasserversorgung entsprechend Nummer 2, soweit sie nicht dort bereits berücksichtigt sind, und die Kosten der Wassererwärmung entsprechend Nummer 4 Buchstabe a

oder

b) der eigenständig gewerblichen Lieferung von Warmwasser, auch aus Anlagen im Sinne des Buchstabens a,

hierzu gehören das Entgelt für die Lieferung des Warmwassers und die Kosten des Betriebs der zugehörigen Hausanlagen entsprechend Nummer 4 Buchstabe a

oder

c) der Reinigung und Wartung von Warmwassergeräten,

hierzu gehören die Kosten der Beseitigung von Wasserablagerungen und Verbrennungsrückständen im Innern der Geräte sowie die Kosten der regelmäßigen Prüfung der Betriebsbereitschaft und Betriebssicherheit und der damit zusammenhängenden Einstellung durch eine Fachkraft;

6. die Kosten verbundener Heizungs- und Warmwasserversorgungsanlagen

a) bei zentralen Heizungsanlagen entsprechend Nummer 4 Buchstabe a und entsprechend Nummer 2, soweit sie nicht dort bereits berücksichtigt sind,

oder

b) bei der eigenständig gewerblichen Lieferung von Wärme entsprechend Nummer 4 Buchstabe c und entsprechend Nummer 2, soweit sie nicht dort bereits berücksichtigt sind,

oder

c) bei verbundenen Etagenheizungen und Warmwasserversorgungsanlagen entsprechend Nummer 4 Buchstabe d und entsprechend Nummer 2, soweit sie nicht dort bereits berücksichtigt sind;

7. die Kosten des Betriebs des Personen- oder Lastenaufzugs,

hierzu gehören die Kosten des Betriebsstroms, die Kosten der Beaufsichtigung, der Bedienung, Überwachung und Pflege der Anlage, der regelmäßigen Prüfung ihrer Betriebsbereitschaft und Betriebssicherheit einschließlich der Einstellung durch eine Fachkraft sowie die Kosten der Reinigung der Anlage;

8. die Kosten der Straßenreinigung und Müllbeseitigung,

zu den Kosten der Straßenreinigung gehören die für die öffentliche Straßenreinigung zu entrichtenden Gebühren und die Kosten entsprechender nicht öffentlicher Maßnahmen; zu den Kosten der Müllbeseitigung gehören namentlich die für die Müllabfuhr zu entrichtenden Gebühren, die Kosten entsprechender nicht öffentlicher Maßnahmen, die Kosten des Betriebs von Müllkompressoren, Müllschluckern, Müllabsauganlagen sowie des Betriebs von Müllmengenerfassungsanlagen einschließlich der Kosten der Berechnung und Aufteilung;

9. die Kosten der Gebäudereinigung und Ungezieferbekämpfung,

zu den Kosten der Gebäudereinigung gehören die Kosten für die Säuberung der von den Bewohnern gemeinsam genutzten Gebäudeteile, wie Zugänge, Flure, Treppen, Keller, Bodenräume, Waschküchen, Fahrkorb des Aufzugs;

10. die Kosten der Gartenpflege,

hierzu gehören die Kosten der Pflege gärtnerisch angelegter Flächen einschließlich der Erneuerung von Pflanzen und Gehölzen, der Pflege von Spielplätzen einschließlich der Erneuerung von Sand und der Pflege von Plätzen, Zugängen und Zufahrten, die dem nicht öffentlichen Verkehr dienen;

11. die Kosten der Beleuchtung,

hierzu gehören die Kosten des Stroms für die Außenbeleuchtung und die Beleuchtung der von den Bewohnern gemeinsam genutzten Gebäudeteile, wie Zugänge, Flure, Treppen, Keller, Bodenräume, Waschküchen;

12. die Kosten der Schornsteinreinigung,

hierzu gehören die Kehrgebühren nach der maßgebenden Gebührenordnung, soweit sie nicht bereits als Kosten nach Nummer 4 Buchstabe a berücksichtigt sind;

13. die Kosten der Sach- und Haftpflichtversicherung,

hierzu gehören namentlich die Kosten der Versicherung des Gebäudes gegen Feuer-, Sturm-, Wasser- sowie sonstige Elementarschäden, der Glasversicherung, der Haftpflichtversicherung für das Gebäude, den Öltank und den Aufzug;

14. die Kosten für den Hauswart,

hierzu gehören die Vergütung, die Sozialbeiträge und alle geldwerten Leistungen, die der Eigentümer oder Erbbauberechtigte dem Hauswart für seine Arbeit gewährt, soweit diese nicht die

Instandhaltung, Instandsetzung, Erneuerung, Schönheitsreparaturen oder die Hausverwaltung betrifft; soweit Arbeiten vom Hauswart ausgeführt werden, dürfen Kosten für Arbeitsleistungen nach den Nummern 2 bis 10 und 16 nicht angesetzt werden;

15. die Kosten

a) des Betriebs der Gemeinschafts-Antennenanlage,

hierzu gehören die Kosten des Betriebsstroms und die Kosten der regelmäßigen Prüfung ihrer Betriebsbereitschaft einschließlich der Einstellung durch eine Fachkraft oder das Nutzungsentgelt für eine nicht zu dem Gebäude gehörende Antennenanlage sowie die Gebühren, die nach dem Urheberrechtsgesetz für die Kabelweitersendung entstehen,

oder

b) des Betriebs der mit einem Breitbandkabelnetz verbundenen privaten Verteilanlage,

hierzu gehören die Kosten entsprechend Buchstabe a, ferner die laufenden monatlichen Grundgebühren für Breitbandkabelanschlüsse;

16. die Kosten des Betriebs der Einrichtungen für die Wäschepflege,

hierzu gehören die Kosten des Betriebsstroms, die Kosten der Überwachung, Pflege und Reinigung der Einrichtungen, der regelmäßigen Prüfung ihrer Betriebsbereitschaft und Betriebssicherheit sowie die Kosten der Wasserversorgung entsprechend Nummer 2, soweit sie nicht dort bereits berücksichtigt sind;

17. sonstige Betriebskosten,

hierzu gehören Betriebskosten im Sinne des § 1, die von den Nummern 1 bis 16 nicht erfasst sind.

244   **§ 556 BGB**

Vereinbarungen über Betriebskosten

(1) Die Vertragsparteien können vereinbaren, dass der Mieter Betriebskosten trägt. Betriebskosten sind die Kosten, die dem Eigentümer oder Erbbauberechtigten durch das Eigentum oder das Erbbaurecht am Grundstück oder durch den bestimmungsmäßigen Gebrauch des Gebäudes, der Nebengebäude, Anlagen, Einrichtungen und des Grundstücks laufend entstehen. Für die Aufstellung der Betriebskosten gilt die Betriebskostenverordnung vom 25.11.2003 (BGBl. I, S. 2346, 2347) fort. Die Bundesregierung wird ermächtigt, durch Rechtsverordnung ohne Zustimmung des Bundesrates Vorschriften über die Aufstellung der Betriebskosten zu erlassen.

(2) Die Vertragsparteien können vorbehaltlich anderweitiger Vorschriften vereinbaren, dass Betriebskosten als Pauschale oder als Vorauszahlung ausgewiesen werden. Vorauszahlungen für Betriebskosten dürfen nur in angemessener Höhe vereinbart werden.

(3) Über die Vorauszahlungen für Betriebskosten ist jährlich abzurechnen; dabei ist der Grundsatz der Wirtschaftlichkeit zu beachten. Die Abrechnung ist dem Mieter spätestens bis zum Ablauf des zwölften Monats nach Ende des Abrechnungszeitraums mitzuteilen. Nach Ablauf dieser Frist ist die Geltendmachung einer Nachforderung durch den Vermieter ausgeschlossen, es sei denn, der Vermieter hat die verspätete Geltendmachung nicht zu vertreten. Der Vermieter ist zu Teilabrechnungen nicht verpflichtet. Einwendungen gegen die Abrechnung hat der Mieter dem Vermieter spätestens bis zum Ablauf des zwölften Monats nach Zugang der Abrechnung mitzuteilen. Nach Ablauf dieser Frist kann der Mieter Einwendungen nicht mehr geltend machen, es sei denn, der Mieter hat die verspätete Geltendmachung nicht zu vertreten.

(4) Eine zum Nachteil des Mieters von Absatz 1, Absatz 2 Satz 2 oder Absatz 3 abweichende Vereinbarung ist unwirksam.

245 Die Neuregelung wird in den Eigentümergemeinschaften die alten Diskussionen über die Verteilungsgerechtigkeit („Verteilungskämpfe") wieder aufleben lassen.

Diese Diskussionen waren nach der Entscheidung des BGH vom 20.9.2000[1] abgebrochen.

Die gesetzliche Regelung, dass sowohl die Betriebskosten für das **gemeinschaftliche**   246 **Eigentum** oder für das **Sondereigentum** durch Änderungsbeschluss geregelt werden können, ist wenig sinnvoll, ich meine sogar: verfehlt.

Die Gemeinschaft darf nach meiner Ansicht überhaupt nur über die Lasten und   247 Kosten im Sinne des bisherigen § 16 Abs. 2 WEG entscheiden, also über die gemeinschaftlichen Lasten und Kosten. Die Wasserkosten-Entscheidung des BGH[2] veranlasst nicht, eine **Regelungsbefugnis** für die Gemeinschaft hinsichtlich des **Sondereigentums** zu schaffen; der Gesetzgeber ist hierzu nach meiner Auffassung nicht befugt. Nach der Ansicht des BGH[3] handelt es sich bei dem Wasserverbrauch in den Wohnungen um Angelegenheiten des Sondereigentums, so dass auch die Gemeinschaft die Erfassung und verbrauchsabhängige Abrechnung des Wassers durch Beschluss regeln kann. **Diese** Regelungsbefugnis (oder besser: Regelungs**notwendigkeit**) ergibt sich allein daraus, dass regelmäßig die Eigentümergemeinschaft Vertragspartner des Wasserversorgungsträgers ist, von diesem die Rechnung erhält und sie ihm gegenüber auch ausgleicht. Entsprechend der Sicht des BGH sind diese Wasserkosten dann als „durchlaufende Posten" zu behandeln, die im Verbrauchsverhältnis[4] an die Eigentümer weiterberechnet werden können.

Durch die gesetzliche Neuregelung und die (einschränkungslose) Bezugnahme auf das   248 Sondereigentum wird nunmehr der Streit eröffnet, ob noch andere Kosten des **Sondereigentums** im Beschlusswege geregelt werden könnten – und zwar wegen der fehlenden Einschränkung auch dann, wenn gar keine „Durchlaufende-Posten-Beziehung" wie bei den Wasserkosten besteht. Statt Streit zu beseitigen, wird hier Streit provoziert.

Durch die Neuregelung des § 16 Abs. 3, dass auch „**nach einem anderen Maßstab**"   249 (also einem anderen Maßstab als einem Verbrauchs- oder Verursachungsmaßstab) verteilt werden kann, eröffnet sich jegliche Regelungsmöglichkeit. Zwar ist in der gesetzlichen Vorschrift eine **Begrenzung** („ordnungsmäßige Verwaltung") eingebaut, gleichwohl wird es zukünftig bei gerichtlichen Streitigkeiten nicht mehr um die Frage gehen, ob überhaupt eine Änderungsmöglichkeit besteht, sondern um die viel diffizilere Frage, **wann** ein Beschluss noch **ordnungsmäßiger Verwaltung** entspricht und wann nicht mehr. Es sind jetzt die grundsätzlichen Fragen einer „**Verteilungsgerechtigkeit**" von den Gerichten zu klären, um dem unbestimmten Rechtsbegriff „ordnungsmäßige Verwaltung" bei einer Änderung der Verteilerschlüssel Konturen zu geben. Ich erwarte gerade bei diesem Punkt eine Vielzahl von Streitigkeiten, die aber – wegen des auf zwei Instanzen beschränkten Rechtsweges – auf lange Zeit keine richtige Klärung bringen werden.

---

1 BGH, Beschl. v. 20.9.2000 – V ZB 58/99, BGHZ 145, 158 = MDR 2000, 1367 = ZMR 2000, 771 = NJW 2000, 3500 = WuM 2000, 620 = DWE 2000, 113.
2 BGH, Beschl. v. 25.9.2003 – V ZB 21/03, BGHZ 156, 193 = MDR 2004, 86 = ZMR 2003, 937 = WuM 2003, 712 = DWE 2004, 131.
3 Ob diese richtig ist, kann hier dahinstehen.
4 Also nicht nach dem konkreten Einzelverbrauch!

8. Der neue § 16 Abs. 4 WEG

250 *„Im Einzelfall"* kann die Kostenverteilung

- bei Maßnahmen ordnungsmäßiger Instandhaltung und Instandsetzung (§ 21 Abs. 5 Nr. 2) sowie

- bei baulichen Veränderungen oder

- bei Maßnahmen nach § 22 Abs. 1 und 2 *(die über die „ordnungsmäßige Instandhaltung/Instandsetzung" hinausgehen oder die Modernisierungen pp darstellen)*

abweichend vom vereinbarten/gesetzlichen Kostenverteilungsschlüssel beschlossen werden.

251 Voraussetzungen für einen wirksamen Beschluss:

- Der abweichende Maßstab trägt dem **Gebrauch** oder der **Möglichkeit des Gebrauchs** durch die Wohnungseigentümer Rechnung.

- Der Beschluss benötigt eine **drei-Viertel-Mehrheit** aller Wohnungseigentümer und die Zustimmung von **mehr als der Hälfte** aller Miteigentumsanteile.

252 Diese Regelung ist unglücklich, was sich auch unmittelbar aus der Zusammenschau mit der Neuregelung des § 16 Abs. 6 Satz 2 WEG ergibt. Auch der Eigentümer, der den Maßnahmen nach Abs. 4 nicht zugestimmt hat, muss nämlich die Kosten gemäß dem neu festgelegten Verteilungskriterium tragen. Gerade dies wird allerdings dazu führen, dass erheblich mehr Beschlüsse, die eine bauliche Veränderung oder eine Maßnahme nach § 22 Abs. 1 und 2 WEG beinhalten und zusätzlich die Kostenverteilungskriterien ändern, angefochten werden. Ohne eine Anfechtung dieser Beschlüsse sind die überstimmten Eigentümer an den Kosten beteiligt; es wird deshalb zukünftig darauf ankommen, diese Beschlüsse **in jedem Fall gerichtlich anzugreifen**.

253 Der **anwaltliche Berater** wird den von ihm beratenen Wohnungseigentümer jedenfalls über dieses **Risiko aufzuklären** haben; im Hinblick auf die reduzierten Streitwerte (vgl. § 49a GKG) und die geänderte Kostenerstattungsregelung (statt ehemals § 47 WEG jetzt Kostenerstattung nach der ZPO; vgl. aber auch § 50 WEG) ist davon auszugehen, dass die Neigung zur Anfechtung bei den betroffenen Wohnungseigentümern steigt.

254 Hier ist auch zu beachten, dass sehr häufig von Wohnungseigentümerversammlungen abgestufte Beschlüsse gefasst werden. Wenn in einer **ersten Stufe** darüber beschlossen wird, dass bestimmte Maßnahmen durchgeführt werden, und dann erst in einer **zweiten Stufe** die Finanzierung (und zukünftig die Kostenverteilung) geregelt wird, ist schon der erste Beschluss darauf zu untersuchen, ob der Inhalt unter die neue Bestimmung des **Abs. 4** fallen könnte (was die Regel sein wird). Dann muss jedenfalls dieser erste Beschluss angegriffen werden, will der Wohnungseigentümer und der beratende Anwalt nicht das Risiko eingehen, dass der Wohnungseigentümer später mit einer Neuregelung der Kosten konfrontiert und auch tatsächlich belastet wird.

Ob das im Gesetz enthaltene eingrenzende Kriterium, dass die Kostenverteilung 255
sich am **Gebrauch** oder an der **Möglichkeit des Gebrauchs** orientieren muss, wirklich ein taugliches Abgrenzungskriterium ist, darf bezweifelt werden.

Der Begriff des **Gebrauchs** ist weder im WEG noch in einem sonstigen Gesetz defi- 256
niert. Die Begriffe in §§ 13, 15 sind wohl gleich auszulegen wie die Begriffe in
§§ 100, 535, 743 Abs. 2, 745 BGB. Wenn eine gesetzliche Definition fehlt, wird man
von dem allgemeinen Sprachgebrauch ausgehen müssen, der den Begriff mit „Benutzung" gleichsetzt[1]. Die Benutzung oder die Möglichkeit der Benutzung von bestimmten Teilen des Gemeinschaftseigentums – die baulich verändert wurden, oder
die Maßnahmen unterworfen wurden, die über die ordnungsmäßige Instandhaltung/
Instandsetzung hinausgehen – kann durchaus streitig werden. So z.B. bei einem
Aufzug, der (nur) vom Erdgeschoss in die Obergeschosse fährt, so dass die Erdgeschoss-Eigentümer durchaus behaupten könnten, sie benutzten den Aufzug nicht
und hätten auch keine Möglichkeit der Benutzung. Es wird deshalb in der Zukunft
bei der Anwendung des § 16 Abs. 4 WEG um „Verteilungskämpfe" gehen, die sich
an dem **Gebrauchsbegriff** (Benutzung) entzünden.

9. Der neue § 16 Abs. 8 WEG

Die Vorschrift sieht nunmehr vor, dass Rechtsanwaltskosten aus einer Streitwert- 257
vereinbarung, soweit sie die Rechtsanwaltsgebühren nach dem gesetzlichen Streitwert übersteigen, zu den **Kosten der Verwaltung** gehören.

Diese Regelung führt zu einer erheblichen Belastung der **Verwalter** und der vertre- 258
tenden Rechtsanwälte. Der Verwalter muss nämlich hier eine **fiktive Kostenberechnung** vornehmen, und zwar auf der Grundlage der gesetzlichen Streitwerte (vgl.
§ 49a GKG), und diese Kostenberechnung mit der tatsächlich von dem Anwalt eingereichten Kostennote vergleichen. Das kann der Verwalter jedoch regelmäßig nicht
leisten, so dass hier **auch der Rechtsanwalt** gefragt ist, der diese Vergleichsrechnung
anstellen müsste. Ob der Rechtsanwalt hierzu **ohne gesonderte Vereinbarung** verpflichtet ist, ist zweifelhaft. Eine Pflicht bestünde nur, wenn diese Berechnung eine
Nebenpflicht des Rechtsanwalts darstellen könnte.

ALT	NEU	
§ 17 Anteil bei Aufhebung der Gemeinschaft	**§ 17 Anteil bei Aufhebung der Gemeinschaft**	259
Im Falle der Aufhebung der Gemeinschaft bestimmt sich der Anteil der Miteigentümer nach dem Verhältnis des Wertes ihrer Wohnungseigentumsrechte	Im Falle der Aufhebung der Gemeinschaft bestimmt sich der Anteil der Miteigentümer nach dem Verhältnis des Wertes ihrer Wohnungseigentumsrechte	

---

1 Duden, unter Stichwort „Gebrauch", „gebrauchen".

ALT	NEU
zurzeit der Aufhebung der Gemeinschaft. Hat sich der Wert eines Miteigentumsanteils durch Maßnahmen verändert, denen der Wohnungseigentümer gemäß § 22 Abs. 1 nicht zugestimmt hat, so bleibt eine solche Veränderung bei der Berechnung des Wertes dieses Anteils außer Betracht.	zurzeit der Aufhebung der Gemeinschaft. Hat sich der Wert eines Miteigentumsanteils durch Maßnahmen verändert, *deren Kosten der Wohnungseigentümer nicht getragen hat,* so bleibt eine solche Veränderung bei der Berechnung des Wertes dieses Anteils außer Betracht.

◐ Erläuterungen zum geänderten § 17 WEG

Die Begründung der Bundesregierung zur Gesetzesänderung[1]

260   Es handelt sich um eine Folgeänderung zu dem neuen § 16 Abs. 4 WEG. Die bisherige Regelung des § 17 Satz 2 WEG geht im Anschluss an den bisherigen § 16 Abs. 3 WEG (jetzt: § 16 Abs. 6 Satz 1 WEG) davon aus, dass ein Wohnungseigentümer, der einer Maßnahme nach § 22 Abs. 1 WEG nicht zugestimmt hat, weder einen Anteil an den Nutzungen beanspruchen kann, noch mit den Kosten der Maßnahme belastet ist. Es ist deshalb nach Ansicht der Bundesregierung folgerichtig, dass der geltende § 17 Satz 2 WEG solche Maßnahmen bei der Bewertung des Anteils nicht berücksichtigt.

261   Auf Grund des neuen § 16 Abs. 4 WEG ist es den Wohnungseigentümern künftig möglich, die **Kosten einer Maßnahme** gemäß § 22 Abs. 1 WEG auch solchen Wohnungseigentümern aufzuerlegen, die der Maßnahme nicht zugestimmt haben, soweit diese Wohnungseigentümer **einen Gebrauchsvorteil** haben. Wer sich aber nach dem Willen der anderen Wohnungseigentümer auf Grund eines entsprechenden **Gebrauchsvorteils** an den Kosten einer Maßnahme beteiligen muss, soll auch an einer Wertsteigerung der Miteigentumsanteile partizipieren, unabhängig davon, ob er die Maßnahme selbst unterstützt hat. Die Bestimmung des neuen § 17 Satz 2 WEG stellt daher darauf ab, ob der Wohnungseigentümer die Kosten der Maßnahme getragen hat.

ALT	NEU
262 **§ 18 Entziehung des Wohnungseigentums**	**§ 18 Entziehung des Wohnungseigentums**
(1) Hat ein Wohnungseigentümer sich einer so schweren Verletzung der ihm gegenüber anderen Wohnungseigentümern	(1) Hat ein Wohnungseigentümer sich einer so schweren Verletzung der ihm gegenüber anderen Wohnungseigentümern

---

1 BT-Drucks. 16/887, S. 26.

ALT	NEU

obliegenden Verpflichtungen schuldig gemacht, dass diesen die Fortsetzung der Gemeinschaft mit ihm nicht mehr zugemutet werden kann, so können die anderen Wohnungseigentümer von ihm die Veräußerung seines Wohnungseigentums verlangen.

obliegenden Verpflichtungen schuldig gemacht, dass diesen die Fortsetzung der Gemeinschaft mit ihm nicht mehr zugemutet werden kann, so können die anderen Wohnungseigentümer von ihm die Veräußerung seines Wohnungseigentums verlangen. *Die Ausübung des Entziehungsrechts steht der Gemeinschaft der Wohnungseigentümer zu, soweit es sich nicht um eine Gemeinschaft handelt, die nur aus zwei Wohnungseigentümern besteht.*

(2) Die Voraussetzungen des Absatzes 1 liegen insbesondere vor, wenn

(2) Die Voraussetzungen des Absatzes 1 liegen insbesondere vor, wenn

1. der Wohnungseigentümer trotz Abmahnung wiederholt gröblich gegen die ihm nach § 14 obliegenden Pflichten verstößt;

1. der Wohnungseigentümer trotz Abmahnung wiederholt gröblich gegen die ihm nach § 14 obliegenden Pflichten verstößt;

2. der Wohnungseigentümer sich mit der Erfüllung seiner Verpflichtungen zur Lasten- und Kostentragung (§ 16 Abs. 2) in Höhe eines Betrages, der drei vom Hundert des Einheitswertes seines Wohnungseigentums übersteigt, länger als drei Monate in Verzug befindet.

2. der Wohnungseigentümer sich mit der Erfüllung seiner Verpflichtungen zur Lasten- und Kostentragung (§ 16 Abs. 2) in Höhe eines Betrages, der drei vom Hundert des Einheitswertes seines Wohnungseigentums übersteigt, länger als drei Monate in Verzug befindet.

(3) Über das Verlangen nach Absatz 1 beschließen die Wohnungseigentümer durch Stimmenmehrheit. Der Beschluss bedarf einer Mehrheit von mehr als der Hälfte der stimmberechtigten Wohnungseigentümer. Die Vorschriften des § 25 Abs. 3, 4 sind in diesem Falle nicht anzuwenden.

(3) Über das Verlangen nach Absatz 1 beschließen die Wohnungseigentümer durch Stimmenmehrheit. Der Beschluss bedarf einer Mehrheit von mehr als der Hälfte der stimmberechtigten Wohnungseigentümer. Die Vorschriften des § 25 Abs. 3, 4 sind in diesem Falle nicht anzuwenden.

(4) Der in Absatz 1 bestimmte Anspruch kann durch Vereinbarung der Wohnungseigentümer nicht eingeschränkt oder ausgeschlossen werden.

(4) Der in Absatz 1 bestimmte Anspruch kann durch Vereinbarung der Wohnungseigentümer nicht eingeschränkt oder ausgeschlossen werden.

➲ Erläuterungen zum geänderten § 18 WEG

1. Die Begründung der Bundesregierung zur Gesetzesänderung[1]

263   Soweit die Wohnungseigentümer Inhaber gemeinschaftsbezogener und sonstiger Rechte und Pflichten sind, die gemeinschaftlich geltend gemacht werden können oder zu erfüllen sind, steht die **Ausübungsbefugnis** künftig nach dem neuen § 10 Abs. 6 Satz 3 WEG der **Gemeinschaft** zu, nicht mehr der Gesamtheit der Wohnungseigentümer. Da der Wortlaut des geltenden § 18 Abs. 1 WEG insoweit Anlass zu Zweifeln geben könnte, bedarf es der vorgesehenen Klarstellung des neuen Satzes 2 Halbsatz 1.

264   Eine Einschränkung der Ausübungsbefugnis ist in Halbsatz 2 für Zweiergemeinschaften vorgesehen, in denen wegen des gesetzlichen Kopfprinzips (§ 25 Abs. 2 Satz 1 WEG) keine Mehrheitsbeschlüsse möglich sind. In Fällen dieser Art ist jeder Wohnungseigentümer, wie nach geltendem Recht, auch künftig zur Geltendmachung der Entziehung befugt.

265   Im Unterschied zu § 18 Abs. 1 WEG bedarf es zu **§ 16 Abs. 2 WEG**, der regelt, dass „jeder Wohnungseigentümer den anderen Wohnungseigentümern gegenüber (zur Beitragsleistung) verpflichtet" ist, keiner Änderung. Der Wortlaut dieser Bestimmung könnte zwar dazu verleiten, sie als Anspruchsgrundlage für Beiträge zu verstehen. Falls dies zuträfe, müsste die Geltendmachung des Anspruchs wegen der im neuen § 10 Abs. 6 Satz 3 WEG vorgesehenen Ausübungsbefugnis zur Vermeidung von Missverständnissen auch hier der Gemeinschaft zugeordnet werden. Die Vorschrift legt für die Zahlung der Beiträge aber **lediglich den gesetzlichen Verteilungsschlüssel** fest, dessen Ergebnis als Rechnungsposten bei der Jahresabrechnung abzurechnen ist. Sie schafft nach allgemeiner Meinung **keinen Anspruch auf Zahlung der Beiträge**[2], so dass es insoweit auch keiner Änderung der Zuordnung bedarf.

2. Bewertung der gesetzlichen Neuregelung

266   Die Neuregelung überträgt die **Ausübungsbefugnis** auf den Verband. Der gesetzliche Versuch einer „Klarstellung" ist allerdings misslungen. Die „Ausübung des Entziehungsrechts" kann eigentlich nur die mögliche Beschlussfassung in der Eigentümerversammlung meinen, die aber schon in § 18 Abs. 3 WEG (ausreichend) geregelt ist. In Wirklichkeit wollte der Gesetzgeber wohl regeln, dass die „**Durchsetzung der Entziehung**" (nämlich die **Erhebung der Entziehungsklage**) durch den **Verband** erfolgen muss. Für die Praxis ist dies demnach zu berücksichtigen.

An den sonstigen Voraussetzungen für eine Entziehung ändert sich nichts.

---

1   BT-Drucks. 16/887, Anlage 3 (Gegenäußerung der Bundesregierung), S. 69.
2   Vgl. Gottschalg in Weitnauer, WEG, 9. Auflage, § 16, Rz. 11 m.w.N.

3. Das Entziehungsverfahren im Einzelnen

a) Verfassungsrechtliche Seite einer Entziehung nach § 18 WEG

Die Entziehung des Wohnungseigentums hat – selbstverständlich – eine verfassungsrechtliche Komponente. Das Bundesverfassungsgericht hat ausgeführt[1]:   267

„Die Verpflichtung, das Wohnungseigentum zu veräußern, gehört zu den schwersten aller möglichen Eingriffe in das Eigentum. Der Eigentümer verliert das wesentliche Eigentumsrecht, nämlich eine Sache innezuhaben, und kann nur noch im Wege der Veräußerung darüber verfügen. Eine derartige Verpflichtung gegen den Willen des Eigentümers ist nur bei Vorliegen enger Voraussetzungen zulässig."

Unter diesem Blickwinkel sind alle Maßnahmen zur Entziehung des Wohnungseigentums zu betrachten. Allerdings: 268

- § 18 WEG (Entziehung des Wohnungseigentums) verletzt nicht Art. 14 GG[2].
- § 18 WEG stellt keine Enteignung, sondern nur eine Inhaltsbestimmung des Eigentums dar; gegen eine solche Inhaltsbestimmung bestehen keine verfassungsmäßigen Bedenken[3].

b) Entziehungsvoraussetzungen nach § 18 WEG

- Schwere Verletzung der dem WE gegenüber den anderen WE obliegenden Verpflichtungen.   269
- „Schuldig-Machen".

Umstritten ist, ob für die Entziehung des Wohnungseigentums ein **Verschulden** erforderlich ist oder nur **Rechtswidrigkeit** oder tatbestandliche **Erfüllung der Pflichtverletzung**[4]. Das Bundesverfassungsgericht hat ausgeführt: Wenn die Schuldfähigkeit bei der Beurteilung der Schwere der Pflichtverletzung berücksichtigt werde, stelle die Auslegung von § 18 WEG, die **kein** Verschulden voraussetze, keine grundrechtsverletzende Fehlinterpretation dar.

- **Unzumutbarkeit** der Fortsetzung der (Eigentümer-)Gemeinschaft mit dem betroffenen Wohnungseigentümer für die anderen Wohnungseigentümer.   270

Letztlich ist dies eine Prognoseentscheidung, wie sich das Verhältnis in der Eigentümergemeinschaft (und der Wohnungseigentümer untereinander) zukünftig entwickeln wird.

- Es muss **Wiederholungsgefahr** vorliegen[5].

---

1 BVerfG, Beschl. v. 14.7.1993 – 1 BvR 1523/92, ZMR 1993, 503 = NJW 1994, 241 = WuM 1994, 142.
2 Vgl. BVerfG, Nichtannahmebeschl. v. 27.2.1997 – 1 BvR 1526/96, WuM 1998, 45 = WE 1998, 183 = FGPrax 1998, 90.
3 BVerfG, Nichtannahmebeschl. v. 17.2.1989 – 1 BvR 164/89, n.v.
4 Vgl. BVerfG, Beschl. v. 14.7.1993 – 1 BvR 1523/92, ZMR 1993, 503 = WuM 1994, 142 = NJW 1994, 241; Kreuzer in Köhler/Bassenge, Teil 13, Rz. 17.
5 Vgl. LG Augsburg, Urt. v. 25.8.2004 – 7 S 1401/04, ZMR 2005, 230.

271 Die **spezielle gesetzliche Normierung** umfasst (Voraussetzungen liegen „insbesondere" vor):

– Der Wohnungseigentümer befindet sich mit Hausgeldern in Verzug.

oder

– Es liegen Verstöße des Wohnungseigentümers vor,

  – gegen **Verpflichtungen aus § 14 WEG**,

  – die **wiederholt** auftreten,

  – **gröblich** sind und

  – **trotz Abmahnung** erfolgen.

272 Eine Abmahnung ist nicht notwendig bei Zahlungsverzug; bei sonstigem störenden
Verhalten ist eine Abmahnung jedoch erforderlich. Wer darf abmahnen? Grundsätzlich darf der **Verband** (auf Grund bzw. durch Beschluss) eine **Abmahnung** aussprechen; der **Verwalter** wird wohl nur dann dazu berechtigt sein, wenn er hierzu besonders bevollmächtigt ist (durch Gemeinschaftsordnung, Verwaltervertrag, Ver-
sammlungsbeschluss)[1].

273 Der **Abmahnungsbeschluss** ist (im Rahmen einer Beschlussanfechtung) **nach bisherigem Recht** nur auf formelle Mängel zu **überprüfen**, nicht darauf, ob die Abmahnung **materiell** berechtigt war[2]. Schon bisher war das zweifelhaft; der Wohnungseigentümer hat – wie auch ein Arbeitnehmer im arbeitsrechtlichen Verfahren –
sicherlich ein **Rechtsschutzbedürfnis** an der Feststellung, ob die Abmahnung begründet war oder nicht. Der Wohnungseigentümer muss nicht auf ein – möglicherweise erst sehr viel später eingeleitetes – Klageverfahren des Verbandes gegen ihn
warten.

c) Entziehungsbeschluss und seine gerichtliche Überprüfung nach dem WEG

274 Wenn die Entziehungsvoraussetzungen vorliegen, können die anderen Wohnungseigentümer – **ausgeübt** durch den **Verband** – von dem störenden Eigentümer die
Veräußerung seines Wohnungseigentums verlangen, was auf einem Mehrheitsbeschluss beruhen muss.

275 **Wichtig** ist bei der Vorbereitung der **Beschlussfassung**:

– In der Einladung zur Eigentümerversammlung muss bei der **Benennung des Ta-
gesordnungspunktes** klar ausgedrückt werden, dass einem Wohnungseigentümer
das Eigentum entzogen werden soll, sonst liegt ein Verstoß gegen § 23 Abs. 2
WEG vor („Abmeierungsklage" soll genügen[3]). Dass dieser Begriff ausreichen soll,
erscheint zweifelhaft; schon Deutsche kennen diesen aus dem Erbhofrecht bzw.

---

1 Nach Kreuzer in Köhler/Bassenge, Teil 13, Rz. 27, soll der Verwalter generell zu einer Abmahnung berechtigt sein.
2 Vgl. BayObLG, Beschl. v. 15.2.1995 – 2 Z BR 1/95, WuM 1995, 500 = DWE 1995, 106 = NJW-
RR 1996, 12.
3 So KG, Beschl. v. 22.11.1995 – 24 W 2452/95, ZMR 1996, 223 = NJW-RR 1996, 526.

aus dem Mittelalter stammenden Begriff kaum noch, jedenfalls ein Ausländer wird aber den Begriff überhaupt nicht zuordnen können. Von Abmeierung sprach man im Mittelalter, wenn dem Verwalter (Meier) das Verwaltungsrecht (Meierrecht) vom Grundherrn entzogen wurde.

– Auch ein einzelner Wohnungseigentümer kann vom Verwalter verlangen (ohne Minderheitenquorum), einen Entziehungsbeschluss auf die Tagesordnung zu setzen[1]. Das wird auch **im neuen Recht** nicht anders sein können.

– Der Beschluss der Versammlung muss mit der Mehrheit **aller stimmberechtigten Wohnungseigentümer** gefasst werden (nicht nur der anwesenden Wohnungseigentümer), § 18 Abs. 3 WEG, jedoch ohne Anteil des Wohnungseigentümers, dem das Eigentum entzogen werden soll.

– Für die Mehrheit gilt „Kopf"-Prinzip und nicht Mehrheit nach Miteigentumsanteilen.

Mustertext einer möglichen Beschlussfassung 276

„Die Wohnungseigentümergemeinschaft verlangt von dem Miteigentümer XY, Eigentümer der in der Teilungserklärung mit der Nr. ... ausgewiesenen Einheit, die Veräußerung seines Sondereigentums bis zum ... **[angemessene Frist]**. Sollte die Veräußerung nicht bis zum vorgenannten Termin vollzogen worden sein, hat der Verwalter der Eigentümergemeinschaft einen Rechtsanwalt zu beauftragen, der namens und im Auftrage **des Verbandes** Klage auf Veräußerung des Sondereigentums gemäß § 19 WEG zu erheben und nach Durchführung des Klageverfahrens auch die notwendigen Zwangsvollstreckungsmaßnahmen zu ergreifen hat."

Die **Rechtsschutzmöglichkeiten** für den betroffenen Wohnungseigentümer 277

Der betroffene (und auch jeder andere) Wohnungseigentümer kann (im wohnungseigentumsrechtlichen Verfahren über **jetzt zwei** Instanzen) die Beschlussfassung überprüfen lassen, jedoch **nur auf ihre formelle Rechtmäßigkeit**. Ob das Veräußerungsverlangen sachlich berechtigt ist, ist ausschließlich im gerichtlichen Entziehungsklageverfahren zu prüfen[2].

d) Die Entziehungsklage und das gerichtliche Verfahren

Veräußert der Störer nicht freiwillig, ist **nach bisherigem und neuem Recht** ein 278 Klageverfahren gegen den Störer notwendig.

– Zuständiges erstinstanzliches Gericht: **Amtsgericht** (§ 23 Nr. 2c GVG, § 43 Nr. 2 WEG)

– Berufung zum **Landgericht**.

– Eventuell Revision, wenn diese zugelassen wurde (sonst – von Seiten des Wohnungseigentümers – nur noch Verfassungsbeschwerde möglich).

---

1 Vgl. OLG Köln, Beschl. v. 16.5.1997 – 16 Wx 97/97, WuM 1997, 454 = DWE 1997, 166 = OLGR Köln 1997, 233.
2 Vgl. OLG Köln, Beschl. v. 23.12.1997 – 16 Wx 236/97, WuM 1998, 307 = ZMR 1998, 376; BayObLG, Beschl. v. 4.3.1999 – 2 Z BR 20/99, NJW-RR 1999, 887 = NZM 1999, 578.

- Kläger **ist der Verband.**
- Das **Prozessgericht** prüft nicht die formale Wirksamkeit des Entziehungsbeschlusses.
- **Klageantrag,** vgl. § 19 Abs. 1 Satz 1 WEG

   „Der Beklagte wird zur Veräußerung seines Wohnungseigentums, gelegen im Haus XY-Straße 15, 50939 Köln, 300/1000 Miteigentumsanteil an dem Grundstück Gemarkung Rondorf, Flur 341, Flurstück 4711, verbunden mit dem Sondereigentum an der Wohnung im 1. Obergeschoss rechts, im Aufteilungsplan bezeichnet mit Nr. 10, eingetragen im Grundbuch von Köln, Amtsgericht Köln, Blatt 1234, verurteilt."

- Bei zusätzlichem **Garageneigentum** (mit eigenem Grundbuchblatt) ist auch bezüglich des Garageneigentums ein **Klageantrag** zu stellen, sonst verbleibt der Miteigentümer als **Garagen**eigentümer in der Gemeinschaft.
- Wirkung des Urteils **jetzt:** Jeder Wohnungseigentümer kann die **Zwangsversteigerung** betreiben, allerdings ist das **Ausübungsrecht** auf den Verband übergegangen, § 19 Abs. 1 WEG.
- Zwangsversteigerungsantrag hat Beschlagnahmewirkung.

279 **Zu beachten ist:** Im Beschlussanfechtungsverfahren kann wohl **keine Widerklage** auf Veräußerung des Wohnungseigentums erhoben werden; ebenso wenig kann in der **Veräußerungsklage** eine Widerklage des Wohnungseigentümers auf Beschlussanfechtung erhoben werden (selbst wenn der Anfechtungsantrag rechtzeitig wäre). Beklagte im Beschlussanfechtungsverfahren sind die **übrigen Miteigentümer,** Kläger der Veräußerungsklage ist aber der Verband! Es handelt sich also um das Problem, ob eine **Drittwiderklage** zulässig ist[1].

ALT	NEU
280 **§ 19 Wirkung des Urteils**	**§ 19 Wirkung des Urteils**
(1) Das Urteil, durch das ein Wohnungseigentümer zur Veräußerung seines Wohnungseigentums verurteilt wird, ersetzt die für die freiwillige Versteigerung des Wohnungseigentums und für die Übertragung des Wohnungseigentums auf den Ersteher erforderlichen Erklärun-	(1) Das Urteil, durch das ein Wohnungseigentümer zur Veräußerung seines Wohnungseigentums verurteilt wird, *berechtigt jeden Miteigentümer zur Zwangsvollstreckung entsprechend den Vorschriften des Ersten Abschnitts des Gesetzes über die Zwangsversteigerung und*

---

1 Vgl. zum Problem u.a. BGH, Urt. v. 6.5.1993 – VII ZR 7/93, MDR 1993, 1121 = NJW 1993, 2120 = BauR 1993, 635; BGH, Urt. v. 12.10.1995 – VII ZR 209/94, BGHZ 131, 76 = MDR 1996, 194 = VersR 1996, 912 = NJW 1996, 196; BGH, Urt. v. 5.4.2001 – VII ZR 135/00, BGHZ 147, 220 = MDR 2001, 952 = BGHReport 2001, 614 = NJW 2001, 2094; OLG Zweibrücken, Urt. v. 16.2.1994 – 1 U 146/93, VersR 1995, 197.

ALT	NEU
gen. Aus dem Urteil findet zu Gunsten des Erstehers die Zwangsvollstreckung auf Räumung und Herausgabe statt. Die Vorschriften des § 93 Abs. 1 Satz 2 und 3 des Gesetzes über die Zwangsversteigerung und Zwangsverwaltung gelten entsprechend.	*die Zwangsverwaltung. Die Ausübung dieses Rechts steht der Gemeinschaft der Wohnungseigentümer zu, soweit es sich nicht um eine Gemeinschaft handelt, die nur aus zwei Wohnungseigentümern besteht.*
(2) Der Wohnungseigentümer kann im Falle des § 18 Abs. 2 Nr. 2 bis zur Erteilung des Zuschlags die in Absatz 1 bezeichnete Wirkung des Urteils dadurch abwenden, dass er die Verpflichtungen, wegen deren Nichterfüllung er verurteilt ist, einschließlich der Verpflichtung zum Ersatz der durch den Rechtsstreit und das Versteigerungsverfahren entstandenen Kosten sowie die fälligen weiteren Verpflichtungen zur Lasten- und Kostentragung erfüllt.	(2) Der Wohnungseigentümer kann im Falle des § 18 Abs. 2 Nr. 2 bis zur Erteilung des Zuschlags die in Absatz 1 bezeichnete Wirkung des Urteils dadurch abwenden, dass er die Verpflichtungen, wegen deren Nichterfüllung er verurteilt ist, einschließlich der Verpflichtung zum Ersatz der durch den Rechtsstreit und das Versteigerungsverfahren entstandenen Kosten sowie die fälligen weiteren Verpflichtungen zur Lasten- und Kostentragung erfüllt.
(3) Ein gerichtlicher oder vor einer Gütestelle geschlossener Vergleich, durch den sich der Wohnungseigentümer zur Veräußerung seines Wohnungseigentums verpflichtet, steht dem in Absatz 1 bezeichneten Urteil gleich.	(3) Ein gerichtlicher oder vor einer Gütestelle geschlossener Vergleich, durch den sich der Wohnungseigentümer zur Veräußerung seines Wohnungseigentums verpflichtet, steht dem in Absatz 1 bezeichneten Urteil gleich.

➲ Erläuterungen zum geänderten § 19 WEG

1. Die Begründung der Bundesregierung zur Gesetzesänderung[1]

Die Entziehung eines Wohnungseigentums erfolgte nach **bisherigem** Recht (§ 19 Abs. 1 Satz 1 WEG) auf Grund eines Urteils des Amtsgerichts (§ 51 WEG) unter den Voraussetzungen des § 18 WEG. Dies geschah bisher im Wege der **freiwilligen Versteigerung** durch einen Notar nach den Vorschriften der §§ 53 bis 58 WEG, wenn der Schuldner – also der „störende" Miteigentümer – der titulierten Verpflichtung auf Veräußerung seines Wohnungseigentums nicht nachgekommen ist. Das Verfahren hat indessen in der Praxis keine Bedeutung erlangt, insbesondere deshalb, weil es langwierig ist und dem Schuldner nicht nur Möglichkeiten zu Verzögerungen, sondern auch zu Manipulationen durch zwischenzeitliche Verfügungen über das Wohnungseigentum bietet[2].

281

---

1 BT Drucks 16/887, S. 26 f.
2 Vgl. Lüke in Weitnauer, WEG, 9. Auflage, § 19 Rz. 7 m.w.N.

282 Angesichts dessen sieht der neue **§ 19 Abs. 1 Satz 1 WEG** vor, dass auf die Vollstreckung künftig die Vorschriften des **Zwangsversteigerungsgesetzes** (ZVG) entsprechend anzuwenden sind.

283 Das Urteil, das den Wohnungseigentümer zur Veräußerung seines Wohnungseigentums verpflichtet, ist ein zur Zwangsversteigerung nach dem ZVG geeigneter Titel, der im **Rang des § 10 Abs. 1 Nr. 5 ZVG** vollstreckt werden kann. Diese Rangklasse 5 beinhaltet alle Ansprüche der betreibenden Gläubiger, soweit sie nicht in einer der vorhergehenden Klassen zu befriedigen sind. Hierzu gehört auch der Anspruch der Miteigentümer auf Entziehung des Wohnungseigentums. Dass bisher nur Zahlungsansprüche berücksichtigt werden, steht dem nicht entgegen. Denn der neue § 19 Abs. 1 sieht ausdrücklich eine entsprechende Anwendung des ZVG vor.

284 Aus dem Entziehungsurteil wird immer aus **Rangklasse 5**, nicht aus der neuen **Rangklasse 2**, vollstreckt. Die neue Rangklasse 2 räumt den Wohnungseigentümern ein **begrenztes Vorrecht** für Hausgeldansprüche ein[1]. Wollen die Wohnungseigentümer gegen einen säumigen Miteigentümer aus der neuen Rangklasse 2 vorgehen, müssen sie den Zahlungsanspruch durch Anmeldung im laufenden Verfahren (§ 45 ZVG) oder durch eigenständiges Betreiben geltend machen.

285 Die Zuordnung des Entziehungsanspruchs zur **Rangklasse 5** hat zur Folge, dass – wie bisher in der freiwilligen Versteigerung – in der Regel **sämtliche Belastungen des Grundstücks** im geringsten Gebot zu berücksichtigen und vom Ersteher zu übernehmen sind, wenn nur aus dem Entziehungsurteil vollstreckt wird. Eine Abweichung davon ist nicht vorgesehen. Soweit der Entziehungsanspruch auf **rückständigen Zahlungen** beruht (§ 18 Abs. 2 Nr. 2 WEG), können die Wohnungseigentümer aus der neuen Rangklasse 2 vorgehen. Soweit es bei dem Entziehungsanspruch um eine **gröbliche Pflichtverletzung** geht (§ 18 Abs. 2 Nr. 1 WEG), gibt es keinen überzeugenden Grund, von der bisherigen Rechtslage abzuweichen und die Rechte von Gläubigern insbesondere der Rangklasse 4 einzuschränken.

286 Die **Beschlagnahme** hat auch im Verfahren zum Zwecke der Entziehung des Wohnungseigentums die gemäß § 23 ZVG vorgesehene Wirkung eines **Veräußerungsverbotes**. Dadurch wird erreicht, dass die bisher in der freiwilligen Versteigerung möglichen Manipulationen durch den Wohnungseigentümer, etwa durch eine zwischenzeitliche Veräußerung an nahe Verwandte, ausgeschlossen werden. Solche Verfügungen sind nun gegenüber den betreibenden Miteigentümern[2] unwirksam und können so die Durchführung des Zwangsversteigerungsverfahrens nicht beeinträchtigen. Soweit der Wohnungseigentümer ernsthaft eine freihändige Veräußerung durchführen möchte, besteht die Möglichkeit, dass die betreibenden Miteigentümer der Veräußerung zustimmen und das Zwangsversteigerungsverfahren aufheben lassen.

---

1 Vgl. die Erläuterungen zu § 10 ZVG.

2 Im ursprünglichen Vorschlag der Bundesregierung war die Rede davon, dass *„jeder Miteigentümer"* zur Zwangsvollstreckung gemäß ZVG berechtigt sein sollte. Der Rechtsausschuss des Bundestages hat jedoch vorgeschlagen – was dann auch verwirklicht wurde –, dass die *„Gemeinschaft der Wohnungseigentümer"* ausübungsbefugt ist (vgl. § 18 Abs. 1 Satz 2 WEG).

Die entsprechende Anwendung der Vorschriften des ZVG hat auch zur Folge, dass 287 entsprechend § 27 ZVG ein **Gläubiger** wegen einer Geldforderung dem Verfahren **beitreten** kann. Eine ausdrückliche Regelung ist entbehrlich.

Ebenfalls anzuwenden sind die Regelungen des § 57 ff. ZVG, die das Verhältnis des 288 Erstehers zu den Mietern und Pächtern im Zwangsversteigerungsverfahren regeln. Insbesondere das durch § 57a ZVG gewährte **außerordentliche Kündigungsrecht des Erstehers** erhöht die Chancen einer erfolgreichen Versteigerung. Eine der Teilungs-versteigerung entsprechende Regelung, die das Sonderkündigungsrecht in diesen Fällen ausschließt (vgl. § 183 ZVG), ist nicht angezeigt. Die Voraussetzungen beider Versteigerungsarten stimmen nämlich nicht überein. Der Ausschluss des Sonder-kündigungsrechts bei der **Teilungsversteigerung** beruht darauf, dass diese Verstei-gerung durch den Eigentümer betrieben wird, der den Miet- oder Pachtvertrag und dessen Bedingungen kennt und die daraus entstehenden Nachteile bereits in seine Überlegungen zur Durchführung des Versteigerungsverfahrens mit einbeziehen kann. Dies ist bei den betreibenden Gläubigern in der Zwangsversteigerung und in der Versteigerung zum Zwecke der Entziehung des Wohnungseigentums in der Re-gel nicht der Fall.

Die Änderung ist nach Ansicht der Bundesregierung system- und sachgerecht. Sie 289 ist folgerichtiger Teil eines ZPO-Erkenntnisverfahrens und vermeidet eine sonst auftretende Spaltung des Rechtsmittelsystems und der Rechtsmittelzüge, die bei einem Verbleiben der bisherigen Notarversteigerung gegeben wäre. In der Sache gewährleistet sie im Interesse des Gläubigers ein rasches, professionelles Handeln und im Interesse des Schuldners eine bessere Ausschöpfung des Marktes und ein bewährtes Schutzsystem.

2. Die Begründung der Bundesregierung zur Gesetzesänderung zur Aufhebung von § 19 Abs. 1 Satz 2 und 3 WEG[1]

Es handelt sich um eine Folgeänderung zur Änderung des § 19 Abs. 1 Satz 1 WEG. 290 Da nach der neuen Fassung des Satzes 1 die ZVG-Vorschriften generell entsprechend anwendbar sind, findet die Vollstreckung auf Räumung und Herausgabe (§ 19 Abs. 1 Satz 2 WEG) auf Grund des Zuschlagsbeschlusses statt (§ 93 Abs. 1 Satz 1 ZVG). Auch die bisherige Einzelverweisung des Satzes 3 auf § 93 Abs. 1 Satz 2 und 3 ZVG (Vollstreckung gegen Dritte) ist nun entbehrlich.

3. Die Äußerung des Rechtsausschusses[2]

Der Rechtsausschuss schlug vor, die **Ausübungsbefugnis** auf die *„Gemeinschaft der* 291 *Wohnungseigentümer"* zu übertragen. Der Rechtsausschuss meinte, die von ihm vorgeschlagene Änderung dient, wie die Parallelregelung in dem neuen § 18 Abs. 1 Satz 2 WEG, der Klarstellung. Die Zwangsvollstreckung aus dem Urteil nach dem neuen § 19 Abs. 1 Satz 1 WEG wird von der **Gemeinschaft** ausgeübt, **nicht** von der

---

1 BT-Drucks. 16/887, S. 27.
2 BT-Drucks. 16/3843, S. 49.

Gesamtheit der Wohnungseigentümer. Bei einer **Zweiergemeinschaft** soll jeder einzelne Wohnungseigentümer zur Zwangsvollstreckung berechtigt sein.

4. Bewertung der gesetzlichen Neuregelung

292 Die Ablösung des Notarverfahrens („**freiwillige Versteigerung**") durch das Verfahren nach dem ZVG ist zu begrüßen. Dies beseitigt einige Ungereimtheiten im Versteigerungsverfahren; insoweit kann der Gesetzesbegründung gefolgt werden.

293 Die Ausübungsbefugnis (vgl. insoweit die Ausführungen zu **§ 10 Abs. 6 Satz 3 WEG**) für das Zwangsversteigerungsverfahren steht nunmehr dem Verband zu. Unklar ist, ob eine weiterhin **konkurrierende** Ausübungsbefugnis für den einzelnen Wohnungseigentümer und die Gemeinschaft besteht. Aus dem Gesetzeswortlaut und -zusammenhang muss dies geschlossen werden, auch wenn der Rechtsausschuss (möglicherweise) etwas anderes wollte.

In jedem Fall dürfte aber das Recht jedes einzelnen Wohnungseigentümers auf **Durchführung von Zwangsvollstreckungsmaßnahmen** dazu führen, dass der Wohnungseigentümer die Gemeinschaft dazu zwingen könnte, ihm den **Titel zur Ausübung** zu überlassen, wenn der Verband nicht tätig wird.

ALT	NEU
3. Abschnitt	**3. Abschnitt**
294 **§ 20 Gliederung der Verwaltung**	**§ 20 Gliederung der Verwaltung**
(1) Die Verwaltung des gemeinschaftlichen Eigentums obliegt den Wohnungseigentümern nach Maßgabe der §§ 21 bis 25 und dem Verwalter nach Maßgabe der §§ 26 bis 28, im Falle der Bestellung eines Verwaltungsbeirats auch diesem nach Maßgabe des § 29.	(1) Die Verwaltung des gemeinschaftlichen Eigentums obliegt den Wohnungseigentümern nach Maßgabe der §§ 21 bis 25 und dem Verwalter nach Maßgabe der §§ 26 bis 28, im Falle der Bestellung eines Verwaltungsbeirats auch diesem nach Maßgabe des § 29.
(2) Die Bestellung eines Verwalters kann nicht ausgeschlossen werden.	(2) Die Bestellung eines Verwalters kann nicht ausgeschlossen werden.
295 **§ 21 Verwaltung durch die Wohnungseigentümer**	**§ 21 Verwaltung durch die Wohnungseigentümer**
(1) Soweit nicht in diesem Gesetz oder durch Vereinbarung der Wohnungseigentümer etwas anderes bestimmt ist, steht die Verwaltung des gemeinschaftlichen Eigentums den Wohnungseigentümern gemeinschaftlich zu.	(1) Soweit nicht in diesem Gesetz oder durch Vereinbarung der Wohnungseigentümer etwas anderes bestimmt ist, steht die Verwaltung des gemeinschaftlichen Eigentums den Wohnungseigentümern gemeinschaftlich zu.

(2) Jeder Wohnungseigentümer ist berechtigt, ohne Zustimmung der anderen Wohnungseigentümer die Maßnahmen zu treffen, die zur Abwendung eines dem gemeinschaftlichen Eigentum unmittelbar drohenden Schadens notwendig sind.

(3) Soweit die Verwaltung des gemeinschaftlichen Eigentums nicht durch Vereinbarung der Wohnungseigentümer geregelt ist, können die Wohnungseigentümer eine der Beschaffenheit des gemeinschaftlichen Eigentums entsprechende ordnungsgemäße Verwaltung durch Stimmenmehrheit beschließen.

(4) Jeder Wohnungseigentümer kann eine Verwaltung verlangen, die den Vereinbarungen und Beschlüssen und, soweit solche nicht bestehen, dem Interesse der Gesamtheit der Wohnungseigentümer nach billigem Ermessen entspricht.

(5) Zu einer ordnungsmäßigen, dem Interesse der Gesamtheit der Wohnungseigentümer entsprechenden Verwaltung gehört insbesondere:

1. die Aufstellung einer Hausordnung;

2. die ordnungsmäßige Instandhaltung und Instandsetzung des gemeinschaftlichen Eigentums;

3. die Feuerversicherung des gemeinschaftlichen Eigentums zum Neuwert sowie die angemessene Versicherung der Wohnungseigentümer gegen Haus- und Grundbesitzerhaftpflicht;

4. die Ansammlung einer angemessenen Instandhaltungsrückstellung;

5. die Aufstellung eines Wirtschaftsplans (§ 28);

6. die Duldung aller Maßnahmen, die zur Herstellung einer Fernsprechteilnehmereinrichtung, einer Rundfunkempfangsanlage oder eines Energieversorgungsanschlusses zu Gunsten eines Wohnungseigentümers erforderlich sind.

(2) Jeder Wohnungseigentümer ist berechtigt, ohne Zustimmung der anderen Wohnungseigentümer die Maßnahmen zu treffen, die zur Abwendung eines dem gemeinschaftlichen Eigentum unmittelbar drohenden Schadens notwendig sind.

(3) Soweit die Verwaltung des gemeinschaftlichen Eigentums nicht durch Vereinbarung der Wohnungseigentümer geregelt ist, können die Wohnungseigentümer eine der Beschaffenheit des gemeinschaftlichen Eigentums entsprechende ordnungsgemäße Verwaltung durch Stimmenmehrheit beschließen.

(4) Jeder Wohnungseigentümer kann eine Verwaltung verlangen, die den Vereinbarungen und Beschlüssen und, soweit solche nicht bestehen, dem Interesse der Gesamtheit der Wohnungseigentümer nach billigem Ermessen entspricht.

(5) Zu einer ordnungsmäßigen, dem Interesse der Gesamtheit der Wohnungseigentümer entsprechenden Verwaltung gehört insbesondere:

1. die Aufstellung einer Hausordnung;

2. die ordnungsmäßige Instandhaltung und Instandsetzung des gemeinschaftlichen Eigentums;

3. die Feuerversicherung des gemeinschaftlichen Eigentums zum Neuwert sowie die angemessene Versicherung der Wohnungseigentümer gegen Haus- und Grundbesitzerhaftpflicht;

4. die Ansammlung einer angemessenen Instandhaltungsrückstellung;

5. die Aufstellung eines Wirtschaftsplans (§ 28);

6. die Duldung aller Maßnahmen, die zur Herstellung einer Fernsprechteilnehmereinrichtung, einer Rundfunkempfangsanlage oder eines Energieversorgungsanschlusses zu Gunsten eines Wohnungseigentümers erforderlich sind.

ALT	NEU
(6) Der Wohnungseigentümer, zu dessen Gunsten eine Maßnahme der in Absatz 5 Nr. 6 bezeichneten Art getroffen wird, ist zum Ersatz des hierdurch entstehenden Schadens verpflichtet.	(6) Der Wohnungseigentümer, zu dessen Gunsten eine Maßnahme der in Absatz 5 Nr. 6 bezeichneten Art getroffen wird, ist zum Ersatz des hierdurch entstehenden Schadens verpflichtet.
	(7) Die Wohnungseigentümer können die Regelung der Art und Weise von Zahlungen, der Fälligkeit und der Folgen des Verzugs sowie der Kosten für eine besondere Nutzung des gemeinschaftlichen Eigentums oder für einen besonderen Verwaltungsaufwand mit Stimmenmehrheit beschließen.
	(8) Treffen die Wohnungseigentümer eine nach dem Gesetz erforderliche Maßnahme nicht, so kann an ihrer Stelle das Gericht in einem Rechtsstreit gemäß § 43 nach billigem Ermessen entscheiden, soweit sich die Maßnahme nicht aus dem Gesetz, einer Vereinbarung oder einem Beschluss der Wohnungseigentümer ergibt.

◑ Erläuterungen zum geänderten § 21 WEG

1. Die Begründung der Bundesregierung zur Gesetzesänderung[1]

a) Die Begründung der Bundesregierung zu Absatz 7

296   Die grundsätzlich sinnvolle Unterscheidung des geltenden Rechts bei der Willensbildung der Wohnungseigentümer zwischen Einstimmigkeits- und Mehrheitsprinzip führt in der Verwaltungspraxis bei der Regelung bestimmter Geldangelegenheiten nicht immer zu überzeugenden Ergebnissen. So können die Wohnungseigentümer einerseits nach herrschender Meinung über die Einführung des Lastschriftverfahrens mit Mehrheit beschließen[2]. Ihre Entscheidung soll aber andererseits der Einstimmigkeit bedürfen, wenn sie eine Pauschale für die Wohnungseigentümer festlegen wollen, die am Lastschriftverfahren nicht teilnehmen[3]. Auch können sie nach der

---

1 BT-Drucks. 16/887, S. 27 f.
2 BayObLG, Beschl. v. 28.6.2002 – 2 Z BR 41/02, BayObLGR 2002, 412 = ZMR 2002, 850 = ZWE 2002, 580 = NJW-RR 2002, 1665 = NZM 2002, 743 m.w.N.
3 Wenzel, Die Entscheidung des Bundesgerichtshofes zur Beschlusskompetenz der Wohnungseigentümerversammlung und ihre Folgen, ZWE 2001, 226, 235; a.A. OLG Hamm, Beschl. v. 28.2.2000 – 15 W 349/99, ZWE 2000, 424 = NZM 2000, 505 = ZMR 2000, 483 = NJW-RR 2000, 1181.

Rechtsprechung des BGH[1] zwar die Fälligkeit von Beitragsvorschüssen aus einem konkreten Wirtschaftsplan mit Stimmenmehrheit beschließen, nicht aber eine allgemeine Regelung der Fälligkeit. Insoweit müssen sie eine Vereinbarung treffen, also einstimmig entscheiden, weil es sich um einen die gesetzlichen Vorschriften ergänzenden Maßstab für die Ordnungsmäßigkeit der Verwaltung handelt. Entsprechendes gilt für die Einführung einer Verpflichtung zur Zahlung **übergesetzlicher Verzugszinsen** bei Beitragsrückständen, einer **Vertragsstrafe** oder einer **Umzugskostenpauschale**. Auch hier geht es nach der Rechtsprechung[2] um eine Änderung gesetzlicher Vorschriften, die einer Vereinbarung und damit der Einstimmigkeit bedarf.

Zur **Erleichterung der Verwaltung** erscheint es sinnvoll, für Fälle dieser Art eine **Beschlusskompetenz** einzuführen bzw. ausdrücklich klarzustellen. Da es sich bei diesen Maßnahmen inhaltlich jeweils um Einzelaspekte der Verwaltung handelt, ist als Standort der Änderung § 21 WEG anzusetzen. Dort ist ein neuer Absatz zu schaffen, weil eine Erweiterung des Katalogs des § 21 Abs. 5 WEG (Einzelbeispiele einer ordnungsmäßigen Verwaltung) die Kompetenz unter den **Vereinbarungsvorbehalt** des § 21 Abs. 3 WEG stellte und damit bei bereits entgegenstehenden Vereinbarungen die Möglichkeit einer Nutzung der Kompetenz verhinderte.   297

Die Änderung erfasst alle Entscheidungen der Wohnungseigentümer zur Art und Weise von Zahlungen sowie zur Fälligkeit von Forderungen und der Verzugsfolgen, soweit sie sich im Rahmen einer ordnungsmäßigen Verwaltung halten. Die Ermächtigung zur **Regelung „der Folgen des Verzugs"** ermöglicht etwa die Einführung einer **Vertragsstrafe** bei einem Verstoß gegen Vermietungsbeschränkungen oder von übergesetzlichen Verzugszinsen bei Beitragsrückständen, die Ermächtigung zur Regelung von **„Kosten für eine besondere Nutzung des gemeinschaftlichen Eigentums oder für einen besonderen Verwaltungsaufwand"**, etwa die Festsetzung einer **Umzugskostenpauschale**.   298

b) Die Begründung der Bundesregierung zu Absatz 8

Die Vorschrift ist künftig gesetzliche Grundlage für Ermessensentscheidungen des Gerichts, wenn in einer Streitigkeit über eine nach dem Gesetz erforderliche, aber von den Wohnungseigentümern unterlassene Maßnahme bindende Vorgaben für die Entscheidung fehlen. Ohne diese Regelung würde der Rechtsschutz der Wohnungseigentümer nach Erstreckung der ZPO-Vorschriften auf Verfahren in Wohnungseigentumssachen eingeschränkt, und zwar aus folgenden Überlegungen: 299

Nach bisher geltendem Recht (§ 43 Abs. 2 WEG) entscheidet der Richter, soweit sich die Regelung nicht aus dem Gesetz, einer Vereinbarung oder einem Beschluss ergibt, nach billigem Ermessen. Eine Notwendigkeit für solche Ermessensentscheidungen ergibt sich in der Praxis immer dann, wenn die Wohnungseigentümer nach   300

---

1 BGH, Beschl. v. 2.10.2003 – V ZB 34/03, BGHZ 156, 279 = BGHReport 2004, 5 = ZMR 2003, 943 = ZWE 2004, 77 = NJW 2003, 3550.
2 BGH, Beschl. v. 2.10.2003 – V ZB 34/03, BGHZ 156, 279 = BGHReport 2004, 5 = ZMR 2003, 943 = ZWE 2004, 77 – NJW 2003, 3550; zum Teil a.A. OLG Köln, Beschl. v. 7.6.2000 – 16 Wx 39/00, OLGR Köln 2000, 455 = ZMR 2000, 67 = NJW-RR 2001, 87 = DWE 2000, 166.

dem Gesetz erforderliche Maßnahmen versäumt haben, so etwa bei Scheitern eines gemäß § 28 Abs. 5 WEG erforderlichen Mehrheitsbeschlusses über den Wirtschaftsplan[1] oder die Jahresabrechnung[2].

301 Ohne die Möglichkeit einer **Ermessensentscheidung des Gerichts** wäre künftig der Wohnungseigentümer, der in solchen Fällen seinen Individualanspruch auf ordnungsmäßige Verwaltung verfolgt, wegen § 253 Abs. 2 Nr. 2 ZPO darauf angewiesen, dem Gericht mit dem **Klageantrag** eine bestimmte Verwaltungsmaßnahme – etwa den exakt formulierten Wirtschaftsplan – zu unterbreiten. Hielte das Gericht den beantragten Wirtschaftsplan für nicht ordnungsmäßig, so müsste der Kläger nach gerichtlichem Hinweis eine entsprechende **Klageänderung** – gegebenenfalls in den Tatsacheninstanzen wiederholt – vornehmen. Dazu wäre er in der Regel aber kaum in der Lage. Vor allem bliebe unklar, wer in einer solchen Situation ein den Wohnungseigentümern im Rahmen ihres Selbstorganisationsrechts eingeräumtes Ermessen ausüben sollte.

302 Aus den genannten Gründen erscheint es sachgerecht, in dem neuen § 21 Abs. 8 WEG nach dem Vorbild des § 315 Abs. 3 Satz 2 BGB eine Sondervorschrift aufzunehmen, die es dem Gericht in den genannten Fallkonstellationen ermöglicht, auch nach einer Unterstellung des Verfahrens unter die ZPO-Vorschriften eine Ermessensentscheidung zu treffen. Ein **Ermessensspielraum** besteht aber wie bisher nur, soweit sich die Maßnahme nicht aus dem Gesetz, einer Vereinbarung oder einem Beschluss der Wohnungseigentümer ergibt.

2. Bewertung der gesetzlichen Neuregelung

a) Zu Absatz 7

303 Wohnungseigentümer können jetzt **gemäß § 21 Abs. 7 WEG** durch Mehrheitsbeschluss regeln:

– Die **Art und Weise** der Zahlungen,

– die **Fälligkeit** der Zahlungen,

– die Folgen des **Zahlungsverzugs**,

– die Kosten für eine **besondere Nutzung** des Gemeinschaftseigentums,

– die Kosten für einen **besonderen Verwaltungsaufwand**.

304 Der Gesetzgeber hat die hier angesprochenen Regelungen nicht in den Katalog der Maßnahmen aufgenommen, die zur „ordnungsmäßigen Verwaltung" gehören (§ 21 Abs. 5 WEG). Dies bedeutet, der einzelne Wohnungseigentümer hat keinen Anspruch darauf, dass die Gemeinschaft über die nach § 21 Abs. 7 WEG möglichen Beschlussgegenstände Beschlüsse fasst. Es liegt im Ermessen der Gemeinschaft, solche Regelungen zu treffen oder nicht.

---

1 KG, Beschl. v. 22.10.1990 – 24 W 4800/90, OLGZ 1991, 180 = WuM 1990, 614 = NJW-RR 1991, 463.
2 KG, Beschl. v. 22.5.1991 – 24 W 7393/90, OLGZ 1991, 434 = MDR 1992, 51 = ZMR 1991, 447 = DWE 1991, 117 = NJW-RR 1991, 1424.

Die Schaffung einer gesetzlichen Möglichkeit, die mit den Zahlungsverpflichtungen 305
zusammenhängenden Fragen zu regeln, erscheint sinnvoll, allerdings schießen die
Erwägungen in der Gesetzesbegründung weit über den Gesetzestext hinaus. Z.B. die
in der Begründung genannte Möglichkeit, auch eine „**Vertragsstrafe**" festzulegen,
erwähnt wird der Verstoß gegen eine Vermietungsbeschränkung, dürfte völlig neben
dem Gesetzeswortlaut liegen. Nach meiner Auffassung kann eine Vertragsstrafe auf
Grund der jetzt geschaffenen gesetzlichen Regelung keinesfalls durch Beschluss geregelt werden.

Die „**Art und Weise**" von Zahlungen bezieht sich auf die Möglichkeit festzulegen, 306
ob die Miteigentümer an einem Abbuchungs- oder Einzugsverfahren teilnehmen
müssen, ob per Dauerauftrag gezahlt werden muss, o.Ä.

Die Festlegung einer „**Fälligkeit**" der Zahlungen wird sich beispielsweise darauf 307
beziehen können, dass das Hausgeld nicht mehr monatlich gezahlt werden muss,
sondern in einer Summe zu Beginn der Wirtschaftsjahres, wobei auch die Möglichkeit eingeräumt werden könnte, dass monatlich gezahlt werden darf, solange kein
Rückstand in bestimmter Höhe auftritt. Tritt ein Rückstand auf, wird der gesamte
Rest fällig[1]. Solche Regelungen sind allerdings gefährlich für die Eigentümergemeinschaft. Gerät der Wohnungseigentümer in Zahlungsschwierigkeiten und wird dann
ein Insolvenzverwalter oder Zwangsverwalter bestellt, ist die Fälligkeit der für das
Wirtschaftsjahr verbliebenen Hausgeldvorschüsse regelmäßig schon vorher (wegen
der oben erwähnten Fälligkeitsbestimmung) eingetreten, so dass der Insolvenzverwalter und der Zwangsverwalter bis zum Ende des Wirtschaftsjahres nicht mehr
zahlungspflichtig hinsichtlich der Hausgeldvorschüsse werden. Von solchen **Fällig-
keitsregelungen** kann deshalb generell nur abgeraten werden.

Von der Regelung über die **Folgen des Zahlungsverzugs** wird die Möglichkeit erfasst, 308
den Verzugszinssatz abweichend von den gesetzlichen Vorgaben zu regeln. Bisher
wurde angenommen, dass solche Regelungen – soweit sie nicht in der Gemeinschaftsordnung festgelegt waren – nichtig sind, wenn sie über die **gesetzliche Zins-
regelung** hinausgingen[2]. Sicherlich kann aber weiterhin nicht grenzenlos eine Ver-
zugszinsregelung eingeführt werden.

Die Festsetzung von **Kosten** für eine **besondere Nutzung** des Gemeinschaftseigen- 309
tums kann in Einzelfällen durchaus möglich sein. Ob allerdings tatsächlich eine
Umzugskostenpauschale[3] darunter fallen kann, darf bezweifelt werden. Ein Umzug
stellt nach meiner Auffassung keine „besondere Nutzung" des Gemeinschaftseigentums dar, sondern ist ein vorweggenommener Schadensersatz für mögliche Schäden

---

1 BGH, Beschl. v. 2.10.2003 – V ZB 34/03, BGHZ 156, 279 = BGHReport 2004, 5 = NJW 2003,
  3550 = ZMR 2003, 943; Deckert, Wirksamkeit einer Fälligkeitsregelung mit einer Verfall-
  klausel einer Wohnungseigentümergemeinschaft, ZfIR 2003, 997.
2 BayObLG, Beschl. v. 20.11.2002 – 2 Z BR 144/01, ZWE 2003, 80 = ZMR 2003, 365 = NJW
  2003, 2323.
3 Vgl. zum bisherigen Recht und der Verneinung eines Rechts, Umzugspauschalen festzulegen: OLG Frankfurt/M., Beschl. v. 23.8.1990 – 20 W 165/90, WuM 1990, 461; AG Osnabrück,
  Beschl. v. 23.9.2005 – 40 II 87/03, Info M 2005, 259; Karst, Zur Vereinbarkeit von Umzugs-
  kostenpauschalen mit dem Wohnungseigentumsgesetz, ZMR 1993, 255.

am Gemeinschaftseigentum. Als „besondere Nutzung" des Gemeinschaftseigentums könnte man die Festlegung von Nutzungsentgelten für Einstellplätze o.Ä. – ohne dass hier ein Mietverhältnis begründet wird oder eine Sondernutzungsrechtsübertragung erfolgt – ansehen.

310 Unter **Kosten** für einen **besonderen Verwaltungsaufwand** können besondere Vergütungsregelungen zu Gunsten des Verwalters subsumiert werden, z.B. wenn ihm Pauschalen für außergerichtliche Mahnungen oder für die Bearbeitung gerichtlicher Verfahren zugebilligt werden – ohne dass er als Prozessvertreter auftritt.

b) Der neue § 21 Abs. 8 WEG

311 Die Regelung in **§ 21 Abs. 8 WEG** gehört nach meiner Auffassung nicht in den Zusammenhang des § 21 WEG. Es handelt sich um eine Verfahrensregelung, die in den Prozessrechtsteil des Gesetzes gehört. Es ist im Übrigen auch fraglich, wann der vom Gesetz angesprochene Fall überhaupt eintreten kann. Eine „nach dem Gesetz" **erforderliche** Maßnahme wäre nur dann gegeben, wenn die Maßnahme von den Wohnungseigentümern ergriffen werden **müsste**. Das Gesetz schreibt dies jedoch in keinem Fall vor, sondern erklärt lediglich einige Maßnahmen zu solchen „ordnungsmäßiger Verwaltung". Die Vorschrift ist **falsch formuliert**. Gemeint ist wohl vom Gesetzgeber – auch wenn seine Begründung nicht klar formuliert, sondern unstrukturiert ist – der Fall, dass die Eigentümer Maßnahmen, die im Rahmen ordnungsmäßiger Verwaltung liegen, nicht ergreifen oder regeln. Dann soll das Gericht an Stelle der Eigentümergemeinschaft die Möglichkeit haben, sein Ermessen an die Stelle des Ermessens der Gemeinschaft zu setzen. In diesem Fall wird auch die Kostenentscheidung im Rahmen des billigen Ermessens getroffen, **§ 49 Abs. 1 WEG**.

312 Der **rechtsanwaltliche Vertreter** sollte bei einem Verfahren, bei dem es um eine solche Ermessensentscheidung geht, in jedem Fall – vorsorglich – darauf hinweisen, dass nach §§ 21 Abs. 8, 49 Abs. 1 WEG eine Ermessensentscheidung in der Sache und eine Ermessensentscheidung in den Kosten erfolgen kann.

ALT	NEU
313 **§ 22 Besondere Aufwendungen, Wiederaufbau**	**§ 22 Besondere Aufwendungen, Wiederaufbau**
(1) Bauliche Veränderungen und Aufwendungen, die über die ordnungsmäßige Instandhaltung oder Instandsetzung des gemeinschaftlichen Eigentums hinausgehen, können nicht gemäß § 21 Abs. 3 beschlossen oder gemäß § 21 Abs. 4 verlangt werden. Die Zustimmung eines Wohnungseigentümers zu solchen	(1) Bauliche Veränderungen und Aufwendungen, die über die ordnungsmäßige Instandhaltung oder Instandsetzung des gemeinschaftlichen Eigentums hinausgehen, *können beschlossen oder verlangt werden, wenn jeder Wohnungseigentümer zustimmt, dessen Rechte durch die Maßnahmen über das in § 14 Nr. 1 bestimmte*

ALT	NEU
Maßnahmen ist insoweit nicht erforderlich, als durch die Veränderung dessen Rechte nicht über das in § 14 bestimmte Maß hinaus beeinträchtigt werden.	*Maß hinaus beeinträchtigt werden. Die Zustimmung ist nicht erforderlich, soweit die Rechte eines Wohnungseigentümers nicht in der in Satz 1 bezeichneten Weise beeinträchtigt werden.*
	(2) Maßnahmen gemäß Absatz 1 Satz 1, die der Modernisierung entsprechend § 559 Abs. 1 des Bürgerlichen Gesetzbuches oder der Anpassung des gemeinschaftlichen Eigentums an den Stand der Technik dienen, die Eigenart der Wohnanlage nicht ändern und keinen Wohnungseigentümer gegenüber anderen unbillig beeinträchtigen, können abweichend von Absatz 1 durch eine Mehrheit von drei Viertel aller stimmberechtigten Wohnungseigentümer im Sinne des § 25 Abs. 2 und mehr als der Hälfte aller Miteigentumsanteile beschlossen werden. Die Befugnis im Sinne des Satzes 1 kann durch Vereinbarung der Wohnungseigentümer nicht eingeschränkt oder ausgeschlossen werden.
	(3) Für Maßnahmen der modernisierenden Instandsetzung im Sinne des § 21 Abs. 5 Nr. 2 verbleibt es bei den Vorschriften des § 21 Abs. 3 und 4.
(2) Ist das Gebäude zu mehr als der Hälfte seines Wertes zerstört und ist der Schaden nicht durch eine Versicherung oder in anderer Weise gedeckt, so kann der Wiederaufbau nicht gemäß § 21 Abs. 3 beschlossen oder gemäß § 21 Abs. 4 verlangt werden.	(4) Ist das Gebäude zu mehr als der Hälfte seines Wertes zerstört und ist der Schaden nicht durch eine Versicherung oder in anderer Weise gedeckt, so kann der Wiederaufbau nicht gemäß § 21 Abs. 3 beschlossen oder gemäß § 21 Abs. 4 verlangt werden.

⊃ Erläuterungen zum geänderten § 22 WEG

1. Die Begründung der Bundesregierung zur Gesetzesänderung[1]

Gemäß § 22 Abs. 1 Satz 1 und 2 WEG bedürfen bauliche Veränderungen und Aufwendungen, die über die ordnungsmäßige Instandhaltung oder Instandsetzung hinausgehen, der Zustimmung aller Wohnungseigentümer, deren Rechte durch die Ver- 314

---

1 BT-Drucks. 16/887, S. 28.

änderung über das in § 14 Nr. 1 WEG bestimmte Maß – das heißt, nicht ganz unerheblich – beeinträchtigt werden[1]. Diese Vorschrift wirft in mehrfacher Hinsicht
Schwierigkeiten auf, denen abgeholfen werden soll:

315   Die Bestimmung wird wegen der Fassung des § 22 Abs. 1 Satz 1 WEG („Bauliche
Veränderungen ... können nicht ... [mit Mehrheit] beschlossen ... werden.") in der
Praxis vielfach missverstanden, jedenfalls von nicht rechtskundigen Wohnungseigentümern. Sie erweckt bei ihnen den Eindruck, bauliche Veränderungen bedürften immer der Einstimmigkeit, also unabhängig davon, ob solche Maßnahmen die
Rechte einzelner Wohnungseigentümer beeinträchtigen. Dieses Missverständnis hat
dann zur Folge, dass manche Gemeinschaften von durchaus sinnvollen Maßnahmen
absehen, weil die vermeintlich erforderliche Einstimmigkeit wegen des Widerstan-
des oder Desinteresses einzelner Wohnungseigentümer nicht zu erreichen ist und
weil sie wegen des Missverständnisses über die Rechtslage annehmen, eine erfolgreiche gerichtliche Klärung sei nicht zu erreichen.

316   Außerdem wird § 22 Abs. 1 WEG einer zweckmäßigen praktischen Abwicklung
der Maßnahmen in der Eigentümergemeinschaft nicht gerecht. Die Vorschrift lässt
bauliche Veränderungen und Aufwendungen auch zu, wenn die Eigentümergemeinschaft zuvor niemals mit der Sache befasst war. Ein Mehrheitsbeschluss ist
nicht erforderlich[2]. Stattdessen genügt die Zustimmung einzelner, im Sinne des
§ 22 Abs. 2 Satz 2 WEG betroffener Wohnungseigentümer. Dem Gesetz lässt sich
auch nicht ohne weiteres eine Pflicht des einzelnen Wohnungseigentümers ent-
nehmen, vor Durchführung einer solchen Maßnahme den Verwalter oder jene
Wohnungseigentümer zu informieren, die möglicherweise von der Maßnahme betroffen werden. Dies legt es dem einzelnen Wohnungseigentümer nahe, vollendete
Tatsachen zu schaffen, bevor ausreichend geprüft ist, wen eine Maßnahme nachteilig betrifft.

317   Die Praxis entscheidet über Maßnahmen im Sinne des § 22 Abs. 1 Satz 1 WEG
schon bisher üblicherweise im Beschlusswege[3]. Dies mag seine Ursache auch darin
haben, dass vielen Wohnungseigentümern die Rechtslage nicht näher bekannt ist
und sie sich daher zunächst an den Verwalter wenden. Der Verwalter wird die
Angelegenheit, sobald sie von einiger Bedeutung ist, den Wohnungseigentümern zur
Entscheidung vorlegen. Das ist zulässig. Die Wohnungseigentümer sind nicht ge-
hindert, eine Maßnahme im Sinne des § 22 Abs. 1 WEG zu beschließen[4]. Dies ist
auch sinnvoll, denn ein Beschluss gibt den Wohnungseigentümern die größere
Rechtssicherheit.

318   Absatz 1 der Neufassung soll die entstandenen Missverständnisse vermeiden. Sein
Regelungsgehalt ist wegen der ausdrücklichen Formulierung einer Beschlusskompetenz und eines Individualanspruchs sowie des Erfordernisses der Zustimmung der

---

1 Vgl. dazu Merle in Bärmann/Pick/Merle, WEG, 9. Auflage, § 22, Rn. 3.
2 BGH, Beschl. v. 18.1.1979 – VII ZB 19/78, BGHZ 73, 196 = NJW 1979, 817 = ZMR 1979, 146
   = DWE 1979, 55: Ein Mehrheitsbeschluss ist nicht ausreichend, aber auch nicht erforderlich.
3 Gemeint: Entscheidungen durch Beschlussfassungen in Eigentümerversammlungen.
4 Merle in Bärmann/Pick/Merle, WEG, 9. Auflage, § 22 Rz. 113.

Beeinträchtigten leichter verständlich als die bisherige doppelte Verneinung. Damit ist zu erwarten, dass eine Selbstverwaltung auch durch nicht rechtskundige Wohnungseigentümer erleichtert wird. Außerdem trägt die neue Vorschrift der üblichen Vorgehensweise der Praxis Rechnung. Anders als nach bisherigem Recht sieht der neue § 22 Abs. 1 WEG in der Regel einen Beschluss der Eigentümer vor.

In Satz 1 Halbsatz 1 legt die Neufassung zunächst fest, dass den Wohnungseigen- 319 tümern wie nach geltendem Recht[1] eine Beschlusskompetenz auch zu baulichen Veränderungen und Aufwendungen zusteht, die über die ordnungsmäßige Instandhaltung und Instandsetzung hinausgehen.

Aus dem neuen Satz 1 Halbsatz 1 in Verbindung mit dem neuen Halbsatz 2 320 („wenn") ergibt sich außerdem, dass die vorgenannten Maßnahmen der Zustimmung aller Wohnungseigentümer bedürfen, deren Rechte nicht unerheblich beeinträchtigt werden. Das bedeutet, dass diese Maßnahmen wie bisher grundsätzlich nur einstimmig beschlossen werden können, weil sie in der Praxis mit nur wenigen Ausnahmen alle Wohnungseigentümer beeinträchtigen.

Das Erfordernis der Zustimmung aller Beeinträchtigten regelt die benötigte Stim- 321 menzahl. Es ist – wie im geltenden Recht – nicht kompetenzbegründend. Die Beschlusskompetenz haben die Wohnungseigentümer – wie sich aus dem Wortlaut „können beschließen" ergibt – unabhängig davon, ob die Beeinträchtigten im Sinne des § 14 Nr. 1 WEG zustimmen. Sie dürfen nur keine Beschlüsse fassen, denen diese Beeinträchtigten nicht zugestimmt haben. Fassen sie gleichwohl einen solchen Beschluss, so ist dieser anfechtbar, aber nicht unwirksam.

Der neue Satz 2 dient der Klarstellung zur Vermeidung von Missverständnissen. 322 Gemäß § 21 Abs. 1 WEG steht die Verwaltung des gemeinschaftlichen Eigentums den Wohnungseigentümern gemeinschaftlich zu. Dementsprechend könnte § 22 Abs. 1 Satz 1 WEG dahin ausgelegt werden, es sei immer ein einstimmiger Beschluss der Wohnungseigentümer erforderlich, dem außerdem alle im Sinne des neuen Satzes 1 betroffenen Wohnungseigentümer zustimmen müssen. Der neue Satz 2 macht deshalb klar, dass sich insoweit an der bestehenden Rechtslage nichts ändert und die Einstimmigkeit des § 21 Abs. 1 WEG weiterhin „modifiziert" wird, nämlich nur diejenigen Wohnungseigentümer zustimmen müssen, die durch die Maßnahme im Sinne des neuen § 22 Abs. 1 Satz 1 WEG beeinträchtigt sind.

Ein einzelner Wohnungseigentümer hat – wie Halbsatz 1 in Verbindung mit Halb- 323 satz 2 deutlich macht – einen Anspruch gegen die anderen Wohnungseigentümer, eine Maßnahme gemäß § 22 Abs. 1 Satz 1 WEG im Beschlusswege zu gestatten, wenn ihr alle Wohnungseigentümer zugestimmt haben, deren Rechte über das in § 14 Nr. 1 WEG bestimmte Maß hinaus beeinträchtigt werden. Wohnungseigentümern, die durch die Maßnahme nicht im vorbezeichneten Sinne betroffen werden, können den Einzelnen im Ergebnis also nicht an der Durchführung der Maßnahme hindern. Insofern ändert sich also nichts am geltenden Recht. Im äußersten Fall

---

1 BGH, Beschl. v. 20.9.2000 – V ZB 58/99, BGHZ 145, 158 = MDR 2000, 1367 = ZMR 2000, 771 = NJW 2000, 3500 = WuM 2000, 620 = DWE 2000, 113.

bleibt es deshalb denkbar, dass ein Wohnungseigentümer die bauliche Veränderung ähnlich wie nach geltender Rechtslage allein durchführt[1].

324   Die Formulierung, eine Maßnahme im Sinne des neuen § 22 Abs. 1 Satz 1 WEG könne „verlangt" werden, ist dahin zu verstehen, dass auf **Verlangen** etwa eines einzelnen Wohnungseigentümers eine entsprechende **Willensbildung der Eigentümergemeinschaft** eingefordert wird, also die Erklärung des Einverständnisses mit der Durchführung der Maßnahme durch den Einzelnen, nicht aber dahin, dass die Gemeinschaft **selbst** die Maßnahme durchzuführen habe. Die Regelung entspricht insoweit der des § 15 Abs. 3 WEG, bei dem die gleiche Formulierung gewählt ist[2]. Im Übrigen ergibt sich dies auch aus dem Begriff der „Beeinträchtigung" im Sinne des neuen § 22 Abs. 1 Satz 1 WEG. Wenn die Gemeinschaft eine Maßnahme selbst durchführen müsste, wären auch alle Wohnungseigentümer betroffen und es wäre ohnedies Einstimmigkeit erforderlich.

325   Durch den geltenden § 22 Abs. 1 WEG wird in der Praxis vielfach eine Anpassung des Gemeinschaftseigentums an veränderte Umstände verhindert. Rechtsprechung und Lehre legen den Begriff der „**baulichen Veränderung**" (§ 22 Abs. 1 Satz 1 WEG) und den der „**Beeinträchtigung**" (§ 22 Abs. 1 Satz 2 i.V.m. § 14 Nr. 1 WEG) weit aus, nämlich dahin, dass im Wesentlichen jede nicht ganz unerhebliche **Veränderung des Status quo** erfasst wird. Deshalb bedürfen viele Neuerungen der Zustimmung praktisch aller Wohnungseigentümer einer Anlage, so etwa in der Regel der Einbau von Fenstern oder Türen, jede nicht ganz unerhebliche **Änderung des äußeren Erscheinungsbildes**, wie das Anbringen von Markisen, ebenso **Umgestaltungen der vorhandenen Einrichtung**, wie Änderungen am Fußboden oder an den Wänden des Treppenhauses oder ein Ersatz der Gemeinschaftsantenne durch Kabelanschluss, schließlich alle **Änderungen am Grundstück selbst**, wie die Anlage eines Gartens, die Pflasterung des Hofes oder von Zufahrten und Wegen.

326   Die erforderliche Zustimmung, die so genannte **Allstimmigkeit**, ist aber jedenfalls in mittleren und größeren Einheiten praktisch kaum zu erreichen, da es dort fast immer den einen oder anderen Miteigentümer gibt, der auch aus nicht sachlichen Gründen widerspricht oder sich mangels Interesses nicht an der Abstimmung beteiligt, so dass viele auch wirtschaftlich sinnvoll und wünschenswert erscheinende Maßnahmen in der Praxis scheitern. Mangels Anpassung an die Erfordernisse der Zeit droht somit insbesondere bei älteren Anlagen ein Wertverlust sowohl des gemeinschaftlichen Eigentums als auch des Sondereigentums.

327   An dieser Situation ändert sich auch nichts Wesentliches dadurch, dass die Wohnungseigentümer bereits nach geltendem Recht, nämlich gemäß den § 21 Abs. 3 und 5 Nr. 2 WEG, Maßnahmen der **modernisierenden Instandsetzung** mit Mehrheit beschließen können. Sie haben nach herrschender Rechtsprechung und Lehre zwar die Kompetenz, in einem gewissen Rahmen bei der Instandsetzung des gemeinschaftlichen Eigentums über die bloße Reparatur oder die Wiederherstellung des

---

1 Vgl. zum geltenden Recht: Merle in Bärmann/Pick/Merle, WEG, 9. Auflage, § 22 Rz. 124 m.w.N.
2 Vgl. zu § 15 Abs. 3 WEG Pick in Bärmann/Pick/Merle, WEG, 9. Auflage, § 15 Rz. 27 ff.

früheren Zustandes hinauszugehen, wenn die Neuerung die technisch bessere oder wirtschaftlich sinnvollere Lösung darstellt. Dies gilt beispielsweise bei Erneuerung einer veralteten Heizungsanlage oder bei Umstellung auf einen anderen Energieträger, etwa von Öl auf Gas, wenn der Ausfall des Ölbrenners bevorsteht. Diese Öffnung knüpft aber maßgeblich an die bereits notwendige oder bald absehbare Reparatur an und erfasst somit nur einen kleinen Teil von Neuerungen, Umgestaltungen und Änderungen.

Deshalb ist eine **Erweiterung der Kompetenz** angezeigt. Die Wohnungseigentümer   328
sollen nach dem Entwurf die Möglichkeit erhalten, mit qualifizierter Mehrheit auch **Maßnahmen zur Modernisierung** und Anpassung des Gemeinschaftseigentums an den **Stand der Technik** ohne Zusammenhang mit einer Reparatur beschließen zu können. Die Kompetenz, mit einfacher Mehrheit Maßnahmen der **modernisierenden Instandsetzung** beschließen zu können, bleibt davon **unberührt**. Dies ist zur Klarstellung in dem neuen § 22 Abs. 3 WEG ausdrücklich festgelegt.

Absatz 2 Satz 1 der Neufassung regelt – zusammen mit Absatz 1 Satz 1 – die Voraus-   329
setzungen und inhaltlichen Grenzen der Mehrheitskompetenz.

Die Wohnungseigentümer haben die Mehrheitsmacht für Maßnahmen, die über die   330
Instandhaltung oder die Instandsetzung, auch die modernisierende, hinausgehen, und die – dies ist Folge des entsprechend anzuwendenden Begriffs der „**Modernisierung**" gemäß § 559 Abs. 1 BGB – der **nachhaltigen Erhöhung des Gebrauchswerts**, der **dauerhaften Verbesserung der Wohnverhältnisse** oder der **Einsparung von Energie oder Wasser** dienen. Die Mehrheitsmacht erfasst dabei kleine, mittlere und größere Vorhaben, etwa das Aufstellen eines Fahrradständers, das nachträgliche Anbringen einer Gegensprechanlage oder auch den Einbau eines Fahrstuhls.

Auf den Begriff der „**Modernisierung**" im Sinne des **§ 559 Abs. 1 BGB** wird abge-   331
stellt, da dieser die Maßnahmen umfasst, die der Mehrheitsmacht unterliegen sollen und der – was die Einzelmaßnahmen anbelangt – in Rechtsprechung und Lehre bereits weitgehend geklärt ist[1]. Im Unterschied zum Mietrecht kommen den Wohnungseigentümern aber auch alle die Veränderungen zugute, die im Mietrecht nur den Vermieter, nicht aber immer den Mieter treffen, so insbesondere technische Verbesserungen des Hauses. Um insoweit Missverständnisse zu vermeiden, wird im Entwurf auch auf „**Anpassung an den Stand der Technik**" abgestellt.

Mit „**Stand der Technik**" ist das Niveau einer anerkannten und in der Praxis be-   332
währten, fortschrittlichen technischen Entwicklung gemeint, das das Erreichen des gesetzlich vorgegebenen Ziels gesichert erscheinen lässt[2]. In diesem Sinne wird der Begriff auch in einer Entscheidung des BGH zum Anbringen von Parabolantennen verstanden[3]. Dieser Begriff wird bevorzugt gegenüber jenem der „**anerkannten Regeln der Technik**", wie er etwa in § 641a Abs. 3 Satz 4 BGB zu finden ist. In § 641a

---

1 Vgl. Staudinger/Emmerich, BGB, Bearbeitung 2003, § 559 Rn. 26.
2 Vgl. Handbuch der Rechtsförmlichkeit, 2. Auflage, Rn. 247.
3 BGH, Beschl. v. 22.1.2004 – V ZB 51/03, BGHZ 157, 322 = BGHReport 2004, 499 = MDR 2004, 563 = ZMR 2004, 438 = NJW 2004, 937 = WuM 2004, 165.

Abs. 3 Satz 4 BGB wird ein Maßstab verwendet, den der Besteller eines Werks auch ohne entsprechende Vereinbarung verlangen kann und den ein Werkunternehmer üblicherweise beachten muss. Demgegenüber ist im Rahmen des neuen § 22 Abs. 2 WEG ein **höheres Anforderungsniveau** sinnvoll, um Streit über den mit einer bestimmten Maßnahme erreichbaren Grad der Modernisierung zu vermeiden. Dagegen ginge es zu weit, auch Maßnahmen zuzulassen, die darüber hinausgehend dem „**Stand von Wissenschaft und Technik**" entsprechen. Durch den Begriff „Stand der Technik" kann eine Überforderung der Wohnungseigentümer nicht eintreten. Es ist nicht davon auszugehen, dass eine qualifizierte Mehrheit von Wohnungseigentümern eine besonders kostenintensive Technik befürwortet, wenn dies keinen entsprechenden Nutzen bringt, zumal der Begriff „Stand der Technik" ohnehin verlangt, dass wirtschaftliche Gesichtspunkte zu berücksichtigen sind. Im Übrigen ist der Einzelne vor einer Überforderung geschützt, da dies in der Regel eine „erhebliche Beeinträchtigung" darstellt, die nach dem neuen Absatz 2 Satz 1 in keinem Fall ohne **Zustimmung des Betroffenen** zulässig ist.

333 Der Begriff „**dienen**" stellt im Unterschied zu der Formulierung „**geboten sein**", die auch in Erwägung gezogen worden ist, sicher, dass die Anforderungen an einen Modernisierungsbeschluss nicht höher als an einen Beschluss zur modernisierenden Instandsetzung sind. In beiden Fällen reicht es aus, dass die Maßnahme **sinnvoll** ist. Dabei kommt es auf die voraussichtliche Eignung der Maßnahme an. Bei der Beurteilung ist auf den Maßstab eines vernünftigen, wirtschaftlich denkenden und sinnvollen Neuerungen gegenüber aufgeschlossenen Hauseigentümers abzustellen[1]. Nur bei einer solchen Sicht ist die hier durch Modernisierung bezweckte **dauerhafte Erhaltung des Verkehrswerts** von langlebigen Wirtschaftsgütern wie Häusern hinreichend gewährleistet.

334 Die Mehrheitsmacht erfasst nicht eine **Umgestaltung der Wohnanlage**, die deren bisherige Eigenart ändert, insbesondere durch einen Anbau, etwa eines Wintergartens, eine Aufstockung oder einen Abriss von Gebäudeteilen oder durch vergleichbare Veränderungen des inneren oder äußeren Bestandes, etwa dann, wenn ein Wohnhaus einfacher Wohnqualität gleichsam **luxussaniert** oder wenn ein bisher nicht zu Wohnzwecken genutzter Speicher zu Wohnungen ausgebaut oder wenn eine die Wohnanlage umgebende größere Grünfläche weithin zum Abstellen von Autos asphaltiert werden soll. Entsprechendes gilt, wenn der **optische Gesamteindruck** nachteilig verändert wird, auch, wenn ein **uneinheitlicher Gesamteindruck** entsteht, so, wenn nur **einzelne Balkone** an der Front eines Hauses, nicht aber alle verglast werden oder wenn beim Bau von Dachgauben in einer vorhandenen Dachgeschosswohnung die **Symmetrie des Hauses** nicht eingehalten wird. Das Vertrauen des Erwerbers auf den **wesentlichen inneren und äußeren Bestand** der Eigentumsanlage, das in der Regel Grundlage seiner Entscheidung für den Erwerb der Wohnung war, ist nämlich ebenso schützenswert wie das auf den Fortbestand der Gemeinschaftsordnung. Für solche Maßnahmen bleibt es bei der nach Absatz 1 der Neufassung erforderlichen Zustimmung aller Beeinträchtigten. Die Klarstellung im

---

1 Vgl. Merle in Bärmann/Pick/Merle, WEG, 9. Auflage, § 21 Rz. 139 zur modernisierenden Instandsetzung.

102

Gesetz, dass die Maßnahmen die Eigenart der Wohnanlage nicht ändern dürfen, erscheint zur Vermeidung von Missverständnissen angezeigt.

2. Die „erhebliche" oder die „unbillige" Beeinträchtigung

Die Mehrheitsmacht umfasst, so die Begründung der Bundesregierung, auch nicht 335 Maßnahmen, die ein Mitglied der Gemeinschaft **erheblich** beeinträchtigen. Insoweit kommt es darauf an, ob die Veränderung zu einem Nachteil für einen oder mehrere Wohnungseigentümer führt und welches Maß die Beeinträchtigung hat. Die Beurteilung hängt – wie im geltenden Recht gemäß § 22 Abs. 1 Satz 1 i.V.m. § 14 Nr. 1 WEG – weitgehend von den Umständen des Einzelfalles ab. Allerdings stellt der Entwurf im Unterschied zum geltenden Recht, nach dem sich ein Wohnungseigentümer schon gegen jede nicht ganz unerhebliche Beeinträchtigung wehren kann[1], wegen der bezweckten Erweiterung der Entscheidungsmöglichkeiten der Mehrheit auf **„erhebliche"** Nachteile ab. Er **erweitert** damit den Kreis oder **erhöht** – je nach Betrachtungsweise – das **Maß der Nachteile**, die ein Wohnungseigentümer hinnehmen muss. Das Abstellen auf „erheblich" verdeutlicht auch, dass Umstände, die zwangsläufig mit Modernisierungen verbunden sind, für sich allein nicht ausreichen, eine Beeinträchtigung zu bejahen, so etwa die nach einer technischen Anpassung erhöhte Wartungs- oder Reparaturanfälligkeit oder die Kompliziertheit einer neuen technischen Anlage oder die mit dem Einbau eines Fahrstuhls verbundene Einschränkung der Gebrauchsmöglichkeit des Treppenhauses oder eine intensivere Nutzung von Obergeschossen.

Auch Kosten der Maßnahmen können eine Beeinträchtigung darstellen. Sie sind 336 aber nur im Ausnahmefall als erhebliche Beeinträchtigung anzusehen, nämlich dann, wenn sie das Maß der Aufwendungen übersteigen, die dazu dienen, das gemeinschaftliche Eigentum in einen Zustand zu versetzen, wie er allgemein üblich ist, etwa zur Energieeinsparung oder zur Schadstoffminderung. Mit solchen Maßnahmen muss jeder Wohnungseigentümer rechnen und erforderlichenfalls entsprechende private Rücklagen bilden, um sie zu finanzieren.

Im Einzelfall kann sich eine erhebliche Beeinträchtigung dann ergeben, wenn ein 337 Wohnungseigentümer wegen der Kosten von Modernisierungsmaßnahmen gezwungen würde, sein Wohnungseigentum zu veräußern.

Solche ohnehin seltenen Fälle können die Wohnungseigentümer aber durch angemessene Rückstellungen vermeiden, da auf diese Weise eine finanzielle Überforderung praktisch ausgeschlossen wird. Bei einer Modernisierung im Einzelfall haben 338 sie die Kompetenz, mit qualifizierter Mehrheit auch über die Art und Weise der Finanzierung sowie eine etwaige Rückstellung zu entscheiden (§ 16 Abs. 4 i.V.m. dem neuen § 22 Abs. 2 WEG: **argumentum a maiore ad minus**).

Der **Rechtsausschuss des Deutschen Bundestages**[2] meinte demgegenüber zu dem 339 Merkmal, *„die Maßnahme dürfe keinen Wohnungseigentümer ,erheblich' beein-*

---

1 Vgl. Merle in Bärmann/Pick/Merle, WEG, 9. Auflage, § 22 Rz. 127 m.w.N.
2 BT-Drucks. 16/3843, S. 50.

trächtigen": Diese im Regierungsentwurf zur Beschränkung der Mehrheitsmacht für Modernisierungen vorgesehene Formulierung könnte zu einem Missverständnis führen. Das Merkmal könnte dahin verstanden werden, eine hinzunehmende Beeinträchtigung sei mehr nach **objektiven** und weniger nach **subjektiven** (personenbezogenen) Gesichtspunkten zu bewerten. Dies harmonierte nicht mit dem Erfordernis einer angemessenen Gewichtung aller Umstände des Einzelfalles. Deshalb soll (in dem neuen Absatz 2) auf das Merkmal der **Unbilligkeit** abgestellt werden. Nach Auffassung des Ausschusses soll ein Wohnungseigentümer einer Maßnahme nicht mit Erfolg widersprechen können, wenn diese sinnvoll ist und er **gegenüber anderen nicht unbillig** benachteiligt wird.

340 Zu der erforderlichen Mehrheit meinte die Bundesregierung: Der Beschluss der Wohnungseigentümer zur Modernisierung bedarf der im neuen Satz 1 im Einzelnen vorgeschriebenen **qualifizierten Mehrheit**[1]. Damit wird gewährleistet, dass solche Maßnahmen nur durchgeführt werden, wenn sie dem Willen der **ganz überwiegenden Mehrheit** entsprechen. Eine qualifizierte Mehrheit ist auch für Beschlüsse gemäß dem neuen § 16 Abs. 4 Satz 2 WEG vorgesehen.

341 **Der Rechtsausschuss des Deutschen Bundestages** hat – wie in dem neuen § 16 Abs. 4 Satz 2 WEG – auf eine Mehrheit von „**drei Viertel**" abgestellt[2]. Dem ist auch der Bundestag gefolgt.

342 Eine gemäß Artikel 14 Abs. 1 Satz 2 GG (**Eigentumsfreiheit**) schützenswerte Rechtsposition der überstimmten Minderheit wird durch die Einräumung der Mehrheitskompetenz für Modernisierungen nicht tangiert. Es geht nämlich jeweils um Maßnahmen, mit denen nach der Lebenserfahrung bei Wohnimmobilien immer zu rechnen ist und bei denen deshalb der Einzelne auf den unveränderten Fortbestand des gemeinschaftlichen Eigentums in seiner ursprünglichen Form nicht vertrauen kann.

343 Ein einzelner Wohnungseigentümer hat auf Modernisierungsmaßnahmen gemäß dem neuen Absatz 2 Satz 1 – im Unterschied zu Maßnahmen der Instandhaltung oder Instandsetzung gemäß § 21 Abs. 4 – keinen Anspruch. Der neue Absatz 2 stellt nämlich ausdrücklich nur auf „**beschließen**" ab, nicht aber auf „**verlangen**", und zwar wegen des Zwecks der Neuregelung. Diese dient allein der Einschränkung des Prinzips der Einstimmigkeit oder – spiegelbildlich – der Stärkung der Mehrheit. Einen Anspruch auf einen **Akt der Willensbildung**, der die Maßnahme gestattet, hat ein einzelner Wohnungseigentümer nur, wenn alle Wohnungseigentümer zustimmen, denen die Maßnahme – wie im neuen Absatz 1 (Satz 1 i.V.m. Satz 2) WEG in Übereinstimmung mit dem geltenden Recht vorgesehen – einen Nachteil zufügt, der über das bei einem geordneten Zusammenleben **unvermeidliche Maß** (§ 14 Nr. 1 WEG) hinausgeht.

344 Einen solchen Anspruch hat ein einzelner Wohnungseigentümer insbesondere bei Baumaßnahmen für einen **barrierefreien Zugang**, etwa durch den Bau einer **Roll-**

---

1 Die Bundesregierung ging noch von einer Mehrheit aus, die „*mehr als drei Viertel*" aller stimmberechtigten Wohnungseigentümer ausmachte.
2 BT-Drucks. 16/3843, S. 50.

stuhlrampe im Eingangsbereich oder eines **Schräglifts** im Treppenhaus. Solche Maßnahmen darf der **behinderte Wohnungseigentümer** auf Grund seines (Mit-)Eigentums (§ 903 BGB) durchführen. Die ergänzenden Voraussetzungen des § 22 Abs. 1
Satz 2 WEG und künftig des neuen § 22 Abs. 1 (Satz 1 i.V.m. Satz 2) WEG jeweils in
Verbindung mit § 14 Nr. 1 WEG, unter denen er tätig werden darf, sind in Fällen
dieser Art in aller Regel erfüllt. Diese Maßnahmen beeinträchtigen die Miteigentümer allenfalls unwesentlich und sind damit nicht relevant[1]. Soweit nur eine unwesentliche Beeinträchtigung vorliegt, ist die Zustimmung der anderen Wohnungseigentümer entbehrlich[2]. Dies ist in Übereinstimmung mit dem geltenden Recht in
Absatz 1 Satz 2 der Neuregelung ausdrücklich klargestellt.

Jedenfalls sind diese Maßnahmen als **unvermeidlich** zu bewerten, wenn die **Barriere 345
freiheit** nach objektiven Kriterien geboten und ohne erhebliche Eingriffe in die Substanz des Gemeinschaftseigentums technisch machbar ist. Bei der insoweit erforderlichen Abwägung aller Umstände des Einzelfalles ist neben dem aus dem Eigentumsrecht (Artikel 14 Abs. 1 Satz 1 GG) fließenden Gestaltungsrecht der anderen
Miteigentümer in Rechnung zu stellen, dass dieses Recht auch dem Behinderten
zusteht und im Licht der Bedeutung des Artikels 3 Abs. 3 Satz 2 GG (**Verbot der
Benachteiligung Behinderter**) auszulegen ist. **Grundrechte** fließen als Teil der **allgemeinen Wertordnung** in die Auslegung des Zivilrechts ein[3], auch soweit es um die
Abwägung im Rahmen der Generalklausel des § 22 Abs. 1 Satz 2 i.V.m. § 14 Nr. 1
WEG geht[4]. Dem **Verbot der Benachteiligung Behinderter** kommt dabei erhöhte
Bedeutung zu, denn von einem verständigen Miteigentümer darf und muss erwartet
werden, dass er Toleranz auch und gerade gegenüber Behinderten aufbringt.

Der materiellrechtliche Individualanspruch des Behinderten erweist sich auch als 346
durchsetzungsfähig, weil die Rechtsprechung – wenn auch mit unterschiedlicher
Begründung – einen Anspruch auf Durchführung der erforderlichen Maßnahmen
anerkennt[5].

Eine Anpassung des Wohnungseigentumsgesetzes ist somit entbehrlich, zumal dem 347
Wohnungseigentümer das Recht auf bauliche Veränderung auch im Fall der Vermietung der Wohnung an einen Behinderten zusteht. Den unter den Voraussetzungen
des § 22 Abs. 1 Satz 2 i.V.m. § 14 Nr. 1 WEG geschaffenen zulässigen Gebrauch des
Gemeinschaftseigentums haben die anderen Wohnungseigentümer gemäß § 14
Nr. 3 WEG zu dulden.

---

1 So auch Pick in Bärmann/Pick/Merle, WEG, 9. Auflage, § 14 Rz. 48 sowie Staudinger/Bub,
  WEG, Band 1, 12. Auflage, § 22 WEG Rz. 54 jeweils m.w.N.
2 Vgl. BGH, Beschl. v. 18.1.1979 – VII ZB 19/78, BGHZ 73, 196 = MDR 1979, 392 = DWE 1979,
  55 = NJW 1979, 817; Staudinger/Bub, WEG, Band 1, 12. Auflage, § 22 WEG Rz. 54.
3 Vgl. BVerfG, Beschl. v. 19.1.1999 – 1 BvR 2161/94, BVerfGE 99, 341 = BGBl. I 1999, 699 =
  NJW 1999, 1853.
4 Vgl. BVerfG, Beschl. v. 13.3.1995 – 1 BvR 1107/92, NJW 1995, 1665 = ZMR 1995, 241, zum
  Anspruch eines einzelnen Wohnungseigentümers auf Errichtung einer Parabolantenne unter
  Berücksichtigung des Artikels 5 Abs. 1 Satz 1 Halbsatz 2 GG.
5 Vgl. Drasdo, Die Barrierefreiheit im Sinne des § 554a BGB, WuM 2002, 123; Derleder, Barrierefreiheit im Wohnungseigentumsrecht, ZWE 2004, 118, jeweils mit Nachweisen zur Rechtsprechung.

348 Es ist davon abgesehen worden, die Zulässigkeit einer Maßnahme allgemein davon abhängig zu machen, dass sie sich aus einer gesonderten Rückstellung für Modernisierungskosten finanzieren lässt, weil dafür ein Bedürfnis nicht zu bejahen ist. Dem mit einer solchen Regelung bezweckten Schutz der Minderheit vor einer Überforderung wird bereits durch das in dem neuen Absatz 2 Satz 1 vorgesehene Verbot einer erheblichen Benachteiligung und das Erfordernis der Zustimmung einer qualifizierten Mehrheit Rechnung getragen. Außerdem wären bei einer allgemeinen Rückstellungsregelung – im Unterschied zu der durch § 16 Abs. 4 i.V.m. dem neuen § 22 Abs. 2 WEG eröffneten Möglichkeit zur Bildung von Rückstellungen für den konkreten Einzelfall – Streitigkeiten über die Modernisierung bereits bei der Beschlussfassung über die Rückstellung zu befürchten, ohne dass sich zu diesem Zeitpunkt die konkrete Ausgestaltung der Modernisierung schon feststellen oder bewerten ließe.

349 Der neue Absatz 2 Satz 2 stellt – wie die parallelen Vorschriften von § 12 Abs. 4 Satz 3 und der neue § 16 Abs. 5 WEG – sicher, dass die Neuregelung durch abweichende geltende oder künftige Vereinbarungen nicht zu Ungunsten der vorgesehenen Mehrheit der Wohnungseigentümer eingeschränkt oder ausgeschlossen werden kann. Ansonsten könnten vorhandene Streitigkeiten nicht beigelegt und es könnte auch nicht verhindert werden, dass es künftig erneut zu abweichenden Gestaltungen der meist einseitig festgelegten Gemeinschaftsordnungen und damit wiederum zu solchen Streitigkeiten käme, welche die Neuregelung gerade verhindern will.

350 Die neue Vorschrift soll die Rechte der Wohnungseigentümer in aller Regel stärken und nicht etwa einschränken; die Unabdingbarkeit bezieht sich auf die Beschlusskompetenz einschließlich der Mehrheitsmacht.

351 Abweichende Beschlüsse zu baulichen Veränderungen oder Aufwendungen auf Grund einer Öffnungsklausel mit geringeren Anforderungen, also etwa ohne das Erfordernis der hier vorgeschriebenen qualifizierten Mehrheit, bleiben im Übrigen zulässig, weil solche Beschlüsse die Befugnis der Mehrheit der Wohnungseigentümer nicht „einschränken", sondern erweitern.

352 Der neue Absatz 3 dient der Klarstellung. Maßnahmen der modernisierenden Instandsetzung können die Wohnungseigentümer weiterhin wie nach geltendem Recht mit einfacher Mehrheit beschließen (§ 21 Abs. 3 WEG). Für die Abgrenzung kommt es darauf an, ob die Neuerung einen Bezug zur Instandhaltung oder Instandsetzung hat, ob also vorhandene Einrichtungen wegen bereits notwendiger oder absehbarer Reparaturen technisch auf einen aktuellen Stand gebracht oder durch eine wirtschaftlich sinnvollere Lösung ersetzt werden. In diesem Fall geht es um die modernisierende Instandsetzung, zu der es eine Vielzahl von Entscheidungen der Rechtsprechung gibt[1]. Im Unterschied dazu sind **bauliche Maßnahmen**, die sich im Rahmen des § 559 Abs. 1 BGB halten und **keinen Bezug** mehr zur Instandhaltung oder Instandsetzung haben, als **Modernisierungen** zu bewerten, die der qualifizierten Mehrheit bedürfen.

---

1 Vgl. Palandt/Bassenge, 64. Auflage, § 22 WEG Rz. 10 m.w.N.

Hält sich eine Maßnahme auch nicht im Rahmen des § 559 Abs. 1 BGB und dient 353
sie nicht der Anpassung der Wohnanlage an den Stand der Technik, ist gemäß dem
neuen § 22 Abs. 1 Satz 1 WEG in Verbindung mit § 14 Nr. 1 WEG die Zustimmung
aller nicht unerheblich Beeinträchtigten[1] erforderlich.

3. Bewertung der gesetzlichen Neuregelung

a) Der neue § 22 WEG mit neuen Abgrenzungsproblematiken

Der neue § 22 WEG wird neue Diskussionen über eine Vielzahl von Abgrenzungs- 354
problemen öffnen. Zukünftig wird nämlich zu differenzieren sein zwischen einer
baulichen Maßnahme,

– die generell „ordnungsmäßiger Verwaltung" entspricht (auch im Sinne der bisherigen Rechtsprechung und gesetzlichen Lage),
– die eine Modernisierung oder eine Anpassung an den Stand der Technik (jetzt **§ 22
  Abs. 2 WEG)** darstellt,
– die einer modernisierenden Instandsetzung entspricht (hier soll es „bei den Vorschriften des § 21 Abs. 3 und 4" bleiben, **§ 22 Abs. 3 WEG)**,
– die eine auch nach dem neuen WEG anzunehmende „bauliche Veränderung" ist,
  jedoch niemanden der anderen Wohnungseigentümer beeinträchtigt (**§ 22 Abs. 1
  Satz 2 WEG)**,
– und schließlich einer baulichen Maßnahme, die eine auch nach dem neuen WEG
  anzunehmende „bauliche Veränderung" darstellt **und** hierdurch Rechte eines anderen Wohnungseigentümers über das in § 14 Nr. 1 WEG bestimmte Maß hinaus
  beeinträchtigt werden (**§ 22 Abs. 1 WEG)**.

Es ist nicht davon auszugehen, dass die jetzt geschaffenen gesetzlichen Regelungen 355
die Beurteilung der Abgrenzungen **vereinfachen;** ganz im Gegenteil gehe ich davon
aus, dass hier ein Streitpotenzial eröffnet wird, was durch die prozessualen Regelungen kurzfristig nicht in den Griff zu bekommen ist. Da es zukünftig nur noch zwei
Instanzen geben wird (Amtsgericht/Landgericht, **§§ 23 Nr. 2c, 72 Abs. 2 GVG)** und
eine Revision nur bei einer Zulassung durchgeführt werden kann (Nichtzulassungsbeschwerde ist für 5 Jahre ausgeschlossen, **§ 62 Abs. 2 WEG)**, kann sich eine einheitliche Rechtsprechung nur schwer herausbilden. Es wird zukünftig auf die Quali-
tät der Instanzgerichte ankommen – da wird der forensisch tätige Anwalt durchaus
unterschiedliche Erfahrungen gemacht haben! – und auf die Souveränität der Landgerichte, die kritisch mit ihrer eigenen Rechtsauffassung umgehen und auch Revi-
sionen zulassen.

b) Maßnahmen der ordnungsmäßigen Verwaltung (§ 21 WEG)

Der Begriff der „ordnungsmäßigen Verwaltung" ist **bisher schon** etwas diffus gewe- 356
sen, er wurde vom Gesetz nicht definiert – **und wird das auch jetzt nicht!** –; es
werden lediglich einzelne Maßnahmen als zur ordnungsmäßigen Verwaltung gehö-

---

1 Nach dem Gesetz: „unbillig Beeinträchtigten".

rig gekennzeichnet, ohne dass die Aufzählung aber als **abschließend** angesehen werden könnte. Die Aufzählung in § 21 Abs. 5 WEG kann nur aus dem Zeitgeist des historischen Gesetzgebers verstanden werden; nach dem WEG soll zur „ordnungsmäßigen Verwaltung" gehören:

– Aufstellung einer Hausordnung

– Instandhaltung und Instandsetzung des gemeinschaftlichen Eigentums

– Abschluss einer Feuer- und Haftpflichtversicherung (Absicherung des Gemeinschaftseigentums gegen Feuerschäden sowie Absicherung der gemeinschaftlichen Haftung)

– Ansammlung einer Instandhaltungsrückstellung

– Aufstellung eines Wirtschaftsplanes

– Herstellung von Fernsprech-/Rundfunk-/Energie-Versorgungseinrichtungen zu Gunsten eines Wohnungseigentümers.

357   Im **neuen WEG** wird jetzt in **§ 21 Abs. 7** eine Regelungsbefugnis für bestimmte Angelegenheiten genannt (Regelungen über Zahlungen, Fälligkeit, Verzugsfolgen), diese Angelegenheiten sind jedoch **nicht** zum Gegenstand **ordnungsmäßiger Verwaltung** gemacht worden.

aa) Der Begriff der „ordnungsmäßigen Verwaltung"

358   Allgemein könnte „ordnungsmäßige Verwaltung" umschrieben werden mit: *Alle Geschäftsführungsmaßnahmen, die im Interesse aller Eigentümer stehen (unter Berücksichtigung des billigen Ermessens) und die notwendig sind für die Erhaltung, für die normale Nutzung und (eventuell) für die Verbesserung des gemeinschaftlichen Eigentums.*

Andere Formulierungen

359   *Die Ordnungsmäßigkeit der Verwaltung richtet sich in erster Linie nach den individuellen Interessen aller Wohnungseigentümer an der Erhaltung des Gemeinschaftsvermögens und nach dem Interesse an einem geordneten Zusammenleben innerhalb der Gemeinschaft*[1].

Ordnungsgemäß im Sinne dieser Vorschriften (§§ 15 Abs. 3, 21 Abs. 3, 23 Abs. 1 WEG) ist, was dem geordneten Zusammenleben in der Gemeinschaft dient, was den Interessen der Gesamtheit der Wohnungseigentümer nach billigem Ermessen entspricht und der Gemeinschaft nützt. Bei der Beurteilung der Frage, was ihr nach billigem Ermessen nützt, steht der Gemeinschaft ein gewisser Beurteilungsspielraum zur Verfügung, der aus ihrer Verwaltungsautonomie folgt und einer auf Zweckmäßigkeitserwägungen gestützten Ungültigerklärung eines Mehrheitsbeschlusses Grenzen zieht[2].

---

1 So BayObLG, Beschl. v. 9.6.1975 – 2 Z 35/75, ZMR 1976, 310 = BayObLGZ 1975, 201 = DWE 1976, 30 = Rpfleger 1975, 367.
2 So OLG Köln, Beschl. v. 9.7.1990 – 16 Wx 173/89, WuM 1990, 462 = DWE 1990, 109 = NJW 1991, 1302.

Als **Maßstab für die ordnungsmäßige Verwaltung** kann angesetzt werden:

*Welche **Maßnahmen** würde ein **vernünftiger Eigentümer** bei „objektiver" Betrach-* 360
tung ergreifen, wenn er sich in der Situation befände, in der sich die Eigentümerge-
meinschaft befindet?

Die **Willensbildung innerhalb der Wohnungseigentümergemeinschaft** vollzieht sich 361
in den **Wohnungseigentümerversammlungen**, und zwar durch Beschlussfassungen.
Beschlussfassungen sind nur möglich bei Angelegenheiten, über die nach dem WEG
oder nach der Vereinbarung der Wohnungseigentümer (= Gemeinschaftsordnung)
durch Beschluss entschieden werden darf (§ 23 Abs. 1 WEG). **Das** hat sich durch **das
neue WEG** auch **nicht geändert.**

Möglich sind folgende **Beschlussfassungen:** 362

– Beschlussfassungen über **Gebrauchsregelungen** (Regelung des **ordnungsmäßigen**
  Gebrauchs des Sonder- und Gemeinschaftseigentums), § 15 Abs. 2 WEG.

– Beschlussfassungen über **Verwaltungsregelungen** (Regelung der **ordnungsmäßigen**
  Verwaltung des gemeinschaftlichen Eigentums), 21 Abs. 3 WEG.

– Beschlussfassungen über **Instandhaltung und Instandsetzung** des Gemeinschaftseigentums und über **Aufwendungen**, die im Rahmen **ordnungsmäßiger** Verwaltung liegen, vgl. § 21 Abs. 3 und Abs. 5 Nr. 2 WEG sowie § 22 Abs. 1 WEG.

Die Abgrenzungsfrage, ob die vorgenannten Maßnahmen, insbesondere Maßnahmen 363
der **Instandhaltung und Instandsetzung,** ordnungsmäßiger Verwaltung entsprechen
oder nicht, hängt von den jeweiligen Umständen des Einzelfalles ab. Die Abgrenzungsfrage war **schon bisher** nicht leicht zu entscheiden, deshalb war die Beschlusskompetenz der Eigentümerversammlung in diesen Fällen, nach Ansicht des BGH,
nicht von vornherein **ausgeschlossen.**

Deshalb auch: Beschlussfassungen, die die vorstehenden Angelegenheiten betreffen, 364
erwachsen in Bestandskraft, wenn sie nicht rechtzeitig innerhalb der Beschlussanfechtungsfrist angefochten werden, selbst wenn der Regelungsgegenstand den Abschluss einer Vereinbarung erfordert hätte[1].

Nicht möglich waren **bisher** (z.B.) Beschlüsse über 365

– die Änderung von Kostenverteilungsschlüsseln (es sei denn, es ist in der Gemeinschaftsordnung eine Änderungsmöglichkeit durch Mehrheitsentscheidung vorgesehen),

– die Einführung einer Erwerberhaftung,

– die Einführung oder Festlegung eines Sondernutzungsrechts,

– die Einführung eines „Mehrhausanlagensystems" für die Abrechnung.

---

1 Vgl. hierzu BGH, Beschl. v. 20.9.2000 – V ZB 58/99, BGHZ 145, 158 = ZMR 2000, 771 = NJW
2000, 3500 = WuM 2000, 620 = DWE 2000, 113.

bb) Abgrenzung „ordnungsmäßige Verwaltung" zu „bauliche Veränderung"

366   Die Differenzierung zwischen baulichen Maßnahmen, die „ordnungsmäßiger Verwaltung" entsprechen, und solchen, die „bauliche Veränderungen" darstellen und die Rechte anderer Miteigentümer beeinträchtigen, stellten jeweils die „Gegenpole" dar. In die Bandbreite der Betrachtung war **bisher** lediglich die Frage nach der „modernisierenden Instandsetzung" eingeschoben.

367   Zukünftig wird immer noch zuerst die **„Gegenpol-Betrachtung"** erfolgen müssen, um die Abgrenzungen überhaupt in den Griff zu bekommen. Deshalb ist eine Beschäftigung mit der „ordnungsmäßigen" Instandhaltung/Instandsetzung und dem Begriff der baulichen Veränderung notwendig.

368   Ordnungsgemäße Instandhaltung und Instandsetzung ist die Erhaltung des bestehenden bzw. die **Wiederherstellung eines einmal vorhanden gewesenen ordnungsgemäßen Zustandes**, wozu auch die notwendige Ersatzbeschaffung gemeinschaftlicher Geräte in technisch einwandfreiem, modernem Zustand gehört (sowie öffentlich-rechtlich vorgeschriebene bauliche Veränderungen). Grundsätzliche Neuerungen oder Veränderungen gehörten **bisher** nicht hierzu[1].

369   Die Prüfung, ob eine „bauliche Veränderung" vorliegt, ist eine **Einzelfallprüfung**; es kann lediglich anhand eines Katalogs von **möglichen** baulichen Veränderungen (Rechtsprechungsfälle) entschieden werden, ob der zu beurteilende Fall **ähnlich** ist. Wichtigster Gesichtspunkt ist dabei aber stets:

– **Werden andere Miteigentümer im Sinne des § 14 WEG beeinträchtigt[2]?**

370   Eine Beeinträchtigung kann **nicht** aus einer Kostenbelastung konstruiert werden, da der Miteigentümer, der einer baulichen Veränderung **nicht zugestimmt** hat, gemäß § 16 Abs. 3 WEG nicht an den Kosten für die bauliche Veränderung zu beteiligen ist.

371   Ergibt die bauliche Veränderung zukünftig Einsparungen (z.B. auf Grund eines kostensparenden Wechsels der Energieart bei der Heizung), an denen der nichtzustimmende Miteigentümer zwangsläufig beteiligt wird, führt das nicht dazu, dass er auch an den Investitionskosten für die eigentliche bauliche Veränderung zu beteiligen ist[3].

---

1 Vgl. BayObLG, Beschl. v. 11.12.1980 – 2 Z 74/79, ZMR 1981, 285 = NJW 1981, 690 = DWE 1981, 93.

2 Vgl. hierzu schon BGH, Beschl. v. 18.1.1979 – VII ZB 19/78, BGHZ 73, 196 = NJW 1979, 817 = ZMR 1979, 146 = DWE 1979, 55 (Hier erfolgten auch grundsätzliche Ausführungen dazu, dass Wohnungseigentümer, die nicht über das in § 14 bestimmte Maß hinaus beeinträchtigt werden, aus dem Kreis derjenigen, die eine Zustimmung geben müssten, ausscheiden) und BGH, Beschl. v. 21.12.2000 – V ZB 44/00, BGHZ 146, 241 = ZMR 2001, 289 = NJW 2001, 1212 = ZWE 2001, 314 = NZM 2001, 196, [Hier wird dargelegt, dass ein Durchbruch durch eine tragende Wand zwischen zwei Wohnungen keine nachteilige „bauliche Veränderung" darstellt, wenn a) der Eingriff sachkundig geplant, b) der Eingriff nach statischer Berechnung statisch unbedenklich, c) der Eingriff durch ein Fachunternehmen oder eine sachkundige Person vorgenommen worden ist], sowie (ebenfalls zu Mauerdurchbrüchen) OLG Celle, Beschl. v. 21.5.2002 – 4 W 93/02, OLGR Celle 2002, 190 = ZWE 2002, 533 = WuM 2003, 230 (Verbindung zweier Wohnungen miteinander); LG Köln, Beschl. v. 12.8.2002 – 29 T 309/00, n.v.

3 Vgl. BayObLG, Beschl. v. 4.12.1986 – 2 Z 40/86, ZMR 1987, 190 = WE 1987, 156.

cc) Begriff der baulichen Veränderung[1]

Bauliche Veränderungen können bezeichnet werden als: 372

– auf Dauer angelegte gegenständliche Eingriffe in die Substanz des gemeinschaftlichen Eigentums, die einen neuen Zustand schaffen, und/oder
– Veränderungen, die auf die äußere Gestaltung des Gemeinschaftseigentums nachteilig einwirken.

Weitere Definition der baulichen Veränderung im Sinne des § 22 WEG[2]: *„Jede Um-   373 gestaltung des Gemeinschaftseigentums, die vom Aufteilungsplan oder früheren Zustand des Gebäudes nach der Fertigstellung abweicht und über die ordnungsgemäße Instandhaltung und Instandsetzung hinausgeht. "*

dd) (Bisherige) Beispiele für bauliche Veränderungen und mögliche neue Einschätzung (Maßnahme nach § 22 Abs. 2)

Die hier folgenden Beispiele beziehen sich sowohl auf solche baulichen Verände-   374 rungen, die **von der Gemeinschaft insgesamt** beschlossen oder durchgeführt wurden, als auch auf solche, **die einzelne Wohnungseigentümer** vorgenommen haben.

– Unterbau unter einem Balkon zur Schaffung eines **Abstellraumes unter dem Balkon**[3].
  [Wird auch **zukünftig** nicht unter den neuen § 22 Abs. 2 fallen.]
– **Aufstockung eines Gebäudes** im Rahmen einer Flachdachsanierung[4].
  [Anwendung des neuen § 22 Abs. 2 denkbar.]
– Anbringung eines **Balkons** an einer Fassade, an der bisher kein Balkon vorhanden war[5].
  [Anwendung des neuen § 22 Abs. 2 bei einer **Gesamtmaßnahme der Gemeinschaft** denkbar, aber durchaus **zweifelhaft**, ob nicht eine **unbillige Beeinträchtigung** vorliegen kann.]
– Fällen von **Bäumen** (wenn diese das „Bild" der Anlage prägen)[6].
  [Wird auch **zukünftig** nicht unter den neuen § 22 Abs. 2 fallen.]
– Einbau von **Dachflächenfenstern**[7].
  [Anwendung des neuen § 22 Abs. 2 denkbar, aber eher zweifelhaft.]
– Installation einer **Entlüftungsanlage**[8].
  [Anwendung des neuen § 22 Abs. denkbar.]

---

1 Zu einem „Veränderungs-ABC" vgl. Hogenschurz in Köhler/Bassenge, Wohnungseigentumsrecht, Teil 11, Rz. 158 ff.
2 Gottschalg, Die Abgrenzung der baulichen Veränderung von der modernisierenden Instandsetzung, NZM 2001, 729, 730.
3 OLG Köln, Beschl. v. 31.1.2000 – 16 Wx 10/00, NZM 2000, 296.
4 BayObLG, Beschl. v. 14.2.2001 – 2 Z BR 117/00, BayObLGR 2001, 41 = NZM 2001, 677.
5 BayObLG, Beschl. v. 28.3.2001 – 2 Z BR 1/01, ZMR 2001, 660 = ZWE 2001, 609.
6 OLG Köln, Beschl. v. 25.2.2000 – 16 Wx 29/2000, OLGR Köln 2000, 305.
7 OLG Köln, Beschl. v. 12.1.2000 – 16 Wx 149/99, OLGR Köln 2000, 146.
8 OLG Köln, Beschl. v. 28.2.2000 – 16 Wx 189/99, ZWE 2000, 428.

- Veränderungen an **Fensteranlagen** in einem Hochhaus[1].
  [Als **Modernisierungsmaßnahme** denkbar.]

- Austausch von **Fenstern** mit Veränderung der Gestaltung[2], auch wenn nur ein Fenster verändert wird[3].
  [Wird auch in Zukunft **nicht** unter § 22 Abs. 2 fallen können.]

- Veränderung des **Fußbodenaufbaus** mit Verschlechterung des Trittschallschutzes[4].
  [Auch zukünftig **unzulässig**.]

- Veränderungen eines **Gartens** (radikale Beseitigung der vorhandenen Bepflanzungen, wenn dadurch eine nach Charakter, Erscheinungsbild und Funktion völlig andere Gartenanlage geschaffen wird). Veränderungen, die ihren Grund nicht in der üblichen Gartenpflege haben, gehen über eine ordnungsmäßige Instandhaltung und Instandsetzung hinaus[5].
  [Auch zukünftig **unzulässig**.]

- Anbringung eines **Glasüberdaches** unter einem Balkon[6].
  [Auch zukünftig **unzulässig**.]

- Abkoppelung einer Wohnung von der gemeinsamen **Heizungsanlage** und Aufstellen eines neuen Heizkessels nur für die Beheizung dieser Wohnung[7].
  [Auch zukünftig **unzulässig**.]

- Erstmaliger Einbau einer **Heizungsanlage**, wenn zuvor nur Nachtstromspeicherheizungen in den Wohnungen vorhanden waren[8].
  [Zukünftig unter § 22 Abs. 2 zu subsumieren.]

- Einbau einer **Klimaanlage** könnte einen Nachteil für andere Eigentümer darstellen[9].
  [Dürfte auch in Zukunft nicht unter § 22 Abs. 2 fallen.]

- Einbau einer **Solaranlage zur Warmwasserversorgung**[10].
  [Anwendung von § 22 Abs. 2 zukünftig denkbar.]

- Anbringung von **Schutzgittern**[11].
  [Weiterhin **unzulässig**.]

---

1 OLG Köln, Beschl. v. 18.4.2005 – 16 Wx 40/05, NZM 2005, 790.
2 OLG Köln, Beschl. v. 10.3.2003 – 16 Wx 43/03, OLGR Köln, 2003, 163.
3 OLG Köln, Beschl. v. 2.12.2002 – 16 Wx 205/02, OLGR Köln 2003, 147.
4 OLG Köln, Beschl. v. 4.12.2002 – 16 Wx 180/02, ZMR 2003, 704.
5 OLG Hamm, Beschl. v. 24.3.1997 – 15 W 314/96, OLGR Hamm 1997, 175 = ZMR 1997, 371 = DWE 1998, 41 = NJW-RR 1997, 970 = WE 1997, 387.
6 OLG Köln, Beschl. v. 27.9.2002 – 16 Wx 115/02, OLGR Köln 2003, 147.
7 OLG Düsseldorf, Beschl. v. 14.2.2003 – 3 Wx 397/02, OLGR Düsseldorf 2003, 267 = ZMR 2003, 953 = WuM 2003, 403.
8 OLG Hamm, Urt. v. 26.5.1994 – 5 U 220/93, OLGR Hamm 1994, 207 = DWE 1995, 159 = NJW-RR 1995, 909.
9 Pfälzisches OLG Zweibrücken, Beschl. v. 4.5.1999 – 3 W 32/99, OLGR Zweibrücken 2000, 2 = ZMR 1999, 587 = ZWE 2000, 90 m.w.N.
10 BayObLG, Beschl. v. 23.2.2005 – 2 Z BR 167/04, FGPrax 2005, 108.
11 OLG Köln, Beschl. v. 17.3.2004 – 16 Wx 48/04, NZM 2004, 385.

– Veränderung einer **Terrasse** – Austausch der bisherigen Holzterrasse gegen eine Steinterrasse[1].
[Wird weiterhin **unzulässig** sein.]

ee) Abbedingung des Veränderungsverbots

Das Verbot, bauliche Veränderungen vorzunehmen, kann durch Vereinbarung (Gemeinschaftsordnung) wirksam abbedungen werden[2].   375

Keine baulichen Veränderungen liegen **schon bisher** vor,

– wenn es sich um erstmalige ordnungsmäßige Herstellung des Gemeinschaftseigentums handelt[3] oder

– wenn öffentlich-rechtliche (zwingende) Vorgaben die Veränderung erfordern[4].

In den **Landesbauordnungen der Länder** ist regelmäßig vorgesehen, dass Gebäude mit   376
Wohnungen nur errichtet werden dürfen, wenn ein ausreichender **Kinderspielplatz** (Spielfläche für Kleinkinder) auf dem Grundstück bereitgestellt wird. Bei bestehenden Gebäuden *kann* die Bereitstellung von der zuständigen Baubehörde verlangt werden, wenn dies die Gesundheit und der Schutz der Kinder erfordern. Vergleiche z.B. § 9 BauO Nordrhein-Westfalen. Die Gemeinden haben regelmäßig Satzungen erlassen, in denen die Größe, Lage und Beschaffenheit von Kinderspielplätzen vorgegeben werden.

Wird in der Baugenehmigung für das gemeinschaftliche Gebäude die Auflage erteilt,   377
einen Kinderspielplatz zu errichten, oder fordert die Gemeinde später durch Erteilung einer baubehördlichen Auflage einen solchen, kann die Eigentümergemeinschaft über die Errichtung durch Mehrheitsbeschluss entscheiden[5].

Liegen **solche Auflagen** jedoch nicht vor, wirken die öffentlich-rechtlichen Bestim-   378
mungen nicht unmittelbar auf das Verhältnis der Wohnungseigentümer untereinander ein, so dass ein einzelner Wohnungseigentümer **bisher** nicht auf Grund der öffentlich-rechtlichen Vorschriften fordern konnte, dass ein Kinderspielplatz errichtet wird. Allerdings kann jeder einzelne Wohnungseigentümer bei der Gemeinde eine **Auflagenerteilung** für die Errichtung eines Kinderspielplatzes anregen, so dass häufig über diesen Umweg das Ziel des einzelnen Eigentümers erreicht werden könnte. Die Gemeinden haben jedoch einen Ermessensspielraum, eine Auflage zu

---

1 LG Köln, Beschl. v. 6.4.2001 – 29 T 270/00 n.v.
2 Vgl. OLG Düsseldorf, Beschl. v. 26.8.2005 – 3 Wx 65/05, OLGR Düsseldorf 2006, 33 = ZMR 2006, 142; OLG Frankfurt, Beschl. v. 15.3.2005 – 20 W 471/02, NZM 2005, 947; BayObLG, Beschl. v. 28.7.2004 – 2 Z BR 90/04, WuM 2004, 744; OLG Köln, Beschl. v. 29.9.2003 – 16 Wx 182/03, OLGR Köln 2003, 368; Pfälzisches OLG Zweibrücken, Beschl. v. 4.5.1999 – 3 W 32/99, OLGR Zweibrücken 2000, 2 = ZMR 1999, 587 = ZWE 2000, 90.
3 Vgl. BayObLG, Beschl. v. 4.12.2002 – 2 Z BR 40/02, ZWE 2003, 190 = DNotZ 2003, 539.
4 Vgl. BayObLG, Beschl. v. 11.12.1980 – 2 Z 74/79, ZMR 1981, 285 = NJW 1981, 690 = DWE 1981, 93.
5 BayObLG, Beschl. v. 25.6.1998 – 2 Z BR 10/98, ZMR 1998, 647 = WE 1999, 38 = WuM 1998, 745 = NZM 1998, 817, vgl. auch LG Freiburg (Breisgau), Beschl. v. 2.8.1978 – 4 T 49/77, ZMR 1979, 382.

erteilen oder nicht. Wie dieser Fall **zukünftig** zu beurteilen sein wird, erscheint unklar. Jedenfalls kann diese Maßnahme **nicht unter § 22 Abs. 2 WEG** subsumiert werden.

379 Die **Errichtung eines Spielplatzes** ohne solche Auflagen stellt eine **bauliche Veränderung** dar; hierfür gelten die oben dargestellten Grundsätze[1]. Das muss jedoch nicht für die Errichtung eines Spielplatzes durch den Bauträger gelten[2].

380 Ein Eigentümer soll nach einer Ansicht des AG Nürnberg[3] das Recht haben, was zweifelhaft erscheint, auf einer gemeinschaftlichen Fläche einen Sandkasten und Spielgeräte für seine Kleinkinder zu errichten, wenn die Teilungserklärung/Gemeinschaftsordnung oder Beschlüsse nichts anderes vorsehen.

381 Sieht die Teilungserklärung oder der Teilungsplan einen Kinderspielplatz vor, steht selbstverständlich jedem Eigentümer das Recht zu, die Errichtung zu fordern.

ff) Verfassungsrechtliche Komponente einer baulichen Veränderung

382 Bauliche Veränderungen haben auch eine **verfassungsrechtliche Komponente**, so das Bundesverfassungsgericht[4].

383 Bei dem vom Bundesverfassungsgericht (zum **alten** Recht) entschiedenen Fall handelt es sich um eine erfolgreiche **Verfassungsbeschwerde** gegen eine Entscheidung des BayObLG, in der der Bau eines unterkellerten Wintergartens ohne Zustimmung der Beschwerdeführerin als zulässig angesehen wurde. Nach Ansicht des BayObLG und des LG habe eine nachteilige bauliche Veränderung nicht vorgelegen.

384 Das sah das Bundesverfassungsgericht anders und hob die Instanzentscheidungen auf; dabei führte es im Wesentlichen aus:

385 *Nach § 22 Abs. 1 Satz 1 WEG ist für bauliche Veränderungen über die ordnungsmäßige Instandhaltung des Gemeinschaftseigentums hinaus die Zustimmung aller Wohnungseigentümer notwendig. § 22 Abs. 1 Satz 2 WEG sieht hierfür dann eine Ausnahme vor, wenn durch die Veränderung die Rechte des oder der anderen Wohnungseigentümer „nicht über das in § 14 bestimmte Maß hinaus beeinträchtigt werden". Unter § 22 Abs. 1 WEG fallende Maßnahmen können nach Satz 2 der Vorschrift in Verbindung mit § 14 Nr. 1 WEG gegen den Willen anderer Wohnungseigentümer daher nur verwirklicht werden, soweit diesen kein über das bei einem geordneten Zusammenleben unvermeidliche Maß hinausgehender Nachteil erwächst. Als Nachteil wird hierbei jede nicht ganz unerhebliche Beeinträchtigung verstanden. Diese Generalklausel gibt Raum für eine die betroffenen **Grundrechte***

---

1 OLG Celle, Beschl. v. 2.4.1996 – 4 W 26/96, OLGR Celle 1996, 242; LG Paderborn, Beschl. v. 7.12.1993 – 5 T 535/93, WuM 1994, 104; LG Mannheim, Beschl. v. 26.7.1974 – 4 T 35/73, ZMR 1976, 51 = WuM 1976, 187.

2 OLG Düsseldorf, Beschl. v. 10.11.1982 – 3 W 195/82, MDR 1983, 320.

3 AG Nürnberg, Beschl. v. 19.3.1985 – 1 UR II 14/85, WuM 1985, 164.

4 BVerfG, Beschl. v. 22.12.2004 – 1 BvR 1806/04, ZMR 2005, 635 (mit Anm. Schmid) = NZM 2005, 182 = NJW-RR 2005, 454.

berücksichtigende Auslegung. Bei sich gegenüberstehenden Grundrechten der Wohnungseigentümer ist eine fallbezogene Abwägung der beiderseits grundrechtlich geschützten Interessen erforderlich.

...

Die Anforderungen an die tatrichterliche Sachverhaltserforschung und Beweiswürdigung waren im vorliegenden Fall bei Verneinung einer Zustimmungspflicht hoch anzusetzen. Wie auch das Rechtsbeschwerdegericht zugrunde legte, wird bereits der Bau eines reinen Wintergartens für sich in der Regel als zustimmungspflichtige Beeinträchtigung im Sinne des § 22 Abs. 1 Satz 2 WEG angesehen.

...

[Das BVerfG zählt dann verschiedene **nach dem bisherigen Recht entschiedene** Fälle auf, bei denen von einer baulichen Veränderung gesprochen wurde.]

Verglichen mit den hier aufgezählten Beispielen stellt schon der reine Umfang der 386 *kombinierten Maßnahme Kellerbau/Wintergarten eine so erhebliche Umgestaltung der Gartenfläche dar, dass die Anforderungen an die Tatsachenermittlung und Beweiswürdigung bei einer von der Regel abweichenden Beurteilung als optisch neutrale oder verbessernde Gestaltung sehr hoch anzusetzen waren. Die aufgeführten, vom Landgericht getroffenen Feststellungen sind demgegenüber auffallend kurz und lückenhaft. So fehlen Feststellungen zu der Veränderung der Proportionen sowohl von verbleibender Freifläche zu überbauter Fläche als auch der beiden Haushälften zueinander durch den einseitigen Anbau. Konstruktion, Grundmaße und Architektur des aus zwei versetzt angeordneten Hälften bestehenden Ensembles werden nicht näher untersucht. Es erscheint auch nicht widerspruchsfrei, wenn das Landgericht einerseits in Betracht zieht, dass der geplante Wintergarten den Gesamteindruck wesentlich verändern könne, und andererseits befindet, dass der Wintergarten sich gut in die Bebauung einfüge. Ohne vertiefende Erläuterung lässt es sich nicht nachvollziehen, wie sich ein Bauwerk in den Charakter der vorhandenen Bebauung einfügen und diesen zugleich wesentlich ändern kann.*

gg) Erteilung einer Zustimmung zur baulichen Veränderung

Zu einer baulichen Veränderung kann von jedem betroffenen Eigentümer die **Zu-** 387 **stimmung erteilt** werden. Diese kann in **jeder Form** erteilt werden und bedarf jedenfalls keiner Beschlussfassung in einer Eigentümerversammlung[1].

Die **Zustimmung** kann auch **in einer Eigentümerversammlung** erteilt werden, ist 388 allerdings anfechtbar. Ist in einer Eigentümerversammlung eine von der Gemeinschaft vorzunehmende bauliche Veränderung beschlossen worden, kann der entsprechende Beschluss nur innerhalb eines Monats nach Beschlussfassung durch einen gerichtlichen Beschlussanfechtungsantrag angegriffen werden, wenn die Bestandskraft verhindert werden soll.

---

1 Vgl. BayObLG, Beschl. v. 28.3.2001 – 2 Z BR 1/01, ZMR 2001, 660 = ZWE 2001, 609.

389   Wegen der neuen Entscheidung des BGH vom 20.9.2000 hat die frühere Entschei-
      dung des BGH aus 1979[1], wonach für die Zustimmung zu einer baulichen Verän-
      derung ein Mehrheitsbeschluss der Wohnungseigentümer weder erforderlich noch
      ausreichend ist, nur noch temporäre Bedeutung. Diese temporäre Bedeutung be-
      schränkt sich auf die Zeit der **Beschlussanfechtungsfrist**. Wird innerhalb dieser Frist
      der gefasste Beschluss gerichtlich angefochten, kann noch untersucht und festge-
      stellt werden, ob er ordnungsmäßiger Verwaltung entspricht. Danach tritt die Be-
      standskraft des Beschlusses ein.

390   Mit dieser Bestandskraft sind dann auch die Ansprüche eines einzelnen Wohnungs-
      eigentümers auf Unterlassung/Beseitigung einer baulichen Veränderung nicht mehr
      durchsetzbar[2].

hh) Bindung eines Rechtsnachfolgers an eine erteilte Zustimmung

391   Hat ein Wohnungseigentümer einer baulichen Veränderung ausdrücklich **zuge-
      stimmt**, ist sowohl er als auch sein **Rechtsnachfolger** an diese Zustimmung gebunden[3].

392   Allerdings soll der Rechtsnachfolger nur dann an die Zustimmung seines Rechtsvor-
      gängers gebunden sein, wenn zum Zeitpunkt der Rechtsnachfolge (Eigentumsüber-
      ganges) die bauliche Veränderung zumindest teilweise schon vorgenommen worden
      war[4].

393   Der Erwerber einer Wohnung muss sich bei seinem Anspruch auf Beseitigung einer
      baulichen Veränderung die Duldung durch seinen Rechtsvorgänger sowie den Zeit-
      ablauf (für eine Verwirkung des Anspruchs) zurechnen lassen[5].

ii) Checkliste „modernisierende Instandsetzung"

394   Der Gesetzgeber bringt zwar den Begriff der „modernisierenden Instandsetzung" ins
      Gesetz ein (§ 22 Abs. 3 WEG), ohne aber eine Legaldefinition zu gestalten.

395   Der **Begriff der modernisierenden Instandsetzung** entzieht sich einer generellen und
      griffigen Definition. Weil die Rechtsprechung durch die verschiedenen Oberlandes-
      gerichte den Begriff „modernisierende Instandsetzung" anhand von **Einzelfällen** ent-
      wickelt hat, gibt es auch keine klare, leicht fassbare und umfassende Definition des

---

1 BGH, Beschl. v. 18.1.1979 – VII ZB 19/78, BGHZ 73, 196 = MDR 1979, 393 = ZMR 1979, 146
  = NJW 1979, 817 = DWE 1979, 55 = Rpfleger 1979, 130; BGH, Beschl. v. 20.9.2000 – V ZB 58/
  99, BGHZ 145, 158 = ZMR 2000, 771 = NJW 2000, 3500 = WuM 2000, 620 = DWE 2000, 113.
2 Vgl. hierzu OLG Köln, Beschl. v. 12.1.2001 – 16 Wx 156/00, OLGR Köln 2001, 341 = ZMR
  2001, 474 = NZM 2001, 293 = NJW-RR 2001, 1096; BayObLG, Beschl. v. 30.11.2000 – 2 Z BR
  81/00, ZWE 2001, 267 = ZMR 2001, 292 = DWE 2001, 34 = WuM 2001, 146 = NZM 2001, 133
  = NJW-RR 2001, 1592.
3 BayObLG, Beschl. v. 4.12.2002 – 2 Z BR 40/02, ZWE 2003, 190 = DNotZ 2003, 539; OLG
  Stuttgart, Beschl. v. 18.8.1998 – 8 W 188/98, ZMR 1998, 802 = WE 1999, 191 = WuM 1999,
  540.
4 BayObLG, Beschl. v. 28.3.2001 – 2 Z BR 1/01, ZMR 2001, 660 = ZWE 2001, 609.
5 BayObLG, Beschl. v. 28.7.2004 – 2 Z BR 33/04, ZMR 2005, 66 = WuM 2004, 733 = NZM
  2004, 747.

Begriffs einer modernisierenden Instandsetzung, die die Struktur dieser Rechtsfigur erklären kann. Die Literatur ist ebenfalls relativ unbestimmt und zählt meist die von der Rechtsprechung entschiedenen Fällen auf, die dann auch zur Erklärung der modernisierenden Instandsetzung dienen müssen.

Von der Rechtsprechung ist frühzeitig erkannt worden, dass der Begriff der „bau-   396 lichen Veränderung" zu einer **Konservierung** des **bestehenden Zustandes** führen und jegliche Veränderungen blockieren kann („**Bestandsschutz**" für den veränderungs*un*willigen Miteigentümer). Sie hat deshalb den Begriff einer „modernisierenden Instandsetzung" geprägt, um auf diese Weise auch solche Maßnahmen noch als „ordnungsmäßige Instandhaltung und Instandsetzung" definieren zu können, die nach den üblichen Begriffen als **bauliche Veränderung** angesehen werden müssten, und die der Zustimmung der beeinträchtigten Miteigentümer bedürften.

Der **Rauchgasklappen-Fall** des Bayerischen Obersten Landesgerichtes[1] (dabei ging es   397 um den Einbau einer energieeinsparenden Rauchgasklappe) ist einer der ersten Fälle, in dem der Begriff „**modernisierende Instandsetzung**" auftaucht. In dieser Entscheidung zählt das BayObLG einige mögliche **Nachteile** (§ 14 Nr. 1 WEG) auf, die dazu führen können, dass eine bauliche Veränderung im Sinne des § 22 Abs. 1 WEG vorliegt. Solche sollen vorliegen, wenn durch die Veränderungen

– eine Beschränkung des Rechts auf den Gebrauch des Gemeinschaftseigentums erfolgt,

– für andere Wohnungseigentümer lästige Immissionen eintreten,

– die konstruktive Stabilität beeinträchtigt wird,

– der optische Gesamteindruck beeinträchtigt oder verändert wird.

In dem Rauchgasklappenfall ist kein „Nachteil" in diesem Sinne angenommen wor-   398 den, weil

– der nicht zustimmende Wohnungseigentümer nach § 16 Abs. 3 WEG nicht an den Kosten zu beteiligen ist,

– durch den Einbau nur Vorteile für alle Miteigentümer entstehen werden (nämlich eine Einsparung von Energiekosten).

Wird eine Maßnahme objektiv zu Recht als „modernisierende Instandsetzung" an-   399 gesehen, kann diese Maßnahme mit (einfacher) Stimmenmehrheit beschlossen werden, denn es handelt sich dann um eine Maßnahme **ordnungsmäßiger Verwaltung**.

Gesichtspunkte für die **denkbare** Anerkennung einer modernisierenden Instandset-   400 zung als Maßnahme ordnungsmäßiger Verwaltung können sein:

– Es muss eine Instandsetzungsnotwendigkeit vorliegen; das ist Voraussetzung dafür, dass überhaupt von einer modernisierenden Instandsetzung gesprochen werden kann[2].

---

1 BayObLG, Beschl. v. 11.12.1980 – 2 Z 74/79, ZMR 1981, 285 = NJW 1981, 690 = DWE 1981, 93.

2 OLG Düsseldorf, Beschl. v. 8.10.1997 – 3 Wx 352/97, ZMR 1998, 185 = WuM 1998, 114 = WE 1998, 188; OLG Celle, Beschl. v. 22.11.1992 – 4 W 47/92, WuM 1993, 89.

– Das Kriterium einer „Instandsetzungsnotwendigkeit" bedeutet jedoch nicht, dass schon Teile des gemeinschaftlichen Eigentums unbrauchbar geworden sein müssen oder ein Mangel schon eingetreten sein muss. Wenn der Zustand des gemeinschaftlichen Eigentums (altersbedingt oder nutzungsbedingt) die konkrete und objektive Befürchtung erweckt, die Unbrauchbarkeit oder der Eintritt des Mangels stehe unmittelbar oder doch in naher Zukunft bevor, kann die Voraussetzung für eine modernisierende Instandsetzung vorliegen[1].

– Eine Instandsetzungsbedürftigkeit geringeren Umfanges genügt jedoch nicht als Voraussetzung für eine modernisierende Instandsetzung[2].

– Eine Instandsetzung unter Beibehaltung einer alten Anlage ist keine zulässige „modernisierende Instandsetzung"[3].

– Eine Mindermeinung in der Literatur, die allgemein eine Anpassung an aktuelle Regeln der Bautechnik und die Möglichkeit der Herstellung eines modernen Wohnstandards **ohne Rücksicht auf eine Instandsetzungsnotwendigkeit** befürwortet[4], ist abzulehnen (vgl. aber jetzt § 22 Abs. 2 WEG).

– Maßnahmen, die auf Grund gesetzlicher oder behördlicher Vorgaben (Auflagen) erfüllt werden müssen, brauchen **nicht** unter den Begriff der modernisierenden Instandsetzung subsumiert zu werden, weil solche Maßnahmen für die Eigentümergemeinschaft unausweichlich sind und damit schon „von Gesetzes wegen" als ordnungsgemäß (ordnungsmäßiger Verwaltung entsprechend) angesehen werden müssen[5]. Wünschenswerte, aber nicht zwingend vorgesehene Anpassungen an bauordnungsrechtliche Anforderungen **können** unter den Begriff einer modernisierenden Instandsetzung fallen.

401   – Eine Instandsetzung, die sich nicht mehr darauf beschränkt, den früheren Zustand wieder herzustellen, sondern etwas Anderes, nämlich Modernes schafft, **kann** ordnungsgemäß sein[6], wenn bestimmte Kriterien erfüllt werden, wobei diese aber

---

1 Vgl. Hans. OLG Hamburg, Beschl. v. 21.7.2005 – 2 Wx 18/04, OLGR Hamburg 2005, 633 = ZMR 2005, 803 = WuM 2005, 665 = NZM 2006, 27; BayObLG, Beschl. v. 10.3.1994 – 2 Z BR 136/93, ZMR 1994, 279 = WuM 1994, 504 = WE 1995, 92; OLG Celle, Beschl. v. 22.11.1992 – 4 W 47/92, WuM 1993, 89.

2 LG Mainz, Beschl. v. 23.1.2003 – 8 T 181/98 n.v. (Dort war festgestellt worden, dass keine grundsätzliche Sanierungsbedürftigkeit, sondern nur ein geringerer Reparaturbedarf bestand.)

3 So LG Köln, Beschl. v. 18.4.2002 – 29 T 86/01 n.v., zu der Errichtung einer neuen Rundfunkempfangsanlage – die für sich genommen eine modernisierende Instandsetzung darstellen könnte –, wenn die alte Anlage als funktionsfähig beibehalten wird; ebenso AG Wermelskirchen, Beschl. v. 22.10.2003 – 4 UR II WEG 137/00 n.v.

4 Bielefeld, Der Wohnungseigentümer, 7. Auflage, Berlin 2003, S. 304.

5 BayObLG, Beschl. v. 11.12.1980 – 2 Z 74/79, ZMR 1981, 285 = NJW 1981, 690 = DWE 1981, 93.

6 OLG Düsseldorf, Beschl. v. 27.5.2002 – 3 W 40/02, OGR Düsseldorf 2002, 437 = ZMR 2002, 957 = NZM 2002, 705; OLG Düsseldorf, Beschl. v. 8.10.1997 – 3 Wx 352/97, WuM 1998, 114 = ZMR 1998, 185 = WE 1998, 188; BayObLG, Beschl. v. 27.11.2003 – 2 Z BR 176/03, ZMR 2004, 442 = DWE 2004, 89; [Das BayObLG, Beschl. v. 11.12.1980 (Rausgasklappen-Fall), hatte noch davon gesprochen, dass „grundsätzliche Neuerungen oder Veränderungen" nicht zur ordnungsmäßigen Instandhaltung und Instandsetzung gehören.].

nicht kumulativ vorliegen müssen (aber auch bei Vorliegen mehrerer Kriterien kann nicht immer von einer ordnungsmäßigen modernisierenden Instandsetzung gesprochen werden).

- Die Maßnahme (Modernisierungsmaßnahme) muss notwendig sein, um den Wohnwert der gemeinschaftlichen Anlage (Nutzwert) zu erhalten; das gemeinschaftliche Gebäude soll nicht – zum Schaden aller Miteigentümer – vorzeitig veralten und an Wert verlieren[1].

- Dabei können (und müssen wohl) auch die Änderungen bei den Lebensgewohnheiten der Menschen berücksichtigt werden[2].

- Die Maßnahme muss die technisch bessere und wirtschaftlich sinnvollere Lösung sein als die Maßnahme, die den ursprünglichen Zustand konserviert[3].

- Der Energiebedarf ist langfristig durch die modernere Instandsetzungsversion besser gesichert als durch die einer konservierenden Instandsetzung[4].

- Die modernere Instandsetzungsversion ist umweltverträglicher als die konservierende Methode[5].

- Es muss eine Instandsetzungsmethode sein, die erprobt ist und allgemein angewandt wird (sich also bereits bewährt und durchgesetzt hat), und sich nicht als Experimentiermethode darstellt[6].

- Die modernisierende Maßnahme muss sich auf Grund der technischen Entwicklung geradezu als sinnvoll aufdrängen[7].

- Es muss eine konkrete und sorgfältige Kosten-Nutzen-Analyse erfolgen[8], wobei zu berücksichtigen ist

---

1 Vgl. BayObLG, Beschl. v. 27.11.2003 – 2 Z BR 176/03, ZMR 2004, 442 = DWE 2004, 89.
2 AG Bremen, Beschl. v. 15.9.1998 – 111a II 47/98 WEG, WuM 1999, 592.
3 Vgl. OLG Düsseldorf, Beschl. v. 3.5.1999 – 3 Wx 76/99, OLGR Düsseldorf 2000, 82 = ZMR 1999, 582 = WuM 1999, 647; KG, Beschl. v. 22.12.1993 – 24 W 914/93, OLGZ 1994, 401 = KGR Berlin 1994, 62 = ZMR 1994, 228 = WuM 1994, 223 = NJW-RR 1994, 528 = WE 1994, 335.
4 Hans. OLG Hamburg, Beschl. v. 21.7.2005 – 2 Wx 18/04, OLGR Hamburg 2005, 633 = ZMR 2005, 803 = WuM 2005, 665 = NZM 2006, 27; BayObLG, Beschl. v. 27.11.2003 – 2 Z BR 176/03, ZMR 2004, 442 = DWE 2004, 89; BayObLG, Beschl. v. 10.3.1994 – 2 Z BR 136/93, ZMR 1994, 279 = WuM 1994, 504 = WE 1995, 92.
5 Hans. OLG Hamburg, Beschl. v. 21.7.2005 – 2 Wx 18/04, OLGR Hamburg 2005, 633 = ZMR 2005, 803 = WuM 2005, 665 = NZM 2006, 27.
6 Hans. OLG Hamburg, Beschl. v. 21.7.2005 – 2 Wx 18/04, OLGR Hamburg 2005, 633 = ZMR 2005, 803 = WuM 2005, 665 = NZM 2006, 27; BayObLG, Beschl. v. 25.9.2001 – 2 Z BR 95/01, ZWE 2002, 222 = ZMR 2002, 209 = WuM 2002, 162 = NZM 2002, 75 = DWE 2002, 139; OLG Celle, Beschl. v. 22.11.1992 – 4 W 47/92, WuM 1993, 89.
7 Hans. OLG Hamburg, Beschl. v. 14.1.1991 – 2 W 54/89, OLGZ 1991295 = WuM 1991, 311 = NJW-RR 1991, 1119; OLG Oldenburg, Beschl. v. 18.1.1989 – 5 W 66/88, MDR 1989, 823 = WuM 1989, 346.
8 Hans. OLG Hamburg, Beschl. v. 21.7.2005 – 2 Wx 18/04, OLGR Hamburg 2005, 633 = ZMR 2005, 803 = WuM 2005, 665 = NZM 2006, 27; eine solche ist unverzichtbar: BayObLG, Beschl. v. 27.11.2003 – 2 Z BR 176/03, ZMR 2004, 442 = DWE 2004, 89. Zweifelhaft: BayObLG, Beschl. v. 10.3.1994 – 2 Z BR 136/93, ZMR 1994, 279 = WuM 1994, 504 = WE 1995, 92, wo die Auffassung vertreten wird, bei Umstellung von Öl auf Gas müsse keine solche Analyse erfolgen.

– wie die Lebensdauer der Maßnahme sein wird,

– wie sich die notwendigen Investitionskosten bei der modernisierenden Instandsetzung gegenüber den Kosten einer konservierenden Instandsetzung amortisie-
ren[1].

Dabei sollten berücksichtigt werden[2]

– – Anschaffungskosten/Montagekosten

– – zukünftige Kostenersparnisse (durch Energieeinsparung, Einsparung von
Wartungskosten pp)

– – Umweltverträglichkeit

– – Steuervorteile/Subventionen (öffentliche Fördermittel)

– Bei einem Amortisationszeitraum von mehr als 10 Jahren wird regelmäßig davon ausgegangen, dass eine ordnungsmäßige modernisierende Instandsetzung
nicht mehr vorliegt[3].

– Eine Luxusmodernisierung/-sanierung/-instandsetzung kann keine modernisierende Instandsetzung sein[4].

402 – Nicht notwendig ist, dass die Maßnahme, die ergriffen werden soll, zur Zeit der
Bauerrichtung unbekannt war – modernisierende Instandsetzung setzt nicht voraus, dass eine Modernisierung mit einer völlig neuartigen Maßnahme erfolgt[5].

– **Ausgeschlossen** ist die Annahme einer ordnungsmäßigen modernisierenden Instandsetzung, wenn auch unter Berücksichtigung aller oben genannten Abwä-
gungskriterien noch Gesichtspunkte übrig bleiben, die eine unzumutbare Beeinträchtigung (§ 14 WEG) eines oder mehrerer Eigentümer darstellen.

– Können Maßnahmen ergriffen werden, die eine Veränderung vermeiden, sind vor-
rangig diese durchzuführen.

– Maßstab für eine Beurteilung der Kriterien, die den Schluss auf eine Maßnahme
ordnungsmäßiger Verwaltung zulassen, soll die Ansicht eines vernünftigen, ver-
antwortungsbewussten, wirtschaftlich denkenden und erprobten Neuerungen gegenüber aufgeschlossenen Hauseigentümers sein[6].

---

1 KG, Beschl. v. 2.2.1996 – 24 W 7880/95, KGR Berlin 1996, 194 = ZMR 1996, 282 = WuM
1996, 300 = NJWE-MietR 1996, 133 = WE 1996, 345.
2 Vgl. BayObLG, Beschl. v. 27.11.2003 – 2 Z BR 176/03, ZMR 2004, 442 = DWE 2004, 89;
BayObLG, Beschl. v. 10.3.1994 – 2 Z BR 136/93, ZMR 1994, 279 = WuM 1994, 504 = WE
1995, 92; KG, Beschl. v. 2.2.1996 – 24 W 7880/95, KGR Berlin 1996, 194 = ZMR 1996, 282 =
WuM 1996, 300 = NJWE-MietR 1996, 133 = WE 1996, 345.
3 KG, Beschl. v. 2.2.1996 – 24 W 7880/95, KGR Berlin 1996, 194 = ZMR 1996, 282 = WuM
1996, 300 = NJWE-MietR 1996, 133 = WE 1996, 345.
4 Vgl. AG Hannover, Beschl. v. 3.9.1985 – 86 II 85/87, WuM 1986, 23.
5 So aber AG Köln, Beschl. v. 2.5.2005 – 202 II 33/05 n.v.
6 BayObLG, Beschl. v. 27.11.2003 – 2 Z BR 176/03, ZMR 2004, 442 = DWE 2004, 89; KG,
Beschl. v. 2.2.1996 – 24 W 7880/95, KGR Berlin 1996, 194 = ZMR 1996, 282 = WuM 1996,
300 = NJWE-MietR 1996, 133 = WE 1996, 345; OLG Celle, Beschl. v. 22.11.1992 – 4 W 47/92,
WuM 1993, 89.

– Stehen mehrere gleichwertige und erfolgversprechende Maßnahmen zur Verfügung, hat die Eigentümergemeinschaft ein **Auswahlermessen** (wie auch bei der „normalen" Instandsetzung und Instandhaltung)[1].

jj) Modernisierung oder Anpassung an den Stand der Technik

Der Gesetzgeber führt hier – angeblich zur **Erleichterung** der Verwaltung – neue 403
Begriffe in das WEG ein. Es mag sein, dass der Begriff der **Modernisierung** sich im
mietrechtlichen Bereich durch die Rechtsprechung und Literatur weitgehend konkretisiert hat. Das kann allerdings nur auf die besondere Situation des Verhältnisses
zwischen Vermieter und Mieter bezogen sein.

§ 559 BGB sagt: 404

*„Hat der Vermieter bauliche Maßnahmen durchgeführt, die den **Gebrauchswert**
der Mietsache nachhaltig erhöhen, die **allgemeinen Wohnverhältnisse** auf Dauer
verbessern oder **nachhaltig Einsparungen von Energie oder Wasser** bewirken (Modernisierung), ..."* [kann er die Miete erhöhen].

Wie diese in § 559 BGB verwendeten Begrifflichkeiten gegen den bisherigen Begriff 405
der „modernisierenden Instandsetzung" abgegrenzt werden sollen, ist völlig offen.

Zukünftig wird – jedenfalls bis zur Festigung einer herrschenden Auffassung im woh- 406
nungseigentumsrechtlichen Bereich – die mietrechtliche Rechtsprechung und Literatur zu der Einordnung einer Maßnahme als Modernisierung heranzuziehen sein.

Die **mietrechtlichen** Einzelfälle, die unter eine Modernisierung fallen können, sind 407
zahlreich[2]. Allerdings können die mietrechtlichen Modernisierungen nicht mit
wohnungseigentumsrechtlichen Modernisierungen gleichgesetzt werden, auch
wenn der Gesetzgeber dies – möglicherweise, weil ihm die Gestaltungskraft fehlte –
durch die gesetzliche Regelung suggeriert. Bei allen Modernisierungsmaßnahmen
wird zu fragen sein, wie und wo die Grenzen „**Änderung der Eigenart der Wohnanlage**" und „**Unbilligkeit**" gezogen werden sollen. So z.B. bei dem Anbau von
Balkonen, was von der mietrechtlichen Rechtsprechung als Modernisierung angesehen wird[3], oder der Änderung der **Außenfassade** (Verklinkerung mit Einbringung
einer Wärmedämmung)[4] oder dem Einbau eines **Fahrstuhls**[5] – bei allen diesen Maßnahmen stellt sich die Frage, ob eine Änderung der Eigenart der Wohnanlage zu
verzeichnen ist, die die Modernisierung im wohnungseigentumsrechtlichen Sinne
ausschließt.

---

1 OLG Düsseldorf, Beschl. v. 8.11.2002 – 3 Wx 258/02, OLGR Düsseldorf 2003, 268 = WuM
  2003, 43 = NZM 2003, 28 = NJW-RR 2003, 79; Hans. OLG Hamburg, Beschl. v. 28.6.2002 –
  2 Wx 145/00, ZMR 2002, 962; OLG Düsseldorf, Beschl. v. 15.3.2002 – 3 Wx 13/02, OLGR
  Düsseldorf 2002, 398 = ZMR 2002, 854 = WuM 2002, 277 = NZM 2002, 704 = DWE 2002, 67.
2 Vgl. Löfflad, AnwHdB Mietrecht, 3. Auflage, H Rdnr. 221; Börstinghaus in Schmidt-Futterer,
  Mietrecht, 9. Auflage, § 559 BGB, Rdnr. 90–150; Lutz, MünchAnwHdB, § 30 Rdnr. 21–75.
3 LG München I, Urt. v. 29.7.1987 – 14 S 7397/87, WuM 1987, 27.
4 LG Paderborn, Urt. v. 19.11.1992 – 1 S 135/92, WuM 1993, 360.
5 LG Hamburg, Urt. v. 30.5.2002 – 333 S 81/01, ZMR 2002, 918.

408 Die Anpassung „an den **Stand der Technik**" öffnet – nach meiner Auffassung unzulässigerweise – für die Gemeinschaft die Möglichkeit, **Neuheiten** einzuführen, die sich in keiner Weise **bewährt** haben. Wenn der Gesetzgeber meint, mit dem verwendeten Begriff sei das Niveau einer **anerkannten** und in der Praxis **bewährten**, fortschrittlichen technischen Entwicklung gemeint, ist das einfach falsch. Der Begriff kann, entgegen der Auffassung des Gesetzgebers, nicht mehr ausdrücken oder erfordern als die „**anerkannten** Regeln der Technik". Denn die „anerkannten" Regeln setzen gerade voraus, dass die neue Methode unter den Fachleuten überwiegend Zustimmung erfahren hat. Das ist aber bei „Stand der Technik" (noch) nicht der Fall; im Rahmen des § 22 Abs. 2 WEG könnte also **jede Neuheit** beschlossen werden.

409 Es erscheint mir sehr zweifelhaft, dass mit **Mehrheitsmacht**, auch wenn sie eine drei-Viertel-Mehrheit aller stimmberechtigten Miteigentümer sein muss und auch noch mehr als die Hälfte der Miteigentumsanteile hinter dem Beschluss stehen müssen, der **Widerstand der restlichen Miteigentümer** überwunden werden darf. Mir scheint, hier liegt ein Eingriff in das Eigentumsrecht, **Art. 14 GG**, vor.

410 In der Zukunft wird man fragen müssen:

– Entspricht die Maßnahme – wie bisher – ordnungsmäßiger Verwaltung?

– Erfüllen die geplanten Maßnahmen den bisherigen Begriff der „modernisierenden Instandsetzung"? Dann bedarf es **nicht** mehr der Anwendung des § 22 Abs. 2 WEG.

– Liegt weder „ordnungsmäßige Verwaltung" im bisherigen Sinne vor, noch eine „modernisierende Instandsetzung", ist zu fragen, ob die Maßnahme unter „Modernisierung" oder „Anpassung an den Stand der Technik" zu subsumieren ist.

– Dann ist zu prüfen, ob die Grenzen („Änderung"/„Unbilligkeit") überschritten werden.

411 Die zu bewertenden Begriffe „Änderung der Eigenart der Wohnanlage" und „Unbilligkeit" sind diffus, so dass ich zu prognostizieren wage, dass keinesfalls von einer „Erleichterung" in der Verwaltung (und in der Rechtsanwendung) gesprochen werden kann. Weder die Eigentümer noch die Verwalter werden bei diesen gesetzlichen Vorgaben eine Erleichterung erfahren.

412 Die „Eigenart der Wohnanlage" kann in vielfältiger Weise interpretiert werden. Sicher gehört auch zur Eigenart einer Wohnanlage, dass sie keine Balkone aufweist oder ein Flachdach (statt einer anderen Dachform) oder Holzfenster (statt Metallfenster) oder (z.B. bei einem alten Patrizierhaus) keinen Aufzug usw. Dieser Begriff wird in Zukunft einen wesentlichen Streitpunkt zwischen den Wohnungseigentümern bilden.

413 Der Begriff der Unbilligkeit ist letztlich eine Leerformel und öffnet allein die Möglichkeit, sich hierüber trefflich zu streiten. **Billigkeit** wird definiert: „Das im Einzelfall Angemessene"; im etymologischen Rechts-Wörterbuch wird der Begriff als „angemessen, passend, wohlfeil" bezeichnet und mit „natürlicher Gerechtigkeit" umschrieben.

ALT	NEU	

§ 23 Wohnungseigentümerversammlung

(1) Angelegenheiten, über die nach diesem Gesetz oder nach einer Vereinbarung der Wohnungseigentümer die Wohnungseigentümer durch Beschluss entscheiden können, werden durch Beschlussfassung in einer Versammlung der Wohnungseigentümer geordnet.

(2) Zur Gültigkeit eines Beschlusses ist erforderlich, dass der Gegenstand bei der Einberufung bezeichnet ist.

(3) Auch ohne Versammlung ist ein Beschluss gültig, wenn alle Wohnungseigentümer ihre Zustimmung zu diesem Beschluss schriftlich erklären.

(4) Ein Beschluss ist nur ungültig, wenn er gemäß § 43 Abs. 1 Nr. 4 für ungültig erklärt ist. Der Antrag auf eine solche Entscheidung kann nur binnen eines Monats seit der Beschlussfassung gestellt werden, es sei denn, dass der Beschluss gegen eine Rechtsvorschrift verstößt, auf deren Einhaltung rechtswirksam nicht verzichtet werden kann.

§ 23 Wohnungseigentümerversammlung

414

(1) Angelegenheiten, über die nach diesem Gesetz oder nach einer Vereinbarung der Wohnungseigentümer die Wohnungseigentümer durch Beschluss entscheiden können, werden durch Beschlussfassung in einer Versammlung der Wohnungseigentümer geordnet.

(2) Zur Gültigkeit eines Beschlusses ist erforderlich, dass der Gegenstand bei der Einberufung bezeichnet ist.

(3) Auch ohne Versammlung ist ein Beschluss gültig, wenn alle Wohnungseigentümer ihre Zustimmung zu diesem Beschluss schriftlich erklären.

(4) Ein Beschluss, der gegen eine Rechtsvorschrift verstößt, auf deren Einhaltung rechtswirksam nicht verzichtet werden kann, ist nichtig. Im Übrigen ist ein Beschluss gültig, solange er nicht durch rechtskräftiges Urteil für ungültig erklärt ist.

⊃ Erläuterungen zum geänderten § 23 WEG

1. Die Begründung der Bundesregierung zur Gesetzesänderung § 23 Abs. 4 WEG[1]

Im Unterschied zu „**schwebend**" unwirksamen Beschlüssen entfalten **nichtige Beschlüsse** endgültig keine Rechtswirkungen. Deshalb bedarf es in diesen Fällen keiner Ungültigerklärung durch richterlichen Gestaltungsakt gemäß § 23 Abs. 4 Satz 1 WEG[2]. Der Wortlaut des § 23 Abs. 4 WEG ist insoweit allerdings missverständlich, da er zu der Annahme verleiten kann, dass auch ein **Beschluss**, der **gegen eine Rechtsvorschrift** verstößt, auf deren Einhaltung rechtswirksam nicht verzichtet werden kann – also ein nichtiger Beschluss[3] –, nur ungültig ist, wenn er im Verfahren gemäß § 43 Abs. 1 Nr. 4 WEG für ungültig erklärt worden ist. Eine derartige

415

---

1 BT-Drucks. 16/887, S. 32.
2 Merle in Bärmann/Pick/Merle, WEG, 9. Auflage, § 23 Rz. 121 und 150.
3 BGH, Beschl. v. 18.5.1989 – V ZB 4/89, BGHZ 107, 268 = MDR 1989, 897 = DWE 1989, 130 = NJW 1989, 2059.

Auslegung wird zu Recht als mit Sinn und Zweck des § 23 Abs. 4 WEG nicht vereinbar angesehen[1].

416   Die Bundesregierung hatte ursprünglich beabsichtigt, den § 23 Abs. 4 wie folgt zu formulieren:

„(4) Ein Beschluss ist nur ungültig, wenn er durch rechtskräftiges Urteil für ungültig erklärt ist, es sei denn, dass der Beschluss gegen eine Rechtsvorschrift verstößt, auf deren Einhaltung rechtswirksam nicht verzichtet werden kann."

417   Die Begründung führte deshalb dazu aus:

Der Entwurf sorgt für **gesetzgeberische Klarheit**, indem der mit „es sei denn" beginnende Satzteil des geltenden § 23 Abs. 4 Satz 2 WEG unmittelbar an den nunmehr einzigen Satz des neuen § 23 Abs. 4 WEG angefügt wird. Auf diese Weise wird verdeutlicht, dass bei einem Verstoß gegen unverzichtbare Rechtsvorschriften nicht nur die Klagefrist von einem Monat nicht gilt, sondern es schon einer Ungültigerklärung durch Urteil nicht bedarf. Möglich bleibt – wie bisher – ein auf **deklaratorische Feststellung** der Nichtigkeit gerichteter **Feststellungsantrag**; zwingend ist die Klageerhebung jedoch nicht.

418   Der **Bundesrat** hatte daraufhin vorgeschlagen[2], die Formulierung sprachlich zu verbessern und dabei klarzustellen, dass ein Verstoß gegen unverzichtbare Rechtsvorschriften die Nichtigkeit des Beschlusses zur Folge hat. Diesem Vorschlag stimmte sowohl die Bundesregierung[3] als auch der **Rechtsausschuss** zu[4], so dass jetzt eine entsprechende Formulierung in den Gesetzestext übernommen wurde.

419   Die bisher in § 23 Abs. 4 Satz 2 WEG geregelte Klagefrist wird – zusammen mit einer weiteren verfahrensrechtlichen Regelung – in den neuen § 46 WEG übernommen.

2. Bewertung der gesetzlichen Neuregelung

420   Es ist sicher sinnvoll, dass aus dem bisherigen § 23 Abs. 4 WEG die eigentlich in das **Verfahrensrecht** gehörende Bestimmung über die **Anfechtungsfrist** herausgenommen und in den neuen **§ 46 WEG** überführt wird.

421   Die Neuregelung, die sich mit einer **Nichtigkeit** und der **Gültigkeit des Beschlusses** beschäftigt, erscheint auf den ersten Blick harmlos. Die recht kurze Gesetzesbegründung verleitet den Leser dazu, sich nur wenig mit dem konkreten Inhalt des Abs. 4 zu beschäftigen. Allerdings offenbart sich bei **näherem Betrachten**, dass der Gesetzgeber nicht in der Lage war, die Tragweite seines Handelns zu erkennen und er deshalb nicht sachgerecht formuliert hat.

---

1 BGH, Beschl. v. 18.5.1989 – V ZB 4/89, BGHZ 107, 268 = MDR 1989, 897 = DWE 1989, 130 = NJW 1989, 2059.
2 BT-Drucks. 16/887, Anlage 2, S. 50.
3 BT-Drucks. 16/887, Anlage 3, S. 73.
4 BT-Drucks. 16/3843, S. 50.

Der **Satz 1** des Abs. 4 drückt nunmehr das aus, was auch bisher schon als ein   422
Nichtigkeitsgrund angesehen wurde[1]. Allerdings ist das nur **ein** Nichtigkeitsgrund;
neben diesem jetzt im Gesetz genannten Grund gibt es noch **zahlreiche** andere
Fälle[2], die das neue Gesetz allerdings nicht nennt.

Einzelne Erwägungen über die Nichtigkeit eines Beschlusses: 423

– Verwalterbestellung einer BGB-Gesellschaft[3]

– Verhängung einer Versorgungssperre bei Zahlungsrückstand[4]

– Generelles Verbot der Aufstellung einer Parabolantenne[5]

– Musikausübung/inhaltliche Unbestimmtheit eines Beschlusses[6]

– Faktische Stilllegung eines Aufzuges[7]

– Generelles Haustierhaltungsverbot[8]

– „Hotelmäßige" Nutzung von gemeinschaftlichem Eigentum[9]

– Einschränkung der Rechte des Verwalters[10]

– Regelungskompetenz der Eigentümergemeinschaft[11]

– Bestandskräftige Beschlüsse als Anspruchsgrundlage[12]

– Verwendung unbestimmter (oder nicht hinreichend bestimmter) Begriffe in Beschlüssen[13]

---

1 BGH, Beschl. v. 15.5.1989 – V ZB 4/89, BGHZ 107, 268 = MDR 1989, 897 = NJW 1989, 2059
= DWE 1989, 130; BayObLG, Beschl. v. 25.7.1984 – 2 Z 108/83, BayObLGZ 1984, 198 =
MDR 1984, 1028 = DNotZ 1985, 416.
2 Vgl. hierzu auch die Darstellung bei Merle in Bärmann/Pick/Merle, 9. Auflage, § 23
Rz. 123 ff.
3 Nichtig: BGH, Beschl. v. 26.1.2006 – V ZB 132/05, MDR 2006, 981 = ZMR 2006, 375 =
WuM 2006, 166 = NJW 2006, 2189.
4 Nicht nichtig: BGH, Urt. v. 10.6.2005 – V ZR 235/04, MDR 2005, 1279 = BGHReport 2005,
1304 = ZMR 2005, 880 = NJW 2005, 2622.
5 Beschluss kann bestandskräftig werden: BGH, Beschl. v. 22.1.2004 – V ZB 51/03, BGHZ
157, 322 = BGHReport 2004, 499 = MDR 2004, 563 = ZMR 2004, 438 = NJW 2004, 937 =
DWE 2004, 20.
6 Beschluss wegen inhaltlicher Unbestimmtheit nichtig: BGH, Beschl. v. 10.9.1998 – V ZB
11/98, BGHZ 139, 289 = MDR 1999, 28 = ZMR 1999, 41 = NJW 1998, 3713.
7 Nichtig: Saarländisches OLG Saarbrücken, Beschl. v. 29.11.2006 – 5 W 104/06, noch nicht
veröffentlicht.
8 Ist einem Mehrheitsbeschluss nicht zugänglich: Saarländisches OLG Saarbrücken, Beschl.
v. 2.10.2006 – 5 W 154/06, noch nicht veröffentlicht.
9 Nichtig: OLG München, Beschl. v. 18.4.2006 – 32 Wx 41/06, NZM 2006, 587.
10 OLG Düsseldorf, Beschl. v. 7.2.2006 – 3 Wx 256/03, OLGR Düsseldorf, 2006, 563 = NZM
2006, 466 = NJW-RR 2006, 883.
11 Beschluss über erworbenes Grundstück vor der Vereinigung: OLG Frankfurt/M., Beschl. v.
12.12.2005 – 20 W 304/05, OLGR Frankfurt, 2006, 522 = ZWE 2006, 343; OLG Frankfurt/
M., Beschl. v. 30.11.2005 – 20 W 449/02, OLGR Frankfurt 2006, 474 = ZWE 2006, 341.
12 OLG Köln, Beschl. v. 26.10.2005 – 16 Wx 192/05, NZM 2006, 662; vgl. dazu auch die
richtige (ablehnende) Meinung von Wenzel, Anspruchsbegründung durch Mehrheitsbeschluss?, NZM 2004, 542.
13 Nichtigkeit: OLG Oldenburg, Beschl. v. 5.4.2005 – 5 W 194/04, ZMR 2005, 814.

- Beschlussweise Einführung einer Vermietungsbeschränkung[1]
- Nichtigkeit von Beschlüssen, wenn ein Wohnungseigentümer bewusst zur Eigentümerversammlung nicht eingeladen und damit von einer Eigentümerversammlung ausgeschlossen wird[2]
- Einschränkung der nach der Gemeinschaftsordnung erlaubten gewerblichen Nutzung des Teileigentums[3]
- Nichtigkeit der Beschlussfassung einer „Dachgemeinschaft" (Zusammenschluss mehrerer Eigentümergemeinschaften) über die Jahresabrechnung/den Wirtschaftsplan einzelner Gemeinschaften[4].

424   Im Gesetz wird durch den Beginn des **Satzes 2** mit „im Übrigen" eine **Verknüpfung** mit dem Satz 1 hergestellt. Es wird dadurch der Eindruck erweckt, dass beide Sätze zusammenhängen und Satz 2 auf dem Satz 1 aufbaut. Der Abs. 4 kann deshalb so gelesen werden, dass ein Beschluss **nur dann** nichtig ist, wenn er gegen nicht verzichtbare Rechtsvorschriften verstößt, denn **im Übrigen** ist er gültig, bis er für ungültig erklärt wird.

425   Gemeint, aber nicht geregelt, ist vom Gesetz wohl Folgendes: *„Ein Beschluss ist, soweit er nicht nichtig ist, so lange gültig, bis er durch rechtskräftiges Urteil für ungültig erklärt ist. Ein Beschluss ist insbesondere nichtig, wenn er gegen eine Rechtsvorschrift verstößt, auf deren Einhaltung rechtswirksam nicht verzichtet werden kann."* Wäre das so formuliert worden, wäre zumindest ansatzweise klar, dass die anderen Nichtigkeitsfälle, die die Rechtsprechung bisher herausgearbeitet hat, durch die gesetzliche Regelung nicht ausgeklammert werden sollten.

426   So aber werden die Rechtsanwender, die Verwalter und die Eigentümer weiterhin darüber rätseln, ob einige **Nichtigkeitsgründe** ausgeschlossen werden sollten und welche Nichtigkeitsgründe denn in der Zukunft noch angenommen werden können. Wie ist es mit einer Nichtigkeit wegen **inhaltlicher Unbestimmtheit** des Beschlusses[5], bei einem **Eingriff in den Kernbereich** des WEG[6] usw.?

---

1 Nichtiger Eingriff in den Kernbereich des Wohnungseigentums, wenn keine Regelung in der GO enthalten ist: OLG Celle, Beschl. v. 4.11.2004 – 4 W 176/04, NZM 2005, 184.
2 Vgl. OLG Köln, Beschl. v. 17.12.2004 – 16 Wx 191/04, NZM 2005, 149 = ZMR 2005, 809 = NJW 2005, 908 = OLGR Hamm/Düsseldorf/Köln 2005, 181 (Anhörungsrüge, § 29a Abs. 1 Satz 1 FGG, sowie Verfassungsbeschwerde waren erfolglos); BayObLG, Beschl. v. 8.12.2004 – 2 Z BR 199/04, WuM 2005, 145 = ZMR 2005, 801 (Tagungsort ist vorsätzlich nicht mitgeteilt worden); OLG Frankfurt, Beschl. v. 27.9.2004 – 20 W 275/02, OLGR Frankfurt 2005, 78 m.w.N.; OLG Celle, Beschl. v. 19.6.2001 – 4 W 152/01, OLGR Celle 2001, 219 = ZWE 2002, 132; vgl. auch LG Düsseldorf, Beschl. v. 31.8.2004 – 25 T 885/03, ZMR 2005, 231.
3 Nichtig: OLG Düsseldorf, Beschl. v. 16.7.2003 – 3 Wx 149/03, OLGR Düsseldorf 2004, 2 = ZMR 2003, 861 = NZM 2003, 805.
4 OLG Düsseldorf, Beschl. v. 2.4.2003 – 3 Wx 223/02, OLGR Düsseldorf 2003, 430 = ZMR 2003, 765.
5 Hans. OLG Hamburg, Beschl. v. 27.3.2001 – 2 Wx 149/00, ZMR 2001, 725; vgl. auch OLG Köln, Beschl. v. 12.11.2004 – 16 Wx 151/04, OLGR Köln 2005, 75 = ZMR 2005, 229 = NJW-RR 2005, 529 = NZM 2005, 261; BayObLG, Beschl. v. 27.10.2004 – 2 Z BR 124/04, BayObLGZ 2005, 308 = BayObLGR 2005, 81 = NZM 2005, 107 = ZMR 2005, 299.
6 LG Hannover, Beschl. v. 16.9.2003 – 17 T 51/02, ZMR 2004, 626; OLG Frankfurt/M., Beschl. v. 4.12.2000 – 20 W 414/99, NJW-RR 2002, 82 = DWE 2002, 141 = NZM 2001, 1136.

Die bisher anzustellenden Überlegungen, in welchen Fällen eine Nichtigkeit des 427
Beschlusses vorliegen könnte, bleiben weiterhin – und werden verschärft durch die
unglückliche Formulierung des Gesetzes.

ALT	NEU	
§ 24 Einberufung, Vorsitz, Niederschrift	**§ 24 Einberufung, Vorsitz, Niederschrift**	428

(1) Die Versammlung der Wohnungseigentümer wird von dem Verwalter mindestens einmal im Jahre einberufen.

(2) Die Versammlung der Wohnungseigentümer muss von dem Verwalter in den durch Vereinbarung der Wohnungseigentümer bestimmten Fällen, im Übrigen dann einberufen werden, wenn dies schriftlich unter Angabe des Zweckes und der Gründe von mehr als einem Viertel der Wohnungseigentümer verlangt wird.

(3) Fehlt ein Verwalter oder weigert er sich pflichtwidrig, die Versammlung der Wohnungseigentümer einzuberufen, so kann die Versammlung auch, falls ein Verwaltungsbeirat bestellt ist, von dessen Vorsitzenden oder seinem Vertreter einberufen werden.

(4) Die Einberufung erfolgt in Textform. Die Frist der Einberufung soll, sofern nicht ein Fall besonderer Dringlichkeit vorliegt, mindestens eine Woche betragen.

(5) Den Vorsitz in der Wohnungseigentümerversammlung führt, sofern diese nichts anderes beschließt, der Verwalter.

(6) Über die in der Versammlung gefassten Beschlüsse ist eine Niederschrift aufzunehmen. Die Niederschrift ist von dem Vorsitzenden und einem Wohnungseigentümer und, falls ein Verwaltungsbeirat bestellt ist, auch von dessen Vorsitzenden oder seinem Vertreter zu unterschreiben.

(1) Die Versammlung der Wohnungseigentümer wird von dem Verwalter mindestens einmal im Jahre einberufen.

(2) Die Versammlung der Wohnungseigentümer muss von dem Verwalter in den durch Vereinbarung der Wohnungseigentümer bestimmten Fällen, im Übrigen dann einberufen werden, wenn dies schriftlich unter Angabe des Zweckes und der Gründe von mehr als einem Viertel der Wohnungseigentümer verlangt wird.

(3) Fehlt ein Verwalter oder weigert er sich pflichtwidrig, die Versammlung der Wohnungseigentümer einzuberufen, so kann die Versammlung auch, falls ein Verwaltungsbeirat bestellt ist, von dessen Vorsitzenden oder seinem Vertreter einberufen werden.

(4) Die Einberufung erfolgt in Textform. Die Frist der Einberufung soll, sofern nicht ein Fall besonderer Dringlichkeit vorliegt, mindestens *zwei Wochen* betragen.

(5) Den Vorsitz in der Wohnungseigentümerversammlung führt, sofern diese nichts anderes beschließt, der Verwalter.

(6) Über die in der Versammlung gefassten Beschlüsse ist eine Niederschrift aufzunehmen. Die Niederschrift ist von dem Vorsitzenden und einem Wohnungseigentümer und, falls ein Verwaltungsbeirat bestellt ist, auch von dessen Vorsitzenden oder seinem Vertreter zu unterschreiben.

ALT	NEU

Jeder Wohnungseigentümer ist berechtigt, die Niederschriften einzusehen.

Jeder Wohnungseigentümer ist berechtigt, die Niederschriften einzusehen.

(7) Es ist eine Beschluss-Sammlung zu führen. Die Beschluss-Sammlung enthält nur den Wortlaut

1. der in der Versammlung der Wohnungseigentümer verkündeten Beschlüsse mit Angabe von Ort und Datum der Versammlung,

2. der schriftlichen Beschlüsse mit Angabe von Ort und Datum der Verkündung und

3. der Urteilsformeln der gerichtlichen Entscheidungen in einem Rechtsstreit gemäß § 43 mit Angabe ihres Datums, des Gerichts und der Parteien,
soweit diese Beschlüsse und gerichtlichen Entscheidungen nach dem[1]
(einsetzen: Datum des ersten Tages des vierten auf die Verkündung folgenden Kalendermonats)
ergangen sind. Die Beschlüsse und gerichtlichen Entscheidungen sind fortlaufend einzutragen und zu nummerieren. Sind sie angefochten oder aufgehoben worden, so ist dies anzumerken. Im Falle einer Aufhebung kann von einer Anmerkung abgesehen und die Eintragung gelöscht werden. Eine Eintragung kann auch gelöscht werden, wenn sie aus einem anderen Grund für die Wohnungseigentümer keine Bedeutung mehr hat. Die Eintragungen, Vermerke und Löschungen gemäß den Sätzen 3 bis 6 sind unverzüglich zu erledigen und mit Datum zu versehen. Einem Wohnungseigentümer oder einem Dritten, den ein Wohnungseigentümer ermächtigt hat, ist auf sein Verlangen Einsicht in die Beschluss-Sammlung zu geben.

---

1 Die Datumsangabe konnte bei Redaktionsschluss leider noch nicht konkretisiert werden, vgl. auch Rz. 772.

ALT	NEU

(8) Die Beschluss-Sammlung ist von dem Verwalter zu führen. Fehlt ein Verwalter, so ist der Vorsitzende der Wohnungseigentümerversammlung verpflichtet, die Beschluss-Sammlung zu führen, sofern die Wohnungseigentümer durch Stimmenmehrheit keinen anderen für diese Aufgabe bestellt haben.

➲ Erläuterungen zum geänderten § 24 WEG

1. Die Begründung der Bundesregierung zur Gesetzesänderung[1]

a) Der neue § 24 Abs. 4 Satz 2 WEG

Gemäß § 24 Abs. 4 Satz 2 WEG beträgt die reguläre **Mindestfrist für die Einberufung**   429
der Versammlung der Wohnungseigentümer eine Woche. Diese Frist erscheint unter Berücksichtigung der heutigen Lebensgewohnheiten zu kurz. Die Bundesregierung schlug vor, die **Frist auf zwei Wochen** zu verlängern. Die Bundesregierung bezog sich dabei auf – die nicht nachgewiesenen – Meinungen „fast aller Landesjustizverwaltungen" und „die überwiegende Zahl der Äußerungen der Verbände" bei der Anhörung des Bundesministeriums der Justiz.

b) Der neue § 24 Abs. 7 und 8 WEG

aa) § 24 Abs. 7

Die neuen Absätze 7 und 8 des § 24 WEG regeln die Pflicht, eine **Beschluss-Samm-**   430
lung zu führen, den Inhalt der Beschluss-Sammlung und die wesentlichen Fragen der Art und Weise ihrer Führung.

Als Standort ist § 24 WEG gewählt, weil dort in Absatz 6 die Protokollierung von   431
Beschlüssen der Wohnungseigentümer durch den Vorsitzenden der Wohnungseigentümerversammlung geregelt ist und somit ein sachlicher Zusammenhang mit dem Regelungsgegenstand der neuen Absätze 7 und 8 besteht. Den Regelungsbereich des § 27 WEG (Rechte und Pflichten des Verwalters), der auch als Standort in Betracht gezogen worden ist, dürften die neuen Vorschriften in ihrer jetzigen Form eher stören.

• Das Merkmal „**führen**" in dem neuen Absatz 7 Satz 1 umfasst alle mit der Anle-   432
gung der Sammlung, den Eintragungen, der Aktualisierung, der Löschung und der Einsichtnahme verbundenen Maßnahmen.

Der Vorschlag der Bundesregierung sah davon ab, das **äußere Erscheinungsbild** der   433
Beschluss-Sammlung zu definieren, weil der Mehrwert einer solchen Definition gering wäre und eine solche Regelung daher von vielen Eigentümern als übertriebe-

---

1 BT-Drucks. 16/887, S. 33 f.

ner Formalismus angesehen werden würde. Denkbare Einzelfragen können im konkreten Fall unter Berücksichtigung von Sinn und Zweck der Vorschrift gelöst werden. Danach kommt es darauf an, dass der **Inhalt der Sammlung** einem Erwerber von Wohnungseigentum, den Wohnungseigentümern selbst und dem Verwalter in übersichtlicher Form **Kenntnis von der aktuellen Beschlusslage** der Gemeinschaft und damit zusammenhängenden gerichtlichen Entscheidungen gibt.

434 Der Entwurf hält auch nähere Angaben zur Form der Sammlung für entbehrlich. Diese kann in **schriftlicher Form**, etwa als Stehordner, aber auch in **elektronischer Form** angelegt werden, soweit dabei eine ungehinderte Einsicht – etwa durch einen Ausdruck – ermöglicht wird. Entscheidend ist, dass sie – wiederum im Hinblick auf ihren Sinn – zweckmäßig und übersichtlich geführt wird. Dies folgt auch aus dem Gebot der Ordnungsmäßigkeit der Verwaltung. Insoweit kann es je nach den Umständen angezeigt sein, ein **Inhaltsverzeichnis** anzulegen, in dem auch der Gegenstand etwa eines Beschlusses in Kurzform bezeichnet werden könnte.

435 • Der neue Satz 2 stellt klar, dass **nur die künftigen**, also die nach dem Inkrafttreten des Gesetzes **verkündeten Beschlüsse** und **Entscheidungen** einzutragen sind, nicht aber frühere. In manchen Gemeinschaften wurden die Beschlüsse schon bislang gesammelt. Diesen Gemeinschaften bleibt es unbenommen, die bisherige Beschluss-Sammlung weiterhin zu nutzen. Soweit eine Beschluss-Sammlung bislang nicht geführt wurde, mag die Gesetzesänderung Anlass geben, die noch relevanten Beschlüsse und Entscheidungen zu sichten und zu ordnen. Ist eine solche nachträgliche Sammlung ohne weiteres möglich, dürfte sie auch ohne eine ausdrückliche gesetzliche Regelung ordnungsmäßiger Verwaltung entsprechen. Ist eine Bestandsaufnahme auf Grund der Vielzahl der vorhandenen Beschlüsse und Entscheidungen nicht möglich oder kann die Beschlusslage zum heutigen Zeitpunkt aus anderen Gründen nicht mehr nachvollzogen werden, beruht dies auf Umständen in der Vergangenheit, mit denen die heute in der Gemeinschaft verbundenen Eigentümer und der derzeit bestellte Verwalter nicht belastet sein sollen. Im Ergebnis obliegt es also der Eigenverantwortung der derzeitigen Eigentümer, wie sie mit einer weniger übersichtlichen Beschlusslage umgehen möchten. Im Einzelfall kann es empfehlenswert sein, alle nicht mehr auffindbaren Beschlüsse aufzuheben und auf diese Weise Rechtssicherheit zu schaffen.

436 Der neue Satz 2 bestimmt den Inhalt der Sammlung. Einzutragen ist jeweils nur der **Wortlaut** der in den Nummern 1 bis 3 bezeichneten **Beschlüsse** und gerichtlichen **Entscheidungen**, damit die Sammlung übersichtlich bleibt. Dem widerspräche es, die in § 24 Abs. 6 WEG genannten Niederschriften in die Sammlung aufzunehmen, wie es auch erwogen worden ist. Diese sind in der Praxis vielfach umfangreich und erschweren deshalb eine Kenntnisnahme von den Beschlüssen. Von den gerichtlichen Entscheidungen ist nur die Urteilsformel im Sinne des § 313 Abs. 1 Nr. 4 ZPO aufzunehmen, also der so genannte Tenor. Einzutragen sind im Übrigen der **Wortlaut aller Beschlüsse** und der **Tenor aller gerichtlichen Entscheidungen** in einem Rechtsstreit gemäß dem neuen § 43 WEG. Dies folgt aus der Formulierung „der", jedenfalls aber aus dem **Zweck der Vorschrift**, eine umfassende Darstellung der aktuellen Beschlusslage der Gemeinschaft zu ermöglichen.

Neben dem **Wortlaut** sind **Angaben zum Ort** und zum **Zeitpunkt** sowie zum **Gericht**   437
und zu den **Parteien** erforderlich, weil diese Angaben im Hinblick auf den **Zweck
der Sammlung** von Bedeutung sind. Die schriftlichen Beschlüsse bedürfen zu ihrer
Wirksamkeit eines Vorgangs, welcher der Feststellung und Verkündung des Beschlussergebnisses in der Versammlung entspricht, etwa durch Aushang oder Rund-
schreiben[1]. Aus Gründen der Einheitlichkeit der Terminologie wird im Entwurf
insoweit ebenfalls von „**Verkündung**" gesprochen.

- Gemäß dem neuen Satz 3 in Verbindung mit dem neuen Satz 7 ist jeweils „**unverzüglich**" nach der Verkündung, also **ohne schuldhafte Verzögerung** einzutragen. Da
die Eintragung bei ordnungsmäßiger Verwaltung unmittelbar im Anschluss an die
Verkündung erfolgt und somit eine Eintragung, die mehrere Tage später vorgenommen wird, in der Regel nicht mehr unverzüglich ist, erscheint die Festlegung einer
Frist entbehrlich. Hinzu kommt, dass eine Frist erfahrungsgemäß zu Streitigkeiten
führt, die es zu vermeiden gilt.

Die Texte sind **historisch „fortlaufend"** einzutragen. Jede Eintragung ist gemäß dem   438
neuen Satz 7 im Hinblick auf die Feststellbarkeit des Merkmals „unverzüglich" mit
ihrem Datum zu versehen und wiederum fortlaufend zu nummerieren. Die fortlau-
fende Nummer dient als Indiz für die Vollständigkeit der Sammlung. Ob allein nach
dem Datum der Entscheidungen und Beschlüsse oder auch nach anderen Sachgebie-
ten geordnet wird, bleibt dem für die Führung der Sammlung Verantwortlichen
überlassen, in der Regel also dem Verwalter. Insoweit kommt es auch auf den Umfang der Sammlung und damit mittelbar auf die Größe der Wohnanlage an.

- Die im neuen Satz 4 vorgesehene „**Anmerkung**" dient der Aktualität der Samm-   439
lung. Insoweit reicht ein Hinweis aus, dass ein Beschluss oder eine gerichtliche
Entscheidung angefochten ist, weil sich daraus der Stand der aktuellen Beschlusslage bei einer Einsichtnahme in die Sammlung ersehen lässt. Die Anmerkung –
etwa „Angefochten mit Klage vom ..." – ist bei dem Beschluss oder der Entscheidung anzubringen. Dies verlangt schon der Grundsatz ordnungsmäßiger Verwaltung, so dass es einer ausdrücklichen Vorschrift nicht bedarf.

- Der neue Satz 5 soll einer Unübersichtlichkeit der Sammlung vorbeugen. Unter   440
den dort genannten Voraussetzungen kann ein **Beschluss** gegebenenfalls zusammen
mit einer gerichtlichen Entscheidung **gelöscht** werden. Zur Löschung kann bei einer
Sammlung in **Papierform** der Text der Eintragung durchgestrichen und die Löschung
mit einem entsprechenden Hinweis – etwa „Gelöscht am ..." – vermerkt werden.
Bei einer Sammlung in **elektronischer Form** kann der Text entfernt werden. Neben
der laufenden Nummer, die bestehen bleibt, ist die **Löschung zu vermerken**. Da es
sich um eine Kann-Vorschrift handelt, ist es auch zulässig, von einer Löschung ganz
abzusehen. In einem solchen Fall muss die im neuen Satz 3 vorgesehene Anmerkung angebracht werden.

- Der neue Satz 6 soll ebenfalls einer Unübersichtlichkeit der Sammlung vorbeu-   441
gen. „Keine Bedeutung" hat eine Eintragung etwa, wenn der ihr zugrunde liegende

---

1 BGH, Beschl. v. 23.8.2001 – V ZB 10/01, BGHZ 148, 335 = BGHReport 2001, 863 = MDR
2001, 1283 = ZMR 2001, 809 = NJW 2001, 3339.

Beschluss durch eine spätere Regelung überholt ist oder wenn er sich durch Zeitablauf erledigt hat. Für die Beurteilung kommt es maßgeblich auf die Umstände des Einzelfalles an. Da die Bewertung nicht immer einfach ist, sieht der Entwurf im Unterschied zu früheren Überlegungen wiederum eine **Kann-Vorschrift** vor. Von einer Löschung kann also auch abgesehen werden, insbesondere dann, wenn Zweifel bestehen, ob eine Eintragung noch Bedeutung hat. Der Begriff „Bedeutung" räumt dem für die Führung der Sammlung Verantwortlichen im Übrigen einen größeren **Beurteilungsspielraum** ein als die auch in Erwägung gezogene Formulierung „Wirksamkeit".

442   • Der neue Satz 7 stellt die **Aktualität** der **Eintragungen, Vermerke** und **Löschungen** sicher. Die **Angabe des Datums** ist erforderlich im Hinblick auf die Feststellbarkeit des Merkmals „unverzüglich".

443   • Der neue Satz 8 enthält im Hinblick auf die mit der Beschluss-Sammlung bezweckte bessere Informationsmöglichkeit die Verpflichtung, einem Wohnungseigentümer oder einem Dritten, den ein Wohnungseigentümer ermächtigt hat, **Einsicht** in die Sammlung **zu geben**. Die ausdrückliche Normierung soll auch ausschließen, dass aus der parallelen Vorschrift des § 24 Abs. 6 Satz 3 WEG (Einsicht in einzelne Niederschriften) der nicht zutreffende Rückschluss gezogen wird, nur dort sei Einsicht zulässig. Im Übrigen schließt die Verpflichtung auch ein, auf eine entsprechende Bitte **Ablichtungen** zu fertigen. Da es sich bei der **Ermöglichung der Einsicht** und der **Anfertigung von Ablichtungen** um einen besonderen Verwaltungsaufwand handelt, können die Wohnungseigentümer eine entsprechende Kostenerstattung beschließen (vgl. den neuen § 21 Abs. 7 WEG: **Beschlusskompetenz** in bestimmten **Geldangelegenheiten**).

bb) § 24 Abs. 8

444   Die **Führung** der Beschluss-Sammlung ist **Pflicht des Verwalters** (Satz 1), der in der Praxis in aller Regel auch bestellt ist, zumal eine Bestellung nach dem Gesetz nicht ausgeschlossen werden kann (§ 20 Abs. 2 WEG). Führt der Verwalter die Sammlung nicht so, wie es in dem neuen Absatz 7 vorgeschrieben ist, liegt **in der Regel** ein wichtiger Grund für seine Abberufung vor (neuer § 26 Abs. 1 Satz 4 WEG).

445   Bei einer Pflichtverletzung haftet der Verwalter den Wohnungseigentümern im Übrigen nach den allgemeinen Vorschriften[1], also jedenfalls aus dem Verwaltervertrag, ergänzt durch die im Wohnungseigentumsgesetz und in der Gemeinschaftsordnung geregelten Pflichten. Eine **Haftung gegenüber einem künftigen Erwerber**, der Einsicht in die Beschluss-Sammlung nimmt, sieht der Entwurf nicht vor.

446   In kleinen Gemeinschaften kommt es indessen vor, dass ein **Verwalter fehlt**. Wenn die Gemeinschaft in einem solchen Fall gleichwohl eine Eigentümerversammlung durchführt – praktisch wohl am ehesten in einer Vollversammlung, in der die Teilnehmer ausdrücklich oder konkludent auf die förmliche Einberufung verzichten[2] –

---

1 Vgl. dazu Merle in Bärmann/Pick/Merle, WEG, 9. Auflage, § 27 Rz. 200 ff.
2 Vgl. Merle in Bärmann/Pick/Merle, WEG, 9. Auflage, § 24, Rz. 52 m.w.N.

und Beschlüsse fasst, so hat nach der Neuregelung in Absatz 8 Satz 2 der **Vorsitzende der Versammlung** die Verpflichtung, eine Beschluss-Sammlung zu führen. Damit werden in kleinen Gemeinschaften Unklarheiten oder sogar Streitigkeiten vermieden, wer die Verpflichtung zu erfüllen hat. Den Wohnungseigentümern bleibt es aber – wie der dritte Halbsatz im neuen Satz 2 („sofern") deutlich macht – unbenommen, mit Stimmenmehrheit einen anderen aus ihrer Mitte mit der Aufgabe zu betrauen.

2. Bewertung der gesetzlichen Neuregelung

a) Neue Aufgabe des Verwalters – Führung einer Beschluss-Sammlung

Der Versammlungsleiter (das Gesetz bezeichnet den Versammlungsleiter als „Vorsitzenden der Wohnungseigentümerversammlung") hat **folgende Aufgaben**:   447

- Er hat das Hausrecht[1],
- er hat die Beschlussfähigkeit festzustellen,
- er leitet die Abstimmungen,
- er hat das Abstimmungsergebnis festzustellen[2],
- er hat zu verkünden, ob ein Beschluss zustandegekommen ist[3],
- er hat, zusammen mit anderen Personen[4], das Protokoll zu unterzeichnen,
- er hat **nunmehr nach dem neuen § 24 Abs. 7 WEG zusätzlich** eine Beschluss-Sammlung zu führen.

Die vom Versammlungsleiter zu führende **Beschluss-Sammlung** ist nicht identisch   448 mit einer **Sammlung der Protokolle,** weil die Beschluss-Sammlung nicht den gesamten Inhalt eines Protokolls wiedergeben muss, sondern „nur" die verkündeten Be-

---

1 Korff, Hausrecht des Verwalters in Wohnungseigentümerversammlungen, DWE 1982, 80; BayObLG, Beschl. v. 22.4.1999 – 2 Z BR 9/99, NZM 1999, 852.
2 BGH, Beschl. v. 19.9.2002 – V ZB 30/02, BGHZ 152, 46 = ZMR 2002, 930 = NJW 2002, 3704 = WuM 2003, 47; erging auf Vorlagebeschluss des OLG Köln, Beschl. v. 16.2.2001 – 16 Wx 4/ 01, ZMR 2001, 387 = NZM 2001, 543.
3 BGH, Beschl. v. 19.9.2002 – V ZB 30/02, BGHZ 152, 46 = ZMR 2002, 930 = NJW 2002, 3704 = WuM 2003, 47; erging auf Vorlagebeschluss des OLG Köln, Beschl. v. 16.2.2001 – 16 Wx 4/ 01, ZMR 2001, 387 = NZM 2001, 543; Feststellung und Verkündung des Beschlussergebnisses muss nicht in das Protokoll aufgenommen werden, BayObLG, Beschl. v. 13.10.2004 – 2 Z BR 152/04, NJW-RR 2005, 46. Allerdings muss, nach der BGH-Rechtsprechung, die Feststellung und Verkündung in der Versammlung erfolgen.
4 Vgl. zur Unterzeichnung des Protokolls durch zwei von der Versammlung bestimmte Personen: BGH, Beschl. v. 3.7.1997 – V ZB 2/97, BGHZ 136, 187 = ZMR 1997, 531 = NJW 1997, 2956 = WuM 1997, 520 = DWE 1997, 117 – mit Hinweis auf Parallelprobleme im Aktien-, Genossenschafts- und GmbH-Recht – (Entscheidung auf Grund des Vorlagebeschlusses des KG, Beschl. v. 18.8.1993 – 24 W 1386/93, ZMR 1993, 532 = WuM 1993, 709 = DWE 1993, 155); BGH, Beschl. v. 9.10.1997 – V ZB 3/97, ZMR 1998, 171 = WuM 1998, 171 = NJW 1998, 755 = DWE 1997, 151; OLG Oldenburg, Beschl. v. 16.3.1984 – 5 W 41/83, ZMR 1985, 30; AG Köln, 19.3.2002 – 202 II 132/01, ZMR 2003, 793. Aus der Entscheidung des BGH ergibt sich, dass die Bestimmung der Personen zu **Beginn** der Versammlung erfolgen muss

schlüsse und **darüber hinaus** auch noch die Urteilsformeln gerichtlicher Entscheidungen.

449 Hinsichtlich der **Nr. 2 des Abs.** 7 (schriftliche Beschlüsse) ist die gesetzliche Regelung bezüglich des Orts der Verkündung wenig sinnvoll gestaltet. Das Zustandekommen schriftlicher Beschlüsse kann zwar auch durch **Aushang** im Objekt[1] bekannt gegeben werden („verkündet" werden). Das dürfte jedoch eher die Ausnahme sein; bei professionellen Verwaltern wird das Zustandekommen der schriftlichen Beschlüsse eher durch **schriftliche Information** erfolgen. Dann käme es für die Verkündung auf den **Ort des Zuganges** der Erklärung an, nicht auf den Absendeort. Die Zugangsorte können jedoch zahlreich sein – wegen der unterschiedlichen Wohnorte der Wohnungseigentümer. Der Gesetzgeber wird sicher nicht ernsthaft erwarten, dass der Verwalter nach der (eigentlich nicht auslegungsfähigen Regelung im Gesetz) alle Zugangsorte in der Beschluss-Sammlung aufführt. Es wird wieder einmal die Aufgabe der Gerichte sein, eine unsinnige und unbedachte Gesetzesregelung auf ein praktikables Maß zu begrenzen.

450 In die **Beschluss-Sammlung,** die – auch wenn das Gesetz das nicht besonders regelt – in Papierform oder in elektronischer Form geführt werden kann, muss nunmehr aufgenommen werden:

451 • Die **in der Versammlung verkündeten Beschlüsse** mit Ort und Datum der Versammlung. Dabei sind sowohl die Beschlüsse, die einer Maßnahme zustimmen, als auch die Beschlüsse, die eine Maßnahme ablehnen, aufzunehmen. Sowohl positive wie auch negative Beschlüsse haben Regelungscharakter[2].

452 Auch **Organisationsbeschlüsse** sind aufzunehmen, es sei denn, es ist ausgeschlossen, dass diese noch Wirkungen erzeugen können. Wird beispielsweise ein Rechtsanwalt, der als Vertreter eines Wohnungseigentümers aufgetreten ist, von der Versammlung ausgeschlossen, ist das zwar ein Organisationsbeschluss, kann aber gleichwohl noch Wirkungen für die Zukunft erzeugen; dann nämlich, wenn die Beschlüsse der Eigentümerversammlung **wegen** dieses Ausschlusses angefochten werden. Zum Zeitpunkt der Eintragung (die Eintragungen müssen **unverzüglich** erfolgen!) kann der Versammlungsleiter (Verwalter) dies aber nicht abschätzen. Das heißt, sie sind aufzunehmen und können später, nämlich nach Ablauf der Beschlussanfechtungsfrist, wieder gelöscht werden. Von einer **Erleichterung der Verwaltung** kann offensichtlich nicht die Rede sein.

453 • Die **schriftlichen Beschlüsse.** Dabei wird es sich nur um die zustandegekommenen Beschlüsse handeln, die also der Verwalter „als zustandegekommen" verkündet hat. Die Angabe des Datums der Verkündung dürfte unproblematisch sein. Hinsichtlich des Orts der Verkündung wird man wohl – entgegen dem (unsinnigen) Wortlaut des Gesetzes – nur den Absendeort der Verkündungsmitteilung nennen

---

1 Vgl. BGH, Beschl. v. 19.9.2002 – V ZB 30/02, BGHZ 152, 46 = ZMR 2002, 930 = NJW 2002, 3704 = WuM 2003, 47.
2 BGH, Beschl. v. 23.8.2001 – V ZB 10/01, BGHZ 148, 335 = ZMR 2001, 809 = NJW 2001, 3339 = WuM 2001, 572; BGH, Beschl. v. 19.9.2002 – V ZB 30/02, BGHZ 152, 46 = ZMR 2002, 930 = NJW 2002, 3704 = WuM 2003, 47.

müssen, es sei denn, die Verkündung wäre durch Aushang im Verwaltungsobjekt oder durch Verkündung in der **nächsten** Eigentümerversammlung erfolgt.

• Die **Urteilsformeln** der gerichtlichen Entscheidungen. Der Gesetzgeber geht da- 454
von aus, dass alle Entscheidungen hier genannt werden müssen, also z.B. auch die Entscheidungen über Hausgeldansprüche. Der **Informationswert** einiger Eintragungen wird jedoch gleich Null sein. So z.B., wenn lediglich der Antrag des Klägers zurückgewiesen wird. Diese Urteilsformel muss auch in die Sammlung aufgenommen werden; ohne weitere Erläuterungen über den Inhalt des Rechtsstreits hat dieser Vermerk aber keinerlei Informationsgehalt. Den **Inhalt des Rechtsstreits** muss der Verwalter nach der gesetzlichen Regelung aber **nicht** in die Sammlung aufnehmen. Auch hier müsste die Entscheidung unverzüglich in die Sammlung aufgenommen werden; ob sie später – wegen Bedeutungslosigkeit – gelöscht werden darf, erscheint zweifelhaft. Im Hinblick auf **§ 48 Abs. 4 WEG** kann auch die abweisende Entscheidung Wirkung für die Zukunft haben. Mir scheint, der Gesetzgeber hat auch hier nicht richtig nachgedacht.

Völlig abstrus ist die Regelung in § 24 Abs. 8 WEG, wonach der „**Vorsitzende der** 455
Wohnungseigentümerversammlung" zur Führung der Beschluss-Sammlung verpflichtet ist. Der Gesetzgeber scheint hier die Vorstellung zu haben, es gäbe eine besondere „Vorsitzenden"-Institution, die mit einer Dauerwirkung versehen ist. Das entspricht aber nicht der Wirklichkeit in Eigentümergemeinschaften. Wenn denn ein Verwalter nicht existiert, wird in der einen Versammlung irgendein Eigentümer ohne formellen Beschluss die Versammlungsleitung übernehmen und in der nächsten ein anderer. Soll etwa die Verpflichtung zur Führung der Beschluss-Sammlung von einem zum anderen Eigentümer übergehen? In der Zukunft wird sich jeder Wohnungseigentümer sehr genau überlegen, ob er es sich antun will, die **Versammlungsleitung** zu übernehmen, weil damit automatisch die Führung der Beschluss-Sammlung verbunden ist. Wenn schon beim Verwalter ein wichtiger Abberufungsgrund für die Abberufung vorliegt, muss man wohl auch sagen, dass sich ein Versammlungsleiter aus dem Kreis der Wohnungseigentümer grundsätzlich schadensersatzpflichtig macht, wenn er die Sammlung nicht oder nicht ordnungsgemäß – im Sinne des Gesetzes – führt. Eine hohe Sanktionsmöglichkeit beim Verwalter muss zur Auslegung berechtigen, dass – wie der Gesetzgeber auch selbst ausführt – der Beschluss-Sammlung große Bedeutung zukommt und damit jede Verletzung der gesetzlichen Verpflichtung zu Sanktionen auch gegenüber anderen Personen führen muss, die zur Führung verpflichtet werden.

Der **Verwalter**, die Wohnungseigentümer und der beratende Rechtsanwalt sollten 456
stets bedenken, dass eine erhebliche Gefahr darin besteht, die Beschluss-Sammlung nicht oder nicht ordnungsgemäß zu führen. Es stellt nunmehr einen **gesetzlichen** „**regelmäßigen**" Abberufungsgrund dar, § 26 Abs. 1 WEG, wenn der Verwalter hier Fehler macht. Auch der „**Vorsitzende**" der Versammlung muss mit Sanktionen rechnen.

457 **§ 25 Mehrheitsbeschluss**

(1) Für die Beschlussfassung in Angelegenheiten, über die die Wohnungseigentümer durch Stimmenmehrheit beschließen, gelten die Vorschriften der Absätze 2 bis 5.

(2) Jeder Wohnungseigentümer hat eine Stimme. Steht ein Wohnungseigentum mehreren gemeinschaftlich zu, so können sie das Stimmrecht nur einheitlich ausüben.

(3) Die Versammlung ist nur beschlussfähig, wenn die erschienenen stimmberechtigten Wohnungseigentümer mehr als die Hälfte der Miteigentumsanteile, berechnet nach der im Grundbuch eingetragenen Größe dieser Anteile, vertreten.

(4) Ist eine Versammlung nicht gemäß Absatz 3 beschlussfähig, so beruft der Verwalter eine neue Versammlung mit dem gleichen Gegenstand ein. Diese Versammlung ist ohne Rücksicht auf die Höhe der vertretenen Anteile beschlussfähig; hierauf ist bei der Einberufung hinzuweisen.

(5) Ein Wohnungseigentümer ist nicht stimmberechtigt, wenn die Beschlussfassung die Vornahme eines auf die Verwaltung des gemeinschaftlichen Eigentums bezüglichen Rechtsgeschäfts mit ihm oder die Einleitung oder Erledigung eines Rechtsstreits der anderen Wohnungseigentümer gegen ihn betrifft oder wenn er nach § 18 rechtskräftig verurteilt ist.

458 **§ 26 Bestellung und Abberufung des Verwalters**

(1) Über die Bestellung und Abberufung des Verwalters beschließen die Wohnungseigentümer mit Stimmenmehrheit. Die Bestellung darf auf höchstens fünf Jahre vorgenommen werden. Die Abberufung des Verwalters kann auf das Vor-

§ 25 Mehrheitsbeschluss

(1) Für die Beschlussfassung in Angelegenheiten, über die die Wohnungseigentümer durch Stimmenmehrheit beschließen, gelten die Vorschriften der Absätze 2 bis 5.

(2) Jeder Wohnungseigentümer hat eine Stimme. Steht ein Wohnungseigentum mehreren gemeinschaftlich zu, so können sie das Stimmrecht nur einheitlich ausüben.

(3) Die Versammlung ist nur beschlussfähig, wenn die erschienenen stimmberechtigten Wohnungseigentümer mehr als die Hälfte der Miteigentumsanteile, berechnet nach der im Grundbuch eingetragenen Größe dieser Anteile, vertreten.

(4) Ist eine Versammlung nicht gemäß Absatz 3 beschlussfähig, so beruft der Verwalter eine neue Versammlung mit dem gleichen Gegenstand ein. Diese Versammlung ist ohne Rücksicht auf die Höhe der vertretenen Anteile beschlussfähig; hierauf ist bei der Einberufung hinzuweisen.

(5) Ein Wohnungseigentümer ist nicht stimmberechtigt, wenn die Beschlussfassung die Vornahme eines auf die Verwaltung des gemeinschaftlichen Eigentums bezüglichen Rechtsgeschäfts mit ihm oder die Einleitung oder Erledigung eines Rechtsstreits der anderen Wohnungseigentümer gegen ihn betrifft oder wenn er nach § 18 rechtskräftig verurteilt ist.

§ 26 Bestellung und Abberufung des Verwalters

(1) Über die Bestellung und Abberufung des Verwalters beschließen die Wohnungseigentümer mit Stimmenmehrheit. Die Bestellung darf auf höchstens fünf Jahre vorgenommen werden, *im Falle der ersten Bestellung nach der Begründung*

ALT	NEU
liegen eines wichtigen Grundes beschränkt werden. Andere Beschränkungen der Bestellung oder Abberufung des Verwalters sind nicht zulässig.	*von Wohnungseigentum aber auf höchstens drei Jahre.* Die Abberufung des Verwalters kann auf das Vorliegen eines wichtigen Grundes beschränkt werden. *Ein wichtiger Grund liegt regelmäßig vor, wenn der Verwalter die Beschluss-Sammlung nicht ordnungsmäßig führt.* Andere Beschränkungen der Bestellung oder Abberufung des Verwalters sind nicht zulässig.
(2) Die wiederholte Bestellung ist zulässig; sie bedarf eines erneuten Beschlusses der Wohnungseigentümer, der frühestens ein Jahr vor Ablauf der Bestellungszeit gefasst werden kann.	(2) Die wiederholte Bestellung ist zulässig; sie bedarf eines erneuten Beschlusses der Wohnungseigentümer, der frühestens ein Jahr vor Ablauf der Bestellungszeit gefasst werden kann.
(3) Fehlt ein Verwalter, so ist ein solcher in dringenden Fällen bis zur Behebung des Mangels auf Antrag eines Wohnungseigentümers oder eines Dritten, der ein berechtigtes Interesse an der Bestellung eines Verwalters hat, durch den Richter zu bestellen.	*(3) aufgehoben*
(4) Soweit die Verwaltereigenschaft durch eine öffentlich beglaubigte Urkunde nachgewiesen werden muss, genügt die Vorlage einer Niederschrift über den Bestellungsbeschluss, bei der die Unterschriften der in § 24 Abs. 6 bezeichneten Personen öffentlich beglaubigt sind.	(4) Soweit die Verwaltereigenschaft durch eine öffentlich beglaubigte Urkunde nachgewiesen werden muss, genügt die Vorlage einer Niederschrift über den Bestellungsbeschluss, bei der die Unterschriften der in § 24 Abs. 6 bezeichneten Personen öffentlich beglaubigt sind.

⟳ Erläuterungen zum geänderten § 26 WEG

1. Die Begründung der Bundesregierung zur Gesetzesänderung § 26 Abs. 1 WEG[1]

Nach geltendem Recht können die Wohnungseigentümer einen Verwalter aus **wich-** 459 **tigem Grund** jederzeit durch Mehrheitsbeschluss abberufen (§ 26 Abs. 1 Satz 1 WEG). Ein wichtiger Grund liegt vor, wenn das Vertrauensverhältnis zerstört ist und den Wohnungseigentümern deshalb eine Fortsetzung der Zusammenarbeit mit dem Verwalter nach Treu und Glauben nicht mehr zugemutet werden kann, also insbesondere bei einer **schweren Pflichtwidrigkeit des Verwalters**. Diese ist zu bejahen, wenn der Verwalter entgegen seiner Pflicht gemäß dem neuen § 24 Abs. 8

---

1 BT-Drucks. 16/887, S. 34.

Satz 1 WEG die **Beschluss-Sammlung** nicht ordnungsmäßig führt, insbesondere den Anforderungen des neuen § 24 Abs. 7 WEG nicht entspricht. Ihm ist in einem solchen Fall **in der Regel** ein schwerer Vorwurf schon bei einer **einmaligen Verletzung** zu machen. Die Beschluss-Sammlung stellt nämlich einerseits keine besonderen Anforderungen an den Verwalter, sie ist vielmehr ohne größeren Aufwand zu führen. Ihr kommt aber andererseits erhebliche Bedeutung zu, und zwar sowohl für den Erwerber einer Eigentumswohnung als auch für die Wohnungseigentümer und den Verwalter selbst. Eine nicht ordnungsmäßig geführte Sammlung lässt im Übrigen **generell negative Rückschlüsse** auf die Art der Verwaltung zu.

460   Mit Rücksicht darauf konkretisiert der neue Satz 4 den dort genannten Pflichtverstoß als **Regelbeispiel** eines wichtigen Grundes und betont damit die Bedeutung der ordnungsmäßigen Führung der Beschluss-Sammlung.

461   In seiner **Stellungnahme** betont der **Bundesrat**[1], dass der Vorschlag der Bundesregierung (der darauf gerichtet war, in das Gesetz einzufügen, dass ein wichtiger Grund für die Abberufung des Verwalters „auch" vorliege, wenn dieser die Beschluss-Sammlung nicht ordnungsmäßig führt) dahingehend missverstanden werden könnte, dass jeder – auch noch so geringe – Mangel in der Führung der Beschluss-Sammlung stets (im Sinne einer **unwiderlegbaren Vermutung**) einen wichtigen Grund für die Abberufung des Verwalters darstellt, ohne dass es auf die ansonsten gebotene **umfassende Abwägung** ankäme. Das sei aber offensichtlich nicht gewollt, vielmehr soll es sich lediglich um ein (**im Ausnahmefall widerlegbares**) **Regelbeispiel** handeln. Zur Vermeidung von Missverständnissen sollte dies in der Gesetzesformulierung auch zum Ausdruck gebracht werden; deshalb sei das Wort „auch" durch das Wort „regelmäßig" zu ersetzen.

Diesem Vorschlag folgten die Bundesregierung und auch der Rechtsausschuss des Deutschen Bundestages.

2. Die Begründung der Bundesregierung zur Aufhebung von § 26 Abs. 3 WEG

462   Die Bestellung eines Verwalters durch das Gericht kann zum einen nach der **bisherigen Rechtslage** gemäß § 26 Abs. 3, § 43 Abs. 1 Nr. 3 WEG erfolgen. In diesem Fall geht es um den so genannten **Notverwalter**. Daneben besteht die Möglichkeit, auf Antrag eines Wohnungseigentümers einen Verwalter im Verfahren gemäß dem jetzigen § 43 Abs. 1 Nr. 1 WEG zur Verwirklichung des Anspruchs auf ordnungsmäßige Verwaltung (§ 21 Abs. 4 WEG) zu bestellen[2]. Der Unterschied besteht darin, dass im Verfahren gemäß § 43 Abs. 1 Nr. 1 WEG anders als beim Antrag gemäß § 26 Abs. 3, § 43 Abs. 1 Nr. 3 WEG ein Dritter nicht antragsbefugt ist und dass ein dringender Fall nicht vorausgesetzt wird. Anträge von Dritten auf Bestellung eines Verwalters spielen in der Praxis aber auch keine Rolle. Deshalb und da die Wohnungseigentümer eine Verwalterbestellung auch im Verfahren gemäß § 43 Abs. 1 Nr. 1 WEG (**künftig:** Streitigkeit gemäß **§ 43 Nr. 1 WEG**) erreichen und in Fällen besonderer

---

1 BT-Drucks. 16/887, Anlage 2, S. 50.
2 BayObLG, Beschl. v. 12.12.1988 – 2 Z 49/88, NJW-RR 1989, 461.

Eilbedürftigkeit eine einstweilige Verfügung gemäß § 935 ff. ZPO erwirken können, kann die Möglichkeit zur Bestellung eines Notverwalters entfallen. Dies auch deshalb, weil es sich dabei nicht um ein so genanntes echtes Streitverfahren der freiwilligen Gerichtsbarkeit handelt und es ansonsten nach der ZPO-Erstreckung auf Wohnungseigentumssachen einer gesonderten Zuständigkeitsregelung bedürfte.

Der **Rechtsausschuss**[1] hatte vorgeschlagen, auch die Dauer der Erstbestellung zu begrenzen. Er meinte: Die **Höchstdauer der Bestellung** eines Verwalters beträgt nach geltendem Recht fünf Jahre (§ 26 Abs. 1 Satz 2 WEG). Die Frist für die Verjährung von Mängelansprüchen bei neuerrichteten Eigentumswohnungen beträgt ebenfalls fünf Jahre (§ 634a Abs. 1 Nr. 2 BGB). Da Bauträger bei der Begründung von Wohnungseigentum den ersten Verwalter in der Regel auf die Höchstdauer von fünf Jahren bestellen, birgt der **Gleichlauf der Bestellungsdauer mit der Verjährungsfrist** die Gefahr von Interessenkonflikten. Deshalb soll die Bestellungsdauer für den (zeitlich) ersten Verwalter auf höchstens drei Jahre beschränkt werden. Die Vorschrift des neuen § 26 Abs. 1 Satz 2 WEG wird anwendbar sein auf die erstmalige Bestellung eines Verwalters, die **nach** dem Zeitpunkt des Inkrafttretens des Gesetzes vorgenommen wird. **Unberührt** bleiben noch **vor** dem Inkrafttreten **vorgenommene Bestellungen.** 463

3. Bewertung der gesetzlichen Neuregelung

a) Die Verkürzung der Erstbestellungsdauer

Die Verkürzung der Erstbestellungszeit in § 26 Abs. 1 WEG erscheint auf den ersten Blick vom Rechtsausschuss sinnvoll begründet worden zu sein. Der Gleichlauf zwischen Verjährungsfrist und Bestellungszeit des Erstverwalters kann durchaus in einigen Fällen zu dem Auftreten von „Interessenkollisionen" führen. Allerdings sind die Wohnungseigentümer auch während der ersten fünf Jahre nach Erwerb eines Neubauobjekts – gerade weil sie allein oder im Verbund mit mehreren Wohnungseigentümern verjährungshemmende Maßnahmen ergreifen können – nicht rechtlos. Bei institutionellen Bauträgern, bei denen die „Bauerstellerabteilung" von der mit der Wohnungseigentumsverwaltung betrauten „Verwaltungsabteilung" getrennt ist, habe ich gerade die Erfahrung gemacht, dass das Interesse der Verwaltungsabteilung an der zügigen Erledigung von Baumängeln außerordentlich hoch ist und deshalb auch auf die „Bauerstellerabteilung" hohen Druck ausgeübt wird. Wenn der Druck nur drei Jahre anhält, obwohl bekanntermaßen die Beseitigung von Baumängeln einen langen Zeitraum in Anspruch nimmt, könnte dieser auch für Wohnungseigentümer positive Effekt sich schnell ins Gegenteil verkehren. 464

Es bleibt abzuwarten, wie die Neuregelung sich in der Praxis bewähren wird. Da die Bauträgerobjekte in der heutigen Zeit keineswegs innerhalb kurzer Zeit komplett verkauft werden, wird der **böswillige Bauträger** auch nach drei Jahren noch die Möglichkeit haben, die Neuwahl eines Verwalters zu steuern und einen ihm genehmen Verwalter einzusetzen. 465

---

1 BT-Drucks. 16/3843, S. 51.

4. Der Abberufungsgrund „Beschluss-Sammlung, § 26 Abs. 1 Satz 4 WEG"

466 Nach meiner Auffassung schießt der Gesetzgeber hier weit über das notwendige Ziel hinaus. Sicher ist es richtig, dass der Verwalter zu einer ordnungsmäßigen Verwaltung angehalten werden muss. Dazu bedarf es aber nicht, **ein** Versäumnis des Verwalters als besonders wichtig und als „**Regelgrund**" für eine Abberufung herauszustellen. Ich bezweifle die Verhältnismäßigkeit dieser Regelung. Nimmt man an, dass der Verwalter sehr sorgfältig die Protokolle der Eigentümerversammlungen führt und sammelt, wie auch die die Gemeinschaft betreffenden gerichtlichen Entscheidungen, dann aber die Beschluss-Sammlung nicht oder nicht in dem vom Gesetzgeber vorgestellten Rahmen führt, mag das sicher ein Fehler sein, stellt in meinen Augen jedoch eine Lappalie dar. Alle Informationen, die ein Eigentümer benötigt, können – sogar noch besser, als in der simplifizierten Beschluss-Sammlung des Gesetzgebers – aus der Sammlung der Beschlussprotokolle und der gerichtlichen Entscheidungen entnommen werden.

467 Im Übrigen gibt es Versäumnisse und Handlungen des Verwalters, die bisher als Abberufungsgrund angesehen wurden. Diese sind jedoch im Gesetz weder erwähnt, noch ist angedeutet, in welchem Verhältnis diese Abberufungsgründe zu der jetzigen Lappalie „fehlerhafte Führung der Beschluss-Sammlung" stehen. Wenn man bisher davon ausging, dass die Erstellung von fehlerhaften Jahresabrechnungen mehrmals hintereinander einen Abberufungsgrund darstellt[1], muss man heute wohl **das Gesetz schärfer auslegen.** Wenn schon die Beschluss-Sammlung regelmäßig einen Grund für die Abberufung darstellt, wird im Verhältnis zu diesem Verstoß jetzt jede erstmalige fehlerhafte Erstellung einer Jahresabrechnung einen Abberufungsgrund darstellen. Ebenso wird man die anderen Gründe bewerten müssen und die niedrige „Abberufungsschwelle" des Gesetzgebers berücksichtigen. Den Gesetzgeber muss man ernst nehmen.

5. Mögliche wichtige Gründe für die Abberufung des Verwalters

468 – Eigenmächtiger Abschluss eines Zehnjahres-Mietvertrages über eine Wohnung[2]

 – Falschinformation über die Einlagensicherung[3]

 – Verstoß gegen das Vertraulichkeitsgebot bezüglich interner Angelegenheiten[4]

 – Versäumnisse bei der Jahresabrechnung[5]

 – Verwalter sorgt nicht für einen Gebäudeversicherungsschutz[6]

---

1 BayObLG, Beschl. v. 7.10.1999 – 2 Z BR 76/99, ZMR 2000, 108 = NJW-RR 2000, 462 = NZM 2000, 343.

2 OLG München, Beschl. v. 6.3.2006 – 34 Wx 29/05, OLGR München 2006, 326 = DWE 2006, 71.

3 Kein „zwingender Grund": OLG München, Beschl. v. 22.6.2006 – 34 Wx 118/05, OLGR München 2006, 327 = NZM 2006, 637 = NZM 2006, 593.

4 AG Kassel, Beschl. v. 7.12.2005 – 800 II 74/05, ZMR 2006, 322 = WuM 2006, 532.

5 OLG Düsseldorf, Beschl. v. 21.9.2005 – 3 Wx 123/05, OLGR Düsseldorf 2006, 268 = ZMR 2006, 144.

6 OLG Düsseldorf, Beschl. v. 18.8.2005 – 3 Wx 89/05, OLGR Düsseldorf 2006, 1 = ZMR 2006, 57 = NZM 2005, 828 = NJW-RR 2005, 1606.

- Fehlerhafte Abrechnung[1]
- Versäumnis bei der fristgerechten Vorlage einer Jahresabrechnung[2]
- Nichteinberufung einer außerordentlichen Eigentümerversammlung[3]
- Auflaufenlassen von hohen Hausgeldschulden[4]

6. Wegfall des „Notverwalters"

Der Gesetzgeber hat den bisherigen **§ 26 Abs. 3 WEG** über die Bestellung eines **Not-** 469
verwalters ersatzlos aufgehoben. Die Vorschrift hatte in den letzten Jahren immer
mehr an Bedeutung verloren. Die anwaltlichen Verfahrensvertreter und die Gerichte
gingen immer häufiger dazu über, statt eines Notverwalters jemanden aus der Eigentümergemeinschaft oder auch einen außenstehenden Dritten mit der Aufgabe zu
betrauen, eine Eigentümerversammlung einzuberufen. In dieser konnte dann ein
„ordentlicher Verwalter" bestellt werden. Dieses Verfahren war regelmäßig preis-
werter und schneller als das „Notverwalterverfahren", wenn denn die Eigentümer
in der Versammlung tatsächlich einen Verwalter wählten. Kam eine Verwalterbestellung wegen divergierender Meinungen und weil verschiedene Eigentümergrup-
pierungen sich gegenseitig „lahm legten" nicht zu Stande, blieb tatsächlich nichts
anderes übrig, als vom Gericht einen Notverwalter zu bestellen.

Die Bestellung eines Verwalters wird man **zukünftig** auf **§ 43 Nr. 1 WEG** stützen 470
müssen, auch wenn der Wortlaut der Vorschrift nicht so recht passen will.

ALT	NEU	
§ 27 Aufgaben und Befugnisse des Verwalters	**§ 27 Aufgaben und Befugnisse des Verwalters**	471
(1) Der Verwalter ist berechtigt und verpflichtet:	(1) Der Verwalter ist *gegenüber den Wohnungseigentümern und gegenüber der Gemeinschaft der Wohnungseigentümer* berechtigt und verpflichtet,	
1. Beschlüsse der Wohnungseigentümer durchzuführen und für die Durchführung der Hausordnung zu sorgen;	1. Beschlüsse der Wohnungseigentümer durchzuführen und für die Durchführung der Hausordnung zu sorgen;	
2. die für die ordnungsmäßige Instandhaltung und Instandsetzung des gemeinschaftlichen Eigentums erforderlichen Maßnahmen zu treffen;	2. die für die ordnungsmäßige Instandhaltung und Instandsetzung des gemeinschaftlichen Eigentums erforderlichen Maßnahmen zu treffen;	

1 OLG Düsseldorf, Beschl. v. 12.7.2005 – 3 Wx 46/05, ZMR 2005, 293.
2 BayObLG, Beschl. v. 3.12.2003 – 2 Z BR 202/03, DWE 2004, 90.
3 OLG Hamm, Beschl. v. 2.7.2001 – 15 W 56/01, WuM 2001, 461.
4 OLG Köln, Beschl. v. 7.5.1999 – 16 Wx 21/99, ZMR 1999, 789 = WuM 2000, 269.

ALT	NEU
3. in dringenden Fällen sonstige zur Erhaltung des gemeinschaftlichen Eigentums erforderliche Maßnahmen zu treffen;	3. in dringenden Fällen sonstige zur Erhaltung des gemeinschaftlichen Eigentums erforderliche Maßnahmen zu treffen;
(Regelung bisher in § 27 Abs. 2 Nr. 1)	*4. Lasten- und Kostenbeiträge, Tilgungsbeträge und Hypothekenzinsen anzufordern, in Empfang zu nehmen und abzuführen, soweit es sich um gemeinschaftliche Angelegenheiten der Wohnungseigentümer handelt;*
(Regelung bisher in § 27 Abs. 2 Nr. 2)	*5. alle Zahlungen und Leistungen zu bewirken und entgegenzunehmen, die mit der laufenden Verwaltung des gemeinschaftlichen Eigentums zusammenhängen;*
4. gemeinschaftliche Gelder zu verwalten.	*6. eingenommene Gelder zu verwalten;*
	7. die Wohnungseigentümer unverzüglich darüber zu unterrichten, dass ein Rechtsstreit gemäß § 43 anhängig ist;
(Regelung bisher in § 27 Abs. 2 Nr. 6)	*8. die Erklärungen abzugeben, die zur Vornahme der in § 21 Abs. 5 Nr. 6 bezeichneten Maßnahmen erforderlich sind.*
(2) Der Verwalter ist berechtigt, im Namen aller Wohnungseigentümer und mit Wirkung für und gegen sie:	(2) Der Verwalter ist berechtigt, im Namen aller Wohnungseigentümer und mit Wirkung für und gegen sie
1. Lasten- und Kostenbeiträge, Tilgungsbeträge und Hypothekenzinsen anzufordern, in Empfang zu nehmen und abzuführen, soweit es sich um gemeinschaftliche Angelegenheiten der Wohnungseigentümer handelt;	
2. alle Zahlungen und Leistungen zu bewirken und entgegenzunehmen, die mit der laufenden Verwaltung des gemeinschaftlichen Eigentums zusammenhängen;	
3. Willenserklärungen und Zustellungen entgegenzunehmen, soweit sie an alle Wohnungseigentümer in dieser Eigenschaft gerichtet sind;	1. Willenserklärungen und Zustellungen entgegenzunehmen, soweit sie an alle Wohnungseigentümer in dieser Eigenschaft gerichtet sind;
4. Maßnahmen zu treffen, die zur Wahrung einer Frist oder zur Abwendung ei-	2. Maßnahmen zu treffen, die zur Wahrung einer Frist oder zur Abwendung ei-

ALT	NEU

nes sonstigen Rechtsnachteils erforderlich sind;

nes sonstigen Rechtsnachteils erforderlich sind, *insbesondere einen gegen die Wohnungseigentümer gerichteten Rechtsstreit gemäß § 43 Nr. 1, Nr. 4 oder Nr. 5 im Erkenntnis- und Vollstreckungsverfahren zu führen;*

5. Ansprüche gerichtlich und außergerichtlich geltend zu machen, sofern er hierzu durch Beschluss der Wohnungseigentümer ermächtigt ist;

3. Ansprüche gerichtlich und außergerichtlich geltend zu machen, sofern er hierzu durch *Vereinbarung oder* Beschluss *mit Stimmenmehrheit* der Wohnungseigentümer ermächtigt ist;

6. die Erklärungen abzugeben, die zur Vornahme der in § 21 Abs. 5 Nr. 6 bezeichneten Maßnahmen erforderlich sind.

4. mit einem Rechtsanwalt wegen eines Rechtsstreits gemäß § 43 Nr. 1, Nr. 4 oder Nr. 5 zu vereinbaren, dass sich die Gebühren nach einem höheren als dem gesetzlichen Streitwert, höchstens nach einem gemäß § 49a Abs. 1 Satz 1 des Gerichtskostengesetzes bestimmten Streitwert bemessen.

(3) Der Verwalter ist berechtigt, im Namen der Gemeinschaft der Wohnungseigentümer und mit Wirkung für und gegen sie

1. Willenserklärungen und Zustellungen entgegenzunehmen;

2. Maßnahmen zu treffen, die zur Wahrung einer Frist oder zur Abwendung eines sonstigen Rechtsnachteils erforderlich sind, insbesondere einen gegen die Gemeinschaft gerichteten Rechtsstreit gemäß § 43 Nr. 2 oder Nr. 5 im Erkenntnis- und Vollstreckungsverfahren zu führen;

3. die laufenden Maßnahmen der erforderlichen ordnungsmäßigen Instandhaltung und Instandsetzung gemäß Absatz 1 Nr. 2 zu treffen;

4. die Maßnahmen gemäß Absatz 1 Nr. 3 bis Nr. 5 und Nr. 8 zu treffen;

5. im Rahmen der Verwaltung der eingenommenen Gelder gemäß Absatz 1 Nr. 6 Konten zu führen;

ALT	NEU

ALT

(3) Die dem Verwalter nach den Absätzen 1, 2 zustehenden Aufgaben und Befugnisse können durch Vereinbarung der Wohnungseigentümer nicht eingeschränkt werden.

(4) Der Verwalter ist verpflichtet, Gelder der Wohnungseigentümer von seinem Vermögen gesondert zu halten. Die Verfügung über solche Gelder kann von der Zustimmung eines Wohnungseigentümers oder eines Dritten abhängig gemacht werden.

(5) Der Verwalter kann von den Wohnungseigentümern die Ausstellung einer Vollmachtsurkunde verlangen, aus der der Umfang seiner Vertretungsmacht ersichtlich ist.

NEU

6. mit einem Rechtsanwalt wegen eines Rechtsstreits gemäß § 43 Nr. 2 oder Nr. 5 eine Vergütung gemäß Absatz 2 Nr. 4 zu vereinbaren;

7. sonstige Rechtsgeschäfte und Rechtshandlungen vorzunehmen, soweit er hierzu durch Vereinbarung oder Beschluss der Wohnungseigentümer mit Stimmenmehrheit ermächtigt ist.

Fehlt ein Verwalter oder ist er zur Vertretung nicht berechtigt, so vertreten alle Wohnungseigentümer die Gemeinschaft. Die Wohnungseigentümer können durch Beschluss mit Stimmenmehrheit einen oder mehrere Wohnungseigentümer zur Vertretung ermächtigen.

(4) Die dem Verwalter nach den Absätzen 1 bis 3 zustehenden Aufgaben und Befugnisse können durch Vereinbarung der Wohnungseigentümer nicht eingeschränkt *oder ausgeschlossen* werden.

(5) Der Verwalter ist verpflichtet, *eingenommene Gelder* von seinem Vermögen gesondert zu halten. Die Verfügung über solche Gelder kann *durch Vereinbarung oder Beschluss der Wohnungseigentümer mit Stimmenmehrheit* von der Zustimmung eines Wohnungseigentümers oder eines Dritten abhängig gemacht werden.

(6) Der Verwalter kann von den Wohnungseigentümern die Ausstellung einer Vollmachts- *und Ermächtigungsurkunde* verlangen, aus der der Umfang seiner Vertretungsmacht ersichtlich ist.

⊃ Erläuterungen zum geänderten § 27 WEG

1. Die Begründung der Bundesregierung zur Gesetzesänderung (in ihrer Gegenäußerung zu Vorschlägen des Bundesrates)[1]

Die Bundesregierung hatte auf Bitten des Bundesrates geprüft, welche gesetzgeberi-   472
schen Notwendigkeiten die Entscheidung des BGH vom 2.6.2005[2] aufgezeigt hat; sie
hat daraufhin eine umfassende Änderung des § 27 WEG vorgeschlagen. Die von der
Bundesregierung für erforderlich gehaltenen Änderungen begründete sie wie folgt:

a) Grundsätzliche Vertreterposition des Verwalters

Der **Verwalter** tritt zukünftig sowohl als **Vertreter der Wohnungseigentümer** in   473
deren Eigenschaft als Mitberechtigte am gemeinschaftlichen Grundstück auf als
auch als **Vertreter der rechtsfähigen Gemeinschaft** der Wohnungseigentümer. Ihm
kommt insoweit eine **Zwitterstellung** zu[3]. Dies macht es erforderlich, die **Vertretungsmacht** des Verwalters in seiner jetzt neuen Funktion als Organ der Gemeinschaft gegenüber seiner davon zu unterscheidenden Funktion als Vertreter der Wohnungseigentümer zu normieren. Die Bundesregierung schlägt daher vor, die Vorschrift des § 27 WEG, in der die Aufgaben und Befugnisse des Verwalters sowie
seine Vertretungsmacht geregelt sind, neu zu fassen. Dabei soll die Struktur der
Vorschrift besser als bisher zum Ausdruck kommen, ohne dass der ansonsten be-
währte Inhalt der Vorschrift wesentlich geändert wird. Zukünftig soll sich aus dem
Gesetz eindeutig ergeben, welche Pflichten und Rechte den Verwalter im **Innenverhältnis** treffen und in welchem Umfang er **zur Vertretung** ermächtigt ist. Dazu
soll das **Innenverhältnis** sowohl gegenüber den **Wohnungseigentümern** als auch gegenüber der **Gemeinschaft** allein in **Absatz 1** der Vorschrift angesprochen werden.
Aus einem geänderten **Absatz 2** soll sich die **Vertretungsmacht für die Wohnungseigentümer** ergeben, aus dem neuen **Absatz 3** sodann die **Vertretungsmacht für die
Gemeinschaft der Wohnungseigentümer**. In den Absätzen 4, 5 und 6 sind Folgeänderungen erforderlich.

b) Die Bewertung des alten § 27 Abs. 1 WEG

Der bisherige **Einleitungssatz** („Der Verwalter ist berechtigt und verpflichtet") hat   474
zu der Frage geführt, ob sich § 27 Abs. 1 WEG ausschließlich auf das **Innenverhältnis** zwischen dem Verwalter und den Wohnungseigentümern bezieht oder ob dem
Verwalter auch eine **gesetzliche Vertretungsmacht** zusteht, soweit ihm dort Aufgaben und Befugnisse zugewiesen sind. Trotz des Regelungszusammenhangs mit Absatz 2, in dem das Gesetz ausdrücklich eine Vertretungsmacht einräumt und ob-

---

1 BT-Drucks. 16/887, Anlage 3, S. 69 ff.
2 BGH, Beschl. v. 2.6.2005 – V ZB 32/05, BGHZ 163,154 = BGHR 2005, 1090 = MDR 2005,
   1156 = ZWE 2005, 422 = ZMR 2005, 547 = NJW 2005, 2061.
3 Hügel, Die Teilrechtsfähigkeit der Wohnungseigentümergemeinschaft und ihre Folgen für
   die notarielle Praxis, DNotZ 2005, 753, 764.

wohl der Gesetzgeber in anderen Regelungsbereichen das Vorliegen einer Vertretungsmacht ausdrücklich im Gesetzestext kennzeichnet, ist diese Frage in der Literatur streitig geblieben[1]. Dabei wird üblicherweise davon ausgegangen, dass § 27 Abs. 1 WEG lediglich die **Geschäftsführungsbefugnis im Innenverhältnis** regelt. Dennoch **könne** sich nach dem Gesetzeszweck und einer Interessenabwägung auch aus § 27 Abs. 1 WEG eine **Vertretungsmacht** ergeben[2]. Dies wird insbesondere für die Maßnahmen des § 27 Abs. 1 Nr. 3 WEG angenommen, also für dringende Erhaltungsmaßnahmen[3].

c) Die Neufassung des § 27 WEG

475   In der Neufassung des § 27 WEG werden **Innenverhältnis** und **Vertretungsmacht** deutlich voneinander unterschieden. Die Ergänzung des Einleitungssatzes, wonach der Verwalter aus Absatz 1 ausdrücklich nur gegenüber den Wohnungseigentümern und gegenüber der Gemeinschaft der Wohnungseigentümer berechtigt und verpflichtet wird, stellt klar, dass sich aus dem neuen § 27 Abs. 1 WEG **keine Vertretungsmacht**, sondern lediglich Rechte und Pflichten im **Innenverhältnis** ergeben. Soweit man bislang zu der Auffassung gelangt ist, dass sich auch aus Absatz 1 eine Vertretungsmacht ergeben müsse, um die Handlungsfähigkeit der Gemeinschaft nicht über Gebühr zu beeinträchtigen, werden die entsprechenden Fallgruppen nun in § 27 Abs. 3 WEG ausdrücklich als **Fälle** einer **gesetzlichen Vertretungsmacht** geregelt.

d) Änderung der gesetzlichen Struktur

aa) § 27 Abs. 1 WEG

476   Die bisherigen Nummern 1 bis 4 des **§ 27 Abs. 1 WEG** bleiben als die **Nummern 1 bis 3 und 6** erhalten. Die bisherige Nummer 4 erfährt in Form der neuen Nummer 6 lediglich eine sprachliche Anpassung. Dort wird nun von den „**eingenommenen**" statt von den „gemeinschaftlichen" Geldern gesprochen, da der Begriff „gemeinschaftlich" bislang auf die Besitzgemeinschaft von § 741 ff. BGB verweist, diese Gelder nun aber der Gemeinschaft der Wohnungseigentümer gemäß dem neuen **§ 10 Abs. 7 Satz 3 WEG** zustehen. Die Formulierung stellt klar, dass der Verwalter sämtliche zum Zweck der Verwaltung eingenommenen Gelder zu verwalten hat.

477   Die neuen **Nummern 4 und 5** entsprechen den bisherigen Nummern 1 und 2 im alten § 27 Abs. 2 WEG. Bislang ergibt sich aus dem Gesetz nur **mittelbar**, dass der Verwalter nicht nur ermächtigt, sondern im Innenverhältnis auch verpflichtet ist, die in § 27 Abs. 2 Nr. 1 und 2 WEG (a.F.) vorgesehenen Zahlungen und Leistungen einzufordern und zu bewirken. Dies ist nun klargestellt. Da diese Maßnahmen

---

1 Zum Meinungsstand vgl. Merle in Bärmann/Pick/Merle, WEG, 9. Auflage, § 27 Rz. 5 ff. m.w.N.
2 Merle in Bärmann/Pick/Merle, WEG, 9. Auflage, § 27 Rz. 12.
3 Niedenführ/Schulze, WEG, 7. Auflage, § 27 Rz. 23; offen gelassen von BGH, Urt. v. 21.10.1976 – VII ZR 193/75, BGHZ 67, 232 = MDR 1977, 217 = NJW 1977, 44.

zukünftig sämtlich **im Namen** und **mit Wirkung** für die **Gemeinschaft der Wohnungseigentümer** als Rechtssubjekt zu treffen sind und daher eine Vertretungsmacht für die Wohnungseigentümer insoweit **nicht** mehr erforderlich ist, sind die bisherigen Nummern 1 und 2 in § 27 Abs. 2 WEG zu streichen[1]. Die Vertretungsmacht des Verwalters, insoweit nun im Namen der Gemeinschaft tätig zu werden, ergibt sich künftig aus dem neuen § 27 Abs. 3 Satz 1 Nr. 4 WEG.

Die Bundesregierung will den neuen § 27 Abs. 1 Nr. 7 WEG weit fassen[2] und den **478** **Verwalter verpflichten**, die Wohnungseigentümer über alle **Rechtsstreitigkeiten** gemäß § 43 WEG **zu unterrichten**.

Der Rechtsausschuss des Deutschen Bundestages hat zu dem neuen § 27 Absatz 1 **479** Nr. 8 ausgeführt[3], dass in Nr. 8 die **Abgabe** der so genannten **Eigentümererklärungen** eingestellt ist, die nach **bisherigem** Recht inhaltsgleich in Absatz 2 Nr. 6 geregelt ist. Diese Erklärungen sind gemeinschaftsbezogen und können künftig nur von der **teilrechtsfähigen Gemeinschaft** abgegeben werden. Deshalb ist eine Vertretungsmacht des Verwalters für die Wohnungseigentümer nicht mehr erforderlich. Vielmehr muss die Gemeinschaft **vertreten** werden. Dem wird in dem neuen **Absatz 3 Nr. 4** des Entwurfs (Vertretungsmacht des Verwalters **für die Gemeinschaft** durch Ergänzung des dortigen Verweises auf Absatz 1 um die Nummer 8) Rechnung getragen.

bb) § 27 Abs. 2 WEG

Absatz 2 regelt wie bisher die Befugnisse des Verwalters als **Vertreter der Wohnungseigentümer**. Zur Klarstellung ist in der neuen Nummer 2 ausdrücklich geregelt, dass der Verwalter in einem **Passivprozess** gemäß dem neuen **§ 43 Nr. 1 und 4 WEG** zur **Vertretung der Wohnungseigentümer** im Erkenntnis- und Vollstreckungsverfahren ermächtigt ist. **480**

Außerdem wird in der neuen Nummer 3 klargestellt, dass dem Verwalter die **Vertretungsmacht** zur Geltendmachung von Ansprüchen **auch** durch eine **Vereinbarung** eingeräumt werden kann und dass für einen entsprechenden **Beschluss** die **Stimmenmehrheit** genügt; beides war schon bislang überwiegende Meinung in Rechtsprechung und Literatur[4]. **481**

Der Regelungsinhalt der **bisherigen** Nummern 1 und 2 findet sich nun in dem neuen § 27 Abs. 1 **Nr. 4 und 5** und Abs. 3 Satz 1 **Nr. 4** WEG, weil die dort bezeichneten **Zahlungen** und **Leistungen** fortan im Namen und mit Wirkung für die **Gemeinschaft der Wohnungseigentümer** einzufordern und zu erbringen sind. **482**

---

1 Abramenko, Praktische Auswirkungen der neuen Rechtsprechung zur Teilrechtsfähigkeit der Wohnungseigentümergemeinschaft auf das materielle Wohnungseigentumsrecht; ZMR 2005, 585.
2 Im ersten Entwurf der Bundesregierung (Gesetzentwurf v. 27.5.2005, BR-Drucks. 397/05) sollte der Verwalter nur verpflichtet werden, die Eigentümer darüber zu informieren, wenn **gegen ihn** ein Rechtsstreit anhängig gemacht worden ist.
3 BT-Drucks. 16/3843, S. 51 ff.
4 Vgl. die Nachweise bei Merle in Bärmann/Pick/Merle, WEG, 9. Auflage, § 27 Rz. 140.

cc) § 27 Abs. 3 WEG

483 **Absatz 3** wird neu in das Gesetz eingefügt und regelt, inwieweit der Verwalter **Vertretungsmacht** besitzt, im Namen der **Gemeinschaft der Wohnungseigentümer** Willenserklärungen abzugeben und Rechtshandlungen vorzunehmen.

484 Der BGH hat in seiner Entscheidung vom 2.6.2005[1] erklärt, die Wohnungseigentümergemeinschaft habe eigene **Organe**, nämlich die **Eigentümerversammlung**, den **Verwalter** und – allerdings fakultativ – den **Verwaltungsbeirat**. Der Verwalter könne „in weitem Umfang für die Wohnungseigentümer im Rechtsverkehr handeln". Allerdings ermächtigt der **bisherige** § 27 Abs. 2 WEG den Verwalter lediglich dazu, „im Namen aller Wohnungseigentümer und mit Wirkung für und gegen sie" tätig zu werden. Die „Gemeinschaft" ist als Vertretene in dem **bisherigen** § 27 WEG nicht vorgesehen. Außerdem ist der Verwalter in dem **bisherigen** § 27 Abs. 2 WEG keineswegs umfassend zur Vertretung ermächtigt, sondern nur punktuell. Teilweise ist seine Vertretungsmacht auch von einer entsprechenden Ermächtigung durch die Wohnungseigentümer abhängig (bisheriger § 27 Abs. 2 Nr. 5 WEG). Zwar wird vereinzelt die Meinung vertreten, der **bisherige** § 27 Abs. 2 WEG sei im Wege der Rechtsfortbildung entgegen seinem Wortlaut auch auf die Gemeinschaft anzuwenden und die dortige Nummer 4 (alt) ermächtige den Verwalter zur Vertretung im Passivprozess[2]. Weithin wird aber angezweifelt, ob dem Verwalter überhaupt eine **echte Organstellung** zukommt[3].

485 Die Bundesregierung empfiehlt vor diesem Hintergrund, den Umfang der Vertretungsmacht des Verwalters für die Gemeinschaft in einem eigenen Absatz **zu normieren**. Auch in der Literatur wird der Gesetzgeber bereits um eine entsprechende Regelung gebeten[4]. Da sich die bisherigen Regelungen zur Entscheidungsmacht der Wohnungseigentümer und zum Umfang der Vertretungsmacht des Verwalters bewährt haben, sieht der Entwurf vor, dass die **Entscheidungsmacht** wie bisher **grundsätzlich bei den Wohnungseigentümern** bleibt und der Verwalter auch künftig nur in bestimmten Angelegenheiten zur Vertretung ermächtigt ist[5]. Um andererseits die **Handlungsfähigkeit** der Gemeinschaft sicherzustellen, wird der Verwalter nach der Neuregelung aber ohne weiteres in der Lage sein, die **laufende Verwaltung** und **dringliche Geschäfte** für die Gemeinschaft der Wohnungseigentümer zu erledigen. Außerdem wird den Wohnungseigentümern die Möglichkeit gegeben, dem Verwal-

1 BGH, Beschl. v. 2.6.2005 – V ZB 32/05, BGHZ 163, 154 = BGHR 2005, 1090 = MDR 2005, 1156 = ZWE 2005, 422 = ZMR 2005, 547 = NJW 2005, 2061.

2 Merle, Organbefugnisse und Organpflichten des Verwalters bei Passivprozessen der Wohnungseigentümergemeinschaft, GE 2005, 1466.

3 Bork, Wider die Rechtsfähigkeit der Wohnungseigentümergemeinschaft – eine resignierende Polemik, ZIP 2005, 1205; Hügel, Die Teilrechtsfähigkeit der Wohnungseigentümergemeinschaft und ihre Folgen für die notarielle Praxis, DNotZ 2005, 753, 764; Rapp, Wohnungseigentümergemeinschaft oder Verein der Wohnungseigentümer, MittBayNot 2005, 449.

4 Hügel, Die Teilrechtsfähigkeit der Wohnungseigentümergemeinschaft und ihre Folgen für die notarielle Praxis, DNotZ 2005, 753, 764.

5 Häublein, Wohnungseigentum, quo vadis?, ZMR 2006, 1 – gegen eine umfassende Vertretungsmacht.

ter **durch Mehrheitsbeschluss** weiter gehende **Vertretungsbefugnisse** einzuräumen. Schließlich wird geregelt, dass dort, wo ein Verwalter fehlt oder der Verwalter nicht zur Vertretung ermächtigt ist, subsidiär die Vertretungsmacht aller Wohnungseigentümer eingreift.

Satz 1 (des neuen Abs. 3) lehnt sich in seiner Struktur an den neuen Absatz 2 an. Dem Verwalter wird zunächst bezüglich **einzelner,** näher **bezeichneter** Maßnahmen eine **Vertretungsmacht** eingeräumt, unabhängig von den Vereinbarungen und den Beschlüssen der Wohnungseigentümergemeinschaft.

Wie in dem neuen Absatz 2 wird eine umfassende **Empfangsvertretungsmacht** des   486
Verwalters normiert und der Verwalter dazu **ermächtigt,** im Namen der Gemeinschaft Maßnahmen zu treffen, die zur Wahrung einer Frist oder zur Abwendung eines sonstigen Rechtsnachteils erforderlich sind (neue Nummern 1 und 2). Diese **Vertretungsmacht** besitzt der Verwalter damit nicht nur gegenüber **den Wohnungseigentümern,** sondern auch gegenüber **der Gemeinschaft**[1]. In der neuen Nummer 2 ist – wie im neuen Absatz 2 Nr. 2 – zur Klarstellung auch geregelt, dass der Verwalter in einem **Passivprozess** gemäß dem neuen § 43 Nr. 2 WEG zur **Vertretung der Gemeinschaft** im Erkenntnis- und Vollstreckungsverfahren ermächtigt ist.

Der Verwalter kann im **Vollstreckungsverfahren** auch die **eidesstattliche Versiche-**   487
rung gemäß den §§ 807, 899 ZPO **abgeben**[2].

Damit werden Zweifel an der **Prozessfähigkeit der Gemeinschaft** im Passivprozess   488
für beide Verfahren ausgeräumt. In den neuen Nummern 3 bis 5 wird auf die Aufgaben des Verwalters in dem neuen Absatz 1 Bezug genommen. So wird eindeutig geklärt, inwieweit der Verwalter zur Erfüllung dieser Aufgaben eine **Vertretungsmacht** besitzt. Wie bisher ist der Verwalter ermächtigt, die im **bisherigen** § 27 Abs. 2 Nr. 1 und 2 WEG vorgesehenen Zahlungen und Leistungen einzufordern und zu bewirken (neuer **§ 27 Abs. 3 Nr. 4** in Verbindung mit dem neuen **§ 27 Abs. 1 Nr. 4 und 5 WEG**). Daneben ist der Verwalter zur Vornahme der (sonstigen) laufenden und dringlichen Maßnahmen der Verwaltung ermächtigt (neuer **§ 27 Abs. 3 Nr. 3** in Verbindung mit § 27 Abs. 1 Nr. 2 WEG und § 27 Abs. 4 Nr. 4 in Verbindung mit § 27 Abs. 1 Nr. 3 WEG). In dem neuen § 27 Abs. 3 Nr. 5 WEG ist schließlich klargestellt, dass der Verwalter zur Verwaltung der **eingenommenen Gelder im Namen der Gemeinschaft** Konten führen kann. Zum „Führen" gehören auch das **Eröffnen** und das **Schließen** eines **Kontos.**

---

1 Abramenko, Praktische Auswirkungen der neuen Rechtsprechung zur Teilrechtsfähigkeit der Wohnungseigentümergemeinschaft auf das materielle Wohnungseigentumsrecht, ZMR 2005, 585, 588.
2 Vgl. hierzu den Hinweis des Rechtsausschusses (BT-Drucks. 16/3843, S. 53), dass sich dieses Recht auf die Vertretung der teilrechtsfähigen Gemeinschaft bezieht, nicht auf die der Wohnungseigentümer.

dd) Ermächtigung des Verwalters zur Streitwertvereinbarung

489   Die in der neuen Nummer 6 vorgesehene gesetzliche Ermächtigung des Verwalters zur **Vereinbarung einer Vergütung**[1] entspricht der neuen Regelung des Absatzes 2 Nr. 5 und steht wie dort im Zusammenhang mit der **Neuregelung des Streitwerts**.

490   In ihrer Gegenäußerung[2] hat die Bundesregierung sich mit der Stellungnahme des Bundesrates[3] zu der **Streitwertfestsetzung** beschäftigt. Die Bundesregierung führt aus:

491   Wie der Bundesrat in seiner Stellungnahme zutreffend ausführt, wird es im Fall der Klage eines einzelnen Wohnungseigentümers gegen die übrigen Wohnungseigentümer für diese nicht immer einfach sein, einen **Rechtsanwalt** zu finden, der für einen im Einzelfall möglicherweise **niedrigen Streitwert** zur **Übernahme des Mandats** bereit ist. Ist etwa der Beschluss der Wohnungseigentümer aus einer Gemeinschaft mit 100 Eigentümern über eine Sanierungsmaßnahme, die Kosten in Höhe von 100 000 Euro verursacht, von einem Miteigentümer angefochten, auf den durch die Sanierung Kosten in Höhe von 1000 Euro zukämen, beträgt der Streitwert nach der zu dem neuen § 49a GKG vorgeschlagenen Regelung 5000 Euro, nämlich das Fünffache seines Interesses von 1000 Euro. Dieser **Streitwert** würde auch für den **Rechtsanwalt** gelten, **der die übrigen**, die Sanierungsmaßnahme bejahenden Miteigentümer **vertritt**, obwohl deren Interesse an der gerichtlichen Entscheidung 100 000 Euro entspricht.

492   Es muss im Interesse aller übrigen Wohnungseigentümer möglich sein, dass der Verwalter für diese einen Rechtsanwalt beauftragen und mit ihm eine insbesondere dem gesteigerten **Haftungsrisiko** angemessene Vergütung vereinbaren kann. Eine vorherige Ermächtigung des Verwalters durch einen Beschluss der Wohnungseigentümer ist in aller Regel aus Zeitgründen nicht möglich. Die Bundesregierung schlägt daher eine Regelung in den neuen § 27 Abs. 2 Nr. 5 und Abs. 3 Nr. 6 WEG vor, die den Verwalter **gesetzlich ermächtigt**, wegen eines **Rechtsstreits über Rechte und Pflichten der Wohnungseigentümer untereinander** und wegen eines **Rechtsstreits über die Rechte und Pflichten zwischen der Gemeinschaft und den Wohnungseigentümern** sowie wegen eines **Rechtsstreits über die Gültigkeit von Beschlüssen der Wohnungseigentümer**[4] eine Vergütung mit einem Rechtsanwalt für die **übrigen** Wohnungseigentümer zu vereinbaren. Die **Höhe** der **vereinbarten Vergütung** soll auf das begrenzt werden, was der Rechtsanwalt nach dem regelmäßig festzusetzenden Streitwert in Höhe von 50 Prozent des Wertes des Interesses aller Beteiligten erhalten würde. Im genannten Beispielsfall könnte der Verwalter eine Vergütung auf der Basis eines Streitwertes von bis zu 50 000 Euro mit dem Rechtsanwalt vereinbaren.

---

1 Die Bundesregierung spricht hier fälschlich von einer „Vergütungsvereinbarung"; in Wirklichkeit handelt es sich um eine „Streitwertvereinbarung"!
2 BT-Drucks. 16/887, Anlage 3, S. 77.
3 BT-Drucks. 16/887, Anlage 2, S. 53 f.
4 Vgl. hierzu auch den neuen § 43 WEG.

ee) Beschlusskompetenz hinsichtlich einer Erweiterung der Vertretungsmacht

In der neuen § 27 Absatz 3 Nummer 7 des Satzes 1 wird den Wohnungseigentümern 493
sodann die **Beschlusskompetenz** eingeräumt, dem Verwalter durch **Stimmenmehrheit** eine **weiter gehende Vertretungsmacht** zu erteilen. Insoweit geht der Entwurf
im Interesse der **Handlungsfähigkeit** der Gemeinschaft bewusst über die Möglichkeiten des neuen Absatzes 2 hinaus. Im Rahmen des Absatzes 2 sind die Wohnungseigentümer zwar ebenfalls befugt, durch Beschluss **weiter gehende Vertretungsbefugnisse** einzuräumen. Indes bezieht sich diese Kompetenz nur auf die Geltendmachung von Forderungen. Nach dem neuen § 27 Abs. 3 Nr. 7 WEG kann dagegen
auch eine **umfassendere Vertretungsmacht** erteilt werden. Der Entwurf sieht vor,
dass für eine solche Beschlussfassung stets die Stimmenmehrheit genügt. Dadurch
wird zum Ausdruck gebracht, dass eine solche Vertretungsmacht mit dem Grundsatz der ordnungsmäßigen Verwaltung in Einklang steht und die Wohnungseigentümer eine Beschlusskompetenz haben.

ff) Vertretungsorgan des Verbandes bei Fehlen eines Verwalters

Zu Satz 2 des Abs. 3: Die Wohnungseigentümer sind gemäß dem neuen Satz 1 in der 494
Lage, auf praktikable und einfache Weise die umfassende Handlungsfähigkeit der
Gemeinschaft herzustellen. Da die Gemeinschaft zukünftig jedoch **selbst rechts-
fähig** ist, muss im Interesse des Rechtsverkehrs ein **Vertretungsorgan** auch für den
Fall bereitstehen, dass die Wohnungseigentümer sich nicht dazu entschließen können oder wollen, einen Verwalter zu bestellen. Insbesondere muss auch für diese
Fälle die Prozessfähigkeit der Gemeinschaft sichergestellt werden. Fehlt ein Verwalter, wäre eine gegen die Gemeinschaft gerichtete Klage sonst schon aus diesem
Grund **als unzulässig** abzuweisen, obwohl der Kläger einen entsprechenden Mangel
der Prozessfähigkeit weder erkennen noch beseitigen könnte[1]. Deshalb sieht Satz 2
des neuen Absatzes 3 vor, dass die Gemeinschaft immer dann, wenn **ein Verwalter
fehlt** oder er **nicht zur Vertretung berechtigt** ist, von allen Wohnungseigentümern
vertreten wird. Möchten die Wohnungseigentümer einen Verwalter nicht bestellen
oder ihn nicht zur Vertretung ermächtigen, können sie nach Satz 3 auch einen oder
mehrere Wohnungseigentümer zur Vertretung ermächtigen. Diese Regelungen genügen dem Interesse des Rechtsverkehrs und berücksichtigen, dass es künftig einen
Notverwalter nicht mehr geben soll (Aufhebung des § 26 Abs. 3 WEG).

Zu den in **Absatz 2 und 3** genannten Maßnahmen führt der **Rechtsausschuss des** 495
Deutschen Bundestages aus[2], dass der Verwalter hieraus nicht nur **berechtigt**, son-

---

1 Bork, Wider die Rechtsfähigkeit der Wohnungseigentümergemeinschaft – eine resignierende
Polemik, ZIP 2005, 1205, 1207; Hügel, Die Teilrechtsfähigkeit der Wohnungseigentümergemeinschaft und ihre Folgen für die notarielle Praxis, DNotZ 2005, 753, 764; Rapp, Wohnungseigentümergemeinschaft oder Verein der Wohnungseigentümer, MittBayNot 2005,
449, 452; Bub/Petersen, Zur Teilrechtsfähigkeit der Wohnungseigentümergemeinschaft, NJW
2005 2590, 2591; Götting, Vertragspartner WEG – Ende mit Schrecken oder ein Schrecken
ohne Ende, ZflR 2005, 623, 624.
2 BT-Drucks. 16/3843, S. 51 ff.

dern im Rahmen seiner Vertretungsmacht **auch verpflichtet** wird, wenn dies zur ordnungsmäßigen Erfüllung seiner Aufgaben erforderlich ist. Dies folgt bereits aus den mit dem Amt und dem Verwaltervertrag übernommenen Pflichten, zu deren Erfüllung die verliehene Vertretungsmacht gerade ermächtigen soll, und bedarf – wie nach bisherigem Recht – keiner ausdrücklichen Regelung.

496   Die in dem neuen **Absatz 2 Nr. 2 und Nr. 4** und in dem neuen **Absatz 3 Nr. 2 und Nr. 6** vorgesehene Vertretungsmacht des Verwalters in **Passivprozessen** ist zu erweitern, damit auch Klagen **Dritter** erfasst werden. Dies liegt im Interesse der Rechtsverfolgung durch Gläubiger der Gemeinschaft und beeinträchtigt die Belange der Wohnungseigentümer nicht. Deshalb ist in diesen Vorschriften jeweils auch auf die Regelung des § 43 Nr. 5 WEG (**Zuständigkeit des Amtsgerichts für Klagen Dritter**) zu verweisen. Damit umfasst die Prozessführungsbefugnis des Verwalters auch Klagen Dritter gegen die Wohnungseigentümer oder gegen die teilrechtsfähige Gemeinschaft.

497   Nach dem neuen **Absatz 2 Nr. 2** ist der Verwalter auch berechtigt, den Rechtsstreit eines oder mehrerer Wohnungseigentümer gegen die übrigen Wohnungseigentümer wegen Beschlussanfechtung (vgl. den neuen § 46 Abs. 1 Satz 1 WEG) zu führen. Dies entspricht dem bisherigen Recht und folgt aus Sinn und Zweck der Regelung. Die Formulierung des Absatzes 2 Halbsatz 1 „im Namen aller Wohnungseigentümer" steht dem nicht entgegen.

gg) Befugnisse des Verwalters können weiterhin nicht eingeschränkt werden

498   In § 27 Absatz 4 wird klargestellt, dass die Befugnisse des Verwalters auch nach dem neuen **Absatz 3** durch Vereinbarung der Wohnungseigentümer nicht eingeschränkt werden können.

hh) Weitergeltende Verpflichtung des Verwalters zur Trennung eigener und fremder Gelder

§ 27 Absatz 5 entspricht inhaltlich weitgehend dem **bisher** geltenden Absatz 4. Dieser regelt, dass der Verwalter verpflichtet ist, **Gelder der Wohnungseigentümer** von seinem Vermögen gesondert zu halten. Da der Verwalter nach neuer Rechtslage **Gelder der Gemeinschaft der Wohnungseigentümer** zu verwalten hat, wird in dem neuen Satz 1 der Wortlaut der Vorschrift entsprechend angepasst und allgemein formuliert, dass der Verwalter eingenommene Gelder von seinem Vermögen gesondert zu halten hat. Außerdem wird im neuen Satz 2 zur Vermeidung unzutreffender Rückschlüsse aus dem neuen Absatz 3 Satz 1 Nr. 7 klargestellt, dass die **Verfügungsbeschränkung** durch **Vereinbarung** oder **Mehrheitsbeschluss** getroffen werden kann.

ii) Vollmachts- und Ermächtigungsurkunde für Verwalter

In Absatz 6 wird mit Rücksicht auf die in dem neuen Absatz 3 vorgesehene gesetz- 499
liche Ermächtigung des Verwalters klargestellt, dass dieser auch eine entsprechende
Urkunde (**Ermächtigungsurkunde**) verlangen kann.

2. Bewertung der gesetzlichen Neuregelung

Wolf-Rüdiger Bub hält in seiner Stellungnahme zur Anhörung im Rechtsausschuss[1] 500
die – auf Grund der Teilrechtsfähigkeit vom Gesetzgeber für nötig gehaltene – Einführung einer Doppelstellung des Verwalters (Vertretungsmacht für die Wohnungseigentümer, § 27 Abs. 2, und Vertretungsmacht für die Eigentümergemeinschaft,
§ 27 Abs. 3) für übereilt. Die Rechtskreise von Eigentümergemeinschaft und einzelnen Wohnungseigentümern seien noch gar nicht durch die Rechtsprechung und
Literatur herausgearbeitet worden. Eine Novellierung des WEG hätte aber auch zum
Anlass genommen werden müssen, die Stellung des Verwalters neu zu bestimmen
und insbesondere seine Stellung als „im Außenverhältnis unbeschränktes Organ der
Gemeinschaft" auszugestalten.

Dieser Kritik kann ich mich grundsätzlich anschließen. Die Konsequenzen aus der 501
Teilrechtsfähigkeitsentscheidung des BGH[2] sind derzeit nur ansatzweise diskutiert
worden, keinesfalls sind sie so geklärt, dass der Gesetzgeber eine sinnvolle Regelung
hätte treffen können.

a) Übersicht über die Neuregelungen

Das Gesetz unterscheidet in § 27 WEG nunmehr zwischen 502

– Berechtigungen und Verpflichtungen gegenüber den Wohnungseigentümern und
  gegenüber dem Verband (**Abs. 1**),
– Berechtigungen mit Wirkung für und gegen die Wohnungseigentümer (**Abs. 2**),
– Berechtigungen mit Wirkung für und gegen den Verband (**Abs. 3**).

Soweit der **Rechtsausschuss** die Meinung vertritt[3], die in § 27 **Abs. 2** und **Abs. 3** 503
WEG enthaltenen Berechtigungen stellten auch zugleich eine **Verpflichtung** dar, ist
das nach dem jetzt verwirklichten Gesetzeswortlaut falsch. Der Gesetzgeber hätte
dies – insbesondere, da er die **bisherige** Diskussion in der Fachwelt kannte – ausdrücklich so regeln müssen. Er hätte also die gesetzlichen Berechtigungen auch als
gesetzliche Verpflichtungen ausbilden müssen. Ob der Verwalter **nach seinem Verwaltervertrag**, den er mit der Eigentümergemeinschaft (dem Verband) abgeschlossen
hat, eine an den Berechtigungen orientierte **Verpflichtung** übernimmt, ist eine völlig
andere Frage.

---

1 Protokoll der 23. Sitzung des Rechtsausschusses des Deutschen Bundestages v. 18.9.2006,
  S. 89–97.
2 BGH, Beschl. v. 2.6.2005 – V ZB 32/05, BGHZ 163, 154 = BGHR 2005, 1090 = MDR 2005,
  1156 = ZWE 2005, 422 = ZMR 2005, 547 = NJW 2005, 2061.
3 BT-Drucks. 16/3843, S. 51 ff.

504   • Die aus dem neuen **§ 27 Abs. 1 WEG** resultierenden Rechte und Pflichten gegenüber den Wohnungseigentümern/dem Verband unterscheiden sich nicht wesentlich von den bisherigen Rechten und Pflichten des Verwalters. Lediglich die Nr. 7 ist neu (**Informationspflicht** des Verwalters über anhängige Rechtsstreitigkeiten).

505   • Die **Rechte des Verwalters** gegenüber allen Wohnungseigentümern sind in **§ 27 Abs. 2 WEG** gegenüber dem bisherigen Recht **erweitert** worden. Der Verwalter darf nunmehr **Passivprozesse** führen und eine **Streitwertvereinbarung** mit einem Rechtsanwalt treffen.

506   • **§ 27 Abs. 3 WEG** bezieht sich auf die Rechte des Verwalters gegenüber dem **Verband** und erweitert diese ebenfalls wie in Abs. 2. Auch bezüglich des Verbandes darf der Verwalter **Passivprozesse** führen und mit einem Rechtsanwalt eine **Streitwertvereinbarung** treffen.

507   • Die bisherige Bestimmung, dass die Aufgaben und Befugnisse des Verwalters **nicht eingeschränkt** werden dürfen, ist in **§ 27 Abs. 4 WEG** beibehalten worden; zur im Prinzip unnötigen „Klarstellung" ist noch eingefügt worden, dass die Aufgaben und Befugnisse auch nicht „ausgeschlossen" werden dürfen.

508   • Der Verwalter ist nach **§ 27 Abs. 5 WEG** weiterhin verpflichtet, **eingenommene** Gelder von seinem Vermögen gesondert zu halten. In dem neuen § 27 Abs. 3 Nr. 5 WEG ist nunmehr auch vorgesehen, dass der Verwalter Konten **für den Verband** (also auf den Namen des Verbandes) führen darf. Dies stellt eine gesetzliche Ermächtigung dar, die auch gegenüber Banken wirkt und den Streit über die Benennung des Kontos wohl beenden kann. Nach meiner Auffassung ist der Verwalter aber keinesfalls **verpflichtet**, Konten auf den Namen der Gemeinschaft zu führen, sondern kann sie auch weiterhin auf seinen Namen laufen lassen. Die unverbindliche Äußerung des Rechtsausschusses (vgl. oben) zu der Parallelität von Rechten und Pflichten aus den Absätzen 2 und 3 beeindruckt mich nicht. Im Übrigen kann die Eigentümergemeinschaft auch durchaus Interesse haben, dass der Verwalter das gemeinschaftliche Konto weiterhin auf seinen Namen führt, bleiben damit doch eventuelle Risiken aus der Kontoführung bei dem Verwalter.

509   Wenn die Konten auf den Namen der Gemeinschaft geführt werden, ist die Gemeinschaft gleichwohl nicht davor geschützt, dass Gelder veruntreut werden. Dazu ist eine Verfügungsbeschränkung (im Sinne des Abs. 5 Satz 2) notwendig. Die in Abs. 5 Satz 2 eingefügte „Klarstellung", dass eine solche Verfügungsbeschränkung durch Vereinbarung oder einen Beschluss geregelt werden kann, ist nach meiner Auffassung überflüssig.

b) Die Berechtigung des Verwalters zur Prozessführung

510   Der Verwalter hat nunmehr eine gesetzliche Berechtigung zur Prozessführung nach § 27 Abs. 2 Nr. 2, und zwar

– im Namen aller Wohnungseigentümer zur

– Führung von Passivprozessen im Sinne des neuen § 43 ...

- **Nr. 1** = Streitigkeiten über Rechte und Pflichten der *Wohnungseigentümer* untereinander
- **Nr. 4** = Beschlussanfechtungsklagen
- **Nr. 5** = Klagen Dritter gegen den Verband oder die Wohnungseigentümer (der „Verband" ist hier wohl irrtümlich aufgenommen worden).

Weiterhin hat der Verwalter nunmehr eine gesetzliche Berechtigung zur Prozessführung nach § 27 Abs. 3 Nr. 2, und zwar   511

– im Namen des Verbandes zur
– Führung von Passivprozessen im Sinne des neuen § 43 ...

- **Nr. 2** = Rechte und Pflichten des *Verbandes*/der *Wohnungseigentümer*
- **Nr. 5** = Klagen Dritter gegen den Verband.

c) Berechtigung des Verwalters zur Streitwertvereinbarung

Bei einer Streitwertvereinbarung sollte der Verwalter zuerst den neuen § 49a GKG   512
beachten, nach dem der Streitwert begrenzt ist. Die neue Berechtigung des Verwalters, mit einem Rechtsanwalt eine **Streitwertvereinbarung** zu treffen (die keine Gebührenvereinbarung ist!), beruht auf den **Ermächtigungsgrundlagen**

– neuer § 27 Abs. 2 Nr. 4 WEG
– neuer § 27 Abs. 3 Nr. 6 WEG.

Die Vereinbarungsmöglichkeiten stimmen mit den Berechtigungen des Verwalters zur Passivprozessführung überein.

Der Verwalter muss bei einer Vereinbarung mit einem Rechtsanwalt § 16 Abs. 8   513
WEG bei den Abrechnungen beachten: Kosten, die auf Streitwertvereinbarung beruhen, gehören zu den Kosten der Verwaltung. Diese **Mehrkosten, aber nur diese (!)**, dürfen deshalb auch auf die Prozessgegner umgelegt werden.

d) Informationsverpflichtung des Verwalters

Der Verwalter hat nunmehr die gesetzliche Pflicht (**§ 27 Abs. 1 Nr. 7 WEG**), die   514
Wohnungseigentümer darüber zu informieren, dass ein Rechtsstreit nach § 43 WEG anhängig ist. Diese Information muss nach der gesetzlichen Regelung „unverzüglich" erfolgen. Da das Gesetz keinerlei Einschränkungen auf Passivprozesse enthält, erfasst die Informationspflicht damit auch Aktivprozesse der Eigentümergemeinschaft. Konkret bedeutet das, dass der Verwalter die Wohnungseigentümer über **alle** anhängigen Rechtsstreite informieren muss, auch z.B. solche, die lediglich Hausgeldansprüche betreffen.

Die **Verletzung der Pflicht** muss nach meiner Auffassung, obwohl dies im Gesetz nicht erwähnt ist, eine **Abberufung des Verwalters** nach sich ziehen. Wenn schon – wie oben bei **§ 26 Abs. 1 WEG** erwähnt – eine Lappalie, wie die fehlerhafte Führung der Beschluss-Sammlung, zu einer Abberufung führen kann, muss dies auch und erst recht für den Fall gelten, dass der Verwalter seiner Informationspflicht nicht nachkommt. **Hier** werden die **Interessen** der Eigentümer sehr viel stärker berührt als bei der Beschluss-Sammlung. Die Wohnungseigentümer müssen unverzüglich wissen, welche rechtlichen Risiken auf sie zukommen und in welchem Streitfeld sie sich bewegen müssen.

e) Das Risiko des Verwalters bei der Führung von Passivprozessen

515 Der Verwalter ist jetzt gesetzlich ermächtigt, Passivprozesse für die Gemeinschaft zu führen. In der gesetzlichen Regelung **fehlt** allerdings die **Berechtigung** zur **Beauftragung eines Rechtsanwalts.** Das hat der Gesetzgeber offensichtlich einfach vergessen. Nur aus der Prozessführungsbefugnis einerseits und der Berechtigung zur Streitwertvereinbarung ergibt sich, dass der Verwalter auch dazu berechtigt sein muss, einen Rechtsanwalt zu beauftragen. Eine **Verpflichtung** für den Verwalter, solche Passivprozesse zu führen und einen Rechtsanwalt zu beauftragen und mit diesem eine Streitwertvereinbarung abzuschließen, existiert allerdings nach meiner Auffassung **nicht.** Übernimmt der Verwalter nämlich diese Aufgaben, haftet er auch für die fehlerhafte Erledigung. Es wird dem Verwalter daher regelmäßig zu **empfehlen** sein, lediglich die zur Wahrung von Fristen notwendigen Maßnahmen zu ergreifen und sodann die Eigentümergemeinschaft – notfalls im Rahmen einer außerordentlichen Versammlung – über das **weitere Vorgehen entscheiden** zu lassen.

516 Bei der Streitwertvereinbarung wird auf den Verwalter sicher auch das Problem zukommen, dass der auf die Mandatsübernahme angesprochene Rechtsanwalt zwar einerseits bereit ist, eine Streitwertvereinbarung zu treffen, andererseits dann auch berechtigterweise darauf besteht, dass auch das **Haftungsrisiko** beschränkt wird. Es ist nämlich nicht einzusehen, dass der Streitwert reduziert wird, aber die Haftung des Rechtsanwalts nicht. Zu einer solchen **Haftungsbegrenzungsregelung** ist der Verwalter nach der gesetzlichen Lage **nicht befugt.**

517 In komplizierten und arbeitsaufwändigen wohnungseigentumsrechtlichen Angelegenheiten werden einige Rechtsanwälte auch nicht bereit sein, eine Streitwertvereinbarung nach der gesetzgeberischen Vorstellung abzuschließen. Einige Rechtsanwälte werden nicht einsehen, eine solche Angelegenheit, bei der das Interesse der Gemeinschaft 100 % höher ist als der Streitwert, für geringe Gebühren zu bearbeiten. Das wird für diejenigen Rechtsanwälte zutreffen, die Spezialwissen im wohnungseigentumsrechtlichen Bereich aufweisen und schon von vornherein erkennen können, welche Arbeit bei der Lösung der tatsächlichen und rechtlichen Probleme auf sie zukommt. Solche Anwälte werden entweder das Mandat nur übernehmen wollen, wenn der „echte" Streitwert angesetzt wird, oder wenn sogar eine Stundensatzvereinbarung abgeschlossen wird (was allerdings in manchen Fällen auch zu einer Kostenreduzierung führen kann). In diesem Fall reicht die gesetzliche Ermächtigung des Verwalters aber nicht. Der Verwalter ist **nicht berechtigt**, solche Vereinbarungen für die Gemeinschaft abzuschließen. Hierauf **muss** der Rechtsanwalt, dem ein Mandat angetragen wird, auch **hinweisen.**

518 Die gesetzliche Regelung ist in meinen Augen keineswegs eine Vereinfachung der Verwaltung; die am Gesetzgebungsverfahren Beteiligten haben offensichtlich weder

einen relevanten Praxisbezug, noch haben sie sich über die Praxis einer wohnungs-eigentumsrechtlichen Verwaltung beraten lassen. Dem Verwalter wird nicht die Verwaltung erleichtert, sondern erschwert, weil er jetzt **mehr Erklärungsnotwendigkeiten** haben wird, warum er unter der Geltung der neuen Ermächtigung eine **außerordentliche Eigentümerversammlung** einberuft, obwohl er doch eigentlich selbst entscheiden könnte.

Den vorsichtigen Verwalter sollte all dies jedoch nicht stören, sondern er sollte die **Entscheidungskompetenz** an denjenigen **zurückgeben**, dem sie zusteht: der Eigentümerversammlung. Daran hindert auch der § 27 Abs. 4 WEG nicht. 519

f) Das Risiko des Verwalters bei Vollstreckungsverfahren

Der **Rechtsausschuss** hat die – von mir nicht geteilte – Meinung vertreten[1], die 520 Rechte aus den **Absätzen 2 und 3** des § 27 WEG korrespondierten mit einer **Verpflichtung** des Verwalters. Wenn man das ernst nehmen würde, bedeutete das auch, dass der Verwalter von Dritten zur **Abgabe Eidesstattlicher Versicherungen** gezwungen werden könnte. Das halte ich allerdings für neben der Sache liegend. Der Verwalter ist, wie auch der neue **§ 45 Abs. 1 WEG** klarstellt, lediglich **Zustellungsvertreter** der Eigentümer. Er kann deshalb nicht zu einer Eidesstattlichen Versicherung für den Verband und erst recht nicht für die Wohnungseigentümer geladen werden.

ALT	NEU	
§ 28 Wirtschaftsplan, Rechnungslegung	**§ 28 Wirtschaftsplan, Rechnungslegung**	521
(1) Der Verwalter hat jeweils für ein Kalenderjahr einen Wirtschaftsplan aufzustellen. Der Wirtschaftsplan enthält:	(1) Der Verwalter hat jeweils für ein Kalenderjahr einen Wirtschaftsplan aufzustellen. Der Wirtschaftsplan enthält:	
1. die voraussichtlichen Einnahmen und Ausgaben bei der Verwaltung des gemeinschaftlichen Eigentums;	1. die voraussichtlichen Einnahmen und Ausgaben bei der Verwaltung des gemeinschaftlichen Eigentums;	
2. die anteilmäßige Verpflichtung der Wohnungseigentümer zur Lasten- und Kostentragung;	2. die anteilmäßige Verpflichtung der Wohnungseigentümer zur Lasten- und Kostentragung;	
3. die Beitragsleistung der Wohnungseigentümer zu der in § 21 Abs. 5 Nr. 4 vorgesehenen Instandhaltungsrückstellung.	3. die Beitragsleistung der Wohnungseigentümer zu der in § 21 Abs. 5 Nr. 4 vorgesehenen Instandhaltungsrückstellung.	
(2) Die Wohnungseigentümer sind verpflichtet, nach Abruf durch den Verwalter	(2) Die Wohnungseigentümer sind verpflichtet, nach Abruf durch den Verwalter	

---

1 BT-Drucks. 16/3843, S. 51 ff.

ALT	NEU
dem beschlossenen Wirtschaftsplan entsprechende Vorschüsse zu leisten.	dem beschlossenen Wirtschaftsplan entsprechende Vorschüsse zu leisten.
(3) Der Verwalter hat nach Ablauf des Kalenderjahres eine Abrechnung aufzustellen.	(3) Der Verwalter hat nach Ablauf des Kalenderjahres eine Abrechnung aufzustellen.
(4) Die Wohnungseigentümer können durch Mehrheitsbeschluss jederzeit von dem Verwalter Rechnungslegung verlangen.	(4) Die Wohnungseigentümer können durch Mehrheitsbeschluss jederzeit von dem Verwalter Rechnungslegung verlangen.
(5) Über den Wirtschaftsplan, die Abrechnung und die Rechnungslegung des Verwalters beschließen die Wohnungseigentümer durch Stimmenmehrheit.	(5) Über den Wirtschaftsplan, die Abrechnung und die Rechnungslegung des Verwalters beschließen die Wohnungseigentümer durch Stimmenmehrheit.

522 **§ 29 Verwaltungsbeirat**

(1) Die Wohnungseigentümer können durch Stimmenmehrheit die Bestellung eines Verwaltungsbeirats beschließen. Der Verwaltungsbeirat besteht aus einem Wohnungseigentümer als Vorsitzenden und zwei weiteren Wohnungseigentümern als Beisitzern.

(2) Der Verwaltungsbeirat unterstützt den Verwalter bei der Durchführung seiner Aufgaben.

(3) Der Wirtschaftsplan, die Abrechnung über den Wirtschaftsplan, Rechnungslegungen und Kostenanschläge sollen, bevor über sie die Wohnungseigentümerversammlung beschließt, vom Verwaltungsbeirat geprüft und mit dessen Stellungnahme versehen werden.

(4) Der Verwaltungsbeirat wird von dem Vorsitzenden nach Bedarf einberufen.

§ 29 Verwaltungsbeirat

(1) Die Wohnungseigentümer können durch Stimmenmehrheit die Bestellung eines Verwaltungsbeirats beschließen. Der Verwaltungsbeirat besteht aus einem Wohnungseigentümer als Vorsitzenden und zwei weiteren Wohnungseigentümern als Beisitzern.

(2) Der Verwaltungsbeirat unterstützt den Verwalter bei der Durchführung seiner Aufgaben.

(3) Der Wirtschaftsplan, die Abrechnung über den Wirtschaftsplan, Rechnungslegungen und Kostenanschläge sollen, bevor über sie die Wohnungseigentümerversammlung beschließt, vom Verwaltungsbeirat geprüft und mit dessen Stellungnahme versehen werden.

(4) Der Verwaltungsbeirat wird von dem Vorsitzenden nach Bedarf einberufen.

523 **4. Abschnitt**

§§ 30–42
betreffen Wohnungserbbaurecht

(hier nicht abgedruckt!)

4. Abschnitt

§§ 30–42
betreffen Wohnungserbbaurecht

(hier nicht abgedruckt!)

ALT	NEU

III. Teil

1. Abschnitt

Verfahren der freiwilligen Gerichtsbarkeit in Wohnungseigentumssachen

III. Teil

Im III. Teil wird der 1. Abschnitt mit der Überschrift gestrichen.

Die bisherigen §§ 43 bis 50 werden durch die folgenden §§ 43 bis 50 ersetzt.

§ 43 Entscheidung durch den Richter

(1) Das Amtsgericht, in dessen Bezirk das Grundstück liegt, entscheidet im Verfahren der freiwilligen Gerichtsbarkeit:

1. auf Antrag eines Wohnungseigentümers über die sich aus der Gemeinschaft der Wohnungseigentümer und aus der Verwaltung des gemeinschaftlichen Eigentums ergebenden Rechte und Pflichten der Wohnungseigentümer untereinander mit Ausnahme der Ansprüche im Falle der Aufhebung der Gemeinschaft (§ 17) und auf Entziehung des Wohnungseigentums (§§ 18, 19);

2. auf Antrag eines Wohnungseigentümers oder des Verwalters über die Rechte und Pflichten des Verwalters bei der Verwaltung des gemeinschaftlichen Eigentums;

3. auf Antrag eines Wohnungseigentümers oder Dritten über die Bestellung eines Verwalters im Falle des § 26 Abs. 3;

4. auf Antrag eines Wohnungseigentümers oder des Verwalters über die Gültigkeit von Beschlüssen der Wohnungseigentümer.

(2) Der Richter entscheidet, soweit sich die Regelung nicht aus dem Gesetz, einer Vereinbarung oder einem Beschluss der Wohnungseigentümer ergibt, nach billigem Ermessen.

(3) Für das Verfahren gelten die besonderen Vorschriften der §§ 44 bis 50.

§ 43 Zuständigkeit   524

Das Gericht, in dessen Bezirk das Grundstück liegt, ist ausschließlich zuständig für

1. Streitigkeiten über die sich aus der Gemeinschaft der Wohnungseigentümer und aus der Verwaltung des gemeinschaftlichen Eigentums ergebenden Rechte und Pflichten der Wohnungseigentümer untereinander;

2. Streitigkeiten über die Rechte und Pflichten zwischen der Gemeinschaft der Wohnungseigentümer und Wohnungseigentümern;

3. Streitigkeiten über die Rechte und Pflichten des Verwalters bei der Verwaltung des gemeinschaftlichen Eigentums;

4. Streitigkeiten über die Gültigkeit von Beschlüssen der Wohnungseigentümer;

5. Klagen Dritter, die sich gegen die Gemeinschaft der Wohnungseigentümer oder gegen Wohnungseigentümer richten und sich auf das gemeinschaftliche Eigentum, seine Verwaltung oder das Sondereigentum beziehen;

6. Mahnverfahren, wenn die Gemeinschaft der Wohnungseigentümer Antragstellerin ist. Insoweit ist § 689 Abs. 2 der Zivilprozessordnung nicht anzuwenden.

ALT	NEU

ALT

(4) An dem Verfahren Beteiligte sind:

1. in den Fällen des Absatzes 1 Nr. 1 sämtliche Wohnungseigentümer;

2. in den Fällen des Absatzes 1 Nr. 2 und 4 die Wohnungseigentümer und der Verwalter;

3. im Falle des Absatzes 1 Nr. 3 die Wohnungseigentümer und der Dritte.

➲ Erläuterungen zum neuen § 43 WEG

1. Die Begründung der Bundesregierung zur Gesetzesänderung[1]

525 Das Gericht entscheidet künftig in Verfahren in Wohnungseigentumssachen nach den Vorschriften der **ZPO**. Wie bisher wird es in der Sache um **Streitigkeiten der Wohnungseigentümer untereinander** oder **mit dem Verwalter** sowie um **Beschlussanfechtungen** gehen. Das Gesetz übernimmt insoweit den Regelungsgehalt des bisherigen § 43 Abs. 1 Nr. 1, 2 und 4 WEG. Der Regelungsgehalt des bisherigen § 43 Abs. 1 Nr. 3 WEG wird, soweit ein Wohnungseigentümer die **Verwalterbestellung** erstrebt, von dem neuen § 43 Nr. 1 WEG erfasst. Im Übrigen ist der Regelungsgehalt dieser Vorschrift entfallen, da es nach der Aufhebung des § 26 Abs. 3 WEG einen **Notverwalter** nicht mehr gibt.

526 Ausschließlich zuständig ist weiterhin das **Amtsgericht**, in dessen **Bezirk das Grundstück** liegt. Die örtliche Zuständigkeit wird dabei in dem Einleitungssatz des neuen § 43 WEG geregelt. Für Wohnungseigentumssachen sind **unabhängig vom Streitwert** die Amtsgerichte zuständig, was sich aus der Ergänzung in **§ 23 Nr. 2 Buchstabe c GVG** ergibt. Die Vorteile der **räumlichen Nähe** zum Gericht sowie des Nichtbestehens eines **Anwaltszwanges** bleiben auf diese Weise erhalten.

527 Im Rahmen ihrer Gegenäußerung[2] zu den Vorschlägen des Bundesrats führt die Bundesregierung aus, dass gemäß dem neuen § 10 Abs. 6 Satz 5 WEG die Gemeinschaft der Wohnungseigentümer im Rahmen ihrer Teilrechtsfähigkeit auch **parteifähig** ist (vgl. auch § 50 Abs. 1 ZPO). Sie kann also insoweit selbst Klägerin und Beklagte sein. Dies betrifft nicht nur Streitigkeiten mit Dritten, sondern auch **Streitigkeiten mit Wohnungseigentümern** (vgl. den neuen § 10 Abs. 6 Satz 2 und 3 WEG). Im neuen § 43 WEG ist deshalb enthalten, dass auch Streitigkeiten über die Rechte und Pflichten zwischen der Gemeinschaft der Wohnungseigentümer und Wohnungseigentümern erfasst werden.

---

1 BT-Drucks. 16/887, S. 35.
2 BT-Drucks. 16/887, Anlage 3, S. 72.

2. Die Vorschläge des Rechtsausschusses des Deutschen Bundestages[1]

Der Rechtsausschuss hat eine Einbeziehung von **Klagen Dritter** in den neuen § 43   528
WEG empfohlen. Mit dem **§ 43 Nr. 5** WEG wird nunmehr der Inhalt des bisherigen
§ 29b ZPO in das Wohnungseigentumsgesetz integriert. Deshalb kann § 29b ZPO
auch gestrichen werden. Für alle Wohnungseigentumssachen soll die ausschließliche örtliche Zuständigkeit des Gerichts, in dessen Bezirk das Grundstück liegt, in
nur einer Vorschrift konzentriert werden. Die frühere Unterscheidung zwischen
dem **ausschließlichen** Gerichtsstand nach dem alten § 43 WEG und dem **besonderen**
Gerichtsstand des bisherigen § 29b ZPO wird aufgegeben.

Der neue § 43 WEG wird der Teilrechtsfähigkeit der Gemeinschaft angepasst. Die   529
Gemeinschaft der Wohnungseigentümer kann gemäß dem neuen § 10 Abs. 6 Satz 5
WEG vor Gericht verklagt werden. Das **Gericht am Belegenheitsort** ist zuständig,
wenn die Klage gegen die Gemeinschaft gerichtet ist. Dieses Gericht ist ferner für
wohnungseigentumsbezogene Klagen Dritter zuständig, mit denen alle oder einzelne Wohnungseigentümer in Anspruch genommen werden.

Gleiches gilt für **frühere Mitglieder** einer Wohnungseigentümergemeinschaft, auch   530
wenn diese nun nicht mehr ausdrücklich im Gesetz erwähnt werden. Für die bisherige Rechtslage (vgl. die bisherigen §§ 43, 46 WEG und den § 17a GVG) ist es anerkannt, dass das Wohnungseigentumsgericht – nicht das Prozessgericht – auch für
die Entscheidung über Ansprüche aus dem Gemeinschaftsverhältnis zuständig ist,
die gegen einen oder von einem Wohnungseigentümer geltend gemacht werden,
auch wenn er bereits vor Rechtshängigkeit der Wohnungseigentumssache aus der
Wohnungseigentümergemeinschaft ausgeschieden ist[2]. An dieser **weiten Auslegung**
der Zuständigkeit des Wohnungseigentumsgerichts soll die neue Gesetzesvorschrift
nichts ändern, und zwar weder im Hinblick auf die Fallgruppen, die aus dem bisherigen § 43 WEG übernommen worden sind, noch im Hinblick auf den neu eingefüg-
ten § 43 Nr. 5 WEG.

Der neue **§ 43 Nr. 6** WEG übernimmt in modifizierter Form die Zuständigkeitsre-   531
gelung für das **Mahnverfahren** im bisherigen § 46a Abs. 1 Satz 2 WEG. Die Neuregelung bewirkt dabei einerseits eine **Beschränkung** und andererseits eine **Erweiterung** der Zuständigkeit des Gerichts am Belegenheitsort der Wohnanlage. Im Hinblick auf die „**Binnenstreitigkeiten**" des neuen § 43 Nr. 1 bis Nr. 4 WEG führt der
neue § 43 Nr. 6 WEG insofern zu einer Beschränkung der bisherigen Zuständigkeit,
als nur noch auf **Mahnverfahren** abgestellt wird, in denen die **Gemeinschaft der
Wohnungseigentümer** Antragstellerin ist. Nach derzeitiger Rechtslage entspricht
dies Verfahren, in denen **sämtliche Wohnungseigentümer** mit Ausnahme des Antragsgegners gegen diesen vorgehen, wobei **Verfahrensgegenstand** regelmäßig **Hausgeldforderungen** sind. Eine weitere, in der Praxis weniger relevante Fallgruppe sind
Schadensersatzansprüche aller Wohnungseigentümer **gegen den Verwalter.** Künftig

---

1 BT-Drucks. 16/3843, S. 54 ff.
2 BGH, Beschl. v. 26.9.2002 – V ZB 24/02, BGHZ 152, 136 = ZMR 2002, 941 = NJW 2002, 3709
  = NZM 2002, 1003 = WuM 2003, 52.

sind solche Forderungen von der **Gemeinschaft der Wohnungseigentümer** geltend zu machen[1].

532   Auf Mahnanträge der Gemeinschaft sind die für die Einführung der Regelung des bisherigen § 46a Abs. 1 Satz 2 WEG maßgeblichen Erwägungen, dass eine Einigung über eines von mehreren in Betracht kommenden Wohnsitzgerichten schwierig sein könnte[2], zwar nicht übertragbar. Gleichwohl erscheint es angezeigt, für derartige Mahnanträge die ausschließliche Zuständigkeit des Gerichts am Belegenheitsort der Wohnanlage vorzusehen. Denn die Gemeinschaft der Wohnungseigentümer hat **keinen „Sitz"** im Sinne des § 17 Abs. 1 Satz 1 ZPO, so dass für die Bestimmung des zuständigen Mahngerichts gemäß § 689 Abs. 2 Satz 1 ZPO i.V.m. § 17 Abs. 1 Satz 2 ZPO auf den Ort, an dem die **Verwaltung geführt** wird, abgestellt werden müsste. Dies wäre aber unbefriedigend, da in Abhängigkeit davon, ob ein Verwalter vorhanden ist und wo die Verwaltung geführt wird, unterschiedliche Gerichte für die Mahnanträge einer Wohnungseigentümergemeinschaft zuständig wären.

533   Während demnach die Regelung aus dem bisherigen § 46a Abs. 1 Satz 2 WEG für Mahnanträge der Gemeinschaft der Wohnungseigentümer übernommen wird, wird hiervon für die übrigen **„Binnenstreitigkeiten"** abgesehen. Insoweit besteht kein Bedürfnis für eine von der Zuständigkeitsregelung des § 689 Abs. 2 ZPO abweichende Regelung. Der bisherige § 46a Abs. 1 Satz 2 WEG war unnötig weit gefasst, da etwa für den Mahnantrag eines Wohnungseigentümers gegen einen anderen Wohnungseigentümer oder den Verwalter das nach § 689 Abs. 2 ZPO zuständige Mahngericht ohne Schwierigkeiten ermittelt werden kann. Es kommt im Mahnverfahren auch nicht auf die besondere Ortsnähe oder Sachkunde des Wohnungseigentumsgerichts an, da das Mahnverfahren ausschließlich schriftlich durchgeführt wird und lediglich der Feststellung dient, ob der Anspruch streitig oder unstreitig ist. Die Rechtslage ist insofern vergleichbar mit der in Mietsachen: Auch hier kommt der ausschließliche Gerichtsstand des § 29a ZPO nicht bereits im Mahnverfahren (vgl. § 689 Abs. 2 Satz 3 ZPO), sondern erst dann zum Tragen, wenn die Sache auf Grund eines Widerspruchs oder Einspruchs an das Gericht der Belegenheit abgegeben wird.

2. Bewertung der gesetzlichen Neuregelung

a) Allgemeines

534   Das neue wohnungseigentumsrechtliche Verfahren richtet sich nunmehr vollständig nach den Bestimmungen der ZPO. Das bedeutet, dass das erkennende Gericht **keine Amtsermittlungspflicht** mehr hat, sondern die Parteien alle für sie günstigen Tatsachen vortragen müssen (**Beibringungsgrundsatz**). Lediglich aus den §§ 139 ZPO, 46 Abs. 2 WEG werden sich für das Gericht **Hinweispflichten** ergeben.

---

1 Vgl. aber schon die – von der Bundesregierung nicht erwähnte – Entscheidung des BGH, Beschl. v. 15.12.1988 – V ZB 9/88, BGHZ 106, 222 = MDR 1989, 436 = ZMR 1989, 182 = NJW 1989, 1091 = DWE 1989, 66.

2 Vgl. BT-Drucks. 11/3621, S. 28 Buchstabe b).

Im Verfahren wird es zukünftig – entsprechend den ZPO-Regeln – Versäumnis- 535
urteile und echte Anerkenntnisurteile geben.

Das Verfahren nach der ZPO – das wird sich in der Praxis schnell herausstellen – 536
passt nicht auf Verfahren mit solch vielen Beteiligten. Es ist auch nicht das angemessene Verfahren im Hinblick auf das enge nachbarschaftliche Verhältnis der
Wohnungseigentümer; dieses erfordert eine freiere Handhabungsmöglichkeit für die
Gerichte. Bei dem strengen ZPO-Verfahren wird es zukünftig eher zu Befangenheits-
anträgen kommen als in der Vergangenheit. Die Streitschlichtungsfunktion des
FGG-Verfahrens konnte früher eher in Anspruch genommen werden, als dies jetzt
nach der ZPO möglich sein wird.

Einen weiteren großen Nachteil **für die Gerichte** wird das ZPO-Verfahren zusätzlich 537
haben. Bisher konnte das Gericht frei darüber bestimmen, ob es eine einstweilige
Anordnung (§ 44 Abs. 3 WEG **alt**) erlässt oder nicht. Solche einstweiligen Anordnungen wurden – da der Verfahrensvertreter die restriktive Handhabung dieses Instruments bei den Gerichten kannte – selten **angeregt**. Den Mandanten – die ganz häufig
auf eine „einstweilige Verfügung" drängten! – konnte in der Beratung schnell deutlich gemacht werden, dass die Anregung einer einstweiligen Anordnung zwar erfolgen könne, aber meist erfolglos sein würde[1]. In Zukunft wird es wohl zu einer **Vielzahl von Einstweiligen Verfügungsanträgen** kommen, über die dann die Gerichte
förmlich entscheiden müssen. Der anwaltliche Vertreter wird die Möglichkeit eines
Antrages auf Erlass einer Einstweiligen Verfügung stets im Auge behalten und dies
auch mit den Mandanten besprechen müssen, um nicht selbst in die Haftung zu
geraten. Auf die Gerichte wird deshalb nach meiner Einschätzung eine erhebliche
Mehrarbeit zukommen.

b) Eine Erschwerung der Verwaltertätigkeit – Außergerichtliche Streitschlichtung

Mit der Überführung des wohnungseigentumsrechtlichen Verfahrens aus dem Ver- 538
fahrensrecht des Gesetzes über die freiwillige Gerichtsbarkeit (FGG) in das ZPO-
Verfahren wird es für die Verwalter und die Wohnungseigentümergemeinschaft bei
der Beitreibung von Hausgeldern eine **neue Hürde** geben. Bisher konnten die Haus-
gelder der Eigentümergemeinschaften sofort mit einem Antrag beim Amtsgericht
geltend gemacht werden, ohne zuvor ein Mahnbescheidsverfahren oder ein Güteve-
fahren durchzuführen. Der § 15a EGZPO und die auf dieser Grundlage erlassenen
Güte- und Schlichtungsgesetze der Länder[2] galten für die wohnungseigentumsrechtlichen Verfahren nicht. Durch die Überführung in das ZPO-Verfahren gibt es aber
keinen Grund mehr, bei wohnungseigentumsrechtlichen Zahlungsansprüchen eine
Ausnahme von dieser Prozessvoraussetzung zu machen.

---

1 Man konnte die eAO ohne Übertreibung als „das Ding mit den drei F" (formlos, fristlos und
  fruchtlos) bezeichnen!
2 Folgende Länder haben von der Ermächtigung in § 15a EGZPO Gebrauch gemacht: Baden-
  Württemberg, Bayern, Brandenburg, Hessen, Nordrhein-Westfalen, Saarland, Sachsen-Anhalt
  und Schleswig-Holstein.

539   Nach § 15a EGZPO können die Länder Schlichtungsverfahren für Zahlungsansprüche bis zu einem Betrag von 750 Euro vorsehen; Güte- und Schlichtungsgesetze der Länder sehen unterschiedliche Grenzen vor (§ 10 Güte- und Schlichtungsgesetz NRW sieht z.B. eine Grenze von 600 Euro vor). Bei Zahlungsansprüchen bis zu einer solchen Höhe muss eine Güte- und Schlichtungsstelle angerufen oder ein gerichtliches Mahnverfahren beantragt werden, bevor eine Klage vor dem Amtsgericht erhoben werden darf (die gesetzlichen Ausnahmen sind zu beachten: 1. in § 15a EGZPO: wenn die Parteien nicht im selben Land wohnen, 2. beispielsweise in § 11 GüSchlGNRW, wenn die Parteien in verschiedenen Landgerichtsbezirken wohnen bzw. ihren Sitz haben). Da die **örtliche Zuständigkeit** für dieses Schlichtungsverfahren sich nicht (!) nach dem Belegenheitsort des gemeinschaftlichen Objekts richtet, ist das Güteverfahren am **Ort des Schuldners** durchzuführen.

540   Das heißt, der **Verwalter** und der **anwaltliche Vertreter** müssen jetzt berücksichtigen, dass die Durchführung eines Vorverfahrens notwendig ist und deshalb entweder das **Vorverfahren** durchführen oder ein **gerichtliches Mahnverfahren** vorschalten. Dies **erleichtert** selbstverständlich **nicht** die Beitreibung von Hausgeldern, sondern **erschwert** die Verwaltung von Wohnungseigentum. Bisher konnten die Hausgeldverfahren zügig erledigt werden, weil die meisten Amtsgerichte im schriftlichen Verfahren entschieden haben und die Antragsteller regelmäßig nach ca. 4 bis 6 Wochen einen Titel vorliegen hatten. Zukünftig wird es so sein, dass durch die Mahnbescheidszustellung dem Hausgeldschuldner auch gleichzeitig die Möglichkeit eröffnet wird, auf einfachem Wege Widerspruch nur zum Zwecke der Verzögerung einzulegen. Noch länger dauern nach meiner Erfahrung Schlichtungsverfahren, abgesehen davon, dass sie auch noch am Ort des Schuldners durchzuführen sind und die Schlichter regelmäßig mit wohnungseigentumsrechtlichen Fragen völlig überfordert sind.

541   Ein obligatorisches Schlichtungsverfahren muss **vor Klageerhebung** durchgeführt werden[1]. Der Bundesgesetzgeber ist, wie sich aus den Gesetzesmaterialien ergibt, bei der Formulierung des § 15a EGZPO davon ausgegangen, dass das Schlichtungsverfahren **nicht nachgeholt** werden kann und eine vor Durchführung dieses Verfahrens erhobene Klage **unzulässig** ist. Die angestrebten Ziele einer Justizentlastung und einer raschen und kostengünstigen Konfliktbereinigung lassen sich nur durch ein **vorgeschaltetes Verfahren** erreichen.

542   Ist ein nach **§ 1 Abs. 1 Satz 1 BadWürttSchlG** vorgeschriebenes Schlichtungsverfahren vor Klageerhebung durchgeführt worden, macht eine im Verlauf des Rechtsstreits erfolgte **zulässige Klageerweiterung oder -änderung** einen neuen außergerichtlichen Schlichtungsversuch nicht erforderlich[2].

543   **Zur Kostenerstattung:** Im obligatorischen Güteverfahren nach § 15a EGZPO entstandene Anwaltskosten sind unter dem Gesichtspunkt, dass es sich bei diesen Kosten um unmittelbar prozessbezogene notwendige Vorbereitungskosten nach

---

1 BGH, Urt. v. 23.11.2004 – VI ZR 336/03, BGHZ 161, 145 = MDR 2005, 285 = BGHReport 2005, 387 = MZR 2005, 181 = NJW 2005, 437.
2 BGH, Urt. v. 22.10.2004 – V ZR 47/04, MDR 2005, 265 = BGHReport 2005, 326 = NJW-RR 2005, 501.

§ 91 Abs. 1 Satz 1 ZPO handelt, trotz **Art. 17 BaySchlG** grundsätzlich erstattungsfähig[1]. So auch das LG Mönchengladbach[2] für die NRW-Regelung. Die Kosten eines Güteverfahrens sind **selbst dann** Kosten des Rechtsstreits im Sinne von § 91 ZPO, wenn das Güteverfahren nicht durchgeführt **werden musste**[3].

c) Die einzelnen Zuständigkeiten des Gerichts

Die Gegenstände des wohnungseigentumsrechtlichen Verfahrens nach dem alten und dem neuen § 43 WEG unterscheiden sich nur in wenigen Angelegenheiten.   544

Die Regelung der neuen **Nr. 1** ist inhaltlich identisch mit der alten Nr. 1. Unerheblich ist, dass der § 17 WEG jetzt nicht mehr erwähnt wird; solche Streitigkeiten sind in der Vergangenheit ohne jede Bedeutung gewesen. Die §§ 18 und 19 WEG brauchen auch nicht mehr erwähnt zu werden, weil das bisher gesonderte Verfahren nach den **alten** §§ 18, 51 WEG entfallen ist.   545

Klagemuster nach § 43 Nr. 1 WEG (Verwalterbestellung)   546

Klage

1. der Eheleute Ingmarie und Eckart Keller, Weyerstraße 3, 50344 Hürth,

2. des Herrn Dr. Emil Kästner und des Herrn Erich Detektiv, Maxstraße 44, 50374 Hürth,

Kläger,

Verfahrensbevollmächtigte: **XYZ Rechtsanwälte**
Rechtsanwalt Johann Mustermann
Paulstraße 21
50939 Köln
Gerichtsfach Köln K 1234

gegen

die übrigen Miteigentümer der Wohnungseigentümergemeinschaft Weyerstraße 3–5, 50344 Hürth, gemäß der anliegenden Miteigentümerliste[4],

Beklagten.

Wir bestellen uns für die Kläger und werden beantragen,

die Firma Carl Winter Wohnungsverwaltungsgesellschaft mbH, vertreten durch den Geschäftsführer Herrn Hans-Peter Schnell, Ahrstraße 222, 50937 Köln, wird für die Dauer

---

1 BayObLG, Beschl. v. 26.6.2004 – 1Z BR 36/04, BayObLGZ 2004, 169 = MDR 2004, 1263 = NJW-RR 2005, 724 = MittBayNot 2005, 73 = JurBüro 2004, 598.
2 LG Mönchengladbach, Beschl. v. 19.12.2002 – 5 T 263/02, AnwBl 2003, 313 = Rpfleger 2003, 269 = JurBüro 2003, 207: Die außergerichtlichen Kosten in einem obligatorischen Güteverfahren sind als notwendige Vorbereitungskosten im Rahmen der Kostenerstattung nach § 91 ZPO im nachfolgenden Rechtsstreit grundsätzlich erstattungsfähig.
3 LG Nürnberg-Fürth, Beschl. v. 26.2.2003 – 7 T 321/03, WuM 2003, 340 = NJW-RR 2003, 1508 = NZM 2003, 615.
4 § 44 Abs. 1 WEG beachten! Miteigentümerliste muss bis zum Schluss der mündlichen Verhandlung eingereicht bzw. die Miteigentümer müssen namentlich benannt werden.

von drei Jahren zur Verwalterin der Eigentümergemeinschaft Weyerstraße 3–5 in 50344 Hürth, mit folgenden Konditionen – monatliche Verwaltervergütung je Wohnungseinheit 25 Euro zuzüglich 19 % MWSt, zahlbar jeweils am Ende eines Monats – bestellt.

Wir regen weiter an,

Herrn Peter Schmitz, Weyerstraße 5, 50344 Hürth, zum Ersatzzustellungsvertreter gemäß § 45 Abs. 3 WEG zu bestellen.

Schließlich regen wir an,

eine Kostenentscheidung nach § 49 Abs. 1 WEG zu treffen.

Begründung (verkürzt)

Die Kläger wie auch die Beklagten sind Wohnungseigentümer in der Eigentümergemeinschaft Weyerstraße 3–5 in Hürth. Ein Verwalter ist seit der Begründung der Eigentümergemeinschaft nicht bestellt worden.

Die Kläger haben in einer Versammlung, an der alle Wohnungseigentümer teilgenommen haben, das Angebot der Firma Carl Winter präsentiert und gebeten, diese Firma ab sofort zur Verwalterin der Eigentümergemeinschaft zu bestellen. Die anderen Wohnungseigentümer weigerten sich und äußerten, es werde kein Verwalter benötigt.

Gegen die Vertragskonditionen haben die anderen Wohnungseigentümer keine Einwände gehabt; ganz im Gegenteil haben sie geäußert, dass diese „fair" und angemessen seien.

Da es sich um eine Erstverwalterbestellung handelt, darf eine Verwalterbestellung nur für drei Jahre erfolgen.

Einen Ersatzzustellungsvertreter nach § 45 WEG haben die Beklagten seit dem Inkrafttreten des neuen WEG nicht bestellt. Deshalb ist das Gericht gemäß § 45 Abs. 3 WEG berufen, einen solchen zu bestellen. Der von uns Benannte ist der Wortführer der Gegenseite.

Die Kostenentscheidung ist gemäß §§ 49 Abs. 1, 21 Abs. 8 WEG geboten.

547   Die Regelung des neuen **Nr. 2** ist wegen der Anerkennung der **Rechtsfähigkeit** der Gemeinschaft hereingenommen worden. Der Gesetzgeber wollte – die Selbstverständlichkeit – deutlich machen, dass auch die Streitigkeiten zwischen dem **Verband** und den Wohnungseigentümern erfasst werden. Zu solchen Klagen gehören, wie auch schon der BGH in seiner Teilrechtsfähigkeitsentscheidung ausgeführt hat, die Verfahren über die Hausgeldansprüche des Verbandes. Dazu gehören dann aber auch die umgekehrten Verfahren, nämlich die Verfahren eines Wohnungseigentümers auf Auszahlung eines Guthabenbetrages aus der Jahresabrechnung oder auf Rückzahlung von Hausgeldvorschüssen (z.B., wenn der Wirtschaftsplanbeschluss für ungültig erklärt worden ist).

Klagemuster nach § 43 Nr. 2 WEG (Auszahlung Jahresabrechnungsguthaben)   548

Klage

der Eheleute Ingmarie und Eckart Keller, Weyerstraße 3, 50344 Hürth,

Kläger,

Verfahrensbevollmächtigte: **XYZ Rechtsanwälte**

                                Rechtsanwalt Johann Mustermann

                                Paulstraße 21

                                50939 Köln

                                Gerichtsfach Köln K 1234

gegen

die Wohnungseigentümergemeinschaft Weyerstraße 3–5, 50344 Hürth[1],

Beklagte,

Zustellungsvertreterin (Verwalterin): Firma Carl Winter Wohnungsverwaltungsgesellschaft mbH, vertreten durch den Geschäftsführer Herrn Hans-Peter Schnell, Ahrstraße 222, 50937 Köln

Wir bestellen uns für die Kläger und werden beantragen,

die Beklagte wird verurteilt, an die Kläger 934,77 Euro nebst Zinsen in Höhe von 5 Prozentpunkten über dem Basiszinssatz seit dem 11.6.2007 zu zahlen.

Wir regen an,

der Verwalterin die Kosten des Rechtsstreits gemäß § 49 Abs. 2 WEG aufzuerlegen.

Begründung (verkürzt)

Die Kläger waren Wohnungseigentümer in der Eigentümergemeinschaft Weyerstraße 3–5 in Hürth. Sie sind zum 30.6.2007 aus der Gemeinschaft ausgeschieden; an diesem Tag sind die Erwerber ihrer Eigentumswohnung im Grundbuch eingetragen worden.

Am 1.6.2007 fand eine Eigentümerversammlung statt, in der die Jahresabrechnung 2006 beschlossen wurde. Die Jahresabrechnung für die (ehemalige) Wohnung der Kläger schloss mit dem hier eingeklagten Guthabenbetrag ab. In der Versammlung wurde die Fälligkeit der Zahlungen aus den Jahresabrechnungen auf den 10.6.2007 festgelegt.

Beweis: Protokoll der Eigentümerversammlung

            Jahresabrechnung 2006,

            beides als Anlage beigefügt

Die Kläger haben Anspruch auf Auszahlung dieses Betrages, da sie zum Zeitpunkt der Beschlussfassung (und zum Zeitpunkt der Fälligkeit) Mitglieder der Eigentümergemeinschaft waren.

Die Verwalterin wurde durch den Unterzeichner unter Hinweis auf die Rechtslage zur Zahlung aufgefordert. Die Verwalterin hat sich jedoch geweigert, weil sie die Zahlung an die neuen Eigentümer erbracht hat; sie verwies darauf, dass die Kläger sich den Betrag dort wieder zurückholen könnten.

---

1 Beklagter ist der Verband.

167

Die Voraussetzungen des § 49 Abs. 2 WEG liegen vor. Die Verwalterin hat das Verfahren veranlasst; ihr ist auch grobes Verschulden vorzuwerfen, weil sie trotz der rechtlichen Hinweise keine Auszahlung vorgenommen hat und im Übrigen Gelder an die falschen Empfänger auszahlte.

549   Die Regelung der neuen **Nr. 3** stimmt inhaltlich mit der alten Nr. 2 überein. In diesen Bereich gehören die Verfahren

- eines **einzelnen Wohnungseigentümers** (wenn er zulässigerweise gegen den Verwalter allein vorgehen darf, z.B. zukünftig auf Einsicht in die Beschluss-Sammlung),
- des **Verbandes** gegen den Verwalter (für alle Angelegenheiten, die nur der Verband betreiben darf) und
- des **Verwalters** gegen den Verband (z.B. Zahlungsansprüche wegen Verwaltervergütung nach Abberufung) und gegen einzelne Wohnungseigentümer.

550   **Klagemuster nach § 43 Nr. 3 WEG (Einsicht Beschluss-Sammlung)**

Klage

des Herrn Manfred Wolff, Weyerstraße 3, 50344 Hürth,

Klägers,

Verfahrensbevollmächtigte: **XYZ Rechtsanwälte**
Rechtsanwalt Johann Mustermann
Paulstraße 21
50939 Köln
Gerichtsfach Köln K 1234

gegen

die Firma Carl Winter Wohnungsverwaltungsgesellschaft mbH, vertreten durch den Geschäftsführer Herrn Hans-Peter Schnell, Ahrstraße 222, 50937 Köln,

Beklagte,

Beigeladene[1]: die übrigen Wohnungseigentümer der Wohnungseigentümergemeinschaft Weyerstraße 3–5, 50344 Hürth, bestehend aus den in der beigefügten Eigentümerliste aufgeführten Personen,

Ersatzzustellungsvertreter für die übrigen Wohnungseigentümer[2]: Herr Peter Schmitz, Weyerstraße 5, 50344 Hürth.

Wir bestellen uns für den Kläger und werden beantragen,

die Beklagte wird verurteilt, dem von dem Kläger beauftragen Rechtsanwalt Mustermann zu den üblichen Bürozeiten der Beklagten in den Räumen der Beklagten die Einsicht in die für die WEG Weyerstraße 3–5 geführte Beschluss-Sammlung zu gewähren[3].

---

1 Vgl. § 48 WEG.
2 Vgl. §§ 44, 45 Abs. 2 WEG.
3 Zwangsvollstreckung nach § 888 ZPO; die Androhung eines Zwangsgeldes oder einer Zwangshaft ist nicht erforderlich (§ 888 Abs. 2 ZPO).

Begründung (verkürzt)

Der Kläger ist Wohnungseigentümer in der Eigentümergemeinschaft Weyerstraße 3–5 in Hürth. Die Beklagte ist die derzeitige Verwalterin der Eigentümergemeinschaft.

Der Ersatzzustellungsvertreter ist in der Eigentümerversammlung vom ... in dieses Amt gewählt worden; er ist zugleich Vorsitzender des Verwaltungsbeirats.

Der Kläger hat bei der Klägerin die Beschluss-Sammlung einsehen wollen; nachdem es mit dem Geschäftsführer der Verwalterin eine verbale Auseinandersetzung gegeben hat (der Geschäftsführer äußerte sich dahin gehend „da könne jeder hergelaufen kommen"), wurden die Prozessbevollmächtigten beauftragt und gebeten, die Einsicht in die Beschluss-Sammlung vorzunehmen.

Die Prozessbevollmächtigten haben die Verwalterin unter dem Datum vom ... angeschrieben und unter Vorlage einer Originalvollmacht die Einblicknahme gefordert. Die Verwalterin sollte sich bis zum ... hierzu äußern und Terminvorschläge machen. Die Aufforderung blieb erfolglos.

Der Kläger hat gemäß § 24 Abs. 7 WEG Anspruch darauf, dass ihm oder einer von ihm beauftragten Person Einblick in die von der Verwalterin zu führende Beschluss-Sammlung gewährt wird.

Die übrigen Miteigentümer sind gemäß § 48 WEG beizuladen, weil ihre Interessen unmittelbar berührt werden. Sollte die Verwalterin die Beschluss-Sammlung nicht ordnungsmäßig geführt haben – was auf Grund ihres Verhaltens vermutet wird –, stellt dies einen Regelgrund für eine Abberufung dar. Aber auch allein die Verweigerung der Einblicknahme stellt schon einen gravierenden Verstoß gegen die gesetzlichen Verpflichtungen der Verwalterin dar.

Die Regelung der neuen **Nr. 4** ist mit der bisherigen Nr. 4 identisch. Dass die neue 551 Vorschrift keine Personalisierung mehr vorsieht, ist im Ergebnis unerheblich. Auch der Verwalter kann selbstverständlich wie bisher Beschlüsse der Eigentümergemeinschaft angreifen (z.B. einen Beschluss über seine Abberufung).

Klagemuster nach § 43 Nr. 4 (Beschlussanfechtungsklage) = zugleich Antrag nach 552
§ 43 Nr. 1 (Verpflichtung zu Maßnahmen)

Klage

1. der Eheleute Ingmarie und Eckart Keller, Weyerstraße 3, 50344 Hürth,

2. des Herrn Dr. Emil Kästner und des Herrn Erich Detektiv, Maxstraße 44, 50374 Hürth,

Kläger,

Verfahrensbevollmächtigte: **XYZ Rechtsanwälte**
Rechtsanwalt Johann Mustermann
Paulstraße 21
50939 Köln
Gerichtsfach Köln K 1234

gegen

die übrigen Miteigentümer der Wohnungseigentümergemeinschaft Weyerstraße 3–5, 50344 Hürth, gemäß der anliegenden Miteigentümerliste,

Beklagten,

Verwalterin:

Firma Carl Winter Wohnungsverwaltungsgesellschaft mbH, vertreten durch den Geschäftsführer Herrn Hans-Peter Schnell, Ahrstraße 222, 50937 Köln,

Zustellungsvertreterin,

Herr Peter Schüller, Weyerstraße 5, 50344 Hürth,

Ersatzzustellungsvertreter gem. § 45 Abs. 2 WEG,

wegen Beschlussanfechtungs- und Zustimmungsklage.

Wir bestellen uns für die Kläger und werden in ihrem Namen und Auftrag beantragen,

den Beschluss der Eigentümerversammlung vom 27.8.2007 zu TOP 2 (Ablehnung des Antrags, eine Reparatur an der Kellerlichtabdeckung hinter dem Haus Weyerstraße 5 durchzuführen) für ungültig zu erklären.

Wir werden weiter beantragen,

die Beklagten zu verurteilen, dem Antrag zuzustimmen, den Verwalter zu beauftragen, eine Reparatur an der Kellerlichtabdeckung hinter dem Haus Weyerstraße 5 durchführen zu lassen, und zwar durch die Firma XYZ-Kellerlichtreparatur GmbH aus Köln-Sülz, gemäß deren Angebot vom 1.4.2007 (Festpreis in Höhe von 750 Euro incl. MWSt).

Begründung: ...

Johann Mustermann
Rechtsanwalt

Achtung! Die Beschlussanfechtungsklage muss innerhalb **eines Monats** nach Beschlussfassung der Eigentümerversammlung erhoben werden; sie muss innerhalb von **zwei Monaten** nach Beschlussfassung begründet werden, § 46 Abs. 1 WEG.

*Der hier gestellte **zweite Antrag** auf Zustimmung muss allerdings schon bei der Klageerhebung ordnungsgemäß begründet sein. Es gibt hier keine Ausnahmeregelung wie in § 46 Abs. 1 WEG.*

553   Die Regelung der neuen **Nr. 5** ersetzt den § 29b ZPO, so dass nunmehr Klagen Dritter gegen den Verband oder einen Wohnungseigentümer – unter den im Gesetz genannten Voraussetzungen – auf § 43 Nr. 5 WEG gestützt werden müssen. Hier ergibt sich aber die **Besonderheit**, dass die **Zuständigkeit** (Amtsgericht/Landgericht) sich nach dem **Streitwert** richtet. **Zu beachten** ist nämlich § 23 Nr. 2c GVG, der die ausschließliche Zuständigkeit des Amtsgerichts nur für die Verfahren nach § 43 **Nr. 1 bis 4 und 6** WEG vorsieht.

554   Die Regelung der neuen **Nr. 6** sieht die Zuständigkeit des (Amts-)Gerichts der belegenen Sache auch für Mahnverfahren vor. § 689 Abs. 2 ZPO, der lautet: *„Ausschließlich zuständig ist das Amtsgericht, bei dem der Antragsteller seinen allge-*

meinen Gerichtsstand hat. Hat der Antragsteller im Inland keinen allgemeinen Gerichtsstand, so ist das Amtsgericht Schöneberg in Berlin ausschließlich zuständig. Sätze 1 und 2 gelten auch, soweit in anderen Vorschriften eine andere ausschließliche Zuständigkeit bestimmt ist", wird durch die neue Nr. 6 verdrängt.

Der Gesetzgeber hat leider das Rechtsproblem anderer **kollidierender ausschließlicher Gerichtsstände** nicht erkannt und deshalb auch nicht gelöst. So gibt es eine Kollision zwischen § 180 Abs. 1 InsO und dem **bisherigen** § 43 WEG bzw. dem **bisherigen** § 29b ZPO[1], die aber durch die Neuregelung nicht geklärt worden ist.   555

ALT	NEU	
§ 44 Allgemeine Verfahrensgrundsätze	**§ 44 Bezeichnung der Wohnungseigentümer in der Klageschrift**	556
(1) Der Richter soll mit den Beteiligten in der Regel mündlich verhandeln und hierbei darauf hinwirken, dass sie sich gütlich einigen.	*(1) Wird die Klage durch oder gegen alle Wohnungseigentümer mit Ausnahme des Gegners erhoben, so genügt für ihre nähere Bezeichnung in der Klageschrift die bestimmte Angabe des gemeinschaftlichen Grundstücks; wenn die Wohnungseigentümer Beklagte sind, sind in der Klageschrift außerdem der Verwalter und der gemäß § 45 Abs. 2 Satz 1 bestellte Ersatzzustellungsvertreter zu bezeichnen. Die namentliche Bezeichnung der Wohnungseigentümer hat spätestens bis zum Schluss der mündlichen Verhandlung zu erfolgen.*	
(2) Kommt eine Einigung zu Stande, so ist hierüber eine Niederschrift aufzunehmen, und zwar nach den Vorschriften, die für die Niederschrift über einen Vergleich im bürgerlichen Rechtsstreit gelten.		
(3) Der Richter kann für die Dauer des Verfahrens einstweilige Anordnungen treffen. Diese können selbständig nicht angefochten werden.		
(4) In der Entscheidung soll der Richter die Anordnungen treffen, die zu ihrer Durchführung erforderlich sind. Die Entscheidung ist zu begründen.	*(2) Sind an dem Rechtsstreit nicht alle Wohnungseigentümer als Partei beteiligt, so sind die übrigen Wohnungseigentümer entsprechend Absatz 1 von dem Kläger zu bezeichnen. Der namentlichen Bezeichnung der übrigen Wohnungseigentümer bedarf es nicht, wenn das Gericht von ihrer Beiladung gemäß § 48 Abs. 1 Satz 1 absieht.*	

---

1 Hans. OLG Hamburg, Beschl. v. 20.6.2006 – 13 AR 13/03, ZInsO 2006, 1059; vgl. hierzu Flatow, Konkurrierende ausschließliche Zuständigkeitsvorschriften (hier: § 180 Abs. 1 InsO zu § 43 Abs. 1 WEG), jurisPR-MietR 2/2007 Anm. 6.

↻ Erläuterungen zum neuen § 44 WEG

1. Die Begründung der Bundesregierung zur Gesetzesänderung[1]

a) § 44 Abs. 1 WEG

557 Der neue **Absatz 1 Satz 1** gestattet eine **Kurzbezeichnung** (Sammelbezeichnung) der Wohnungseigentümer in der Klageschrift[2]. Gemäß § 253 Abs. 2 Nr. 1 ZPO müssen die Parteien in der Klageschrift so genau bezeichnet werden, dass **kein Zweifel an der Person** besteht. In der Regel ist hierfür ihre namentliche Bezeichnung erforderlich. Zur Vereinfachung lässt die Praxis allerdings **in ZPO-Verfahren** die Kurzbezeichnung „Wohnungseigentümergemeinschaft A-Straße, vertreten durch den Verwalter V" zu, wenn ein Verwalter vorhanden ist[3]. Dies wird sowohl für Aktiv- als auch für Passivprozesse der Wohnungseigentümer angenommen. In Wohnungseigentumssachen **nach dem FGG** müssen in der Antragsschrift ebenfalls nicht sämtliche Wohnungseigentümer aufgeführt werden, sondern es kann wie folgt formuliert werden: „Verfahren der Wohnungseigentümergemeinschaft A-Straße mit Ausnahme des Antragsgegners gegen XY als Antragsgegner" oder umgekehrt. In beiden Verfahrensarten ist es aber erforderlich, dass eine **Liste der Wohnungseigentümer** der Klage- bzw. Antragsschrift beigefügt wird; zum Teil wird es auch für ausreichend erachtet, dass die Angabe der einzelnen Wohnungseigentümer auf Anforderung nachgeholt wird[4].

558 Die **Zulässigkeit einer Kurzbezeichnung** wird in Absatz 1 Satz 1 nunmehr ausdrücklich geregelt. Es wird also auch künftig genügen, wenn sich aus der Klageschrift ergibt, dass die Klage durch die Wohnungseigentümer einer bestimmten Liegenschaft mit Ausnahme des Beklagten erhoben wird oder aber sich die Klage gegen alle Wohnungseigentümer mit Ausnahme des Klägers richtet. Die in der vorgeschlagenen Regelung geforderte „**bestimmte Angabe des gemeinschaftlichen Grundstücks**" kann nach der **postalischen Anschrift** oder dem **Grundbucheintrag** erfolgen.

559 Um die Zustellung zu ermöglichen, sind bei **Passivprozessen der Wohnungseigentümer** in der Klageschrift sowohl der Verwalter, der gemäß dem neuen § 45 Abs. 1 WEG **Zustellungsvertreter** der Wohnungseigentümer ist, als auch der gemäß dem neuen § 45 Abs. 2 Satz 1 WEG bestellte **Ersatzzustellungsvertreter** mit Namen und Anschriften zu bezeichnen. Es sind stets **sowohl** der Verwalter **als auch** der Ersatzzustellungsvertreter mitzuteilen, da die **Entscheidung, an wen zuzustellen ist, allein dem Gericht obliegt**. Für Aktivprozesse besteht kein entsprechender Regelungsbedarf, da eine gemeinschaftliche Klageerhebung ohnehin durch einen Prozessbevollmächtigten erfolgen wird, an den gemäß § 172 Abs. 1 Satz 1 ZPO zuzustellen ist.

560 Die Bundesregierung beabsichtigte ursprünglich festzulegen, dass die **namentliche Bezeichnung der Wohnungseigentümer** bis zum **Beginn** der mündlichen Verhandlung zu erfolgen hat. Sie führte aus:

---

1 BT-Drucks. 16/887, S. 35 f.
2 Dies betrifft **lediglich** die Verfahren nach § 43 Nrn. 1 und 4 WEG.
3 Staudinger/Kreuzer, WEG, Band 1, 12. Auflage, § 10 Rz. 15 m.w.N.
4 Staudinger/Kreuzer, WEG, Band 1, 12. Auflage, § 10 Rz. 15, 17; Weitnauer/Lüke, WEG, 9. Auflage, § 10 Rz. 16.

Eine Miteigentümerliste müsse zwar nicht bei Klageeinreichung vorliegen, jedoch 561
könne auf eine Nachreichung nicht verzichtet werden. Das gelte sowohl bei Aktiv-
als auch bei Passivprozessen der Wohnungseigentümer. Es könne im Erkenntnis-
verfahren nicht darauf verzichtet werden, alle Wohnungseigentümer namentlich zu
bezeichnen bzw. eine Liste vorzulegen, aus der sich die derzeitigen Wohnungs-
eigentümer ergeben. Anderenfalls wäre nicht sichergestellt, dass eine spätere
Zwangsvollstreckung durchgeführt werden könnte. Für die Zwangsvollstreckung
werde eine vereinfachende Kurzbezeichnung nur zugelassen, sofern die Wohnungs-
eigentümer Vollstreckungsgläubiger sind; zu Beginn des Verfahrens ist aber noch
ungewiss, ob die Antragsteller hinsichtlich der gerichtlichen und außergerichtli-
chen Kosten des Verfahrens nicht zu Vollstreckungsschuldnern werden können.
Aber auch wenn die Wohnungseigentümer Vollstreckungsgläubiger sind, könnten
sich anderenfalls Schwierigkeiten in der Zwangsvollstreckung ergeben, und zwar
bei der Eintragung einer Zwangshypothek[1]. Darüber hinaus sei die genaue Bezeich-
nung der Wohnungseigentümer auch für die Einlegung von Rechtsmitteln[2] und das
Eintreten der materiellen Rechtskraft[3] erforderlich.

Auf Anregung des **Bundesrats**[4] wurde festgelegt, dass die Miteigentümerliste erst bis 562
zum **Schluss der mündlichen Verhandlung** vorgelegt werden muss.

Der Bundesrat meinte, dass es im Zivilprozessrecht im Allgemeinen genüge, wenn 563
die Prozessvoraussetzungen bis zum Schluss der mündlichen Verhandlung (oder
dem Zeitpunkt, der diesem gleichsteht, § 128 Abs. 2 Satz 2 ZPO) vorliegen. Eine
zeitliche Vorverlegung für die Bezeichnung der Beklagten im Wohnungseigentumsverfahren wäre nur zu rechtfertigen, wenn dies für den Verfahrensablauf insgesamt
vorteilhaft wäre. Davon kann nicht ausgegangen werden. Vielmehr würde die Möglichkeit abgeschnitten, die Frage der Vollständigkeit und Richtigkeit der Eigen-
tümerliste/-bezeichnungen im Termin zur mündlichen Verhandlung zu erörtern.
Die nun vorgesehene Regelung würde dazu zwingen, nach Beginn der mündlichen
Verhandlung die Klage als unzulässig abzuweisen, selbst wenn in der Verhandlung
als Ergebnis der in dieser vorgenommenen Erörterungen eine vollständige Bezeichnung aller Eigentümer erfolgt bzw. erfolgen kann, die wegen einer notwendigen
Streitgenossenschaft für die Zulässigkeit der Klage zwingend notwendig ist.

b) § 44 Abs. 2 WEG

Zu **Absatz 2** führte die Bundesregierung aus, dass dieser in Zusammenhang mit dem 564
neuen § 48 Abs. 1 Satz 1 WEG zu lesen sei. Sind an dem Rechtsstreit **nicht alle**
Wohnungseigentümer als Partei beteiligt, so sind nach dieser Vorschrift die übrigen
Wohnungseigentümer beizuladen. Ihnen ist gemäß dem neuen § 48 Abs. 1 Satz 3

---

1 Vgl. BayObLG, Beschl. v. 23.1.1986 – 2 Z 126/85, NJW-RR 1986, 564 – die Entscheidung
  passt nicht ganz zur Aussage in der Begründung.
2 Vgl. BGH, Beschl. v. 13.7.1993 – III ZB 17/93, DWE 1993, 152 = ZMR 1993, 577 = MDR 1994,
  511 = NJW 1993, 2943.
3 Leipold in Stein/Jonas, ZPO, 21. Auflage, § 313 Abs. 2 Rn. 11.
4 BT-Drucks. 16/887, Anlage 2, S. 50.

WEG die Klageschrift mit den Verfügungen des Vorsitzenden zuzustellen. Damit die Zustellung gemäß § 45 WEG unverzüglich erfolgen kann, ist es geboten, dass bereits **in der Klageschrift** die übrigen Wohnungseigentümer und der Verwalter sowie der Ersatzzustellungsvertreter bezeichnet werden. Für die Bezeichnung der übrigen Wohnungseigentümer in der Klageschrift genügt auch hier die **Kurzbezeichnung** nach dem gemeinschaftlichen Grundstück.

565 Gemäß dem neuen **Absatz 2 Satz 2** ist die nach Absatz 1 Satz 2 vorgesehene namentliche Bezeichnung entbehrlich, wenn das Gericht ausnahmsweise von der Beiladung der übrigen Wohnungseigentümer absieht; ansonsten hat sie ebenfalls bis zum Beginn der mündlichen Verhandlung zu erfolgen.

2. Bewertung der gesetzlichen Neuregelung

a) Kurzbezeichnung und Ersatzzustellungsvertreter

566 Die Klarstellung, dass eine Kurzbezeichnung zulässig ist, mag sinnvoll sein. Sonderlich viel bringt diese Regelung jedoch nicht, denn in jedem Fall muss eine Benennung der beklagten Miteigentümer bis zum Ende der mündlichen Verhandlung erfolgen.

567 Auch die Benennung eines Ersatzzustellungsvertreters ist durchaus sinnvoll, weil man bisher bei einigen Verfahrenskonstellationen Schwierigkeiten mit der Zustellung hatte. Diese Schwierigkeiten traten insbesondere dann auf, wenn der Verwalter unmittelbar betroffen war und sowohl das Gericht als auch die übrigen Beteiligten Zweifel hatten, ob dem Verwalter dann noch zugestellt werden konnte. Das Problem ist nunmehr beseitigt, **wenn** denn ein Ersatzzustellungsvertreter von der Gemeinschaft bestellt wird.

b) Herausgabeverlangen – Miteigentümerliste – gegenüber dem Verwalter

568 Zum Betreiben eines Verfahrens gegen die übrigen Mitglieder der Eigentümergemeinschaft, gegen den Verwalter oder gegen einzelne Eigentümer, bei denen die restlichen Miteigentümer zu beteiligen sind, ist es erforderlich, dem Gericht eine Miteigentümerliste zu überlassen oder die Miteigentümer zu benennen. Eine solche Miteigentümerliste konnte der einzelne Eigentümer schon bisher von dem Verwalter verlangen[1]. In einer Eigentümergemeinschaft gibt es keinen Datenschutz. Das Recht des Eigentümers wird durch die gesetzliche Neuregelung jetzt sogar noch verstärkt.

569 Zukünftig wird man gegen den Verwalter auch im Rahmen einer **Einstweiligen Verfügung** vorgehen können, um eine **Miteigentümerliste** zu erlangen.

570 Die **Vollstreckung** richtet sich nach § 887 ZPO (vertretbare Handlung). Der Gläubiger kann auf Kosten des Schuldners tätig werden und auch Vorschuss verlangen.

---

1 Vgl. OLG Frankfurt, Beschl. v. 16.2.1984 – 20 W 866/83, OLGZ 1984, 258; BayObLG, Beschl. v. 8.6.1984 – 2 Z 7/84, BayObLGZ 1984, 133 = MDR 1984, 850 = WuM 1984, 304; AG Köln, Beschl. v. 5.10.1998 – 204 II 135/98, ZMR 1999, 67 (mit Anmerkung Rau).

Wird einem Kläger vom Prozessgericht aufgegeben, eine aktuelle Miteigentümer-liste nach Einsicht in das Grundbuch zu ergänzen, können die entstehenden Kosten (für das automatisierte Abrufverfahren 5 Euro je Einsicht) im Kostenfestsetzungsver-fahren festgesetzt werden[1].

ALT	NEU
§ 45 Rechtsmittel, Rechtskraft	**§ 45 Zustellung**　　　　571
(1) Gegen die Entscheidung des Amts-gerichts ist die sofortige Beschwerde, ge-gen die Entscheidung des Beschwerde-gerichts die sofortige weitere Beschwerde zulässig, wenn der Wert des Gegenstan-des der Beschwerde oder der weiteren Beschwerde 750 Euro übersteigt.	*(1) Der Verwalter ist Zustellungsvertreter der Wohnungseigentümer, wenn diese Beklagte oder gemäß § 48 Abs. 1 Satz 1 beizuladen sind, es sei denn, dass er als Gegner der Wohnungseigentümer an dem Verfahren beteiligt ist oder auf Grund des Streitgegenstandes die Gefahr besteht, der Verwalter werde die Woh-nungseigentümer nicht sachgerecht un-terrichten.*
(2) Die Entscheidung wird mit der Rechtskraft wirksam. Sie ist für alle Betei-ligten bindend.	*(2) Die Wohnungseigentümer haben für den Fall, dass der Verwalter als Zustel-lungsvertreter ausgeschlossen ist, durch Beschluss mit Stimmenmehrheit einen Ersatzzustellungsvertreter sowie dessen Vertreter zu bestellen, auch wenn ein Rechtsstreit noch nicht anhängig ist. Der Ersatzzustellungsvertreter tritt in die dem Verwalter als Zustellungsvertreter der Wohnungseigentümer zustehenden Auf-gaben und Befugnisse ein, sofern das Gericht die Zustellung an ihn anordnet; Absatz 1 gilt entsprechend.*
(3) Aus rechtskräftigen Entscheidungen, gerichtlichen Vergleichen und einstweili-gen Anordnungen findet die Zwangsvoll-streckung nach den Vorschriften der Zivil-prozessordnung statt.	*(3) Haben die Wohnungseigentümer ent-gegen Absatz 2 Satz 1 keinen Ersatzzu-stellungsvertreter bestellt oder ist die Zu-stellung nach den Absätzen 1 und 2 aus sonstigen Gründen nicht ausführbar, kann das Gericht einen Ersatzzustel-lungsvertreter bestellen.*
(4) Haben sich die tatsächlichen Verhält-nisse wesentlich geändert, so kann der Richter auf Antrag eines Beteiligten seine Entscheidung oder einen gerichtlichen Vergleich ändern, soweit dies zur Vermei-dung einer unbilligen Härte notwendig ist.	

---

1 Vgl. KG, Beschl. v. 18.10.2004 – 1 W 331/04, WuM 2005, 146.

⊃ Erläuterungen zum neuen § 45 WEG

1. Die Begründung der Bundesregierung zur Gesetzesänderung[1]

a) § 45 Abs. 1 WEG

572   **Absatz 1** stellt klar, dass der Verwalter auch bei gerichtlichen Auseinandersetzungen der Wohnungseigentümer untereinander **grundsätzlich Zustellungsvertreter** ist. Bereits bisher wird § 27 Abs. 2 Nr. 3 WEG – der den Fall betrifft, dass eine Willenserklärung oder Zustellung von einem außerhalb der Eigentümergemeinschaft stehenden Dritten stammt und ausnahmslos an alle Wohnungseigentümer gerichtet ist – über den Wortlaut hinaus auch auf Verfahren gemäß § 43 Abs. 1 WEG angewendet. Dies erscheint sachgerecht, um den mit Zustellungen verbundenen Aufwand **für das Gericht** und auch die zu Lasten der Wohnungseigentümergemeinschaft[2] entstehenden Kosten gering zu halten. Eine Notwendigkeit für die Zustellung an den Verwalter ergibt sich in der Praxis, wenn ein einzelner Wohnungseigentümer oder einige Wohnungseigentümer gegen die übrigen Wohnungseigentümer vorgehen, diese also Beklagte sind. Gleiches gilt, wenn an dem Rechtsstreit nicht alle Wohnungseigentümer als Partei beteiligt sind, hinsichtlich der gemäß dem neuen § 48 Abs. 1 Satz 1 WEG beizuladenden übrigen Wohnungseigentümer.

573   Durch die gesetzliche Klarstellung, dass der Verwalter auch in Verfahren der Wohnungseigentümer untereinander Zustellungsvertreter ist, wird das Gericht **nicht verpflichtet**, die **Zustellung an den Verwalter** anzuordnen, wenngleich dies regelmäßig sachgerecht sein wird. Jedoch kann es in einer kleineren Wohnungseigentümergemeinschaft sinnvoll sein, die Zustellung an alle betroffenen Wohnungseigentümer zu veranlassen. Deshalb wird bewusst von einer Formulierung dahin gehend abgesehen, dass die Zustellung **an den Verwalter zu erfolgen hat**. Unberührt bleibt die Vorschrift des § 172 Abs. 1 Satz 1 ZPO, sofern der Verwalter auf Grund einer allgemeinen oder auf den Einzelfall bezogenen Ermächtigung der Wohnungseigentümer als deren Prozessbevollmächtigter auftritt (§ 27 Abs. 2 Nr. 5 WEG); dies wird regelmäßig nur in den von Absatz 1 ohnehin nicht erfassten Aktivprozessen der Wohnungseigentümer vorkommen, kann aber auch relevant werden, wenn diese Beklagte sind[3].

574   Der Verwalter ist nach dem Rechtsgedanken des § 178 Abs. 2 ZPO **kein tauglicher Zustellungsvertreter**, wenn er als **Gegner der Wohnungseigentümer** an dem Rechtsstreit beteiligt ist. In Betracht kommen hier insbesondere die Fälle des neuen § 43 Nr. 2 WEG. Die Zustellung an den Verwalter kann aber auch in einem **Beschlussanfechtungsverfahren** ausgeschlossen sein, so zum Beispiel, wenn der Verwalter einen Beschluss der Wohnungseigentümer anficht oder einer Anfechtung als Nebenintervenient gemäß § 66 ZPO beitritt. Auch wenn der Verwalter nicht selbst an dem Verfahren beteiligt ist, ist er im Falle einer **Interessenkollision** verhindert, die Woh-

---

1 BT-Drucks. 16/887, S. 36.
2 Gemeint können hier nur die Zustellungskosten sein; die Kosten für die Verteilung der Schriftsätze entstehen weiterhin.
3 Aufrechnung, vgl. BayObLG, Beschl. v. 21.2.1985 – 2 Z 105/84, WE 1986, 14, mit Anm. Weitnauer; Merle in Bärmann/Pick/Merle, WEG, 9. Auflage, § 27 Rn. 155.

nungseigentümer zu vertreten[1]. Ist danach die Zustellung an den Verwalter nicht zulässig, kann an den von den Wohnungseigentümern gemäß Absatz 2 Satz 1 bestellten Ersatzzustellungsvertreter zugestellt werden.

b) § 45 Abs. 2 WEG

In **Absatz 2 Satz 1** wird den Wohnungseigentümern die **Pflicht** auferlegt, für den 575 Fall, dass der Verwalter als Zustellungsvertreter ausgeschlossen ist, durch Beschluss mit Stimmenmehrheit einen **Ersatzzustellungsvertreter** sowie dessen **Vertreter** zu bestellen. Einer Aufforderung des Gerichts bedarf es hierfür nicht. Es kommt auch nicht darauf an, dass ein **Rechtsstreit bereits anhängig** ist. Der Ersatzzustellungsvertreter ist vielmehr – ebenso wie der Verwalter – stets zu bestellen, damit das Gericht in einem Rechtsstreit, in dem die Zustellung an den Verwalter aus den oben genannten Gründen nicht in Betracht kommt, **ohne Zeitverlust** die Zustellung an ihn anordnen kann.

Durch den Begriff „Ersatzzustellungsvertreter" wird einerseits zum Ausdruck ge- 576 bracht, dass der Verwalter weiterhin **primärer Zustellungsvertreter** bleibt. Andererseits ist auch der **Ersatzzustellungsvertreter** seiner Bezeichnung nach **ein Vertreter**, er ist also kein **Zustellungsbevollmächtigter**, so dass die Übergabe nur einer Ausfertigung oder Abschrift des Schriftstücks an ihn genügt[2]. Ebenso wie der Verwalter muss auch der Ersatzzustellungsvertreter die Wohnungseigentümer über Zustellungen an ihn in geeigneter Weise unterrichten.

Zum Ersatzzustellungsvertreter kann **jede natürliche Person** bestellt werden. Sinn- 577 voll wird es in der Regel sein, ihn aus den Reihen der Wohnungseigentümer auszuwählen. Jedoch kommt auch **jede andere** für diese Aufgabe geeignete **Person** in Betracht, beispielsweise ein Mieter. Erforderlich ist die **Bereitschaft zur Übernahme der Aufgaben** eines Ersatzzustellungsvertreters, da ein **Beschluss zu Lasten Dritter** nach allgemeinen Grundsätzen unzulässig ist. Einer gesonderten Befugnis der Wohnungseigentümer zur Regelung von Einzelheiten der Tätigkeit des Ersatzzustellungsvertreters, etwa der Art der Bekanntmachung von Schriftstücken, sowie etwa zur Regelung der Vergütung des Ersatzzustellungsvertreters bedarf es nicht. Solche Regelungen gehören zur ordnungsmäßigen Verwaltung.

Gemäß **Absatz 2 Satz 2** tritt der Ersatzzustellungsvertreter in die dem Verwalter 578 (nur) in Bezug auf seine Funktion als Zustellungsvertreter zustehenden Aufgaben und Befugnisse ein, sofern das Gericht – das hierzu wiederum nicht verpflichtet ist – die Zustellung an ihn anordnet. Da Absatz 1 entsprechend anzuwenden ist, hat das Gericht vorab zu prüfen, ob der **Ersatzzustellungsvertreter** wegen seiner Parteirolle oder aus sonstigen Gründen einer **Interessenkollision** für die Entgegennahme von Zustellungen ausscheidet.

---

1 Vgl. Niedenführ in Niedenführ/Schulze, WEG, 7. Auflage, vor § 43 ff. Rn. 121, 122; Merle in Bärmann/Pick/Merle, WEG, 9. Auflage, § 27 Rn. 129 ff.
2 Vgl. MünchKomm/Wenzel, ZPO, 2. Auflage, Aktualisierungsband ZPO-Reform, § 170 Rn. 6, 7.

579   Gemäß **Absatz 3** kann das Gericht von Amts wegen einen Ersatzzustellungsvertreter bestellen, sollte eine Zustellung nach den Absätzen 1 und 2 ausnahmsweise
nicht möglich sein, insbesondere weil die Wohnungseigentümer entgegen Absatz 2
Satz 1 keinen Ersatzzustellungsvertreter bestellt haben.

2. Bewertung der gesetzlichen Neuregelung

580   Wenn ein **Ersatzzustellungsvertreter** nicht bestellt wird, kann das Gericht – so
jedenfalls § 45 Abs. 3 – selbst einen solchen bestellen. Die Begründung sagt aus, dass
die Gemeinschaft niemanden **zwangsweise** zu einem Zustellungsvertreter machen
kann, weil ein Beschluss zu Lasten Dritter vorläge.

581   Für die in **Abs. 3** vorgesehene Bestellung durch das Gericht kann **nichts anderes**
gelten. Allerdings ergibt sich das nicht unmittelbar aus dem Gesetzeswortlaut. Ein
einzelner Eigentümer kann nicht dazu gezwungen werden, Verteilungs-, Vervielfäl-
tigungs- und Informationsaufgaben zu übernehmen, denen er sich möglicherweise
nicht gewachsen fühlt oder die er wegen anderweitiger beruflicher oder persönlicher
Belastung nicht übernehmen kann (oder will).

582   Es ist misslich, dass der Gesetzgeber die praktischen Konsequenzen seines Handelns
nicht richtig durchdacht hat.

ALT	NEU
583 **§ 46 Verhältnis zu Rechtsstreitigkeiten**	**§ 46 Anfechtungsklage**
(1) Werden in einem Rechtsstreit Ange-legenheiten anhängig gemacht, über die nach § 43 Abs. 1 im Verfahren der freiwil-ligen Gerichtsbarkeit zu entscheiden ist, so hat das Prozessgericht die Sache in-soweit an das nach § 43 Abs. 1 zuständi-ge Amtsgericht zur Erledigung im Verfah-ren der freiwilligen Gerichtsbarkeit abzu-geben. Der Abgabebeschluss kann nach Anhörung der Parteien ohne mündliche Verhandlung ergehen. Er ist für das in ihm bezeichnete Gericht bindend.	*(1) Die Klage eines oder mehrerer Woh-nungseigentümer auf Erklärung der Un-gültigkeit eines Beschlusses der Woh-nungseigentümer ist gegen die übrigen Wohnungseigentümer und die Klage des Verwalters ist gegen die Wohnungseigen-tümer zu richten. Sie muss innerhalb ei-nes Monats nach der Beschlussfassung erhoben und innerhalb zweier Monate nach der Beschlussfassung begründet werden. Die §§ 233 bis 238 der Zivil-prozessordnung gelten entsprechend.*
(2) Hängt die Entscheidung eines Rechtsstreits vom Ausgang eines in § 43 Abs. 1 bezeichneten Verfahrens ab, so kann das Prozessgericht anordnen, dass die Verhandlung bis zur Erledigung die-ses Verfahrens ausgesetzt wird.	*(2) Hat der Kläger erkennbar eine Tatsa-che übersehen, aus der sich ergibt, dass der Beschluss nichtig ist, so hat das Ge-richt darauf hinzuweisen.*

⊃ Erläuterungen zum neuen § 46 WEG

1. Die Begründung der Bundesregierung zur Gesetzesänderung[1]

Der neue § 46 WEG enthält verfahrensrechtliche Regelungen für die Beschlussan- 584
fechtung, die **bisher** in § 23 Abs. 4 WEG geregelt sind.

a) § 46 Abs. 1 WEG

Absatz 1 übernimmt den bisherigen Regelungsgehalt des alten § 23 Abs. 4 Satz 2 585
Halbsatz 1 WEG, wonach der „Antrag auf eine solche Entscheidung" – der nunmehr
in der Überschrift ausdrücklich als **Anfechtungsklage** bezeichnet wird – nur binnen
eines Monats seit der Beschlussfassung gestellt werden kann. Indem auf die **Erhebung der Klage** abgestellt wird, ist für die Wahrung der Anfechtungsfrist die **Rechtshängigkeit** maßgeblich (§ 253 i.V.m. § 261 Abs. 1 ZPO), wobei § 167 ZPO[2] anwendbar ist. Nach einer weit verbreiteten Auffassung in Rechtsprechung und Literatur
sind die genannten ZPO-Vorschriften in Beschlussanfechtungsverfahren bereits jetzt
– analog – anwendbar[3].

Mit der Verlagerung der Regelung über die Anfechtungsfrist in den verfahrensrecht- 586
lichen Teil des Wohnungseigentumsgesetzes werden die für die Beschlussanfechtung maßgeblichen Bestimmungen zusammengeführt. Es handelt sich bei der Anfechtungsfrist jedoch weiterhin um eine **materiellrechtliche Ausschlussfrist**, nicht
etwa um eine Zulässigkeitsvoraussetzung für die Anfechtungsklage. Insoweit gilt
nichts anderes als für die aktienrechtliche Anfechtungsklage, für die ebenfalls eine
Anfechtungsfrist vorgeschrieben ist, die **unbeschadet des Standorts** in einer Vorschrift, die überwiegend verfahrensrechtliche Bestimmungen trifft, als materiellrechtliche Frist eingestuft wird[4].

Auf Grund der rigiden Wirkungen der Ausschlussfrist ist nach heute fast allgemei- 587
ner Meinung bei unverschuldeter Fristversäumung **Wiedereinsetzung in den vorigen
Stand** zu gewähren, was mit einer Analogie zu § 22 Abs. 2 FGG begründet wird[5].
Eine **Analogie zu dieser Vorschrift** wird in Anbetracht des Umstandes, dass für den
Zivilprozess die §§ 233 ff. ZPO die Wiedereinsetzung abschließend regeln, künftig
nicht mehr angenommen werden können. Gleichwohl soll in **begründeten Ausnahmefällen** gemäß den Grundsätzen, die die Rechtsprechung in Wohnungseigentumssachen für die Wiedereinsetzung entwickelt hat, **eine solche möglich** bleiben. Aus
diesem Grund ordnet der die gesetzliche Regelung im Hinblick auf die Ausschlussfrist gemäß Absatz 1 die entsprechende Anwendbarkeit der §§ 233 bis 238 ZPO an.

---

1 BT-Drucks. 16/887, S. 37 f.
2 Rückwirkung der Zustellung, wenn die Zustellung „demnächst" erfolgt.
3 Vgl. Merle in Bärmann/Pick/Merle, WEG, 9. Auflage, § 23 Rz. 194 m.w.N. in den Fußnoten 3
  und 4.
4 Vgl. Hüffer, AktG, 5. Auflage, § 246, Rz. 20.
5 Staudinger/Bub, WEG, Band 1, 12. Auflage, § 23 Rn. 303 m.w.N.

b) § 46 Abs. 2 WEG

588 **Absatz 2** begründet eine gegenüber § 139 ZPO **erweiterte Hinweispflicht** bei Anfechtungsklagen.

589 Nach bisheriger FGG-Rechtslage hat das Gericht einen gemäß § 23 Abs. 4, § 43 Abs. 1 Nr. 4 WEG angefochtenen Beschluss im Hinblick auf die in § 45 Abs. 2 WEG festgelegte umfassende Rechtskraftwirkung gerichtlicher Entscheidungen nicht nur auf **Anfechtungsgründe**, sondern auch auf **Nichtigkeitsgründe** von Amts wegen zu untersuchen[1]. Das bedeutet zwar nicht, dass die Partei von der Last enthoben ist, darzulegen, inwiefern und aus welchen Gründen der Beschluss beanstandet wird[2]. Im FGG-Verfahren **gilt** jedoch **nicht** der strenge, nur durch die Wahrheitspflicht der Parteien (§ 138 ZPO) sowie die richterliche Hinweis- und Aufklärungspflicht (§ 139 ZPO) modifizierte **Verhandlungsgrundsatz**. Das Gericht wird sich nach bisheriger Rechtslage in WEG-Verfahren insbesondere nicht dem Vorwurf der Befangenheit aussetzen, wenn es in einem Anfechtungsverfahren auf Nichtigkeitsgründe hinweist, die ihm bei Durchsicht der Anlagen aufgefallen sind, jedoch von dem Kläger nicht vorgetragen wurden.

590 Die Möglichkeit, von sich aus auf Tatsachen hinzuweisen, aus denen sich **Nichtigkeitsgründe** ergeben, soll dem Gericht auch in einem ZPO-Verfahren **erhalten bleiben**. Denn anderenfalls ließe sich die umfassende Rechtskrafterstreckung[3], an der festgehalten werden soll, schwerlich rechtfertigen.

591 Auch in einem ZPO-Verfahren hat das Gericht zwar **rechtliche Aspekte** ohne Rüge zu prüfen, wenn ein **einheitlicher Streitgegenstand** vorliegt. Letzteres wird bei einer Anfechtungsklage **auch für Nichtigkeitsgründe** angenommen werden können. Dies entspricht der Sichtweise in den bisherigen WEG-Verfahren[4], sowie in Bezug auf die **aktienrechtliche Anfechtungsklage** gemäß § 246 AktG. Für diese Klage hat der Bundesgerichtshof in seinem Urteil vom 22. Juli 2002[5] entschieden, dass Streitgegenstand der aktienrechtlichen Nichtigkeits- und Anfechtungsklage gleichermaßen

„das mit der Klage verfolgte prozessuale Ziel [ist], die richterliche Klärung der Nichtigkeit eines Hauptversammlungsbeschlusses in Bezug auf seine fehlende Übereinstimmung mit Gesetz oder Satzung hinsichtlich seines Gegenstandes und Inhaltes sowie des zur Beschlussfassung führenden Verfahrens herbeizuführen".

592 Aus der **Identität der Rechtsschutzziele** folgt, dass das Gericht bei einer aktienrechtlichen Anfechtungsklage die Wirksamkeit des angefochtenen Beschlusses auch auf Nichtigkeitsgründe hin zu überprüfen hat. Dies hat sinnvollerweise ebenso für eine

---

1 BayObLG, Beschl. v. 31.1.1980 – 2 Z 24/79, BayObLGZ 1980, 29 = ZMR 1982, 63 = DNotZ 1980, 751.

2 Staudinger/Wenzel, WEG, Band 2, 12. Auflage, Vorbemerkung zu § 43 ff. Rn. 10; OLG Düsseldorf, Beschl. v. 7.2.1997 – 3 Wx 556/94, OLGR Düsseldorf 1997, 187 = ZMR 1997, 322 = WE 1997, 311.

3 Vgl. den neuen § 48 Abs. 4 WEG.

4 Vgl. hierzu BayObLG, Beschl. v. 30.9.1996 – 1 Z BR 104/96, BayObLGR 1997, 12 = NJW-RR 1987, 329.

5 BGH, Urt. v. 22.7.2002 – II ZR 286/01, BGHZ 152, 1 = MDR 2003, 38 = NJW 2002, 3465.

Anfechtungsklage in Wohnungseigentumssachen zu gelten, unabhängig davon, ob sich das Verfahren nach den Regelungen des FGG oder der ZPO richtet.

Ist das Gericht bei einer Anfechtungsklage danach verpflichtet, **ohne besondere** **Rüge** auch Nichtigkeitsgründe zu prüfen, so ändert dies nichts daran, dass der tatsächliche, die Unwirksamkeit des angefochtenen Beschlusses rechtfertigende Lebenssachverhalt der **Dispositionsbefugnis des Klägers** unterliegt[1]. Das Gericht kann also nicht von sich aus Tatsachen berücksichtigen, die von dem Kläger – wenn auch nur versehentlich – nicht vorgetragen wurden. Es darf auch **nicht** auf eine sachdienliche Ergänzung des Vortrages hinwirken, wenn die allgemeine **zivilprozessuale** **Hinweis- und Aufklärungspflicht** hierfür keinen hinreichenden Anlass bietet[2]. Im Interesse einer sachgerechten Entscheidung, insbesondere unter Berücksichtigung des Umstandes, dass die Rechtskraft der Entscheidung gemäß § 48 Abs. 4 WEG auch Nichtigkeitsgründe umfasst, ist es daher erforderlich, eine – an die Regelungen in § 139 Abs. 2 und 3 ZPO angelehnte – spezielle Hinweispflicht des Gerichts zu schaffen. **Nicht veranlasst** ist es hingegen, für die Anfechtungsklage den **Grundsatz** **der Amtsermittlung** festzuschreiben. Denn auch nach bisherigem Recht besteht keine weiter gehende Amtsermittlungspflicht gemäß § 12 FGG, wenn Anhaltspunkte für Unwirksamkeitsgründe weder ersichtlich noch von den Beteiligten vorgetragen sind[3]. Im Ergebnis wird damit bereits durch die gemäß § 46 Abs. 2 WEG eingeführte Hinweispflicht die bisherige Rechtslage fortgeschrieben.

Für eine detailliertere Regelung der Anfechtungsklage hat die Bundesregierung keinen Anlass gesehen; insbesondere erschien es ihr nicht geboten, im Gesetz selbst festzulegen, **gegen wen die Anfechtungsklage** zu richten ist. Das Gesetz ginge, so die Bundesregierung, davon aus, dass bei **Beschlussanfechtungen alle Wohnungseigentümer** mit Ausnahme des oder der Anfechtenden **Beklagte** sind. Dies entspreche der bisherigen Rechtslage in FGG-Verfahren[4]. Ein Regelungsbedürfnis bestehe insoweit nicht, da sich hieran durch die Erstreckung der ZPO-Regelungen auf Verfahren in WEG-Sachen nichts ändere.

2. Die Auffassung des Bundesrats

Der **Bundesrat**[5] teilte diese Auffassung zu § 46 WEG nicht, sondern bat, im Gesetz klarzustellen, gegen welche Wohnungseigentümer der Kläger seine Klage auf Erklärung der Ungültigkeit eines Beschlusses der Wohnungseigentümer zu richten hat.

Diese Argumentation *(der Bundesregierung, dass sich im neuen Verfahrensrecht gegenüber dem FGG-Verfahren nichts ändere)* erscheint nicht hinreichend tragfä-

593

594

595

596

---

1 Vgl. Schmidt in Hopt/Wiedemann, AktG, 4. Auflage, § 246 Rn. 68.
2 Vgl. Zöller/Greger, ZPO, 25. Auflage, § 139 Rn. 17.
3 OLG Düsseldorf, Beschl. v. 7.2.1997 – 3 Wx 556/94, OLGR Düsseldorf 1997, 187 = ZMR 1997, 322 = WE 1997, 311.
4 Staudinger/Wenzel, WEG, Band 2, 12. Auflage, Vorbemerkung zu § 43 ff. Rn. 24; vgl. auch Niedenführ/Schulze, WEG, 7. Auflage, Muster 21. Entscheidung (Erfolgreiche Beschlussanfechtung), S. 1126.
5 BT-Drucks. 16/887, Anlage 2, S. 50 f.

hig. Das bisher geltende WEG-Verfahrensrecht kennt weder Kläger noch Beklagte. Es legt auch nicht fest, gegen welche „Antragsgegner" sich ein Antrag auf Beschlussanfechtung richten muss[1]. Ob der Antragsteller in seinem Antrag andere Wohnungseigentümer als „Antragsgegner" bezeichnet, hat für die WEG-Beschlussanfechtung verfahrensrechtlich keine Bedeutung. Daher führt auch die in der Entwurfsbegründung zitierte Auffassung von Staudinger/Wenzel[2] nicht weiter, wonach „Antragsgegner" einer Beschlussanfechtung stets alle übrigen Wohnungseigentümer seien. Gleiches gilt für die gegenteilige Ansicht von Lüke[3], der Antrag sei gegen diejenigen Wohnungseigentümer zu richten, die sich auf die Gültigkeit des Beschlusses berufen.

597   Für die Frage, **wer nach geltendem Recht** am WEG-Verfahren der Beschlussanfechtung teilnimmt, ist **allein maßgeblich**, wer den Status eines **Verfahrensbeteiligten** hat. Dies wird – anders als im Zivilprozess – nicht vom Antragsteller in seiner Antragsschrift durch Benennung von „Antragsgegnern" bestimmt, sondern in § 43 Abs. 4 Nr. 2 WEG vom Gesetz festgelegt. Danach sind im Beschlussanfechtungsverfahren alle Wohnungseigentümer (und der Verwalter) Beteiligte. **Das Gericht** hat diese gesetzliche Festlegung **von Amts wegen** durch Hinzuziehung aller Wohnungseigentümer umzusetzen.

598   Eine vergleichbare gesetzliche Vorgabe gibt es im Zivilprozess nicht. Hier bestimmt – im Unterschied zum geltenden WEG-Verfahren – allein der Kläger mit für das Gericht bindender Wirkung, gegen wen er seine Klage richtet. Überträgt man die Beschlussanfechtung in Wohnungseigentumssachen von der freiwilligen Gerichtsbarkeit in das ZPO-Verfahren, muss die Frage, wer der richtige Beklagte ist, nach den für den Zivilprozess maßgeblichen Grundsätzen beurteilt werden.

599   Für die Annahme, dass der Kläger bei einer **zivilprozessualen Beschlussanfechtung** seine Klage gegen alle übrigen Wohnungseigentümer richten muss, könnte sprechen, dass es sich um eine **Gestaltungsklage** handelt, über die nur gegenüber allen Wohnungseigentümern einheitlich entschieden werden kann, insoweit also ein Fall der **notwendigen Streitgenossenschaft** i.S.v. § 62 ZPO vorliegt. Zu berücksichtigen ist indes, dass der Entwurf für das künftige Wohnungseigentumsverfahren keinen „reinen" Zivilprozess, sondern ein **Verfahren sui generis** vorsieht, an dem neben den Prozessparteien auch Wohnungseigentümer als „Beigeladene" beteiligt sein können (§ 48 Abs. 1 Satz 1 WEG). Unter Bezugnahme darauf wird im Schrifttum der Ansicht des Regierungsentwurfs, es müssten alle Wohnungseigentümer verklagt werden, entgegengetreten. Es wird eingewandt, dass es keinen sachlichen Grund gebe, Wohnungseigentümer, die nicht für den angefochtenen Beschluss gestimmt haben, in einen Prozess mit erheblichem Kostenrisiko hineinzuziehen. Die Klage sei vielmehr **auf diejenigen** Wohnungseigentümer, die **für den Beschluss gestimmt** haben, zu

---

1 Vgl. BayObLG, Beschl. v. 4.12.1970 – 2 Z 9/70, BayObLGZ 1970, 290 = MDR 1971, 300; vgl. auch die vom Bundesrat **nicht** genannte Entscheidung des BayObLG, Beschl. v. 28.4.1975 – 2 Z 22/75, BayObLGZ 1975, 161 = ZMR 1976, 88.

2 Staudinger/Wenzel, WEG, Band 2, 12. Auflage 1997, Vorbemerkung zu § 43 ff. Rn. 24.

3 Lüke in Weitnauer, Wohnungseigentumsgesetz, 9. Auflage 2005, § 23 Rn. 27.

beschränken. Die übrigen Wohnungseigentümer seien gemäß § 48 Abs. 1 Satz 1 WEG beizuladen und müssten die Rechtskraft des Urteils gemäß § 48 Abs. 3 Satz 1 WEG gegen sich gelten lassen[1].

Wenn das Wohnungseigentumsverfahren in den Zivilprozess überführt wird, sollte   600
es weder den Wohnungseigentümern noch den Gerichten abgefordert werden, zu der schon jetzt erkennbar **offenen Frage** nach dem **richtigen Beklagten** selbst die richtige Lösung zu suchen. Rechtsunsicherheit wäre in diesem Punkt angesichts der Bedeutung der Beschlussanfechtung für die Wohnungseigentümergemeinschaften schwer erträglich. Die Antwort sollte im Gesetz gegeben werden.

3. Die Auffassung des Rechtsausschusses des Deutschen Bundestages[2]

Der Rechtsausschuss hat die Bedenken des Bundesrats aufgegriffen und in das Ge-   601
setz (jetzige Fassung) aufgenommen, gegen wen die Klagen zu richten sind.

Der Ausschuss hat außerdem die von einem Sachverständigen[3] im Rahmen der   602
Anhörung geäußerten Bedenken aufgegriffen, wonach die von der Bundesregierung in der Gegenäußerung vorgeschlagene Formulierung[4] den Eindruck erwecke, das Anfechtungsrecht des Verwalters solle ausgeschlossen werden[5]. Der Ausschuss hat daher die Formulierung in § 46 Abs. 1 S. 1 WEG geändert, um zum Ausdruck zu bringen, dass das Anfechtungsrecht des Verwalters gegenüber dem bisherigen Recht unverändert fortbestehen soll.

4. Bewertung der gesetzlichen Neuregelung

Die Frist für die Beschlussanfechtungsklage von einem Monat entspricht der bishe-   603
rigen Beschlussanfechtungsfrist; in der Vergangenheit hat die Einhaltung dieser Frist regelmäßig keine Schwierigkeiten bereitet. **Neu** ist, dass nunmehr die **Begründung** innerhalb von zwei Monaten nach der Beschlussfassung durch die Eigentümerversammlung erfolgen muss. **Diese** Frist wird zukünftig für Rechtsanwälte (für die Naturalparteien, die schon mit der richtigen Formulierung des Anfechtungsklageantrages Schwierigkeiten haben werden, sowieso) etwas problematisch werden, denn manche notwendigen Ermittlungen werden – besonders, wenn die Mandatserteilung kurz vor Ablauf der Anfechtungsfrist erfolgte (oder sogar erst danach) – zeitraubend sein. Hier sollte der anwaltliche Vertreter möglicherweise auch überlegen, **Mandate abzulehnen**, weil keine ausreichende Zeit mehr für die Bearbeitung bleibt.

Jetzt ist zwar in § 46 Abs. 1 WEG ausdrücklich Bezug genommen worden auf §§ 233   604
bis 238 ZPO, wonach eine Wiedereinsetzung in den vorherigen Stand bei unverschuldeter Fristversäumnis gewährt werden kann. Das gilt selbstverständlich aber

---

1 Vgl. Bonifacio, Der Entwurf einer wohnungseigentumsrechtlichen Anfechtungsklage nach der ZPO – Königs- oder Irrweg?, ZMR 2005, 327.
2 BT-Drucks. 16/3843, S. 57 f.
3 Gemeint ist Volker Bielefeld.
4 Gemeint ist § 43 Nr. 4 WEG.
5 Prot. RA-Sitzung v. 18.9.2006, S. 12 unten.

dann nicht, wenn der anwaltliche Vertreter die Sache nicht schnell genug bearbeiten kann. Eine **Fristverlängerung** der zweiten Frist durch das Gericht sieht das Gesetz **nicht** vor.

605   Die Hinweispflicht des Gerichts auf **Nichtigkeitsgründe** ist sicher sinnvoll, verlangt aber vom Gericht eine gute Vorbereitung des Termins und eine Durchdringung des Streitstoffs.

Zu den Fragen einer Nichtigkeit von Beschlüssen sei auf die oben bei § 23 WEG gemachten Ausführungen verwiesen (Rz. 423 ff.).

ALT	NEU
§ 46a Mahnverfahren	§ 46a (fortgefallen)

606

§ 46a Mahnverfahren

(1) Zahlungsansprüche, über die nach § 43 Abs. 1 zu entscheiden ist, können nach den Vorschriften der Zivilprozessordnung im Mahnverfahren geltend gemacht werden. Ausschließlich zuständig im Sinne des § 689 Abs. 2 der Zivilprozessordnung ist das Amtsgericht, in dessen Bezirk das Grundstück liegt. § 690 Abs. 1 Nr. 5 der Zivilprozessordnung gilt mit der Maßgabe, dass das nach § 43 Abs. 1 zuständige Gericht der freiwilligen Gerichtsbarkeit zu bezeichnen ist. Mit Eingang der Akten bei diesem Gericht nach § 696 Abs. 1 Satz 4 oder § 700 Abs. 3 Satz 2 der Zivilprozessordnung gilt der Antrag auf Erlass des Mahnbescheids als Antrag nach § 43 Abs. 1.

(2) Im Falle des Widerspruchs setzt das Gericht der freiwilligen Gerichtsbarkeit dem Antragsteller eine Frist für die Begründung des Antrags. Vor Eingang der Begründung wird das Verfahren nicht fortgeführt. Der Widerspruch kann bis zum Ablauf einer Frist von zwei Wochen seit Zustellung der Begründung zurückgenommen werden; § 699 Abs. 1 Satz 3 der Zivilprozessordnung ist anzuwenden.

(3) Im Falle des Einspruchs setzt das Gericht der freiwilligen Gerichtsbarkeit dem Antragsteller eine Frist für die Begrün-

ALT   NEU

dung des Antrags, wenn der Einspruch nicht als unzulässig verworfen wird. §§ 339, 340 Abs. 1, 2 und § 341 Abs. 1 der Zivilprozessordnung sind anzuwenden. Vor Eingang der Begründung wird das Verfahren vorbehaltlich einer Maßnahme nach § 44 Abs. 3 nicht fortgeführt. Geht die Begründung bis zum Ablauf der Frist nicht ein, wird die Zwangsvollstreckung auf Antrag des Antragsgegners eingestellt. Bereits getroffene Vollstreckungsmaßregeln können aufgehoben werden. Für die Zurücknahme des Einspruchs gelten Absatz 2 Satz 3 erster Halbsatz und § 346 der Zivilprozessordnung entsprechend. Entscheidet das Gericht in der Sache, ist § 343 der Zivilprozessordnung anzuwenden. Das Gericht der freiwilligen Gerichtsbarkeit entscheidet über die Zulässigkeit des Einspruchs und in der Sache durch Beschluss, gegen den die sofortige Beschwerde nach § 45 Abs. 1 stattfindet.

§ 47 Kostenentscheidung

Welche Beteiligten die Gerichtskosten zu tragen haben, bestimmt der Richter nach billigem Ermessen. Er kann dabei auch bestimmen, dass die außergerichtlichen Kosten ganz oder teilweise zu erstatten sind.

§ 47 Prozessverbindung   607

Mehrere Prozesse, in denen Klagen auf Erklärung oder Feststellung der Ungültigkeit desselben Beschlusses der Wohnungseigentümer erhoben werden, sind zur gleichzeitigen Verhandlung und Entscheidung zu verbinden. Die Verbindung bewirkt, dass die Kläger der vorher selbstständigen Prozesse als Streitgenossen anzusehen sind.

⊃ Erläuterungen zum neuen § 47 WEG

1. Die Begründung der Bundesregierung zur Gesetzesänderung[1]

In Wohnungseigentumssachen können nach dem bisherigen Recht Verfahren analog   608
§ 147 ZPO verbunden werden. Für Beschlussanfechtungsverfahren verschiedener Wohnungseigentümer, die sich gegen denselben Beschluss richten, wird – weiter-

---

1 BT-Drucks. 16/887, S. 38 f.

gehend – eine **Pflicht zur Verbindung** angenommen[1]. Es erscheint sachgerecht, diese Rechtsprechung in eine gesetzliche Regelung zu überführen. Wie im aktienrechtlichen Anfechtungsverfahren (vgl. § 246 Abs. 3 Satz 3 AktG) ist auch in Wohnungseigentumssachen zu gewährleisten, dass die Entscheidung in allen Anfechtungsklagen, die denselben Beschluss der Wohnungseigentümer betreffen, einheitlich ergeht. Dieses Erfordernis beruht auf der Rechtskraftwirkung der Entscheidung für und gegen alle Wohnungseigentümer und den Verwalter, die bisher in § 45 Abs. 2 Satz 2 WEG geregelt gewesen ist und sich jetzt aus § 325 ZPO sowie dem neuen § 48 Abs. 3 WEG ergibt. Die Notwendigkeit einer Prozessverbindung folgt darüber hinaus aus der **Identität des Streitgegenstandes**.

609 Aus den gleichen Gründen sind nicht nur **Anfechtungsprozesse** zu verbinden, sondern **alle Prozesse**, in denen es um die Gültigkeit desselben Beschlusses der Wohnungseigentümer geht, **unabhängig davon**, ob die Erklärung oder die Feststellung der Ungültigkeit begehrt wird. Es kommt nicht darauf an, ob die Klage auf ein **Gestaltungsurteil** (Anfechtungsklage) oder ein **Feststellungsurteil** (Nichtigkeitsklage) abzielt, da ein einheitlicher Streitgegenstand vorliegt.

610 **Satz 2** regelt, dass die Kläger der vorher selbstständigen Prozesse auf Grund der Verbindung als Streitgenossen anzusehen sind. Diese Festlegung ist notwendig, weil sie in den vorher selbstständigen Prozessen **entgegengesetzte Parteirollen** innehatten. Wie zu § 46 WEG ausgeführt wird, geht das Gesetz davon aus, dass bei Beschlussanfechtungen alle Wohnungseigentümer mit Ausnahme des oder der Anfechtenden Beklagte sind. In dem zunächst selbstständigen Beschlussanfechtungsverfahren des Klägers A ist der Kläger B also Beklagter und umgekehrt. Dies würde nach der derzeitigen zivilprozessualen Rechtslage einer Verbindung zwar nicht entgegenstehen. Jedoch würde die später anhängig gewordene Klage im verbundenen Prozess zur **Widerklage**[2], was in Anbetracht des einheitlichen Streitgegenstandes nicht sachgerecht wäre. Da die Kläger – anders als sonst bei gegeneinander erhobenen Klagen – **dasselbe prozessuale Ziel** verfolgen, sind sie vielmehr ohne Rücksicht auf ihre zunächst **unterschiedlichen Parteirollen** als **Streitgenossen** anzusehen.

611 Einer Regelung dahin gehend, dass in der Neuordnung der Parteirollen keine Klagerücknahme im Hinblick auf die früheren Gegner und jetzigen Streitgenossen zu sehen ist, bedarf es nicht. Dies versteht sich von selbst, da die **Wirkung der Verbindung** gesetzlich angeordnet wird. Aus demselben Grund sind hiermit auch keine kostenrechtlichen Folgen verbunden. Im Ergebnis wird damit die **bisherige Rechtslage** in Wohnungseigentumssachen, in denen sich diese Problematik wegen der **flexibleren Parteirollen** nicht stellt, fortgeschrieben.

612 Einer näheren Ausgestaltung der in Satz 2 angeordneten Streitgenossenschaft bedarf es nicht, da insoweit die allgemeinen Vorschriften der §§ 59 bis 63 ZPO gelten.

---

1 LG Frankfurt/Main, Beschl. v. 8.5.1987 – 2/9 T 826/86, NJW-RR 1987, 1423.
2 Vgl. MünchKomm/Peters, ZPO, 2. Auflage, § 147 Rn. 9.

2. Bewertung der gesetzlichen Neuregelung

Die gesetzliche Neuregelung ist sinnvoll, weil damit gesetzlich vorgegeben wird, 613 wann Verfahren miteinander zu verbinden sind und welche Auswirkungen das hat. Bisher handhaben die Gerichte die Verbindungsproblematik durchaus unterschiedlich. Außerdem gab es immer wieder verfahrensrechtliche Probleme.

Bei Beschlussanfechtungsverfahren waren bisher auch schon – jedenfalls nach h.M. – 614 gleichgerichtete Anträge, die von verschiedenen Eigentümern bei Gericht gestellt werden, miteinander zu verbinden. Erfolgt dies rechtsfehlerhaft nicht, konnte dies zu Problemen in der Beschwerdeinstanz führen. Entscheidet das Gericht nämlich jeweils isoliert über die Anträge der Miteigentümer und legen nicht alle Antragsteller in ihren jeweiligen Verfahren sofortige Beschwerde ein, so dass in einem Verfahren die Rechtskraft eintritt, erledigen sich (wegen der Bindungswirkung des **alten** § 45 Abs. 2 Satz 2 WEG) die anderen in der Beschwerde befindlichen Verfahren in der Hauptsache. Allerdings ist dafür Voraussetzung, dass die übrigen Miteigentümer an dem rechtskräftig gewordenen Verfahren auch formell beteiligt waren[1]. Das sollte dann aber nicht gelten, wenn durch das Gericht keine Sachprüfung erfolgt ist, sondern der Antrag nur wegen Versäumung der Anfechtungsfrist zurückgewiesen wurde[2].

Diese Probleme werden durch die Neuregelung – so ist jedenfalls zu erwarten – 615 gelöst werden können.

ALT	NEU
§ 48 Kosten des Verfahrens	**§ 48 Beiladung, Wirkung des Urteils** 616
(1) Für das gerichtliche Verfahren wird die volle Gebühr erhoben. Kommt es zur gerichtlichen Entscheidung, so erhöht sich die Gebühr auf das Dreifache der vollen Gebühr. Wird der Antrag zurückgenommen, bevor es zu einer Entscheidung oder einer vom Gericht vermittelten Einigung gekommen ist, so ermäßigt sich die Gebühr auf die Hälfte der vollen Gebühr. Ist ein Mahnverfahren vorausgegangen (§ 46a), wird die nach dem Gerichtskostengesetz zu erhebende Gebühr für das Verfahren über den Antrag auf Erlass ei-	*(1) Richtet sich die Klage eines Wohnungseigentümers, der in einem Rechtsstreit gemäß § 43 Nr. 1 oder Nr. 3 einen ihm allein zustehenden Anspruch geltend macht, nur gegen einen oder einzelne Wohnungseigentümer oder nur gegen den Verwalter, so sind die übrigen Wohnungseigentümer beizuladen, es sei denn, dass ihre rechtlichen Interessen erkennbar nicht betroffen sind. Soweit in einem Rechtsstreit gemäß § 43 Nr. 3 oder Nr. 4 der Verwalter nicht Partei ist, ist er ebenfalls beizuladen.*

---

1 OLG Zweibrücken, Beschl. v. 1.10.2004 – 3 W 179/04, OLGR Zweibrücken 2005, 33 = ZMR 2005, 407; BayObLG, Beschl. v. 19.2.2004 – 2 Z BR 262/03, ZMR 2004, 604; BayObLG, Beschl. v. 27.2.2003 – 2 Z BR 135/02, ZMR 2003, 590 = WuM 2003, 531 = NZM 2003, 644 = DWE 2003, 62.
2 BayObLG, Beschl. v. 19.2.2004 – 2 Z BR 262/03, ZMR 2004, 604.

<table>
<tr><td align="center">ALT</td><td align="center">NEU</td></tr>
</table>

ALT	NEU
nes Mahnbescheids auf die Gebühr für das gerichtliche Verfahren angerechnet; die Anmerkung zu Nummer 1210 des Kostenverzeichnisses zum Gerichtskostengesetz gilt entsprechend. § 12 Abs. 3 Satz 3 des Gerichtskostengesetzes ist nicht anzuwenden.	*(2) Die Beiladung erfolgt durch Zustellung der Klageschrift, der die Verfügungen des Vorsitzenden beizufügen sind. Die Beigeladenen können der einen oder anderen Partei zu deren Unterstützung beitreten. Veräußert ein beigeladener Wohnungseigentümer während des Prozesses sein Wohnungseigentum, ist § 265 Abs. 2 der Zivilprozessordnung entsprechend anzuwenden.*
(2) Sind für Teile des Gegenstands verschiedene Gebührensätze anzuwenden, so sind die Gebühren für die Teile gesondert zu berechnen; die aus dem Gesamtbetrag der Wertteile nach dem höchsten Gebührensatz berechnete Gebühr darf jedoch nicht überschritten werden.	*(3) Über die in § 325 der Zivilprozessordnung angeordneten Wirkungen hinaus wirkt das rechtskräftige Urteil auch für und gegen alle beigeladenen Wohnungseigentümer und ihre Rechtsnachfolger sowie den beigeladenen Verwalter.*
(3) Der Richter setzt den Geschäftswert nach dem Interesse der Beteiligten an der Entscheidung von Amts wegen fest. Der Geschäftswert ist niedriger festzusetzen, wenn die nach Satz 1 berechneten Kosten des Verfahrens zu dem Interesse eines Beteiligten nicht in einem angemessenen Verhältnis stehen.	*(4) Wird durch das Urteil eine Anfechtungsklage als unbegründet abgewiesen, so kann auch nicht mehr geltend gemacht werden, der Beschluss sei nichtig.*
(4) Im Verfahren über die Beschwerde gegen eine den Rechtszug beendende Entscheidung werden die gleichen Gebühren wie im ersten Rechtszug erhoben.	

➲ Erläuterungen zum neuen § 48 WEG

1. Die Begründung der Bundesregierung zur Gesetzesänderung[1]

617 Die Regelung entspricht hinsichtlich der **Beteiligung** der Wohnungseigentümer und der **Rechtskrafterstreckung** der gerichtlichen Entscheidung im Wesentlichen der bisherigen Rechtslage. Das Gericht hat nach der bisherigen Rechtslage von Amts wegen die Beteiligten im materiellen Sinne, also diejenigen, deren Rechte und Pflichten durch das Verfahren unmittelbar beeinflusst werden können (vgl. § 43 Abs. 4 WEG alt), formell zu beteiligen. Dies ist nicht nur ein Gebot der Sachaufklärung (§ 12 FGG), sondern – wegen der in § 45 Abs. 2 Satz 2 WEG – **alt** – geregelten Rechtskrafterstreckung – auch des **rechtlichen Gehörs**.

---

1 BT-Drucks. 16/887, S. 39 f.

a) § 48 Abs. 1 WEG

In dem neuen **Absatz 1 Satz 1** hält das Gesetz aus dem letztgenannten Grund an der 618
grundsätzlichen Beteiligung aller Wohnungseigentümer fest. Es wird unverändert
Situationen geben, in denen nicht sämtliche Wohnungseigentümer als Partei an
dem Verfahren beteiligt sind. In Betracht kommt insoweit etwa die Klage eines
Wohnungseigentümers gegen den Verwalter auf **ordnungsmäßige Verwaltung**, zum
Beispiel auf **Vorlage der Jahresabrechnung** (§ 21 Abs. 4, § 28 Abs. 3 WEG), oder gegen
einen anderen Wohnungseigentümer auf **Beseitigung einer baulichen Veränderung**
(§ 1004 Abs. 1 BGB, § 22 Abs. 1 WEG). In beiden Beispielsfällen kann **jeder Wohnungseigentümer** den Anspruch **allein**, ohne Ermächtigung durch die übrigen Wohnungseigentümer, gerichtlich durchsetzen. Inhaltlich geht es aber um Angelegenheiten, die **alle** Wohnungseigentümer betreffen, so dass den nicht als Partei beteiligten Wohnungseigentümern rechtliches Gehör zu verschaffen ist.

Nach der Rechtsprechung kann der Grundsatz, wonach alle materiell Beteiligten 619
auch formell am Verfahren zu beteiligen sind, in Einzelfällen durchbrochen werden,
nämlich dann, wenn der **Verfahrensgegenstand** erkennbar nur die rechtlichen Interessen eines begrenzten Kreises von Wohnungseigentümern oder nur den Antragsteller und den Antragsgegner betrifft. Dies kann zum Beispiel der Fall sein, wenn in
einer **Mehrhausanlage** nur ein bestimmter Teil der Wohnungseigentümer von einer
baulichen Veränderung betroffen ist oder wenn ein Wohnungseigentümer einen ihm
allein zustehenden Anspruch gegen den Verwalter geltend macht. Der Entwurf regelt
nunmehr ausdrücklich, dass diejenigen Wohnungseigentümer, deren rechtliche Interessen **ausnahmsweise** nicht betroffen sind, auch nicht formell zu beteiligen sind.

In Abgrenzung zu der bisherigen förmlichen Beteiligung nach FGG-Grundsätzen 620
übernimmt das Gesetz in der Überschrift des § 48 WEG die Terminologie des
§ 640e ZPO, also den Begriff „**Beiladung**". Im Hinblick auf die inhaltliche Ausgestaltung berücksichtigt das Gesetz indes, dass es in Wohnungseigentumssachen
nicht sachgerecht wäre, stets auf die Ladung zum Termin zur mündlichen Verhandlung abzustellen. Denn einerseits kann ein schriftliches Vorverfahren angeordnet
bzw. zunächst nur die Güteverhandlung anberaumt werden; den beizuladenden
Wohnungseigentümern soll es aber möglich sein, ihre rechtlichen Interessen bereits
in diesem Verfahrensstadium zu wahren. Andererseits erscheint es nicht erforderlich, sie zu dem Termin zu laden. Eine Ladung beinhaltet die Aufforderung zum
Erscheinen, während für die Interessenwahrung der übrigen Wohnungseigentümer
eine **Benachrichtigung** genügt. In **Absatz 1 Satz 3** ist daher vorgesehen, das die **Beiladung durch Zustellung der Klageschrift**, der die Verfügungen des Vorsitzenden
beizufügen sind, zu erfolgen hat. Die Zustellung kann gemäß § 45 Abs. 1 WEG an
den Verwalter oder – im Falle einer Interessenkollision – an den gemäß § 45 Abs. 2
Satz 1 WEG bestimmten Zustellungsvertreter[1] erfolgen.

Gemäß **Absatz 1 Satz 2** können die Beigeladenen der einen oder anderen Partei zu 621
ihrer **Unterstützung** beitreten. Sie werden dann zu **Nebenintervenienten**. Die **Form
des Beitritts** regelt § 70 ZPO.

---

1 Die Begründung hat hier fälschlich den Begriff „Zustellungsbevollmächtigten" benutzt.

b) § 48 Abs. 2 WEG

622 • **Absatz 2 Satz 1** stellt klar, dass die an dem Rechtsstreit nicht als Partei beteiligten Wohnungseigentümer nicht beigeladen werden, wenn für sie ein **Prozessstandschafter** auftritt. Dies wird in der Regel der Verwalter sein, dessen **Ermächtigung zur Prozessführung** im eigenen Namen sich aus dem Verwaltervertrag, aus der Gemeinschaftsordnung oder aus einem Mehrheitsbeschluss der Wohnungseigentümer ergeben kann. Statt des Verwalters kann aber auch ein einzelner Wohnungseigentümer als Prozessstandschafter für die übrigen Wohnungseigentümer auftreten, wenn er durch Beschluss hierzu ermächtigt ist. Außerdem kann ein **Käufer einer Eigentumswohnung** oder ein **Mieter** als Prozessstandschafter ermächtigt sein, den Prozess an Stelle des Rechtsinhabers im eigenen Namen zu führen[1]. Es kann also eine **Prozessstandschaft** sowohl im Hinblick auf **alle** als auch im Hinblick auf nur **einige** der übrigen Wohnungseigentümer bestehen. Mit der Formulierung „soweit" wird verdeutlicht, dass in all diesen Fällen eine Beiladung der jeweils repräsentierten Wohnungseigentümer zur Wahrung ihrer Interessen nicht erforderlich ist.

623 • **Absatz 2 Satz 2** betrifft den Fall, dass ein beigeladener Wohnungseigentümer während des Prozesses sein Wohnungseigentum **veräußert**. Da sich § 265 Abs. 2 ZPO auf Parteien bezieht (s. § 265 Abs. 1 ZPO), ist er auf Beigeladene nicht anwendbar. Es erscheint sachgerecht, seine entsprechende Anwendbarkeit gesetzlich anzuordnen. Denn anderenfalls müsste bei Veräußerungen während der Anhängigkeit des Verfahrens jeder Erwerber erneut beigeladen werden. In großen Wohnungseigentumsanlagen führte dies nicht nur zu einem erhöhten Aufwand des Gerichts und höheren Zustellungskosten für die Wohnungseigentümer, sondern es könnte vor allem kaum sichergestellt werden, dass das Gericht von jedem Eigentümerwechsel Kenntnis erlangt. Ist hingegen, wie in dem Entwurf vorgesehen, § 265 Abs. 2 ZPO entsprechend anwendbar, so ändert die Rechtsnachfolge nichts an der Stellung des bisherigen Beigeladenen, der gesetzlicher Prozessstandschafter seines Rechtsnachfolgers wird[2].

c) § 48 Abs. 3 WEG

624 Das rechtskräftige Urteil wirkt gemäß § 325 Abs. 1 ZPO für und gegen die Parteien und deren Rechtsnachfolger. Die **Rechtskrafterstreckung auf Rechtsnachfolger** bezieht sich dabei auch auf die Rechtsnachfolge nach rechtskräftig abgeschlossenem Prozess[3], so dass kein Wertungswiderspruch zu § 10 Abs. 3 WEG besteht.

• Darüber hinaus ordnet der neue **Absatz 3 Satz 1** an, dass das rechtskräftige Urteil auch **für** und **gegen** die **Beigeladenen** und ihre **Rechtsnachfolger** wirkt.

625 • Nach **Absatz 3 Satz 2** erstreckt sich die Rechtskraftwirkung in den Fällen des § 43 Nr. 2 und 3 WEG außerdem **auf den Verwalter**, auch wenn er nicht Partei ist. Wie

---

1 Vgl. Niedenführ in Niedenführ/Schulze, WEG, 7. Auflage, vor § 43 ff. Rn. 77, 81; Merle in Bärmann/Pick/Merle, WEG, 9. Auflage, § 44 Rn. 39.
2 Vgl. Zöller/Greger, ZPO, 25. Auflage, § 265 Rn. 6.
3 Vgl. Zöller/Vollkommer, ZPO, 25. Auflage, § 325 Rn. 13.

nach **bisherigem** Recht (§ 43 Abs. 4 Nr. 1 i.V.m. § 45 Abs. 2 Satz 2 WEG) ist der Verwalter in den Fällen des § 43 Nr. 1 WEG – der inhaltlich dem § 43 Abs. 1 Nr. 1 WEG entspricht – nicht an die gerichtliche Entscheidung gebunden, da diese nur das Verhältnis der Wohnungseigentümer untereinander betrifft. Die Bindung des Verwalters in den übrigen Konstellationen des § 43 WEG folgt daraus, dass er **weisungsgebundener Sachwalter** des Gemeinschaftsvermögens und Vollzugsorgan der Gemeinschaft hinsichtlich der von der Gemeinschaft beschlossenen Maßnahmen ist. Soweit ein die Wohnungseigentümer bindendes Urteil reicht, **ersetzt** dieses die **Weisungen** und **Maßnahmen** der Gemeinschaft.

d) § 48 Abs. 4 WEG

Zur bisherigen Rechtslage ist es allgemein anerkannt, dass sich die Rechtskraft   626
eines Urteils, durch das eine Anfechtungsklage als unbegründet abgewiesen wird, auch auf etwaige Nichtigkeitsgründe erstreckt. Der angefochtene Beschluss ist sowohl in Bezug auf Anfechtungsgründe als auch auf Nichtigkeitsgründe als rechtswirksam zu erachten[1]. Dies ist sachgerecht und soll auch künftig gelten. Denn es würde dem Gedanken des **Rechtsfriedens** innerhalb einer Wohnungseigentümergemeinschaft widersprechen, wenn nach Abschluss eines – möglicherweise langwierigen – Verfahrens über die Frage der Ungültigerklärung eines Eigentümerbeschlusses immer wieder in dem Verfahren nicht ausdrücklich zur Sprache gekommene **Nichtigkeitsgründe** noch geltend gemacht werden und Gegenstand neuer Verfahren sein könnten[2]. Da fraglich ist, ob die derzeitige Rechtsprechung auch in einem Verfahren in WEG-Sachen, das sich nach ZPO-Grundsätzen richtet, beibehalten wird, erscheint es erforderlich, die Rechtskrafterstreckung in § 48 Abs. 4 WEG gesetzlich zu normieren. Auf der Basis der besonderen Hinweispflicht gemäß § 46 Abs. 2 WEG sowie der zwingenden Prozessverbindung gemäß § 47 WEG wird damit die bisherige **Rechtssicherheit** auch für die Zukunft gewährleistet.

2. Die Auffassung des Bundesrats[3]

Der Bundesrat hatte Bedenken und bat darum, im weiteren Verlauf des Gesetzge-   627
bungsverfahrens zu prüfen, ob das Rechtsinstitut der Beiladung der übrigen Wohnungseigentümer tatsächlich notwendig ist. Er führte aus:

Nach § 48 Abs. 1 WEG sind die an dem Rechtsstreit nicht als Partei beteiligten   628
übrigen Wohnungseigentümer grundsätzlich beizuladen. Begründet wird dies mit der Gewährung rechtlichen Gehörs. **Rechtliches Gehör** muss jedoch nur insoweit gewährt werden, als die Rechte des Beizuladenden beeinträchtigt werden können. Die Notwendigkeit der Beiladung ist daher letztlich Folge der Erweiterung der

---

1 Merle in Bärmann/Pick/Merle, WEG, 9. Auflage, § 43, Rn. 63; Niedenführ in Niedenführ/
   Schulze, WEG, 7. Auflage, § 43, Rn. 59; BayObLG, Beschl. v. 31.1.1980 – 2 Z 24/79,
   BayObLGZ 1980, 29 = ZMR 1982, 63 = DNotZ 1980, 751.
2 BayObLG, Beschl. v. 31.1.1980 – 2 Z 24/79, BayObLGZ 1980, 29 = ZMR 1982, 63 = DNotZ
   1980, 751.
3 BT-Drucks. 16/887, Anlage 2, S. 51 ff.

Rechtskraftwirkung über § 325 ZPO hinaus durch § 48 Abs. 3 WEG; auch die als Parallele herangezogene Beiladung nach § 640e ZPO ist ohne die Rechtskraftwirkung des § 640h ZPO nicht verständlich.

629   Geht man mit der Bundesregierung davon aus, dass in Beschlussanfechtungsverfahren alle Wohnungseigentümer Partei sind bzw. sein müssen, weil ein Fall der notwendigen Streitgenossenschaft vorliegt und ansonsten die Anfechtungsklage als unzulässig abzuweisen wäre, stellt sich die Frage, ob es für die (übrigen) Verfahren der Rechtskrafterstreckung auf die beigeladenen Eigentümer und damit des Rechtsinstituts der Beiladung überhaupt bedarf, zumal unklar bleibt, wie der Personenkreis, der auf Grund notwendiger Streitgenossenschaft Partei sein muss, um zu einer Sachentscheidung zu gelangen, von den Wohnungseigentümern, für die dies nicht gilt, die aber dennoch in ihren rechtlichen Interessen betroffen sind und daher beigeladen werden müssen, abgegrenzt werden soll.

630   Der Bundesrat regte **zu § 48 Abs. 1** an klarzustellen, von welchen rechtlichen Voraussetzungen es abhängen soll, ob die Mitglieder einer Wohnungseigentümergemeinschaft in einem Zivilprozess nach § 43 Abs. 1 WEG auf der Kläger- oder Beklagtenseite als Partei beteiligt sein müssen oder ob dies nicht erforderlich ist mit der Folge, dass sie vom Gericht beizuladen sind.

631   Im geltenden Zivilprozessrecht beurteilt sich die Frage, wer bei mehreren Mitberechtigten in einem Rechtsstreit auf der Aktiv- und auf der Passivseite Partei sein muss, nach den Grundsätzen zur notwendigen Streitgenossenschaft. Ob diese Grundsätze auch in einem Verfahren gelten sollen, das – im Unterschied zum herkömmlichen Zivilprozess – ein Nebeneinander von Parteien und Beigeladenen mit jeweils darauf bezogener Rechtskrafterstreckung (§ 48 Abs. 3 WEG) vorsieht, kann dem Entwurf nicht entnommen werden.

632   Klarheit in diesem Punkt ist für die Mitglieder von Wohnungseigentümergemeinschaften, für die sie beratenden Rechtsanwälte und für die in Zivilprozessen nach § 43 WEG zuständigen Gerichte von wesentlicher Bedeutung. Von der Frage, welche Wohnungseigentümer in einem Zivilprozess notwendig Partei sein müssen, hängen u.a. die Zulässigkeit der Klage und die Einbeziehung in die Kostenpflicht nach § 91 ff. ZPO und § 49 WEG ab.

633   Zu § 48 WEG schlug der Bundesrat **einen neuen Abs. 2a vor:**

„(2a) Soweit in den Fällen des § 43 Nr. 2 und 3 der Verwalter nicht Partei ist, ist er ebenfalls beizuladen."

634   Absatz 3 sollte wie folgt gefasst werden:

„(3) Über die in § 325 der Zivilprozessordnung angeordnete Wirkung hinaus wirkt das rechtskräftige Urteil auch für und gegen alle beigeladenen Wohnungseigentümer und ihre Rechtsnachfolger sowie gegen den nach Absatz 2a beigeladenen Verwalter."

635   Da Rechte und Pflichten des Verwalters sowohl im Verfahren nach § 43 Nr. 2 WEG als auch – im Hinblick auf seine Aufgabe gemäß § 27 Abs. 1 Nr. 1 WEG, die Beschlüsse der Wohnungseigentümer durchzuführen – im Verfahren nach § 43 Nr. 3

WEG unmittelbar beeinflusst werden, ist sicherzustellen, dass er in diesen Fällen, soweit er nicht bereits als Partei beteiligt ist, stets notwendig beizuladen ist. Nur so ist es gerechtfertigt, den Verwalter an das Urteil in dem Rechtsstreit zu binden.

Zu § 48 Abs. 3 WEG schlug der Bundesrat eine Ergänzung dahin gehend vor, dass   636
Urteile, durch die Beschlüsse der Wohnungseigentümer für ungültig oder nichtig erklärt werden, für und gegen alle Wohnungseigentümer wirken, unabhängig davon, ob diese Partei waren oder beigeladen worden sind.

Es müsse gewährleistet sein, dass ein auf Anfechtungsklage oder Nichtigkeitsklage   637
hin ergangenes Urteil, durch das der angefochtene Beschluss der Wohnungseigentümergemeinschaft für ungültig bzw. nichtig erklärt wird, für und gegen alle Eigentümer wirkt. Ist nämlich die dem Gericht vorgelegte Liste der beklagten Wohnungseigentümer nicht vollständig (weil sie nicht aktuell oder aus sonstigen Gründen falsch ist), erkennt dies das Gericht nicht und erlässt es deshalb trotzdem ein entsprechendes Sachurteil, entfaltet dies gegenüber dem „vergessenen" Wohnungseigentümer keine Rechtskraftwirkung. Eine nur relative Rechtskraftwirkung ist jedoch für den Kläger weitgehend wertlos, nachdem der Wohnungseigentümer, der nicht Beklagter war, an das Urteil nicht gebunden ist und sich daher nach wie vor auf die Gültigkeit des Beschlusses berufen kann. Der Kläger müsste dann ein neues Anfechtungsverfahren anstrengen. Demgegenüber wird nach bisher geltendem Recht die richterliche Entscheidung gemäß § 45 Abs. 2 Satz 2 WEG (alt) für alle (materiell) Beteiligten grundsätzlich bindend; allerdings ist streitig, ob ein materiell beteiligter Wohnungseigentümer, der fälschlicherweise nicht formell beteiligt worden ist, an einen entsprechenden gerichtlichen Beschluss gebunden ist[1]. Der Gerichtsbeschluss kann jedoch den fälschlicherweise nicht beteiligten Wohnungseigentümern zugestellt werden und wirkt dann für und gegen diese, soweit sie ihn nicht mit Rechtsmitteln anfechten[2]. Diese Möglichkeit dürfte künftig nicht mehr bestehen.

Für eine Rechtskrafterstreckung von Urteilen, durch die Beschlüsse von Wohnungs-   638
eigentümerversammlungen für nichtig oder ungültig erklärt werden, spricht auch die Parallele zu § 248 Abs. 1 Satz 1 AktG. Danach erstreckt sich die Rechtskraft von Urteilen, durch die ein angefochtener Beschluss der Hauptversammlung für nichtig erklärt wird, auf alle Aktionäre, auch wenn sie nicht Partei sind.

In § 48 Abs. 4, so schlägt der Bundesrat vor, sind die Wörter „verstoße gegen eine   639
unverzichtbare Rechtsvorschrift" durch die Wörter „sei nichtig" zu ersetzen.

Wie in der Regierungsbegründung zu Recht ausgeführt wird, führt nach geltendem   640
Recht die in § 45 Abs. 2 Satz 2 WEG festgelegte umfassende Rechtskraftwirkung notwendigerweise dazu, dass der angefochtene Beschluss von Amts wegen auf Nichtigkeitsgründe zu untersuchen ist. Nachdem diese umfassende Rechtskraftwirkung – zu Recht – beibehalten werden soll, müssten konsequenterweise auch nach dem neuen Verfahrensrecht dem Gericht Befugnis und Pflicht zur Prüfung und Berück-

---

1 Vgl. Bärmann/Pick/Merle, Wohnungseigentumsgesetz, 9. Auflage, § 45 WEG Rn. 119 m.w.N.
2 Vgl. OLG Hamm, Beschl. v. 3.2.1987 – 15 W 456/85, NJW-RR 1987, 842.

sichtigung von Nichtigkeitsgründen von Amts wegen zustehen. Die erweiterte Hinweispflicht nach § 46 WEG genügt auf Grund dessen nicht; man denke an den Fall, dass der Kläger trotz Hinweises des Gerichts seinen Vortrag nicht ergänzt (Beispiel: Aus der von Beklagten und nicht von Klägerseite vorgelegten Teilungserklärung ergibt sich ohne weiteres, dass der angefochtene Beschluss nichtig ist, der Kläger beruft sich darauf trotz Hinweises aber nicht.). Auch in diesem Fall gebietet es das Interesse an einer sachgerechten Entscheidung, den Nichtigkeitsgrund angesichts der Rechtskraftwirkung des § 48 Abs. 4 WEG berücksichtigen zu können.

641 Eine derartige Prüfung und Berücksichtigung von Nichtigkeitsgründen von Amts wegen bedeutet keine Amtsermittlung, sondern die Befugnis des Gerichts, aus den von den Beteiligten dem Gericht von sich aus oder auf gerichtlichen Hinweis oder Verfügung unterbreiteten Tatsachen sich ergebende Nichtigkeitsgründe von Amts wegen zu berücksichtigen.

3. Gegenäußerung[1] zur Auffassung des Bundesrates

642 In der **Gegenäußerung** vertritt die **Bundesregierung** weiterhin die Auffassung, dass eine **Beiladung** notwendig ist und führt aus:

643 Wie der Bundesrat zutreffend ausführt, ist die Notwendigkeit der Beiladung Folge der durch § 48 Abs. 3 WEG über die Wirkungen des § 325 ZPO hinaus angeordneten Rechtskrafterstreckung. Die Beiladung konkretisiert die wegen der Rechtskrafterstreckung aus dem Anspruch auf **rechtliches Gehör** nach **Artikel 103 Abs. 1 GG** herzuleitenden Anhörungspflichten des Gerichts. Grundrechtsberechtigt aus Artikel 103 Abs. 1 GG ist **jeder**, der an einem gerichtlichen Verfahren als Partei oder in ähnlicher Stellung beteiligt ist oder von dem Verfahren **unmittelbar rechtlich betroffen** wird. Unmittelbar betroffen in diesem Sinne ist unter anderem derjenige, auf den sich die Rechtskraft der fraglichen gerichtlichen Entscheidung erstreckt. Auch solche materiell Betroffenen müssen über den Verfahrensstoff informiert werden und sich grundsätzlich vor Erlass einer Entscheidung mindestens schriftlich in tatsächlicher und rechtlicher Hinsicht zur Sache äußern können. Schließlich ist das Gericht verpflichtet, auch den Vortrag dieser Betroffenen zu berücksichtigen, d.h. zur Kenntnis zu nehmen und bei seiner Entscheidung in Erwägung zu ziehen. Das Gericht wäre zwar auch ohne ausdrückliche gesetzliche Anordnung der Beiladung verpflichtet, die übrigen Wohnungseigentümer anzuhören[2]. Jedoch ist es primär Aufgabe des Gesetzgebers, die einschlägigen Verfahrensordnungen verfassungskonform auszugestalten.

644 Die Bundesregierung ist weiterhin der Auffassung, dass eine Rechtskrafterstreckung auf die nicht als Partei an dem Verfahren beteiligten Wohnungseigentümer sachgerecht ist. Die Entscheidung des Gerichts sollte zu dauerhafter Rechtssicherheit und Rechtsfrieden innerhalb der Gemeinschaft führen, was nicht der Fall

---

1 BT-Drucks. 16/887, Anlage 3, S. 73 ff.
2 Vgl. BVerfG, Beschl. v. 9.2.1982 – 1 BvR1379/80, BVerfGE 60, 1 = NJW 1982, 1453; BVerfG, Beschl. v. 9.2.1982 – 1 BvR 191/81, BVerfGE 60, 7 = MDR 1982, 544 = NJW 1982, 1635.

wäre, wenn die nicht als Partei beteiligten Wohnungseigentümer das Gericht noch einmal mit dem gescheiterten Begehren des klagenden Wohnungseigentümers befassen könnten. Würde zum Beispiel ein Wohnungseigentümer gemäß § 1004 Abs. 1 BGB gegen einen anderen Wohnungseigentümer auf **Beseitigung einer baulichen Veränderung** klagen, so könnten im Falle seines Unterliegens andere Wohnungseigentümer wegen desselben Begehrens Klage erheben. Dem beklagten Wohnungseigentümer stünden nach der Zivilprozessordnung nur unzureichende Instrumentarien zur Verfügung, die in dem (ersten) Rechtsstreit nicht als Kläger auftretenden Wohnungseigentümer in das Verfahren zu zwingen und sie hierdurch an das ergehende Urteil zu binden. Insbesondere würde eine **Drittwiderklage** mit dem Ziel der Feststellung, dass keine unzulässige bauliche Veränderung vorliege, voraussetzen, dass sein Recht auch von den übrigen Wohnungseigentümern bestritten wird; verhalten diese sich passiv, dürfte dieser Nachweis kaum gelingen, ohne dass der Beklagte deshalb sicher sein könnte, künftig nicht von ihnen in Anspruch genommen zu werden.

Im Übrigen wollte die Bundesregierung, auf Grund der Anregungen des Bundesrates, den § 48 klarer fassen und schlug die dann Gesetz gewordenen Formulierungen vor. Sie begründet dies wie folgt: **645**

§ 48 Absatz 1 Satz 1 nennt nur noch die Streitigkeiten nach § 43 Nr. 1 und 3 WEG, so dass sowohl Verfahren, in denen nur die **Gemeinschaft als Rechtssubjekt** aktiv- oder passivlegitimiert ist, als auch Streitigkeiten über die Gültigkeit von Beschlüssen der Wohnungseigentümer (Anfechtungs- und Nichtigkeitsklagen) ausgeklammert sind. Ein **Regelungsbedürfnis** besteht **nur** für **Streitigkeiten der Wohnungseigentümer untereinander.** Die Beiladung der übrigen Wohnungseigentümer in den Fällen des § 43 Nr. 2 WEG ist entbehrlich, weil ihre Rechte hier von der Gemeinschaft wahrgenommen werden. Anfechtungs- und Nichtigkeitsklagen nach § 43 Nr. 4 WEG in der neuen Fassung sind ohnehin gegen alle übrigen Wohnungseigentümer zu richten, so dass es ihrer Beiladung hier nicht bedarf. **646**

Fälle der notwendigen Streitgenossenschaft auf der Aktivseite werden ausgegrenzt durch die Voraussetzung, dass der Kläger „einen ihm allein zustehenden Anspruch", also einen individuellen Rechtsanspruch geltend macht. Wann dies der Fall ist, ergibt sich aus dem materiellen Recht. In Betracht kommen insbesondere der Anspruch auf ordnungsmäßige Verwaltung gemäß § 21 Abs. 4 WEG und der oben bereits angesprochene Anspruch auf Beseitigung einer baulichen Veränderung gemäß § 1004 Abs. 1 BGB[1]. **647**

Es bedarf der Beiladung der übrigen Wohnungseigentümer nicht, wenn ihre rechtlichen Interessen nicht betroffen sind. Dies ist einerseits der Fall, wenn der Streitgegenstand erkennbar nur die rechtlichen Interessen eines begrenzten Kreises von Wohnungseigentümern oder nur den Kläger und den Beklagten betrifft. Andererseits können hierunter auch die Fälle subsumiert werden, in denen die Klage zum Beispiel wegen fehlenden Rechtsschutzbedürfnisses oder einer notwendigen Streitge- **648**

---

1 Vgl. Merle in Bärmann/Pick/Merle, WEG, 9. Auflage, § 21 Rn. 80 ff.; § 22 Rn. 264.

nossenschaft auf der Passivseite unzulässig ist. Denn ein Prozessurteil erwächst hinsichtlich des Streitgegenstandes nicht in Rechtskraft, so dass die Interessen der übrigen Wohnungseigentümer hierdurch nicht berührt werden.

649 Hinsichtlich der vom Bundesrat vorgeschlagenen Ergänzung des **§ 48 Abs. 3 WEG**, wonach Urteile, durch die Beschlüsse der Wohnungseigentümer für ungültig oder nichtig erklärt werden, für und gegen alle Wohnungseigentümer wirken, unabhängig davon, ob diese Partei waren oder beigeladen worden sind, bemerkt die Bundesregierung: Die Beiladung von Wohnungseigentümern spielt in diesen Verfahren keine Rolle. Die **Anfechtungsklage** ist gegen alle übrigen Wohnungseigentümer zu richten, so dass grundsätzlich alle Wohnungseigentümer Partei des Verfahrens sind. Das Gleiche gilt für die **Nichtigkeitsklage**. Entsprechend bedarf es einer **Rechtskrafterstreckung** auf alle Wohnungseigentümer im Normalfall **nicht**, weil diese als **Partei des Rechtsstreits** gemäß § 325 Abs. 1 ZPO ohnehin an das Urteil gebunden sind. Zu berücksichtigen ist weiterhin, dass ein Urteil, durch das ein Beschluss für ungültig erklärt oder dessen Nichtigkeit festgestellt wird, auch gegenüber einem Wohnungseigentümer **materiellrechtliche Wirkungen** entfaltet, der von dem Kläger versehentlich nicht in der Eigentümerliste aufgeführt wurde, in der die Beklagten näher bezeichnet werden. Wird ein Beschluss von dem Gericht für ungültig erklärt, so ist diese **Gestaltungswirkung** nicht auf die Parteien des Rechtsstreits beschränkt, sondern tritt im Verhältnis zu **jedermann** ein. Diese Rechtsfolge ergibt sich aus § 23 Abs. 4 WEG. Entsprechendes gilt für die Feststellungswirkung eines Urteils, durch das die Ungültigkeit oder Nichtigkeit eines Beschlusses festgestellt wird[1]. Eine erneute Klage durch denselben Kläger dürfte daher weder erforderlich noch zulässig sein.

650 Zuzustimmen ist dem Bundesrat zwar, soweit er ausführt, das Urteil entfalte gegenüber dem „vergessenen" Wohnungseigentümer keine materielle Rechtskraft. Dieser könnte daher Feststellungsklage erheben mit dem Ziel, die Gültigkeit des Beschlusses aussprechen zu lassen. Hier Abhilfe durch eine Rechtskrafterstreckung auf alle Wohnungseigentümer zu schaffen, auch soweit sie von dem Kläger entgegen der jetzigen Fassung des § 46 Abs. 1 Satz 1 WEG nicht als Partei in den Rechtsstreit einbezogen worden sind, widerspräche allerdings zivilprozessualen Grundsätzen. Es ist Aufgabe des Klägers, den oder die richtigen Beklagten zu ermitteln und in dem Rechtsstreit zu bezeichnen. Dies ist ihm auch möglich und zumutbar. Der Kläger hat bis zum Schluss der mündlichen Verhandlung Zeit, sich über die Eigentumsverhältnisse zu informieren und eine richtige und vollständige Eigentümerliste vorzulegen.

651 Um einen Widerspruch zu Artikel 103 Abs. 1 GG zu vermeiden, müsste zudem sichergestellt werden, dass die Bindungswirkung nur eintritt, sofern den „vergessenen" Eigentümern nachträglich rechtliches Gehör gegeben worden ist. Auch nach derzeitiger Rechtslage bejaht die herrschende Ansicht in Rechtsprechung und Literatur die Bindung eines nicht formell beteiligten Wohnungseigentümers an die gerichtliche Entscheidung (§ 45 Abs. 2 Satz 2 WEG) nur unter der Voraussetzung, dass

---

1 Vgl. Hüffer, AktG, 5. Auflage, § 248 Rn. 5; § 249 Rn. 17.

ihm die noch anfechtbare Entscheidung förmlich zugestellt, das rechtliche Gehör also nachträglich gewährt worden ist[1].

Eine Regelung des Inhalts, dass bei Nachholung des rechtlichen Gehörs auch verse- 652 hentlich nicht an dem Verfahren beteiligte Wohnungseigentümer an das Urteil gebunden sind, hätte aber keinen nennenswerten Mehrwert. Denn auch dann stünde der Umfang der Rechtskraftwirkung des Urteils nicht abschließend fest; es bestünde stets die – zumindest theoretische – Möglichkeit, dass ein „vergessener" Wohnungseigentümer bei Nachholung des rechtlichen Gehörs entscheidungsrelevante Gesichtspunkte vorträgt, die zu einer anderen Bewertung führen, oder aber das rechtliche Gehör nicht mehr nachgeholt werden kann und er deshalb nicht an die Entscheidung gebunden ist.

Nach allem hält die Bundesregierung die vom Bundesrat vorgeschlagene Ergänzung 658 des § 48 Abs. 3 WEG nicht für angezeigt, zumal auch nach der derzeitigen Rechtslage keine Bindung eines formell nicht beteiligten Wohnungseigentümers an die gerichtliche Entscheidung besteht, ohne dass dies zu Schwierigkeiten in der Praxis führt.

4. Bewertung der gesetzlichen Neuregelung

Die Beiladungsproblematik wird sicherlich eine Vielzahl von wissenschaftlichen 659 Aufsätzen und Dissertationen beschäftigen. Für die Praxis ist wichtig, dass

- der (die) betroffene(n) Wohnungseigentümer, der betroffene Verwalter und ihr anwaltlicher Vertreter dafür sorgen müssen, dass eine ordnungsgemäße Beiladung aller betroffenen Wohnungseigentümer erfolgt.

Wegen der **Rechtskrafterstreckung** nach § 48 Abs. 3 WEG auf die **beigeladenen Woh-** 660 **nungseigentümer** sowie deren **Rechtsnachfolger** und auf den **Verwalter** sollte von einer Beiladung **nicht restriktiv** Gebrauch gemacht werden. Stellt sich nämlich nach der Durchführung eines Rechtsstreits heraus, dass jemand von dem Urteil betroffen ist, jedoch nicht beigeladen wurde, kann es durchaus Probleme geben. Für den anwaltlichen Vertreter heißt das, dass er bei Gericht strikt auf eine **Beiladung** aller Miteigentümer **hinwirken** sollte. Wenn das Gericht Beiladungen nicht vornehmen will, sollte das nur akzeptiert werden, wenn unter jedem rechtlichen Gesichtspunkt es völlig ausgeschlossen ist, dass jemand betroffen sein könnte.

§ 48 Abs. 4 WEG bewirkt auf den ersten Blick eine wichtige Rechtsfolge bei der 661 Abweisung eines Anfechtungsantrages. Mit der Abweisung eines Antrages als **unbegründet** steht damit zugleich auch fest, dass der Kläger später mit der Behauptung ausgeschlossen ist, es lägen **Nichtigkeitsgründe** vor. Das könnte insofern als eine scharfe Trennungslinie angesehen werden, weil generelle Nichtigkeitsgründe einer Beschlussfassung von der Rechtsprechung mitunter erst nach Jahren einer anders

---

1 Vgl. OLG Hamm, Beschl. v. 3.2.1987 – 15 W 456/85, NJW-RR 1987, 842; Merle in Bärmann/Pick/Merle, WEG, 9. Auflage, § 45 Rn. 119; Staudinger/Wenzel, WEG, 12. Auflage, § 45 Rn. 59; Niedenführ in Niedenführ/Schulze, WEG, 7. Auflage, § 45, Rn. 62; jetzt auch Mansel in Weitnauer, WEG, 9. Auflage, § 43 Rn. 37.

lautenden Rechtsprechung „entdeckt" werden. Ich erinnere in diesem Zusammenhang an die Entscheidung des BGH vom 20.9.2000[1].

662   Allerdings ist bei einer rechtskräftigen Abweisung eines Beschlussanfechtungsantra-
ges auch nach bisherigem Recht schon die Rechtskraftbarriere fast unüberwindbar[2].

ALT	NEU
663 **§ 49** *Bereits vor der Reform aufgehoben*	**§ 49 Kostenentscheidung** *(1) Wird gemäß § 21 Abs. 8 nach billi- gem Ermessen entschieden, so können auch die Prozesskosten nach billigem Er- messen verteilt werden.* *(2) Dem Verwalter können Prozesskos- ten auferlegt werden, soweit die Tätigkeit des Gerichts durch ihn veranlasst wurde und ihn ein grobes Verschulden trifft, auch wenn er nicht Partei des Rechts- streits ist.*

➲ Erläuterungen zum neuen § 49 WEG

1. Die Begründung der Bundesregierung zur Gesetzesänderung[3]

664   Die Erstreckung der ZPO-Vorschriften auf Wohnungseigentumssachen hat zur Folge, dass sich die Kostentragung künftig nach § 91 ff. ZPO richtet. Dies hat vor allem
Auswirkungen auf die **Erstattung außergerichtlicher Kosten**: In der **bisherigen** Regelung des § 47 Satz 2 WEG kommt der Grundsatz der freiwilligen Gerichtsbarkeit
zum Ausdruck, dass die Beteiligten ihre außergerichtlichen Kosten selbst tragen.
Die Erstattung außergerichtlicher Kosten ist nur dann anzuordnen, wenn dies unter
Berücksichtigung aller Umstände der Billigkeit entspricht. Eine Kostenerstattung
findet danach nur ausnahmsweise statt. Auch wenn ein Beteiligter im Verfahren
unterliegt, müssen besondere Gründe vorliegen, die es rechtfertigen, ihm die außergerichtlichen Kosten des Gegners aufzuerlegen. Dies wird **künftig anders sein**, da die
unterliegende Partei nach dem **Grundsatz des § 91 Abs. 1 Satz 1 ZPO** nicht nur die
Gerichtskosten, sondern insbesondere auch die Rechtsanwaltskosten der Gegenseite
zu erstatten hat. Diese Kostenfolge erscheint für die Streitverfahren des § 43 WEG
angemessener als die derzeitige Rechtslage.

---

1 BGH, Beschl. v. 20.9.2000 – V ZB 58/99, BGHZ 145, 158 = MDR 2000, 1367 = ZMR 2000,
  771 = NJW 2000, 3500 = WuM 2000, 620 = DWE 2000, 113.
2 Vgl. hierzu auch OLG Frankfurt/M., Beschl. v. 12.12.2005 – 20 W 304/05, OLGR Frankfurt
  2006, 522 = ZWE 2006, 343, mit Anm. Demharter, ZWE 2006, 345.
3 BT-Drucks. 16/887, S. 40 f.

Jedoch erscheint es sachgerecht, zwei Ausnahmen von diesem Grundsatz der Kos- 665
tenpflicht zu regeln:

• **Zu § 49 Absatz 1:** Sofern das Gericht bei der Entscheidung in der Hauptsache einen 666
Ermessensspielraum hat, soll dasselbe für die Kostenentscheidung gelten. Denn in
solchen Fällen lässt sich kaum genau feststellen, welche Partei in welchem Verhältnis obsiegt hat bzw. unterlegen ist. Absatz 1 sieht daher vor, dass bei einer **Entscheidung nach billigem Ermessen** gemäß § 21 Abs. 8 WEG auch die Prozesskosten nach
billigem Ermessen verteilt werden können.

• **§ 48 Abs. 2** ermöglicht es, dem **Verwalter** auch dann **Prozesskosten** aufzuerlegen, 667
wenn die §§ 91 ff. ZPO hierfür keine Handhabe bieten. Dies ist insbesondere dann
der Fall, wenn er an dem Rechtsstreit nicht (als Partei) oder nur als Nebenintervenient beteiligt ist. Nach derzeitiger Rechtslage können dem Verwalter Verfahrenskosten auferlegt werden, soweit er deren Anfall wegen Verletzung seiner Vertrags-
pflichten zu vertreten hat[1]. Dies soll aus Gründen der **Prozessökonomie** weiterhin
möglich bleiben, da anderenfalls die Wohnungseigentümer ihren materiellrechtli-
chen Schadensersatzanspruch in einem gesonderten Verfahren durchsetzen müssten.
Jedoch erscheint es geboten, die Kostentragung auf **grobes Verschulden** zu begrenzen.
Hiermit wird dem Umstand Rechnung getragen, dass dem Verwalter künftig auch
dann Verfahrenskosten auferlegt werden können, wenn er nicht als Partei an dem
Rechtsstreit beteiligt ist. Damit wird insoweit der Ansatz des **§ 13a Abs. 2 Satz 1
FGG**, der auch im Rahmen der FGG-Reform beibehalten werden soll, übernommen.

2. Bewertung der gesetzlichen Neuregelung

Zu der Entscheidung nach billigem Ermessen vgl. die Ausführungen oben zu § 21 668
Abs. 8 WEG (Rz. 311 ff.).

Die Neuregelung, dass dem **Verwalter** die Prozesskosten auferlegt werden können, 669
ist grundsätzlich zu begrüßen, weil sich mit der Anwendung dieses prozessualen
Instruments die „Spreu vom Weizen" trennen lassen wird. Unfähige Verwalter werden schnell an ihre finanzielle Grenze stoßen und deshalb bald vom Markt ver-
schwinden. Allerdings ist die Möglichkeit des Gerichts begrenzt; der Verwalter
muss nämlich

– die Tätigkeit des Gerichts **veranlasst** haben und

– es muss ihm ein **grobes Verschulden** angelastet werden können.

Ein **grobes Verschulden** liegt vor, wenn die im Geschäftsverkehr erforderliche Sorg- 670
falt in besonders schwerem Maße verletzt worden ist. Hier sind die Maßstäbe für
einen ordentlichen Verwalter/Kaufmann anzusetzen.

Das erste „Veranlassungs"-Kriterium wird das Gericht schnell abschätzen können. 671
Für das zweite Kriterium – grobes Verschulden – wird das Gericht regelmäßig nur
ansatzweise Eindrücke aus dem Verfahren verwerten können. Eine konkrete Klä-

---

1 BayObLG, Beschl. v. 6.10.1975 – 2 Z 67/75, BayObLGZ 1975, 369, 371; BGH, Beschl. v.
3.7.1997 – V ZB 2/97, BGHZ 136, 187 = MDR 1997, 919 = ZMR 1997, 531.

rung der Frage, ob ein grobes Verschulden vorliegt, wird mit ordnungsgemäßen prozessualen Maßstäben – und unter Berücksichtigung eines fairen Verfahrens, das auch die Möglichkeit bieten muss, rechtliches Gehör zu erhalten und Entlastungstatsachen vorzutragen – kaum sinnvoll möglich sein.

672 Der Gesetzgeber hat für die Anfechtung der Kostenentscheidung **keinen Rechtsbehelf** vorgesehen. Das wäre aber **verfassungsrechtlich** geboten gewesen. Weder § 99 ZPO noch § 20a FGG ist in dem hier erörterten Fall **unmittelbar** anwendbar. Es wird wohl darauf hinauslaufen müssen, dass dem Verwalter eine außerordentliche sofortige Beschwerde in **analoger** Anwendung der beiden genannten Vorschriften zugebilligt werden muss. Letztlich stünde dem Verwalter aber noch eine **Verfassungsbeschwerde** zur Verfügung[1].

ALT	NEU
673 **§ 50 Kosten des Verfahrens vor dem Prozessgericht**	**§ 50 Kostenerstattung**
Gibt das Prozessgericht die Sache nach § 46 an das Amtsgericht ab, so ist das bisherige Verfahren vor dem Prozessgericht für die Erhebung der Gerichtskosten als Teil des Verfahrens vor dem übernehmenden Gericht zu behandeln.	*Den Wohnungseigentümern sind als zur zweckentsprechenden Rechtsverfolgung oder Rechtsverteidigung notwendige Kosten nur die Kosten eines bevollmächtigten Rechtsanwalts zu erstatten, wenn nicht aus Gründen, die mit dem Gegenstand des Rechtsstreits zusammenhängen, eine Vertretung durch mehrere bevollmächtigte Rechtsanwälte geboten war.*

⊃ Erläuterungen zum neuen § 50 WEG

1. Die Begründung der Bundesregierung zur Gesetzesänderung[2]

674 Der § 50 sollte nach den Vorstellungen der Bundesregierung folgenden Inhalt haben:

(1) Der Streitwert ist auf 50 Prozent des Interesses der Parteien, aller beigeladenen Wohnungseigentümer und, soweit dieser betroffen ist, des Verwalters an der Entscheidung festzusetzen. Er darf das Interesse des Klägers und der auf seiner Seite Beigetretenen an der Entscheidung nicht unterschreiten.

(2) Die Verpflichtung zur Zahlung von Gerichtskosten bemisst sich für den Kläger und die auf seiner Seite Beigetretenen höchstens nach einem Streitwert, der dem

---

1 Vgl. BVerfG, Beschl. v. 3.12.1986 – 1 BvR 872/82, BVerfGE 74, 78 = MDR 1987, 555 = NJW 1987, 2569; vgl. auch die Anmerkung von Kleine-Cosack, Zulässigkeit der Verfassungsbeschwerde gegen eine gerichtliche Entscheidung über die Kosten, EWiR 1987, 489.
2 BT-Drucks. 16/887, S. 41 f.

fünffachen Wert ihres Interesses an der Entscheidung entspricht; er darf den Verkehrswert ihres Wohneigentums nicht übersteigen. Die Gebühren ihres Rechtsanwalts sind von ihnen ebenfalls nur nach dem gemäß Satz 1 begrenzten Streitwert zu entrichten. Soweit ihnen Kosten des Rechtsstreits auferlegt werden oder von ihnen übernommen werden, haben sie Kosten nur nach dem gemäß Satz 1 begrenzten Streitwert zu erstatten. Der Rechtsanwalt der in Satz 1 genannten Personen kann seine Gebühren von dem Gegner nach dem für diesen geltenden Streitwert (Absatz 1) im eigenen Namen beitreiben, soweit diesem die außergerichtlichen Kosten seiner Auftraggeber auferlegt oder von diesem übernommen worden sind.*

(3) Richtet sich eine Klage gegen einzelne Wohnungseigentümer, gilt Absatz 2 für den Beklagten und die auf seiner Seite Beigetretenen entsprechend. "

Der **Rechtsausschuss**[1] des Deutschen Bundestages hat jedoch anders entschieden und den Inhalt des ursprünglich geplanten § 50 WEG in den neuen **§ 49a GKG** übernommen.   675

Die Regelung des gesetzlich **umgesetzten** § 50 WEG kommt grundsätzlich für alle   676
Rechtsstreitigkeiten zur Anwendung, in denen die Wohnungseigentümer als Streitgenossen auftreten, nicht jedoch in Streitigkeiten, an denen die Gemeinschaft der Wohnungseigentümer beteiligt ist. Insbesondere in einem Beschlussanfechtungsverfahren, in dem die beklagten Wohnungseigentümer obsiegen, wird der Anspruch auf Kostenerstattung im Regelfall nur die Kosten eines gemeinsam bevollmächtigten Rechtsanwalts umfassen. Die Änderung dient insoweit der Begrenzung des Kostenrisikos für den anfechtenden Wohnungseigentümer.

2. Bewertung der gesetzlichen Neuregelung

Die gesetzliche Regelung birgt einige Probleme. Werden mehrere Wohnungseigen-   677
tümer in einen Rechtsstreit einbezogen, kann es durchaus passieren, dass mehrere Wohnungseigentümer verschiedene Rechtsanwälte beauftragen. Für den beauftragten Anwalt gilt es dann, den Mandanten auf die Vorschrift des § 50 WEG **hinzuweisen**. Der Mandant muss dann in der Eigentümergemeinschaft ermitteln, ob es weitere Rechtsanwaltsbeauftragungen gibt, um Kostenrisiken zu vermeiden. Allerdings wird es häufig Streit darüber geben, auf welchen Rechtsanwalt als Prozessvertreter die verschiedenen Wohnungseigentümer sich einigen.

Der Gesetzgeber hat nicht geklärt, für welchen Rechtsanwalt die Kostenerstattung   678
verlangt werden kann – soll derjenige, der zuerst den Kostenfestsetzungsantrag gestellt hat, den Ersatzanspruch für seinen Mandanten erlangen können, oder soll bei mehreren Anwälten eine anteilige Kostenerstattung in Betracht kommen? Praktikabel kann bei mehreren Rechtsanwälten nur eine **anteilige Kostenerstattung** sein. Der Rechtspfleger, der die Kostenfestsetzung vorzunehmen hat, wird bei der Beteiligung mehrerer Rechtsanwälte alle auffordern müssen, ihre Kostenberechnungen einzureichen, um eine dann anteilige Kostenfestsetzung zu betreiben.

---

1 BT-Drucks. 16/3843, S. 58.

679 Es handelt sich um eine vom Gesetzgeber wenig durchdachte Regelung. Wie auch bei einigen anderen Regelungen wird deutlich, dass dem Gesetzgeber die praktische Grundlage und ein praktischer Erkenntnishorizont fehlen.

ALT	NEU
2. Abschnitt **Zuständigkeit für Rechtsstreitigkeiten**	*Der 2. und 3. Abschnitt mit den §§ 51 bis 58 sowie § 59 werden aufgehoben.*

680 **§ 51 Zuständigkeit für die Klage auf Entziehung des Wohnungseigentums**

Das Amtsgericht, in dessen Bezirk das Grundstück liegt, ist ohne Rücksicht auf den Wert des Streitgegenstandes für Rechtsstreitigkeiten zwischen Wohnungseigentümern wegen Entziehung des Wohnungseigentums (§ 18) zuständig.

681 **§ 52 betrifft Dauerwohnrecht**

3. Abschnitt

Der 2. und 3. Abschnitt mit den §§ 51 bis 58 sowie § 59 werden aufgehoben.

682 **§ 53 Zuständigkeit, Verfahren**

(1) Für die freiwillige Versteigerung des Wohnungseigentums im Falle des § 19 ist jeder Notar zuständig, in dessen Amtsbezirk das Grundstück liegt.

(2) Das Verfahren bestimmt sich nach den Vorschriften der §§ 54 bis 58. Für die durch die Versteigerung veranlassten Beurkundungen gelten die allgemeinen Vorschriften.

683 **§ 54 Antrag, Versteigerungsbedingungen**

(1) Die Versteigerung erfolgt auf Antrag eines jeden der Wohnungseigentümer, die das Urteil gemäß § 19 erwirkt haben.

(2) In dem Antrag sollen das Grundstück, das zu versteigernde Wohnungseigentum

und das Urteil, auf Grund dessen die Versteigerung erfolgt, bezeichnet sein. Dem
Antrag soll eine beglaubigte Abschrift
des Wohnungsgrundbuches und ein Auszug aus dem amtlichen Verzeichnis der
Grundstücke beigefügt werden.

(3) Die Versteigerungsbedingungen stellt
der Notar nach billigem Ermessen fest;
die Antragsteller und der verurteilte Wohnungseigentümer sind vor der Feststellung zu hören.

§ 55 Terminsbestimmung

684

(1) Der Zeitraum zwischen der Anberaumung des Termins und dem Termin soll
nicht mehr als drei Monate betragen. Zwischen der Bekanntmachung der Terminsbestimmung und dem Termin soll in der
Regel ein Zeitraum von sechs Wochen
liegen.

(2) Die Terminsbestimmung soll enthalten:

1. die Bezeichnung des Grundstücks und
des zu versteigernden Wohnungseigentums;

2. Zeit und Ort der Versteigerung;

3. die Angabe, dass die Versteigerung
eine freiwillige ist;

4. die Bezeichnung des verurteilten Wohnungseigentümers sowie die Angabe des
Wohnungsgrundbuchblattes;

5. die Angabe des Ortes, wo die festgestellten Versteigerungsbedingungen eingesehen werden können.

(3) Die Terminsbestimmung ist öffentlich
bekannt zu geben:

1. durch einmalige, auf Verlangen des
verurteilten Wohnungseigentümers mehrmalige Einrückung in das Blatt, das für
Bekanntmachungen des nach § 43 zuständigen Amtsgerichts bestimmt ist;

2. durch Anschlag der Terminsbestimmung in der Gemeinde, in deren Bezirk
das Grundstück liegt, an die für amtliche
Bekanntmachungen bestimmte Stelle;

3. durch Anschlag an die Gerichtstafel
des nach § 43 zuständigen Amtsgerichts.

(4) Die Terminsbestimmung ist dem Antragsteller und dem verurteilten Wohnungseigentümer mitzuteilen.

(5) Die Einsicht der Versteigerungsbedingungen und der in § 54 Abs. 2 bezeichneten Urkunden ist jedem gestattet.

685 **§ 56 Versteigerungstermin**

(1) In dem Versteigerungstermin werden
nach dem Aufruf der Sache die Versteigerungsbedingungen und die das zu versteigernde Wohnungseigentum betreffenden Nachweisungen bekannt gemacht.
Hierauf fordert der Notar zur Abgabe von
Geboten auf.

(2) Der verurteilte Wohnungseigentümer
ist zur Abgabe von Geboten weder persönlich noch durch einen Stellvertreter
berechtigt. Ein gleichwohl erfolgtes Gebot
gilt als nicht abgegeben. Die Abtretung
des Rechtes aus dem Meistgebot an
den verurteilten Wohnungseigentümer ist
nichtig.

(3) Hat nach den Versteigerungsbedingungen ein Bieter durch Hinterlegung von
Geld oder Wertpapieren Sicherheit zu
leisten, so gilt in dem Verhältnis zwischen
den Beteiligten die Übergabe an den Notar als Hinterlegung.

686 **§ 57 Zuschlag**

(1) Zwischen der Aufforderung zur Abgabe von Geboten und dem Zeitpunkt, in
welchem die Versteigerung geschlossen
wird, soll unbeschadet des § 53 Abs. 2
Satz 3 mindestens eine Stunde liegen.

ALT	NEU

Die Versteigerung soll so lange fortgesetzt werden, bis ungeachtet der Aufforderung des Notars ein Gebot nicht mehr abgegeben wird.

(2) Der Notar hat das Letzte Gebot mittels dreimaligen Aufrufs zu verkünden und, soweit tunlich, den Antragsteller und den verurteilten Wohnungseigentümer über den Zuschlag zu hören.

(3) Bleibt das abgegebene Meistgebot hinter sieben Zehnteln des Einheitswertes des versteigerten Wohnungseigentums zurück, so kann der verurteilte Wohnungseigentümer bis zum Schluss der Verhandlung über den Zuschlag (Absatz 2) die Versagung des Zuschlags verlangen.

(4) Wird der Zuschlag nach Absatz 3 versagt, so hat der Notar von Amts wegen einen neuen Versteigerungstermin zu bestimmen. Der Zeitraum zwischen den beiden Terminen soll sechs Wochen nicht übersteigen, sofern die Antragsteller nicht einer längeren Frist zustimmen.

(5) In dem neuen Termin kann der Zuschlag nicht nach Absatz 3 versagt werden.

§ 58 Rechtsmittel

687

(1) Gegen die Verfügung des Notars, durch die die Versteigerungsbedingungen festgesetzt werden, sowie gegen die Entscheidung des Notars über den Zuschlag findet das Rechtsmittel der sofortigen Beschwerde mit aufschiebender Wirkung statt. Über die sofortige Beschwerde entscheidet das Landgericht, in dessen Bezirk das Grundstück liegt. Eine weitere Beschwerde ist nicht zulässig.

(2) Für die sofortige Beschwerde und das Verfahren des Beschwerdegerichts gelten die Vorschriften des Reichsgesetzes über die Angelegenheiten der freiwilligen Gerichtsbarkeit.

ALT	NEU

IV. Teil
Ergänzende Bestimmungen

IV. Teil
Ergänzende Bestimmungen

688 **§ 59 Ausführungsbestimmungen für die Baubehörden**

§ 59 aufgehoben

Das Bundesministerium für Verkehr, Bau- und Wohnungswesen erlässt im Einvernehmen mit dem Bundesministerium der Justiz Richtlinien für die Baubehörden über die Bescheinigung gemäß § 7 Abs. 4 Nr. 2, § 32 Abs. 2 Nr. 2.

689 **§ 60 Ehewohnung**

§ 60 Ehewohnung

Die Vorschriften der Verordnung über die Behandlung der Ehewohnung und des Hausrats (Sechste Durchführungsverordnung zum Ehegesetz) vom 21. Oktober 1944 (Reichsgesetzbl. I S. 256) gelten entsprechend, wenn die Ehewohnung im Wohnungseigentum eines oder beider Ehegatten steht oder wenn einem oder beiden Ehegatten das Dauerwohnrecht an der Ehewohnung zusteht.

Die Vorschriften der Verordnung über die Behandlung der Ehewohnung und des Hausrats (Sechste Durchführungsverordnung zum Ehegesetz) vom 21. Oktober 1944 (Reichsgesetzbl. I S. 256) gelten entsprechend, wenn die Ehewohnung im Wohnungseigentum eines oder beider Ehegatten steht oder wenn einem oder beiden Ehegatten das Dauerwohnrecht an der Ehewohnung zusteht.

690 **§ 61**

§ 61

Fehlt eine nach § 12 erforderliche Zustimmung, so sind die Veräußerung und das zugrundeliegende Verpflichtungsgeschäft unbeschadet der sonstigen Voraussetzungen wirksam, wenn die Eintragung der Veräußerung oder einer Auflassungsvormerkung in das Grundbuch vor dem 15. Januar 1994 erfolgt ist und es sich um die erstmalige Veräußerung dieses Wohnungseigentums nach seiner Begründung handelt, es sei denn, dass eine rechtskräftige gerichtliche Entscheidung entgegensteht. Das Fehlen der Zustimmung steht in diesen Fällen dem Eintritt der Rechtsfolgen des § 878 Bürgerlichen Gesetzbuchs nicht entgegen. Die Sätze 1 und 2 gelten entsprechend in den Fällen der §§ 30 und 35 des Wohnungseigentumsgesetzes.

Fehlt eine nach § 12 erforderliche Zustimmung, so sind die Veräußerung und das zugrundeliegende Verpflichtungsgeschäft unbeschadet der sonstigen Voraussetzungen wirksam, wenn die Eintragung der Veräußerung oder einer Auflassungsvormerkung in das Grundbuch vor dem 15. Januar 1994 erfolgt ist und es sich um die erstmalige Veräußerung dieses Wohnungseigentums nach seiner Begründung handelt, es sei denn, dass eine rechtskräftige gerichtliche Entscheidung entgegensteht. Das Fehlen der Zustimmung steht in diesen Fällen dem Eintritt der Rechtsfolgen des § 878 Bürgerlichen Gesetzbuchs nicht entgegen. Die Sätze 1 und 2 gelten entsprechend in den Fällen der §§ 30 und 35 des Wohnungseigentumsgesetzes.

ALT	NEU	
§ 62	**§ 62 Übergangsvorschrift**[1]	691
aufgehoben	*(1) Für die am (...) bei Gericht anhängigen Verfahren in Wohnungseigentums- oder in Zwangsversteigerungssachen oder für die bei einem Notar beantragten freiwilligen Versteigerungen sind die durch Artikel 1 und 2 des Gesetzes vom (...) (BGBl. I S. [...]) geänderten Vorschriften des dritten Teils dieses Gesetzes sowie die des Gesetzes über die Zwangsversteigerung und die Zwangsverwaltung in ihrer bis dahin geltenden Fassung weiter anzuwenden.*	
	(2) In Wohnungseigentumssachen nach § 43 Nr. 1 bis Nr. 4 finden die Bestimmungen über die Nichtzulassungsbeschwerde (§ 543 Abs. 1 Nr. 2, § 544 der Zivilprozessordnung) keine Anwendung, soweit die anzufechtende Entscheidung vor dem (...) verkündet worden ist.	

➲ Erläuterungen zum geänderten § 62 WEG

1. Ausführungen des Rechtsausschusses[2]

Es handelt sich bei **§ 62 Abs. 2 WEG** um eine Folgeänderung zu der Erweiterung des § 43 WEG um den Regelungsgehalt des **bisherigen § 29b ZPO**. Aus diesem Grunde muss die Bezugnahme in § 62 Abs. 2 WEG auf § 43 WEG modifiziert werden.   692

Um einer **Überlastung** des Bundesgerichtshofs vorzubeugen, sollen gemäß § 62 WEG in Wohnungseigentumssachen die **Nichtzulassungsbeschwerden** gemäß § 544 ZPO für eine Übergangszeit ausgeschlossen werden. Dieser Ausschluss soll sich jedoch lediglich auf die **Binnenstreitigkeiten** im Sinne von § 43 Nr. 1 bis Nr. 4 WEG beziehen. Für die in **§ 43 Nr. 5 WEG** geregelten Fälle der **Klagen Dritter** soll es bei der Möglichkeit der Nichtzulassungsbeschwerde gemäß § 544 ZPO nach Maßgabe der Regelung des § 26 Nr. 8 EGZPO verbleiben, soweit der **Beschwerdewert 20 000 Euro** übersteigt.   693

---

1 Durch den angesprochenen Fehler des Gesetzgebers (vgl. Rz. 772) ist die genaue Datierung bei Redaktionsschluss noch offen gewesen.
2 BT-Drucks. 16/3843, S. 58.

2. Bewertung der gesetzlichen Neuregelung

694 Alle zum Zeitpunkt des neuen WEG laufenden (rechtshängigen) Verfahren sind weiter nach den bisherigen gesetzlichen prozessualen Vorschriften abzuwickeln. Das heißt, es gelten die bisherigen Vorschriften über die sofortige Beschwerde und sofortige weitere Beschwerde sowie das FGG-Verfahrensrecht.

695 Der Gesetzgeber begründet den Ausschluss der **Nichtzulassungsbeschwerde** für die Dauer von 5 Jahren mit einer möglichen Überlastung des Bundesgerichtshofs. Das ist allerdings lediglich vorgeschoben. In Wirklichkeit geht es bei dem Ausschluss dieser Möglichkeit um die Kosten. Der Gesetzgeber fürchtet die Kosten, die bei der Inanspruchnahme des BGH auf Grund der vom Gesetzgeber selbst verursachten und begründeten Zweifelsfälle entstehen könnten. Ein Ausschluss eines Rechtsbehelfs nur wegen der Kosten dürfte aber gegen verfassungsrechtliche Grundsätze verstoßen.

696 In den nächsten fünf Jahren wird es wegen des Ausschlusses der Nichtzulassungsbeschwerde häufiger zu Verfassungsbeschwerden kommen.

ALT	NEU
697 **§ 63 Überleitung bestehender Rechtsverhältnisse** (1) Werden Rechtsverhältnisse, mit denen ein Rechtserfolg bezweckt wird, der den durch dieses Gesetz geschaffenen Rechtsformen entspricht, in solche Rechtsformen umgewandelt, so ist als Geschäftswert für die Berechnung der hierdurch veranlassten Gebühren der Gerichte und Notare im Falle des Wohnungseigentums ein Fünfundzwanzigstel des Einheitswerts des Grundstücks, im Falle des Dauerwohnrechts ein Fünfundzwanzigstel des Wertes des Rechts anzunehmen. (2) gegenstandslos [ehemals Überleitungsvorschrift für altes WEG] (3) Durch Landesgesetz können Vorschriften zur Überleitung bestehender, auf Landesrecht beruhender Rechtsverhältnisse in die durch dieses Gesetz geschaffenen Rechtsformen getroffen werden.	**§ 63 Überleitung bestehender Rechtsverhältnisse** (1) Werden Rechtsverhältnisse, mit denen ein Rechtserfolg bezweckt wird, der den durch dieses Gesetz geschaffenen Rechtsformen entspricht, in solche Rechtsformen umgewandelt, so ist als Geschäftswert für die Berechnung der hierdurch veranlassten Gebühren der Gerichte und Notare im Falle des Wohnungseigentums ein Fünfundzwanzigstel des Einheitswerts des Grundstücks, im Falle des Dauerwohnrechts ein Fünfundzwanzigstel des Wertes des Rechts anzunehmen. (2) gegenstandslos [ehemals Überleitungsvorschrift für altes WEG] (3) Durch Landesgesetz können Vorschriften zur Überleitung bestehender, auf Landesrecht beruhender Rechtsverhältnisse in die durch dieses Gesetz geschaffenen Rechtsformen getroffen werden.

III. Änderungen des Gesetzes über die Zwangsversteigerung und die Zwangsverwaltung (ZVG)

Vorbemerkung der Bundesregierung zur Änderung des ZVG[1]

Es ist zunehmend zu beobachten, dass Hausgeldansprüche bei vermögenslosen oder   698
zahlungsunwilligen Wohnungseigentümern nicht eintreibbar sind und ihre Kostenanteile von den anderen Wohnungseigentümern mitgetragen werden müssen. Auf
der Grundlage des geltenden Zwangsversteigerungsrechts fallen rückständige Hausgeldansprüche bei der Vollstreckung in das Wohnungseigentum in der Praxis meist
aus, da sie nur nachrangig geltend gemacht werden können.

Um dem **Ausfall von Hausgeldansprüchen** in der Zwangsversteigerung entgegenzu-   699
wirken, soll deshalb den nach dem WEG bestehenden Hausgeldansprüchen der
Wohnungseigentümer in der Zwangsversteigerung ein **begrenztes Vorrecht** durch
Änderung der Rangklassen des § 10 ZVG eingeräumt werden. Dies entspricht auch
Anregungen aus den Ländern, von Gerichten, aus der Praxis der Verwaltung von
Eigentumswohnungen sowie Forderungen im Schrifttum[2]. Ein so vorgesehener Vor-
rang bedeutet, dass den dinglich Berechtigten über die ihnen schon bisher insbeson-
dere nach § 10 Abs. 1 Nr. 1 bis 3 ZVG vorgehenden Ansprüche hinaus weitere
Ansprüche vorgehen, die aus dem Grundbuch nicht ersichtlich sind.

Die durch das WEG erst im Jahr 1951 geschaffene Möglichkeit der Bildung von   700
Wohnungseigentum war bei Erlass des ZVG, insbesondere der Normierung des § 10
ZVG, für den Gesetzgeber der Reichsjustizgesetze nicht vorhersehbar. Ihm ging es,
wie auch an § 10 Abs. 1 Nr. 1 ZVG zu erkennen ist, darum, den Realgläubigern nur
diejenigen Aufwendungen vorgehen zu lassen, die zur Erhaltung oder zur nötigen
Verbesserung des Grundstücks erforderlich sind. Durch ein zu weites Verständnis
der „Ausgaben zur Erhaltung oder nötigen Verbesserung des Grundstücks" befürchtete man eine nachteilige Beeinflussung des Realkredits[3]. Mit der nunmehr in Absatz 1 Nr. 2 in Aussicht genommenen Ergänzung des § 10 ZVG wird bewusst **dieses
enge Verständnis durchbrochen.** Es wird die Möglichkeit geschaffen, die anteiligen
Lasten und Kosten, zu denen auch verbrauchsabhängige Ausgaben der Wohnungseigentümer (etwa Strom, Wasser und Gas) gehören, den nachfolgenden dinglich gesicherten Ansprüchen vorgehen zu lassen.

Wenn Hausgeldansprüche bei vermögenslosen oder zahlungsunwilligen Wohnungs-   701
eigentümern nicht mehr eintreibbar sind, müssen ihre Kostenanteile von den ande-

---

1 Vgl. BT-Drucks. 16/887, S. 43.
2 Schmidt, Wohngeldvorschüsse in der Zwangsversteigerung, NZM 2002, 847, 852; Vogel,
   Wohngeldansprüche der Wohnungseigentümergemeinschaft in der Insolvenz des Wohnungseigentümers, ZMR 2002, 802, 721; Häublein, Schutz der Gemeinschaft vor zahlungsunfähi-
   gen Miteigentümern, ZWE 2004, 48.
3 Vgl. Bericht der 16. Kommission, Materialien zu den Reichsjustizgesetzen, hrsg. von Hahn
   und Mugdan, Band 5, 1897, S. 106 f.

ren Wohnungseigentümern mitgetragen werden. Notwendige Maßnahmen der Pflege und Instandhaltung des Wohnungseigentums unterbleiben. Wohnanlagen können verfallen oder zumindest erheblich an Wert einbüßen. In solchen Fällen finden sich auch kaum noch Erwerber für die betroffenen Wohnungen. Die Interessen der Realkreditgeber können hierdurch stärker geschädigt werden als durch einen begrenzten Vorrang. Im Übrigen sichern die laufenden Instandhaltungsbeiträge den Werterhalt der Anlage und kommen so den Kreditgebern ebenfalls zugute. Auch würde bei einer Häufung des individuellen Eintretenmüssens für fremde Schulden die Attraktivität des Wohnungseigentums insgesamt leiden. Schließlich haben die übrigen Wohnungseigentümer im Allgemeinen keinen Einfluss auf den Erwerb einer Wohnung ihrer Anlage durch einen weniger kapitalkräftigen Käufer. Die Kreditinstitute haben hier bessere Prüfungsmöglichkeiten. Sie stehen dem Risiko der Zahlungsunfähigkeit ihres Kunden näher als die Wohnungseigentümer. Das Risiko eines Ausfalls trifft sie wegen der breiteren Risikostreuung auch weniger als die beteiligten Wohnungseigentümer.

702 Durch die Schaffung des beabsichtigten Vorrangs für Hausgeldansprüche im Rahmen des neuen § 10 Abs. 1 Nr. 2 ZVG werden die **nachfolgenden dinglich berechtigten Gläubiger** nicht unangemessen benachteiligt. Denn der vorgesehene Vorrang begrenzt die berücksichtigungsfähigen Ansprüche auf die laufenden sowie die rückständigen Beträge aus dem Jahr der Beschlagnahme und aus den letzten zwei Kalenderjahren, die insgesamt aber nicht mehr als fünf Prozent des festgesetzten Verkehrswertes (§ 74a ZVG) ausmachen dürfen. Damit wird für die nachfolgenden Realkreditgläubiger der finanzielle Umfang der auf Grund von § 10 Abs. 1 Nr. 2 ZVG vorausgehenden Rechte kalkulierbar.

703 Die Einräumung des Vorrechts in der Zwangsversteigerung auch gegenüber dinglichen Rechten, die bei dem Inkrafttreten des Gesetzes bereits bestehen, greift zwar in die Rechtsposition der Berechtigten solcher Rechte ein. Wegen der besonderen Notwendigkeit einer Bevorrechtigung von Wohngeldansprüchen und des Umstands, dass die bevorrechtigten Beträge im Wesentlichen auch dem einzelnen Wohnungseigentum als Belastungsgegenstand zugute kommen, und weil das Vorrecht ohnehin nur für Hausgeld aus einem eng begrenzten Zeitraum zur Verfügung steht, ist dieser Eingriff aber auch im Hinblick auf Artikel 14 Abs. 1 Satz 1 GG gerechtfertigt. Ansonsten würde die Regelung für eine sehr große Zahl von Wohnanlagen auf Dauer unanwendbar.

704 Eine vergleichbare Vorrangregelung für WE-Hausgeldansprüche wurde im Jahre 1999 in der **Republik Österreich** in die dem ZVG insoweit entsprechende Exekutionsordnung (§ 216 Abs. 1 Nr. 3) aufgenommen. Nachteilige Auswirkungen auf die Beleihung des Wohnungseigentums sind nicht bekannt geworden.

705 Nicht aufgegriffen wird der Vorschlag, eine Versteigerung unabhängig von den bestehenden Wertgrenzen der §§ 74a, 85a ZVG zuzulassen oder diese Wertgrenzen herabzusetzen, weil es Fälle gebe, in denen wegen der schlechten Ausstattung des Objekts oder der schlechten wirtschaftlichen Situation der Gemeinschaft niemand bereit sei, Geld zu investieren. Die vorgenannten Vorschriften dienen nicht nur dem Interesse des Schuldners, sondern auch dem öffentlichen Interesse. Sie sollen eine

volkswirtschaftlich unerwünschte Verschleuderung von Grundbesitz vermeiden und den Zweck der Vollstreckung sichern, nämlich die Gläubigerbefriedigung. Der Schutz dieser Interessen muss gewährleistet bleiben.

ALT	NEU	

§ 10 ZVG [Rangordnung der Rechte]

(1) Ein Recht auf Befriedigung aus dem Grundstücke gewähren nach folgender Rangordnung, bei gleichem Range nach dem Verhältnis ihrer Beträge:

1. der Anspruch eines die Zwangsverwaltung betreibenden Gläubigers auf Ersatz seiner Ausgaben zur Erhaltung oder nötigen Verbesserung des Grundstücks, im Falle der Zwangsversteigerung jedoch nur, wenn die Verwaltung bis zum Zuschlage fortdauert und die Ausgaben nicht aus den Nutzungen des Grundstücks erstattet werden können;

1a. im Falle einer Zwangsversteigerung, bei der das Insolvenzverfahren über das Vermögen des Schuldners eröffnet ist, die zur Insolvenzmasse gehörenden Ansprüche auf Ersatz der Kosten der Feststellung der beweglichen Gegenstände, auf die sich die Versteigerung erstreckt; diese Kosten sind nur zu erheben, wenn ein Insolvenzverwalter bestellt ist, und pauschal mit vier vom Hundert des Wertes anzusetzen, der nach § 74a Abs. 5 Satz 2 festgesetzt worden ist;

2. bei einem land- oder forstwirtschaftlichen Grundstücke die Ansprüche der zur Bewirtschaftung des Grundstücks oder zum Betrieb eines mit dem Grundstücke verbundenen land- oder forstwirtschaftlichen Nebengewerbes angenommenen, in einem Dienst- oder Arbeitsverhältnisse stehenden Personen, insbesondere des Gesindes, der Wirtschafts- und Forstbeamten, auf Lohn, Kostgeld und andere

§ 10 [Rangordnung der Rechte] 706

(1) Ein Recht auf Befriedigung aus dem Grundstücke gewähren nach folgender Rangordnung, bei gleichem Range nach dem Verhältnis ihrer Beträge:

1. der Anspruch eines die Zwangsverwaltung betreibenden Gläubigers auf Ersatz seiner Ausgaben zur Erhaltung oder nötigen Verbesserung des Grundstücks, im Falle der Zwangsversteigerung jedoch nur, wenn die Verwaltung bis zum Zuschlage fortdauert und die Ausgaben nicht aus den Nutzungen des Grundstücks erstattet werden können;

1a. im Falle einer Zwangsversteigerung, bei der das Insolvenzverfahren über das Vermögen des Schuldners eröffnet ist, die zur Insolvenzmasse gehörenden Ansprüche auf Ersatz der Kosten der Feststellung der beweglichen Gegenstände, auf die sich die Versteigerung erstreckt; diese Kosten sind nur zu erheben, wenn ein Insolvenzverwalter bestellt ist, und pauschal mit vier vom Hundert des Wertes anzusetzen, der nach § 74a Abs. 5 Satz 2 festgesetzt worden ist;

2. bei Vollstreckung in ein Wohnungseigentum die daraus fälligen Ansprüche auf Zahlung der Beiträge zu den Lasten und Kosten des gemeinschaftlichen Eigentums oder des Sondereigentums, die nach den §§ 16 Abs. 2, § 28 Abs. 2 und 5 des Wohnungseigentumsgesetzes geschuldet werden, einschließlich der Vorschüsse und Rückstellungen sowie der Rückgriffsansprüche einzelner Wohnungseigentümer.

ALT	NEU

Bezüge wegen der laufenden und der aus dem letzten Jahre rückständigen Beträge;

Das Vorrecht erfasst die laufenden und die rückständigen Beträge aus dem Jahr der Beschlagnahme und den letzten zwei Jahren. Das Vorrecht einschließlich aller Nebenleistungen ist begrenzt auf Beträge in Höhe von nicht mehr als fünf vom Hundert des nach § 74a Abs. 5 festgesetzten Wertes. Die Anmeldung erfolgt durch die Gemeinschaft der Wohnungseigentümer. Rückgriffsansprüche einzelner Wohnungseigentümer werden von diesen angemeldet;

3. die Ansprüche auf Entrichtung der öffentlichen Lasten des Grundstücks wegen der aus den letzten vier Jahren rückständigen Beträge; wiederkehrende Leistungen, insbesondere Grundsteuern, Zinsen, Zuschläge oder Rentenleistungen, sowie Beträge, die zur allmählichen Tilgung einer Schuld als Zuschlag zu den Zinsen zu entrichten sind, genießen dieses Vorrecht nur für die laufenden Beträge und für die Rückstände aus den letzten zwei Jahren. Untereinander stehen öffentliche Grundstückslasten, gleichviel ob sie auf Bundes oder Landesrecht beruhen, im Range gleich. Die Vorschriften des § 112 Abs. 1 und der §§ 113 und 116 des Gesetzes über den Lastenausgleich vom 14. August 1952 (Bundesgesetzbl. I S. 446) bleiben unberührt;

3. die Ansprüche auf Entrichtung der öffentlichen Lasten des Grundstücks wegen der aus den letzten vier Jahren rückständigen Beträge; wiederkehrende Leistungen, insbesondere Grundsteuern, Zinsen, Zuschläge oder Rentenleistungen, sowie Beträge, die zur allmählichen Tilgung einer Schuld als Zuschlag zu den Zinsen zu entrichten sind, genießen dieses Vorrecht nur für die laufenden Beträge und für die Rückstände aus den letzten zwei Jahren. Untereinander stehen öffentliche Grundstückslasten, gleichviel ob sie auf Bundes oder Landesrecht beruhen, im Range gleich. Die Vorschriften des § 112 Abs. 1 und der §§ 113 und 116 des Gesetzes über den Lastenausgleich vom 14. August 1952 (Bundesgesetzbl. I S. 446) bleiben unberührt;

4. die Ansprüche aus Rechten an dem Grundstück, soweit sie nicht infolge der Beschlagnahme dem Gläubiger gegenüber unwirksam sind, einschließlich der Ansprüche auf Beträge, die zur allmählichen Tilgung einer Schuld als Zuschlag zu den Zinsen zu entrichten sind; Ansprüche auf wiederkehrende Leistungen, insbesondere Zinsen, Zuschläge, Verwaltungskosten oder Rentenleistungen, genießen das Vorrecht dieser Klasse nur wegen der laufenden und der aus den letzten zwei Jahren rückständigen Beträge;

4. die Ansprüche aus Rechten an dem Grundstück, soweit sie nicht infolge der Beschlagnahme dem Gläubiger gegenüber unwirksam sind, einschließlich der Ansprüche auf Beträge, die zur allmählichen Tilgung einer Schuld als Zuschlag zu den Zinsen zu entrichten sind; Ansprüche auf wiederkehrende Leistungen, insbesondere Zinsen, Zuschläge, Verwaltungskosten oder Rentenleistungen, genießen das Vorrecht dieser Klasse nur wegen der laufenden und der aus den letzten zwei Jahren rückständigen Beträge;

ALT	NEU
5. der Anspruch des Gläubigers, soweit er nicht in einer der vorhergehenden Klassen zu befriedigen ist;	5. der Anspruch des Gläubigers, soweit er nicht in einer der vorhergehenden Klassen zu befriedigen ist;
6. die Ansprüche der vierten Klasse, soweit sie infolge der Beschlagnahme dem Gläubiger gegenüber unwirksam sind;	6. die Ansprüche der vierten Klasse, soweit sie infolge der Beschlagnahme dem Gläubiger gegenüber unwirksam sind;
7. die Ansprüche der dritten Klasse wegen der älteren Rückstände;	7. die Ansprüche der dritten Klasse wegen der älteren Rückstände;
8. die Ansprüche der vierten Klasse wegen der älteren Rückstände.	8. die Ansprüche der vierten Klasse wegen der älteren Rückstände.
(2) Das Recht auf Befriedigung aus dem Grundstücke besteht auch für die Kosten der Kündigung und der die Befriedigung aus dem Grundstück bezweckenden Rechtsverfolgung.	(2) Das Recht auf Befriedigung aus dem Grundstücke besteht auch für die Kosten der Kündigung und der die Befriedigung aus dem Grundstück bezweckenden Rechtsverfolgung.
	(3) Zur Vollstreckung mit dem Range nach Absatz 1 Nr. 2 müssen die dort genannten Beträge die Höhe des Verzugsbetrages nach § 18 Abs. 2 Nr. 2 des Wohnungseigentumsgesetzes übersteigen. Für die Vollstreckung genügt ein Titel, aus dem die Verpflichtung des Schuldners zur Zahlung, die Art und der Bezugszeitraum des Anspruchs sowie seine Fälligkeit zu erkennen sind. Soweit die Art und der Bezugszeitraum des Anspruchs sowie seine Fälligkeit nicht aus dem Titel zu erkennen sind, sind sie in sonst geeigneter Weise glaubhaft zu machen.

➲ Erläuterungen zum geänderten § 10 ZVG

1. Die Begründung der Bundesregierung zur Gesetzesänderung[1]

Die bisherige Rangstelle des **§ 10 Abs. 1 Nr. 2 ZVG** (Litlohnansprüche) wird neu   707
belegt, weil die bisher an zweiter Rangstelle stehende Regelung entbehrlich ist. Die
bisherige Nummer 2 betrifft Ansprüche der in Land- und Forstwirtschaft zur Grund-
stücksbewirtschaftung beschäftigten Personen, die durch ihre Dienste zur Erhaltung
des wirtschaftlichen Standes beitragen und so zum Nutzen derer arbeiten, die Be-

---

1 BT-Drucks. 16/887, S. 44 ff.

friedigung aus dem Objekt erwarten dürfen[1]. Die hohe Bedeutung, die der histori-
sche Gesetzgeber der bisher in Nummer 2 getroffenen Regelung beigemessen hat, ist
durch die zwischenzeitliche soziale und rechtliche Entwicklung überholt. Diese Regelung fällt deshalb ersatzlos weg. Es bietet sich an, die auf diese Weise frei gewordene Nummer 2 mit der dem Rang entsprechenden gesetzlichen Neuregelung zu
belegen.

708 • **Satz 1 der Neuregelung** normiert aus den in der Vorbemerkung genannten Grün-
den ein Vorrecht der Wohnungseigentümer vor den Realkreditgläubigern für den
Fall der Zwangsversteigerung für fällige Ansprüche gegen einen Miteigentümer auf
Entrichtung der anteiligen Lasten und Kosten. Diese werden üblicherweise als
Hausgeld (oder Wohngeld) bezeichnet.

709 Das **Vorrecht** kann einerseits geltend gemacht werden, wenn die Zwangsversteigerung **von anderen Gläubigern** als den Wohnungseigentümern betrieben wird. Dann
werden die bevorrechtigten Hausgeldansprüche auf Anmeldung hin berücksichtigt
(vgl. dazu auch den neuen § 45 Abs. 3 ZVG). Betreiben die Wohnungseigentümer
andererseits die Zwangsversteigerung selbst, so eröffnet die neue Regelung ihnen in
der Mehrzahl der Fälle erstmals die Möglichkeit, eine erfolgversprechende Vollstreckung in das Wohnungseigentum des säumigen Miteigentümers durchzuführen,
nämlich eine Vollstreckung, bei der ihnen keine bestehen bleibenden Grundpfandrechte vorgehen. So wird auch verhindert, dass ein säumiger Schuldner weiterhin
auf Kosten der Eigentümergemeinschaft in seiner Wohnung verbleiben kann. Dies
ist nach geltendem Recht möglich, da die von Wohnungseigentümern betriebene
Zwangsversteigerung vielfach gemäß § 77 ZVG einstweilen eingestellt oder sogar
aufgehoben wird, weil nicht einmal ein Gebot abgegeben wird. Denn häufig sind
solche Eigentumswohnungen bis an den Verkehrswert oder sogar darüber hinaus
mit Grundpfandrechten der Kreditinstitute belastet, die in der Zwangsversteigerung
in Rangklasse 4 dem Anspruch der Wohnungseigentümer aus der Rangklasse 5 vorgehen. Da diese Rechte bei einer Versteigerung aus Rangklasse 5 bestehen bleiben,
müssen sie von einem Erwerber übernommen werden. Dazu ist aber verständlicher-
weise kaum ein Erwerber bereit.

710 Bei den anteiligen Lasten und Kosten geht es um die Zahlungsverpflichtungen auf
Grund der Beschlüsse der Wohnungseigentümer gemäß § 28 Abs. 5 WEG über den
Wirtschaftsplan, die **Jahresabrechnung** oder eine **Sonderumlage**[2]. Erfasst werden die
Lasten und Kosten des gemeinschaftlichen Eigentums und des Sondereigentums,
Letztere allerdings nur, wenn sie über die Gemeinschaft abgerechnet werden, also
nicht von einem Wohnungseigentümer unmittelbar gegenüber Dritten. Der Vorrang
erstreckt sich damit etwa auch auf die Kaltwasserkosten des Sondereigentums.

711 Bestimmte Regressansprüche werden ebenfalls erfasst. Sofern etwa in einer Zweiergemeinschaft kein Verwalter bestellt ist und wegen des gesetzlichen Kopfprinzips
(§ 25 Abs. 2 Satz 1 WEG) keine Mehrheitsbeschlüsse möglich sind, können die ge-

---

1 Vgl. Bericht der 16. Kommission, Materialien zu den Reichsjustizgesetzen, hrsg. von Hahn
und Mugdan, Band 5, 1897, S. 37.
2 „Beitragsschulden", vgl. Merle in Bärmann/Pick/Merle, WEG, 9. Auflage, § 28 Rn. 1 bis 3.

meinschaftlichen Lasten und Kosten nur in der Weise beglichen werden, dass ein Wohnungseigentümer in Vorlage tritt. Dieser kann gemäß § 16 Abs. 2 WEG bei dem anderen Wohnungseigentümer anteilig Regress nehmen[1]. Auch die Vorschüsse gemäß § 28 Abs. 2 WEG und die Beiträge zur Instandhaltungsrückstellung gemäß § 21 Abs. 5 Nr. 4 WEG werden vom Vorrecht erfasst. Gerade die laufenden Zahlungen werden, solange über die Jahresabrechnung nicht beschlossen ist, vielfach nur aus Vorschüssen und Beiträgen zur Rückstellung bestehen. Die Vorschüsse – und ebenso die Rückstellungen – sind zur Klarstellung besonders erwähnt, um Zweifel über ihren Vorrang auszuschließen.

Die laufenden sowie die rückständigen Beträge aus dem Jahr der Beschlagnahme und 712 den letzten zwei (Kalender-)Jahren werden vom Entwurf ebenfalls berücksichtigt. Gerade die Miteinbeziehung der **Rückstellungen für künftige Maßnahmen** ist sachgerecht, da diese den Werterhalt des Wohnungseigentums sichern. Der vorgesehene Zeitraum entspricht somit weithin dem Zeitraum für **wiederkehrende Leistungen** der Rangklassen 3 und 4 (§ 10 Abs. 1 Nr. 3 und 4 ZVG). Bei einer rechtzeitigen Geltendmachung ermöglicht es dieser Zeitraum, dass der Anspruch dem Umfang nach weitgehend durchgesetzt werden kann. Andererseits wird die Belastung der nachfolgenden Gläubiger in überschaubaren Grenzen gehalten. Dies ist auch Sinn der in Satz 2 vorgesehenen Begrenzung des Vorrechts auf höchstens fünf Prozent des festgesetzten Verkehrswerts.

Maßgeblich für die Abgrenzung von laufenden und rückständigen Beträgen ist ge- 713 mäß § 13 ZVG der Zeitpunkt der Beschlagnahme. Laufende Beträge des Hausgeldes sind danach der letzte vor der Beschlagnahme fällig gewordene Betrag sowie die später fällig werdenden. Die zeitlich davor liegenden sind rückständige Beträge. Im Vorrang berücksichtigt werden neben den laufenden nur die aus dem Jahr der Beschlagnahme und den letzten zwei Kalenderjahren rückständigen Beträge. Ansprüche aus einer Jahresabrechnung, die zwar innerhalb dieses Zeitraums auf Grund eines entsprechenden Beschlusses begründet werden, sich aber auf einen davor liegenden Zeitraum beziehen, erhalten nicht den Vorrang der Rangklasse 2. Auch diese Begrenzung soll die Eigentümergemeinschaft dazu anhalten, bei säumigen Zahlern frühzeitig aktiv zu werden.

Bei den Rückständen wird auf das **Kalenderjahr** abgestellt, da so die Eigentümerge- 714 meinschaft die **Jahresabrechnung**, die ebenfalls nach dem Kalenderjahr aufgestellt wird (vgl. § 28 Abs. 1 Satz 1 WEG) und die regelmäßig einen einheitlichen Betrag für das gesamte Kalenderjahr ausweist, direkt verwenden kann. Bei einem maßgeblichen Zeitpunkt, der in das Jahr fiele, müsste die Abrechnung nach den Entstehungszeitpunkten der Ansprüche neu untergliedert werden, um feststellen zu können, welche Ansprüche nach dem Zeitpunkt entstanden sind und so im Vorrang berücksichtigt werden können.

Die Ansprüche müssen **fällig** sein. Dies ist im Text der vorgesehenen Vorschrift zur 715 Klarstellung hervorgehoben. Damit wird sichergestellt, dass keine Leistungen erfasst werden, über deren Erbringung die Wohnungseigentümer noch nicht beschlos-

---

1 Vgl. BayObLG, Beschl. v. 20.3.2002 – 2 Z BR 84/01, BayObLGR 2002, 325 = ZWE 2002, 357.

sen haben, etwa bei Restzahlungen aus einer Jahresabrechnung über die noch nicht befunden worden ist. Die fälligen Beträge der wiederkehrenden Leistungen werden jedoch nur bis zum **Zeitpunkt des Zuschlags** berücksichtigt. Ab dann trägt der Ersteher gemäß § 56 Satz 2 ZVG die anfallenden Lasten. Einer besonderen Regelung hierfür bedarf es in diesem Zusammenhang nicht.

716 Die Formulierung „die daraus fälligen Ansprüche" soll ausschließen, dass die Wohnungseigentümer auch fällige Beträge aus anderen Wohnungen desselben Eigentümers geltend machen können.

717 • Satz 3[1] legt fest, dass das Vorrecht der Rangklasse 2 auf Beträge in Höhe von nicht mehr als **fünf Prozent** des gemäß § 74a Abs. 5 ZVG festgesetzten **Verkehrswertes** begrenzt ist. Auch diese Regelung dient – ebenso wie die zeitliche Begrenzung der berücksichtigungsfähigen Rückstände – dem Zweck, dass der Vorrang in überschaubaren Grenzen gehalten und für alle Beteiligten, insbesondere für die Realkreditgeber, kalkulierbar ist. Außerdem beugt diese Begrenzung der Gefahr von Manipulationen durch die Eigentümergemeinschaft durch nachträglich beschlossene Sonderumlagen vor.

718 Zur Klarstellung ist in Satz 3 aufgenommen, dass die **Begrenzung alle Nebenleistungen** einschließt. Kosten, die gemäß § 10 Abs. 2 ZVG Befriedigung in der Rangstelle des Hauptrechts finden können, fallen so neben dem Hauptanspruch unter die für den Vorrang bestehende Höchstgrenze.

719 Die neue Vorschrift wird in Absatz 1 als Nummer 2 eingeordnet. Sie erfasst nämlich weitgehend Zahlungen, die der Erhaltung des gemeinschaftlichen Eigentums und einer funktionsfähigen Eigentümergemeinschaft dienen und somit mittelbar auch den nachrangigen Gläubigern, insbesondere den Grundpfandgläubigern, aber auch den Gläubigern öffentlicher Grundstückslasten der Rangklasse 3, zugute kommen.

720 Eine dem § 10 Abs. 1 Nr. 7 und 8 ZVG entsprechende Regelung für ältere Rückstände sieht der Entwurf **nicht** vor. Zuteilungen hierauf wären in der Praxis allenfalls in seltenen Ausnahmefällen zu erwarten. Die Wohnungseigentümer haben es in der Hand, gegebenenfalls ihre Forderung titulieren zu lassen, sodann dem Zwangsversteigerungsverfahren beizutreten und damit in der Rangklasse 5 berücksichtigt zu werden.

721 § 10 Abs. 1 Nr. 2 ZVG erfasst auch das Teileigentum sowie das Wohnungs- und Teilerbbaurecht. Da dies kaum zweifelhaft ist und auch den Regelungen von § 1 Abs. 6 und § 30 Abs. 3 Satz 2 WEG entspricht, ist von einer ausdrücklichen Hervorhebung im Text des Entwurfs abgesehen worden.

722 • Die **Sätze 4 und 5** dienen der Klarstellung[2]. Mit Anerkennung der Teilrechtsfähigkeit der Wohnungseigentümergemeinschaft und der entsprechenden Normierung übt nun die **Gemeinschaft** die Ansprüche aus, die bisher den Wohnungseigentümern

---

1 Im ursprünglichen Entwurf war das Satz 2; nachdem aber Satz 1 in zwei Sätze aufgeteilt wurde, handelt es sich jetzt um Satz 3.
2 So die Bundesregierung in ihrer „Gegenäußerung", BT-Drucks. 16/887, Anlage 3, S. 72.

in ihrer Gesamtheit zustehen (§ 10 Abs. 6 Satz 3 WEG). Der neue Satz 4 stellt dies auch für das Vorrecht des § 10 Abs. 1 Nr. 2 ZVG aus Beitragsansprüchen gemäß § 28 Abs. 2 und 5 WEG klar. In einem weiteren Satz 5 wird verdeutlicht, dass das Vorrecht einzelner Wohnungseigentümer im Fall der Vorleistung hiervon unberührt bleibt, also weiterhin von den einzelnen Wohnungseigentümern selbst ausgeübt wird. Bei § 156 ZVG sind redaktionelle Folgeänderungen wegen der Neufassung des § 10 Abs. 1 Nr. 2 ZVG nötig.

- In **§ 10 Abs. 3 Satz 1 ZVG** ist die **Mindesthöhe** des Betrages festgelegt, die beim   723
Betreiben aus der neuen Rangklasse 2 zu berücksichtigen ist. Die Regelung ist im Hinblick auf § 18 Abs. 2 Nr. 2 WEG erforderlich, der für die Entziehung des Wohnungseigentums eine Mindesthöhe des Verzugsbetrages vorschreibt, um eine Verhältnismäßigkeit zwischen dem Fehlverhalten und der Sanktion (Pflicht zur Veräußerung) zu wahren. Ohne eine solche Vorschrift träte ein **Wertungswiderspruch** auf, weil das Wohnungseigentum im Wege der Vollstreckung aus Rangklasse 2 bei einem niedrigeren Betrag als dem in § 18 Abs. 2 Nr. 2 WEG festgelegten Verzugsbetrag entzogen werden könnte. Dies ist insbesondere vor dem Hintergrund beachtlich, dass es künftig bei Zahlungsrückständen in der Praxis wohl vornehmlich zu Versteigerungen auf Grund eines Zahlungstitels aus der Rangklasse 2 kommen wird, da die Versteigerung auf Grund eines Entziehungsurteils nur ein Betreiben aus Rangklasse 5 ermöglicht und das **Entziehungsurteil** – im Vergleich zum Vollstreckungsbescheid – schwieriger herbeizuführen ist.

Die **Mindesthöhe des Verzugsbetrages** gilt nur, wenn die Wohnungseigentümer die   724
Zwangsversteigerung aus der **Rangklasse 2 selbst betreiben**. In den Fällen, in denen ein anderer Gläubiger das Verfahren betreibt, kann von den Wohnungseigentümern in Rangklasse 2 **auch ein geringerer Betrag** angemeldet werden. In diesen Fällen betreiben die Wohnungseigentümer keine Entziehung, so dass die Voraussetzungen des § 18 Abs. 2 Nr. 2 WEG nicht zu berücksichtigen sind.

- **Satz 2** dient der Klarstellung, dass als Titel auch eine gerichtliche Entscheidung   725
(Urteil oder Vollstreckungsbescheid) ausreicht, welche die Zahlungsverpflichtung des Schuldners zum Gegenstand hat und die sich insbesondere im Mahnverfahren auch kurzfristig erreichen lässt. Dies ist ausdrücklich festgelegt, da ansonsten Zweifel bestehen könnten, ob zum Betreiben der Zwangsvollstreckung ein Duldungstitel erforderlich ist. Ein solcher Titel wird jedoch nicht gefordert, da die Vollstreckung sich ansonsten unnötig verzögert, weil er im Mahnverfahren nicht erlangt werden kann.

Aus dem Zahlungstitel muss sich erkennen lassen, dass die Voraussetzungen zur   726
Berücksichtigung in der Rangklasse 2 vorliegen. So hat der Titel den Charakter der Forderung als Hausgeldforderung (Art), den Bezugszeitraum sowie die Fälligkeit der einzelnen Beträge anzugeben. Der Bezugszeitraum ist erforderlich, um feststellen zu können, ob die geltend gemachte Forderung auch in den berücksichtigungsfähigen Zeitraum fällt. Damit wird vermieden, dass das Vollstreckungsgericht prüfen und feststellen muss, ob es sich um Hausgeldforderungen handelt und wann diese fällig geworden sind. Die materiellrechtliche Prüfung ist Aufgabe des Prozessgerichts im Erkenntnisverfahren. Die dortige Entscheidung ist dem Vollstreckungsverfahren zugrunde zu legen.

727 Die zur Berücksichtigung des Vorrangs erforderlichen Angaben können auch aus einem Vollstreckungsbescheid hervorgehen, der im Mahnverfahren ergangen ist. Der Vordruck im maschinellen Mahnverfahren sieht in seinem Hauptforderungs-katalog bereits eine entsprechende Forderungsart vor. Aber auch im nichtmaschinellen Verfahren können die entsprechende Forderungsart und der Bezugszeitraum angegeben werden. Die Bezeichnung von Fälligkeitsterminen ist in beiden Verfahren möglich.

728 • **Satz 3** bestimmt für die Fälle, in denen die nach dem neuen Absatz 3 Satz 2 erforderlichen Angaben aus dem Titel nicht zu ersehen sind, so bei Urteilen gemäß § 313a Abs. 1 und 2 ZPO (Urteil ohne Tatbestand und Entscheidungsgründe) und gemäß § 313b ZPO (Versäumnis-, Anerkenntnis- und Verzichtsurteil), dass die Voraussetzungen in sonst geeigneter Weise glaubhaft zu machen sind, etwa dadurch, dass ein Doppel der Klageschrift vorgelegt wird. So wird sichergestellt, dass auch in diesen Fällen die Zwangsversteigerung aus dem Vorrang betrieben werden kann.

2. Bewertung der gesetzlichen Neuregelung

729 Die Vorschrift ist im Gesetzgebungsgang von den Verbänden der Banken oder von anderen interessierten Kreisen nicht angegriffen worden, obwohl es sich dabei doch um eine Beeinträchtigung der Rechte der grundbuchlich abgesicherten Gläubiger handelt. Möglicherweise werden die Beleihungsgrenzen von den Banken in Zukunft einfach nur herabgesetzt, um das Risiko abzufangen.

730 Die gesetzliche Regelung ist durchaus klar strukturiert; allerdings ist nicht verständlich, warum der Gesetzgeber die Formulierung verwendet, die *„daraus"* (aus dem Wohnungseigentum) fälligen Ansprüche hätten Vorrang. Das Wort „daraus" hätte, ohne dass damit irgendein Missverständnis aufgekommen wäre, entfallen können.

731 Die Vorrechtseinräumung ist maximal begrenzt auf den nach § 74a Abs. 5 ZVG im Zwangsversteigerungsverfahren festgesetzten Verkehrswert. Dieser wird regelmäßig auf Grund eines Sachverständigengutachtens festgesetzt.

732 **§ 74a Abs. 5 ZVG:**

„Der Grundstückswert (Verkehrswert) wird vom Vollstreckungsgericht, nötigenfalls nach Anhörung von Sachverständigen, festgesetzt. Der Wert der beweglichen Gegenstände, auf die sich die Versteigerung erstreckt, ist unter Würdigung aller Verhältnisse frei zu schätzen. ..."

733 Auch bisher schon war es durchaus interessant für die Wohnungseigentümergemeinschaft als Gläubigerin, dieses Gutachten kritisch durchzusehen und eventuelle Falschbewertungen zu korrigieren. Dies wird in der Zukunft noch notwendiger sein, um die 5-%-Grenze möglichst nach oben zu schrauben. Nach der gesetzlichen Regelung kommt es nämlich nicht darauf an, was tatsächlich bei der Versteigerung erlöst wird, sondern erst einmal nur auf den festgesetzten Verkehrswert.

Eine weitere Begrenzung ist durch den neuen **§ 10 Abs. 3 ZVG** vorgesehen. Er sieht vor, 734
dass die Beträge, die nach der Nr. 2 geltend gemacht werden, also die Ansprüche auf

– Zahlung der Lasten und Kosten (Hausgeldvorschüsse, Ansprüche aus der Jahresabrechnung[1])

– aus dem Jahr der Beschlagnahme und den letzten zwei Jahren

höher sein müssen, als 3 % des Einheitswerts (§ 18 Abs. 2 Nr. 2 WEG). Das gilt aber 735
nur, wenn die Gemeinschaft selbst die Zwangsversteigerung betreibt, **nicht**, wenn
ein Dritter diese betreibt. Der Anspruch muss durch Titel (und eventuell ergänzend
durch weitere Unterlagen) nachgewiesen werden.

ALT	NEU	
§ 45 ZVG	**§ 45 ZVG [Glaubhaftmachung der Ansprüche]**	736
(1) Ein Recht ist bei der Feststellung des geringsten Gebots insoweit, als es zur Zeit der Eintragung des Versteigerungsvermerks aus dem Grundbuch ersichtlich war, nach dem Inhalt des Grundbuchs, im Übrigen nur dann zu berücksichtigen, wenn es rechtzeitig angemeldet und, falls der Gläubiger widerspricht, glaubhaft gemacht wird.	(1) Ein Recht ist bei der Feststellung des geringsten Gebots insoweit, als es zur Zeit der Eintragung des Versteigerungsvermerks aus dem Grundbuch ersichtlich war, nach dem Inhalt des Grundbuchs, im Übrigen nur dann zu berücksichtigen, wenn es rechtzeitig angemeldet und, falls der Gläubiger widerspricht, glaubhaft gemacht wird.	
(2) Von wiederkehrenden Leistungen, die nach dem Inhalt des Grundbuchs zu entrichten sind, brauchen die laufenden Beträge nicht angemeldet, die rückständigen nicht glaubhaft gemacht zu werden.	(2) Von wiederkehrenden Leistungen, die nach dem Inhalt des Grundbuchs zu entrichten sind, brauchen die laufenden Beträge nicht angemeldet, die rückständigen nicht glaubhaft gemacht zu werden.	
	(3) Ansprüche der Wohnungseigentümer nach § 10 Abs. 1 Nr. 2 sind bei der Anmeldung durch einen entsprechenden Titel oder durch die Niederschrift der Beschlüsse der Wohnungseigentümer einschließlich ihrer Anlagen oder in sonst geeigneter Weise glaubhaft zu machen. Aus dem Vorbringen müssen sich die Zahlungspflicht, die Art und der Bezugszeitraum des Anspruchs sowie seine Fälligkeit ergeben.	

---

1 Das Gesetz sagt auch *„einschließlich ... Rückstellungen ...“*; diese sind aber regelmäßig in
den Wirtschaftsplanansätzen und in der Jahresabrechnung enthalten.

⊃ Erläuterungen zum geänderten § 45 ZVG

1. Die Begründung der Bundesregierung zur Gesetzesänderung[1]

737   Rechte, die zur Zeit der Eintragung des Zwangsversteigerungsvermerks aus dem Grundbuch nicht ersichtlich sind, können gemäß § 45 Abs. 1 ZVG nur dann im **geringsten Gebot** berücksichtigt werden, wenn sie rechtzeitig angemeldet werden. Bei diesen Rechten handelt es sich meist um Ansprüche der öffentlichen Hand aus der Rangklasse 3, die im Zusammenhang mit dem Grundstück stehen, etwa öffentlichen Grundstückslasten oder Kommunalabgaben. Auch die Ansprüche der Eigentümergemeinschaft aus der neu gebildeten Rangklasse 2 sind nicht aus dem Grundbuch ersichtlich und müssen deshalb angemeldet werden.

738   • Satz 1 des neuen Absatzes 3 verlangt, dass die Hausgeldansprüche – im Unterschied zu anderen Rechten, die meist durch öffentliche Stellen angemeldet werden und die erst auf Widerspruch glaubhaft zu machen sind – **gegenüber dem Zwangsversteigerungsgericht** schon **bei der Anmeldung** glaubhaft gemacht werden. Damit soll ein möglicher **Missbrauch** bei einer für die übrigen Beteiligten nicht nachvollziehbaren Anmeldung ausgeschlossen werden. Ohne Glaubhaftmachung der angemeldeten Ansprüche käme es häufiger – und nicht wie bisher nur im Ausnahmefall – zu einem Widerspruch des die Zwangsvollstreckung betreibenden Gläubigers und damit zu Verzögerungen des Verfahrens. Die Glaubhaftmachung kann durch einen bereits vorliegenden **Titel** erfolgen, etwa einen Vollstreckungsbescheid oder ein Urteil über die bevorrechtigte Forderung oder eine Unterwerfungsurkunde des Schuldners (§ 794 Abs. 1 Nr. 5 ZPO). Ein **Titel** wird jedoch **nicht generell** gefordert. Oftmals ist es der Eigentümergemeinschaft nicht möglich, bis zum **Zwangsversteigerungstermin**, bis zu dem **die Ansprüche angemeldet** sein müssen, einen Titel gegen den säumigen Schuldner zu erlangen. Insbesondere dann, wenn der Schuldner gleichzeitig seine Zahlungen an die Grundpfandgläubiger und die Eigentümergemeinschaft einstellt, ist dies zu erwarten. Deshalb **reicht** es zur **Glaubhaftmachung** auch aus, eine **Niederschrift** der maßgeblichen **Beschlüsse der Wohnungseigentümer** einschließlich ihrer Anlagen – etwa den Wirtschaftsplan oder die Jahresabrechnung – vorzulegen, aus der die Zahlungspflicht (§ 28 Abs. 2 und 5 WEG) hervorgeht. Eine spätere Glaubhaftmachung auf Verlangen des betreibenden Gläubigers erübrigt sich so.

739   Es wurde in Erwägung gezogen, für die Glaubhaftmachung auf eine öffentlich beglaubigte Niederschrift über Beschlüsse (§ 24 Abs. 6 WEG) abzustellen. Dies wäre aber nicht sinnvoll. Folge wäre nämlich, dass dann nahezu jede Niederschrift über eine Eigentümerversammlung vorsorglich mit den erforderlichen Beglaubigungen versehen werden müsste. Denn in Fällen, in denen die Unterzeichner der Niederschrift etwa wegen eines Verwalterwechsels oder wegen Veräußerung der Eigentumswohnung für eine spätere Beglaubigung nicht mehr zur Verfügung stünden, könnte die öffentliche Beglaubigung nachträglich nicht oder nur mit erheblichem Aufwand erreicht werden. Die öffentliche Beglaubigung ist auch entbehrlich, da der Anspruch bei der Anmeldung nur glaubhaft gemacht, nicht aber – wie im Grund-

---

1 BT-Drucks. 16/887, S. 46 f.

buchverfahren die Verwaltereigenschaft (vgl. § 26 Abs. 4 WEG) – nachgewiesen werden muss.

Das Gesetz sieht im Übrigen vor, dass der Anspruch gegenüber dem Gericht **in sonst** 740
geeigneter Weise glaubhaft gemacht werden kann. Dies ermöglicht es, auch andere
Schriftstücke der Eigentümergemeinschaft zur Glaubhaftmachung einzubeziehen.

• Die gemäß **Satz 2** erforderlichen Angaben ermöglichen es dem Rechtspfleger zu 741
prüfen, ob die geltend gemachten Beträge der neuen Rangklasse 2 zuzuordnen sind.

Für den Fall, dass die Ansprüche bei der Anmeldung nicht hinreichend glaubhaft 742
gemacht sind, kann der Rechtspfleger von Amts wegen – also auch ohne Widerspruch des betreibenden Gläubigers – die Eigentümergemeinschaft oder den Verwalter **zur Nachbesserung** auffordern. Bleibt der Anspruch weiterhin nicht hinreichend glaubhaft, wird er nicht in das geringste Gebot aufgenommen. Eine Zuteilung auf den angemeldeten Anspruch erfolgt dann nicht.

Gegen die Nichtaufnahme in das **geringste Gebot** besteht für die Eigentümergemein- 743
schaft **kein Rechtsbehelf**, auch nicht für die nachrangigen Gläubiger gegen eine Aufnahme, da es sich bei der Aufstellung des geringsten Gebots um eine unselbständige Zwischenentscheidung zur Vorbereitung des Zuschlags handelt. Im späteren Verlauf des Verfahrens kann aber eine Anfechtung des Zuschlags wegen unrichtiger Feststellung des geringsten Gebots (§ 83 Nr. 1 ZVG) erfolgen. Im späteren Verlauf des Versteigerungsverfahrens kann auch noch ein Widerspruch gegen den Teilungsplan eingelegt werden (§ 115 ZVG), mit der Folge, dass der streitige Betrag zu hinterlegen ist.

Soweit sich erst nach dem Versteigerungsverfahren herausstellt, dass ein Anspruch 744
zu Unrecht berücksichtigt wurde, kann der Anspruch aus ungerechtfertigter Bereicherung (§ 812 BGB) gegen den zu Unrecht berücksichtigten Gläubiger geltend gemacht werden.

2. Bewertung der gesetzlichen Neuregelung

Bei der hier vorgenommenen Neuregelung handelt es sich nur um die Frage, welche 745
Beträge in das **geringste Gebot** aufgenommen werden können. Dazu ist von der Gemeinschaft der Anspruch **glaubhaft zu machen**, was durch Titel, aber auch durch weitere Unterlagen erfolgen kann.

ALT	NEU	
§ 52 ZVG	**§ 52 ZVG [Bestehenbleiben von Rechten]**	746
(1) Ein Recht bleibt insoweit bestehen, als es bei der Feststellung des geringsten Gebots berücksichtigt und nicht durch Zahlung zu decken ist. Im Übrigen erlöschen die Rechte.	(1) Ein Recht bleibt insoweit bestehen, als es bei der Feststellung des geringsten Gebots berücksichtigt und nicht durch Zahlung zu decken ist. Im Übrigen erlöschen die Rechte.	

ALT	NEU
(2) Das Recht auf eine der in den §§ 912 bis 917 des Bürgerlichen Gesetzbuchs bezeichneten Renten bleibt auch dann bestehen, wenn es bei der Feststellung des geringsten Gebots nicht berücksichtigt ist. Satz 1 ist entsprechend auf den Erbbauzins anzuwenden, wenn nach § 9 Abs. 3 der Verordnung über das Erbbaurecht das Bestehenbleiben des Erbbauzinses als Inhalt der Reallast vereinbart worden ist.	(2) Das Recht auf eine der in den §§ 912 bis 917 des Bürgerlichen Gesetzbuchs bezeichneten Renten bleibt auch dann bestehen, wenn es bei der Feststellung des geringsten Gebots nicht berücksichtigt ist. Satz 1 ist entsprechend anzuwenden auf *a) den Erbbauzins, wenn nach § 9 Abs. 3 der Verordnung über das Erbbaurecht das Bestehenbleiben des Erbbauzinses als Inhalt der Reallast vereinbart worden ist;* *b) Grunddienstbarkeiten und beschränkte persönliche Dienstbarkeiten, die auf dem Grundstück als Ganzem lasten, wenn in ein Wohnungseigentum mit dem Rang nach § 10 Abs. 1 Nr. 2 vollstreckt wird, und diesen kein anderes Recht der Rangklasse 4 vorgeht, aus dem die Versteigerung betrieben werden kann.*

➲ Erläuterungen zum geänderten § 52 ZVG

1. Die Begründung der Bundesregierung zur Gesetzesänderung[1]

747   Im Zwangsversteigerungsverfahren erlöschen **mit Zuschlag** die dem Anspruch des betreibenden Gläubigers nachgehenden Rechte. Betroffen davon sind auch Dienstbarkeiten, die nicht nur auf dem versteigerten Wohnungseigentum selbst, sondern auch auf den übrigen Eigentumswohnungen der Anlage lasten (Belastung des Grundstücks als Ganzem). Dies sind in der Regel Leitungs- und Versorgungsrechte, Wegerechte oder Stellplatzrechte am Grundstück. Wird die Dienstbarkeit als Folge der Zwangsversteigerung **bei dem einen Wohnungseigentum** gelöscht, ist sie ebenfalls bei den anderen Wohnungen als inhaltlich unzulässig zu löschen. Die zur dauerhaften Geltung erforderliche dingliche Absicherung dieser Rechte im Grundbuch ist nachträglich jedoch nur schwer wieder zu erreichen. Erforderlich sind nämlich die Bewilligung durch alle Wohnungseigentümer und der Rangrücktritt der Gläubiger der auf den einzelnen Eigentumswohnungen lastenden Grundpfandrechte. Deshalb hilft sich die Praxis dadurch weiter, dass auf Antrag eines Beteiligten nach § 59 ZVG **abweichende Versteigerungsbedingungen** festgelegt werden, die das Bestehenbleiben dieser Rechte vorsehen. Andere Beteiligte, deren Rechte durch die Abweichung betroffen sind, müssen aber dem abweichenden Ausgebot zustimmen.

---

1 BT-Drucks. 16/887, S. 47.

Wenn nicht feststeht, ob ein Recht betroffen ist, und wenn auch die Zustimmung des Berechtigten nicht vorliegt, muss das Wohnungseigentum sowohl mit als auch ohne die Abweichung im Termin ausgeboten werden (Doppelausgebot, § 59 Abs. 2 ZVG).

Dieses aufwendige Verfahren mag bei den heutigen Gegebenheiten noch hinnehmbar sein, da es nicht so häufig vorkommt. Die entsprechenden Rechte haben zumeist Rang vor den betreibenden Grundpfandgläubigern und werden so im geringsten Gebot bei den bestehen bleibenden Rechten aufgeführt. Durch die Einführung eines Vorrangs für die Hausgeldforderung wird die bisherige **Ausnahme** jedoch zur **Regel**, wenn **aus diesem Vorrang** die Zwangsversteigerung betrieben wird. Hinzu kommt, dass auch im Fall des Doppelausgebots das Bestehenbleiben der Rechte nicht immer gewährleistet ist, nämlich dann nicht, wenn der Zuschlag auf das Meistgebot mit den gesetzlichen Versteigerungsbestimmungen erfolgt, etwa weil der durch die Abweichung Beeinträchtigte dieser nicht zustimmt. 748

§ 52 Abs. 2 Satz 2 Buchstabe b ZVG sieht deshalb für Grunddienstbarkeiten und beschränkte persönliche Dienstbarkeiten, die auf dem Grundstück als Ganzem lasten, vor, dass sie entsprechend Satz 1 – dort wird das Bestehenbleiben des Rechts auf die in den §§ 912 bis 917 BGB bezeichneten Überbau- und Notwegrenten geregelt – auch ohne Berücksichtigung im geringsten Gebot **bestehen bleiben**, wenn aus dem Vorrecht der Rangklasse 2 vollstreckt wird. Das Bestehenbleiben wird jedoch auf die Fälle beschränkt, in denen diesen Rechten kein Recht der Rangklasse 4 vorgeht, aus dem die Versteigerung betrieben werden kann. Ansonsten würde den Dienstbarkeiten durch das Bestehenbleiben faktisch generell ein Vorrang vor anderen in der Abteilung II oder III des Grundbuchs eingetragenen Rechten eingeräumt. Diesen Vorrang hätten sich die Berechtigten der Dienstbarkeiten – wie bisher – durch Rangänderungen verschaffen können mit der Folge, dass sie nach der neuen Regelung nicht erlöschen müssten. Soweit sie nicht auf eine erstrangige Eintragung hingewirkt haben, so haben sie schon bisher in Kauf genommen, im Zwangsversteigerungsverfahren – bei Betreiben aus einem vorrangigen Recht – zu erlöschen. 749

Die vorrangigen Rechte der Rangklasse 3 spielen hier praktisch keine Rolle. Sie sind ohnehin in nahezu allen Fällen – auch bei bestehen bleibenden Dienstbarkeiten – durch das Meistgebot vollständig gedeckt. Im Übrigen beeinflussen die Dienstbarkeiten am Grundstück als Ganzem in der Regel kaum die Biethöhe, da sie in nahezu allen Fällen keinen wertbeeinflussenden Faktor für die einzelne Eigentumswohnung selbst haben. 750

Der bisher in § 52 Abs. 2 Satz 2 allein geregelte Fall des Bestehenbleibens des Erbbauzinses, wenn das Bestehenbleiben als Inhalt der Reallast vereinbart wurde, ist in dem neuen Satz 2 inhaltsgleich als Buchstabe a übernommen.

2. Bewertung der gesetzlichen Neuregelung

Die Änderung im Bereich des § 52 ZVG ist sinnvoll, um grundbuchliche Probleme zu verhindern. 751

ALT	NEU
§ 156 ZVG	**§ 156 ZVG [Laufende Beiträge zu den Lasten und Kosten]**
(1) Die laufenden Beträge der öffentlichen Lasten sind von dem Verwalter ohne weiteres Verfahren zu berichtigen.	(1) Die laufenden Beträge der öffentlichen Lasten sind von dem Verwalter ohne weiteres Verfahren zu berichtigen. *Dies gilt auch bei der Vollstreckung in ein Wohnungseigentum für die laufenden Beträge der daraus fälligen Ansprüche auf Zahlung der Beiträge zu den Lasten und Kosten des gemeinschaftlichen Eigentums oder des Sondereigentums, die nach den §§ 16 Abs. 2, 28 Abs. 2 und 5 des Wohnungseigentumsgesetzes geschuldet werden, einschließlich der Vorschüsse und Rückstellungen sowie der Rückgriffsansprüche einzelner Wohnungseigentümer. Die Vorschrift des § 10 Abs. 1 Nr. 2 Satz 3 findet keine Anwendung.*
(2) Ist zu erwarten, dass auch auf andere Ansprüche Zahlungen geleistet werden können, so wird nach dem Eingang der im § 19 Abs. 2 bezeichneten Mitteilungen des Grundbuchamts der Verteilungstermin bestimmt. In dem Termin wird der Teilungsplan für die ganze Dauer des Verfahrens aufgestellt. Die Terminsbestimmung ist den Beteiligten sowie dem Verwalter zuzustellen. Die Vorschriften des § 105 Abs. 2 Satz 2, des § 113 Abs. 1 und der §§ 114, 115, 124, 126 finden entsprechende Anwendung.	(2) Ist zu erwarten, dass auch auf andere Ansprüche Zahlungen geleistet werden können, so wird nach dem Eingang der im § 19 Abs. 2 bezeichneten Mitteilungen des Grundbuchamts der Verteilungstermin bestimmt. In dem Termin wird der Teilungsplan für die ganze Dauer des Verfahrens aufgestellt. Die Terminsbestimmung ist den Beteiligten sowie dem Verwalter zuzustellen. Die Vorschriften des § 105 Abs. 2 Satz 2, des § 113 Abs. 1 und der §§ 114, 115, 124, 126 finden entsprechende Anwendung.

○ Erläuterungen zum geänderten § 156 ZVG

1. Die Begründung der Bundesregierung zur Gesetzesänderung[1]

752   Bei der Änderung des § 156 ZVG handelt es sich um eine **Folgeänderung** zur Neufassung des § 10 Abs. 1 Nr. 2 ZVG. Bisher konnten die laufenden Beträge des Hausgeldes im Rahmen der Zwangsverwaltung gemäß § 155 Abs. 1 ZVG vorweg aus den Einnahmen als Ausgaben der Zwangsverwaltung gezahlt werden. Da das Hausgeld mit den laufenden Beträgen nun in dem neuen § 10 Abs. 1 Nr. 2 ZVG erfasst ist,

---

1 BT-Drucks. 16/887, S. 47 f.

dürfte es gemäß § 155 Abs. 2 ZVG (Verteilung der Nutzungen) ohne die Folgeänderung erst nach Aufstellung des Teilungsplanes ausgezahlt werden. Um diese **Schlechterstellung** der Wohnungseigentümergemeinschaft zu vermeiden, ist eine den laufenden öffentlichen Lasten entsprechende Regelung vorgesehen. Für die öffentlichen Lasten besteht bereits jetzt in § 156 Abs. 1 ZVG eine Möglichkeit zur Vorwegzahlung ohne einen Teilungsplan.

Die Vorwegzahlung erfasst – ebenso wie die der öffentlichen Lasten – nur die **lau-**   753
fenden, nicht aber die rückständigen Beträge der neuen Rangklasse 2, da die Zwangsverwaltung in erster Linie dazu dient, das **Zwangsverwaltungsobjekt zu erhalten**. Erst wenn alle laufenden Beträge durch die vorhandenen Einnahmen gedeckt sind, kann das darüber hinaus noch vorhandene Geld zur Erfüllung anderer Ansprüche – dann aber erst im Rahmen eines **Teilungsplanes** – genutzt werden.

– **Satz 2** normiert die Möglichkeit zur Vorwegzahlung auch für die laufenden An-   754
sprüche der neuen Rangklasse 2. Dabei ist jedoch die nach § 10 Abs. 1 Nr. 2 Satz 3 ZVG vorgesehene **Höchstgrenze** von **fünf Prozent** des festgesetzten **Verkehrswertes** gemäß Satz 3 nicht zu beachten. Eine Begrenzung wäre unbillig, da die Zwangsverwaltung – im Unterschied zur Zwangsversteigerung – eine auf Dauer angelegte Vollstreckungsart ist. Für die Wohnungseigentümer wäre es nicht hinnehmbar, wenn die laufenden Beträge nach Erreichen der Höchstgrenze nicht mehr gezahlt würden. Die anderen Gläubiger müssen sich auch jetzt schon das Hausgeld über die gesamte Dauer der Zwangsverwaltung vorgehen lassen. Sie werden durch die Regelung nicht schlechter gestellt.

2. Bewertung der gesetzlichen Neuregelung

Auch diese Regelung ist sinnvoll und beugt Zweifelsfällen bei der Zwangsverwal-   755
tung vor.

IV. Änderungen des Gerichtsverfassungsgesetzes (GVG)

ALT	NEU
§ 23 GVG [Zuständigkeit in Zivilstreitigkeiten]	**§ 23 GVG [Zuständigkeit in Zivilstreitigkeiten – AG]**

756

ALT	NEU
Die Zuständigkeit der Amtsgerichte umfasst in bürgerlichen Rechtsstreitigkeiten, soweit sie nicht ohne Rücksicht auf den Wert des Streitgegenstandes den Landgerichten zugewiesen sind:	Die Zuständigkeit der Amtsgerichte umfasst in bürgerlichen Rechtsstreitigkeiten, soweit sie nicht ohne Rücksicht auf den Wert des Streitgegenstandes den Landgerichten zugewiesen sind:
1. Streitigkeiten über Ansprüche, deren Gegenstand an Geld oder Geldeswert die Summe von fünftausend Euro nicht übersteigt;	1. Streitigkeiten über Ansprüche, deren Gegenstand an Geld oder Geldeswert die Summe von fünftausend Euro nicht übersteigt;
2. ohne Rücksicht auf den Wert des Streitgegenstandes:	2. ohne Rücksicht auf den Wert des Streitgegenstandes:
a) Streitigkeiten über Ansprüche aus einem Mietverhältnis über Wohnraum oder über den Bestand eines solchen Mietverhältnisses; diese Zuständigkeit ist ausschließlich;	a) Streitigkeiten über Ansprüche aus einem Mietverhältnis über Wohnraum oder über den Bestand eines solchen Mietverhältnisses; diese Zuständigkeit ist ausschließlich;
b) Streitigkeiten zwischen Reisenden und Wirten, Fuhrleuten, Schiffern oder Auswanderungsexpedienten in den Einschiffungshäfen, die über Wirtszechen, Fuhrlohn, Überfahrtsgelder, Beförderung der Reisenden und ihrer Habe und über Verlust und Beschädigung der letzteren, sowie Streitigkeiten zwischen Reisenden und Handwerkern, die aus Anlass der Reise entstanden sind;	b) Streitigkeiten zwischen Reisenden und Wirten, Fuhrleuten, Schiffern oder Auswanderungsexpedienten in den Einschiffungshäfen, die über Wirtszechen, Fuhrlohn, Überfahrtsgelder, Beförderung der Reisenden und ihrer Habe und über Verlust und Beschädigung der letzteren, sowie Streitigkeiten zwischen Reisenden und Handwerkern, die aus Anlass der Reise entstanden sind;
c) weggefallen	*c) Streitigkeiten nach § 43 Nr. 1 bis Nr. 4 und Nr. 6 des Wohnungseigentumsgesetzes; diese Zuständigkeit ist ausschließlich.*
d) Streitigkeiten wegen Wildschadens;	d) Streitigkeiten wegen Wildschadens;
e) weggefallen	e) weggefallen
f) weggefallen	f) weggefallen
g) Ansprüche aus einem mit der Überlassung eines Grundstücks in Verbindung	g) Ansprüche aus einem mit der Überlassung eines Grundstücks in Verbindung

ALT	NEU
stehenden Leibgedings-, Leibzuchts-, Altenteils- oder Auszugsvertrag;	stehenden Leibgedings-, Leibzuchts-, Altenteils- oder Auszugsvertrag;
h) das Aufgebotsverfahren.	h) das Aufgebotsverfahren.

➲ Erläuterungen zum geänderten § 23 GVG

1. Die Äußerungen des Rechtsausschusses zur Gesetzesänderung[1]

Die in § 23 Nr. 2c) GVG vorgesehene Regelung, dass die sachliche Zuständigkeit **ausschließlich** sein soll, geht zurück auf die Stellungnahme des Bundesrates, welcher die Bundesregierung zugestimmt hat. | 757

Der **Rechtsausschuss** erachtet eine weitere Änderung des § 23 Nr. 2 c) GVG für erforderlich. Für **Klagen Dritter** (§ 43 Nr. 5 WEG neue Fassung) soll es – wie nach geltendem Recht (vgl. § 29b ZPO) – beim ausschließlichen Gerichtsstand am Ort der Anlage verbleiben. Die **sachliche Zuständigkeit** soll sich dagegen – ebenfalls wie nach dem bisherigen Recht – nach den **allgemeinen Vorschriften** richten (vgl. die §§ 23 Nr. 1, 71 Abs. 1 GVG). Hiernach soll für diese Streitigkeiten die **erstinstanzliche Zuständigkeit des Landgerichts** bestehen bleiben, sofern es sich um Streitigkeiten handelt, deren Gegenstand an Geld oder Geldeswert die Summe von **5000 Euro** übersteigt. Für eine Änderung der sachlichen Zuständigkeit gibt es keinen Anlass. | 758

2. Bewertung der gesetzlichen Neuregelung

Der Gesetzgeber hat leider das Rechtsproblem anderer **kollidierender ausschließlicher Gerichtsstände** nicht erkannt und nicht gelöst. So gibt es eine Kollision zwischen § 180 Abs. 1 InsO und dem **bisherigen** § 43 WEG bzw. dem **bisherigen** § 29b ZPO[2], die aber durch die Neuregelung nicht geklärt worden ist. | 759

ALT	NEU	
§ 72 GVG	**§ 72 GVG [Zuständigkeit in Zivilstreitigkeiten – LG]**	760
Die Zivilkammern, einschließlich der Kammern für Handelssachen, sind die Berufungs- und Beschwerdegerichte in den vor den Amtsgerichten verhandelten bürgerlichen Rechtsstreitigkeiten, soweit	(1) Die Zivilkammern, einschließlich der Kammern für Handelssachen, sind die Berufungs- und Beschwerdegerichte in den vor den Amtsgerichten verhandelten bürgerlichen Rechtsstreitigkeiten, soweit	

---

1 BT-Drucks. 16/3843, S. 59 f.
2 Hans. OLG Hamburg, Beschl. v. 20.6.2006 – 13 AR 13/03, ZInsO 2006, 1059; vgl. hierzu Flatow, Konkurrierende ausschließliche Zuständigkeitsvorschriften (hier: § 180 Abs. 1 InsO zu § 43 Abs. 1 WEG), jurisPR-MietR 2/2007 Anm. 6.

ALT	NEU
nicht die Zuständigkeit der Oberlandesgerichte begründet ist.	nicht die Zuständigkeit der Oberlandesgerichte begründet ist.

(2) In Streitigkeiten nach § 43 Nr. 1 bis Nr. 4 und Nr. 6 des Wohnungseigentumsgesetzes ist das Landgericht am Sitz des Oberlandesgerichts gemeinsames Berufungs- und Beschwerdegericht für den Bezirk des Oberlandesgerichts. Dies gilt auch für die in § 119 Abs. 1 Nr. 1 Buchstabe b und c genannten Sachen. Die Landesregierungen werden ermächtigt, durch Rechtsverordnung an Stelle dieses Gerichts ein anderes Landgericht im Bezirk des Oberlandesgerichts zu bestimmen. Sie können die Ermächtigung auf die Landesjustizverwaltungen übertragen.

Auf Grund des Änderungsbeschlusses des Deutschen Bundestages und des Bundesrats (vgl. im Einzelnen Rz. 772) lautet Absatz 2 **Satz 1** nunmehr:

(2) In Streitigkeiten nach § 43 Nr. 1 bis 4 und 6 des Wohnungseigentumsgesetzes ist das für den Sitz des Oberlandesgerichts zuständige Landgericht gemeinsames Berufungs- und Beschwerdegericht für den Bezirk des Oberlandesgerichts, in dem das Amtsgericht seinen Sitz hat.

➲ Erläuterungen zum geänderten § 72 GVG

1. Die Begründung der Bundesregierung

761 Die **Bundesregierung** beabsichtigte ursprünglich[1], die Zuständigkeit für die Verhandlung und Entscheidung über Berufungen und Beschwerden gegen die erstinstanzlichen Entscheidungen der Amtsgerichte in Verfahren nach § 43 WEG den Oberlandesgerichten zuzuweisen. Die bisherige Rechtsprechung der Oberlandesgerichte als weitere Beschwerdegerichte nach § 28 FGG habe, so begründete die Bundesregierung ihre Absicht, wesentlich zur Rechtsvereinheitlichung der komplexen Rechtsmaterie des Wohnungseigentumsrechts beigetragen. Die Neuregelung sollte sicherstellen, dass der besondere Sachverstand der Oberlandesgerichte in Wohnungseigentumssachen, der sich über Jahrzehnte bewährt hat, auch in Zukunft nutzbar bleibt.

---

1 BT-Drucks. 16/887, S. 48.

Den Vorschlag des Entwurfs, Berufungen in Wohnungseigentumssachen den Ober- 762
landesgerichten zuzuweisen, befürwortete der **Bundesrat**[1] nicht:

Dieser Vorschlag widerspricht den in jüngerer Zeit zu Recht verstärkt erhobenen 763
Postulaten nach Einheitlichkeit und Transparenz des Verfahrensrechts. Gewichtige
Gründe, die für Wohnungseigentumssachen eine Ausnahme erfordern, sind nicht
ersichtlich. Die Aspekte der Bürgernähe und des ökonomischen Umgangs mit den
Ressourcen der Justiz sprechen dagegen.

Der Argumentation in der Einzelbegründung des Entwurfs, die Rechtsprechung der 764
Oberlandesgerichte habe in der Vergangenheit wesentlich zur Rechtsvereinheitlichung in Wohnungseigentumssachen beigetragen, der vorgeschlagene Beschwerde-
und Berufungsweg solle den besonderen Sachverstand der Oberlandesgerichte auf
diesem Gebiet auch für die Zukunft nutzbar machen, kommt nur begrenztes Ge-
wicht zu. Die besonderen Erfahrungen der Oberlandesgerichte beziehen sich auf das
geltende Wohnungseigentumsrecht. Soweit der Entwurf grundlegende Umstrukturie-
rungen, wie z.B. eine Überführung der durch eine Vielzahl von Beteiligten gekenn-
zeichneten Verfahren aus der freiwilligen Gerichtsbarkeit in den Zivilprozess vorsieht, ist die Materie auch für die Oberlandesgerichte neu. Die Oberlandesgerichte
haben in Wohnungseigentumssachen als dritte Instanz im Rahmen der weiteren Beschwerde (§§ 27, 28 Abs. 1 FGG) ausschließlich über Rechtsfragen zu befinden. Hätten sie künftig in Wohnungseigentumssachen als zweite Rechts- und Tatsacheninstanz zu entscheiden, wäre dafür die besondere Sachkunde und Erfahrung nur
beschränkt nutzbar. Im Übrigen haben auch die Beschwerdekammern der Landgerichte – und zwar sowohl als Rechts- als auch als Tatsacheninstanz – in der Vergangenheit Erfahrungen in Wohnungseigentumssachen erlangt. Diese Sachkunde, die
sich auf eine größere Zahl von Fällen als die der zum Oberlandesgericht gelangenden
weiteren Beschwerden gründet, ginge nach dem Vorschlag des Entwurfs verloren. Per
Saldo wäre daher von einer Verlagerung der Berufungen zum Oberlandesgericht ein
wesentlich vorteilhafterer Erfahrungstransfer kaum zu erwarten.

Für eine Beibehaltung der zweitinstanzlichen Landgerichtszuständigkeit auch nach 765
einer Überführung der Wohnungseigentumssachen in den Zivilprozess sprechen die
Gesichtspunkte der Sach- und Bürgernähe. Der Entwurf (der Bundesregierung) begründet seinen Vorschlag zur Beibehaltung der ausschließlichen erstinstanzlichen
Zuständigkeit des Amtsgerichts, in dessen Bezirk das Grundstück liegt, mit den
„Vorteilen der räumlichen Nähe zum Gericht"[2]. Dieser Aspekt gilt gleichermaßen
für die zweite Instanz, in der gegebenenfalls vor Ort neue Tatsachenfeststellungen zu
treffen sind. Angesichts der ausgeprägten Ortsbezogenheit von Wohnungseigentumssachen sollten weder den Wohnungseigentümern lange Fahrten zur Wahrnehmung
eines Verhandlungstermins beim Oberlandesgericht noch den Zivilsenaten lange
Dienstreisen zur Durchführung einer Inaugenscheinnahme vor Ort auferlegt werden.
Ein Teil der Wohnungseigentumssachen hat hinsichtlich des zu regelnden Sachver-
halts Ähnlichkeit mit Wohnraummietsachen. Hinzuweisen ist z.B. auf die Recht-

---

1 BT-Drucks. 16/887, Anlage 2, S. 55.
2 Vgl. oben bei den Anmerkungen zu § 43 die Äußerung der Bundesregierung.

sprechung zur Parabolantenne und zu Nebenkostenabrechnungen. Auch dies spricht dafür, sie einheitlich in zweiter Instanz von den Landgerichten entscheiden zu lassen.

766 Im Übrigen ist zu besorgen, dass den Länderhaushalten durch den Entwurfsvorschlag per Saldo Mehrbelastungen entstünden. Die bisher von den Landgerichten erledigten Rechtsmittel (Beschwerden) in Wohnungseigentumssachen müssten künftig als zivilprozessuale Berufungen von Richtern in höheren Besoldungsgruppen mit einem wesentlich niedrigeren Belastungsquotienten bearbeitet werden. Ob die dem Justizhaushalt insoweit entstehenden Zusatzbelastungen durch die Entlastung der Oberlandesgerichte von der nur geringen Zahl von FGG-Rechtsbeschwerden ausgeglichen würde, erscheint eher fraglich.

767 Der Bundesgesetzgeber hat bei der ZPO-Reform aus guten Gründen davon abgesehen, für die in erster Instanz vor den Amtsgerichten verhandelten Rechtsstreitigkeiten eine Berufungszuständigkeit der Oberlandesgerichte zu schaffen. Es ist kein überzeugender Grund erkennbar, davon nun in Wohnungseigentumssachen abzuweichen.

2. Die Auffassung des Rechtsausschusses[1]

768 Der Ausschuss befürwortet an Stelle der im Entwurf der Bundesregierung vorgesehenen **Zuständigkeit der Oberlandesgerichte** die in der Stellungnahme des Bundesrates vorgeschlagene **Zuständigkeit der Landgerichte** für die **Rechtsmittelverfahren** in Wohnungseigentumssachen. Die Zuständigkeit des Landgerichts für Berufungen und Beschwerden in Wohnungseigentumssachen ist allerdings gemäß dem neuen Absatz 2 Satz 1 auf die **Binnenstreitigkeiten** nach § 43 Nr. 1 bis Nr. 4 und Nr. 6 WEG zu beschränken. Für die Fälle des § 43 Nr. 5 WEG verbleibt es bei der vom Beschwerdewert abhängigen Rechtsmittelzuständigkeit nach § 119 Abs. 1 Nr. 2 GVG und § 72 Abs. 1 GVG.

769 Die Zuständigkeitskonzentration gemäß Absatz 2 Satz 1 auf ein einziges **Landgericht im Bezirk eines Oberlandesgerichts** führt zu einer häufigeren und intensiveren Befassung der zuständigen Berufungsspruchkörper mit der komplexen Materie des Wohnungseigentumsrechts und dient damit der Qualitätssteigerung der Berufungsentscheidungen und der Herausbildung einer gleichmäßigen **Revisionszulassungspraxis**.

770 Die Regelung des neuen Absatzes 2 Satz 2 (Zuständigkeit des Landgerichts in Wohnungseigentumssachen mit Auslandsberührung abweichend von § 119 Abs. 1 Nr. 1 Buchstabe b und c GVG) dient ebenfalls der Konzentration und der Rechtsklarheit. Ansonsten müsste in Verfahren mit manchmal Hunderten Prozessbeteiligten der Gerichtsstand jeder einzelnen Partei geprüft werden, um feststellen zu können, ob das Landgericht oder das Oberlandesgericht zuständig ist. Die Ermächtigung nach Absatz 2 Satz 3 und die Befugnis zur Subdelegation nach Absatz 2 Satz 4 ermöglichen den Ländern eine flexible Handhabung der Konzentrationsbefugnis.

3. Bewertung der gesetzlichen Neuregelung

771 Die ursprüngliche Absicht des Gesetzgebers, die Landgerichtsinstanz entfallen zu lassen, war wenig sinnvoll. Sinnvoll ist – jedenfalls vom Grundsatz – die neue

---

1 BT-Drucks. 16/3843, S. 60 f.

Bestimmung, dass **zentrale Landgerichte** für die Berufungen in Wohnungseigentumssachen zuständig sind. Da kann sich, wenn denn die Länderjustizverwaltungen auch für die Fortbildung der zuständigen Richter und für eine angemessene Bibliotheksausstattung sorgen, durchaus ein **Kompetenzzentrum** entwickeln. Heute muss ich teilweise feststellen, dass einige Landgerichte nur mit „Kleinkommentaren" und nicht einmal mit einschlägigen Spezialzeitschriften ausgestattet sind. Vor allem sollte aber auch dafür gesorgt werden, dass auch innerhalb der zuständigen Kammern Kontinuität besteht und nicht ein ständiges Kommen und Gehen der Richterinnen und Richter stattfindet.

Für die Praxis wird es wichtig sein, jeweils festzustellen, **welches Landgericht** für die   772
Berufung in WEG-Sachen von den jeweiligen Bundesländern bestimmt wurde, damit nicht Berufungen aus formellen Gründen (Einlegung beim falschen Landgericht) zurückgewiesen werden. Peinlich für den Gesetzgeber (insbesondere den Rechtsausschuss) ist, dass eine Zuständigkeitsproblematik übersehen wurde. In der Fassung des Gesetzes v. 14.12.2006 war das Landgericht „am" Sitz des OLG für die Berufungen zuständig. Übersehen hatten der Rechtsausschuss und der Deutsche Bundestag, dass es am Sitz des OLG München zwei Landgerichte gibt, am Sitz der Oberlandesgerichte Hamm, Celle und Schleswig aber kein Landgericht. Eine Reparatur des Gesetzes war notwendig. Diese Reparatur ist jetzt, um sie nicht allzusehr auffallen zu lassen, auf Veranlassung des Rechtsausschusses in dem Gesetzesvorhaben zum „Gesetz zur Vereinfachung des Insolvenzverfahrens"[1] untergebracht worden. Die 2. und 3. Beratung und die Beschlussfassung im Bundestag fanden am 1.2.2007 statt[2]. Am 9.3.2007 hat der Bundesrat in seiner 831. Sitzung darauf verzichtet, den Vermittlungsausschuss anzurufen[3], so dass die Änderung nunmehr ebenfalls verkündet werden und in Kraft treten kann. Die Änderung des § 72 GVG soll wirksam werden zusammen mit den früher beschlossenen Änderungen, die in Kraft treten sollen am ersten Tag des vierten Monats, der auf die Verkündung im Bundesgesetzblatt folgt.

ALT	NEU
§ 119 GVG [Zuständigkeit in Zivilstreitigkeiten (OLG)]	**§ 119 GVG [Zuständigkeit in Zivilstreitigkeiten – OLG]** 773
	Änderungsabsicht aufgegeben!
(1) Die Oberlandesgerichte sind in bürgerlichen Rechtsstreitigkeiten ferner zuständig für die Verhandlung und Entscheidung über die Rechtsmittel:	(1) Die Oberlandesgerichte sind in bürgerlichen Rechtsstreitigkeiten ferner zuständig für die Verhandlung und Entscheidung über die Rechtsmittel:
1. der Berufung und der Beschwerde gegen Entscheidungen der Amtsgerichte	1. der Berufung und der Beschwerde gegen Entscheidungen der Amtsgerichte

1 Vgl. BT-Drucks. 16/4194 v. 31.1.2007.
2 Parlamentsprotokoll 16/79 v. 1.2.2007.
3 Plenarprotokoll 831.

ALT	NEU
a) in den von den Familiengerichten entschiedenen Sachen;	a) in den von den Familiengerichten entschiedenen Sachen;
b) in Streitigkeiten über Ansprüche, die von einer oder gegen eine Partei erhoben werden, die ihren allgemeinen Gerichtsstand im Zeitpunkt der Rechtshängigkeit in erster Instanz außerhalb des Geltungsbereiches dieses Gesetzes hatte;	b) in Streitigkeiten über Ansprüche, die von einer oder gegen eine Partei erhoben werden, die ihren allgemeinen Gerichtsstand im Zeitpunkt der Rechtshängigkeit in erster Instanz außerhalb des Geltungsbereiches dieses Gesetzes hatte;
c) in denen das Amtsgericht ausländisches Recht angewendet und dies in den Entscheidungsgründen ausdrücklich festgestellt hat;	c) in denen das Amtsgericht ausländisches Recht angewendet und dies in den Entscheidungsgründen ausdrücklich festgestellt hat;
2. der Berufung und der Beschwerde gegen Entscheidungen der Landgerichte.	2. der Berufung und der Beschwerde gegen Entscheidungen der Landgerichte.
(2) § 23b Abs. 1 und 2 gilt entsprechend.	(2) § 23b Abs. 1 und 2 gilt entsprechend.
(3) Durch Landesgesetz kann bestimmt werden, dass die Oberlandesgerichte über Absatz 1 hinaus für alle Berufungen und Beschwerden gegen amtsgerichtliche Entscheidungen zuständig sind. Das Nähere regelt das Landesrecht; es kann von der Befugnis nach Satz 1 in beschränktem Umfang Gebrauch machen, insbesondere die Bestimmung auf die Entscheidungen einzelner Amtsgerichte oder bestimmter Sachen beschränken.	(3) Durch Landesgesetz kann bestimmt werden, dass die Oberlandesgerichte über Absatz 1 hinaus für alle Berufungen und Beschwerden gegen amtsgerichtliche Entscheidungen zuständig sind. Das Nähere regelt das Landesrecht; es kann von der Befugnis nach Satz 1 in beschränktem Umfang Gebrauch machen, insbesondere die Bestimmung auf die Entscheidungen einzelner Amtsgerichte oder bestimmter Sachen beschränken.
(4) Soweit eine Bestimmung nach Absatz 3 Satz 1 getroffen wird, hat das Landesgesetz zugleich Regelungen zu treffen, die eine Belehrung über das zuständige Rechtsmittelgericht in der angefochtenen Entscheidung sicherstellen.	(4) Soweit eine Bestimmung nach Absatz 3 Satz 1 getroffen wird, hat das Landesgesetz zugleich Regelungen zu treffen, die eine Belehrung über das zuständige Rechtsmittelgericht in der angefochtenen Entscheidung sicherstellen.
(5) Bestimmungen nach Absatz 3 gelten nur für Berufungen und Beschwerden, die vor dem 1. Januar 2008 eingelegt werden. ...	(5) Bestimmungen nach Absatz 3 gelten nur für Berufungen und Beschwerden, die vor dem 1. Januar 2008 eingelegt werden. ...

774   Die Änderung des § 119 GVG – Zuweisung der Berufungs- und Beschwerdesache an das OLG – ist auf Grund der Einwendungen des Bundesrates[1] nicht durchgeführt worden.

---

1 Vgl. BT-Drucks. 16/887, Anlage 2, S. 55.

V. Änderungen des Gerichtskostengesetzes (GKG)

ALT	NEU	
§ 49a bisher nicht vorhanden	**§ 49a GKG Wohnungseigentumssachen**	775
	(1) Der Streitwert ist auf 50 Prozent des Interesses der Parteien und aller Beigeladenen an der Entscheidung festzusetzen. Er darf das Interesse des Klägers und der auf seiner Seite Beigetretenen an der Entscheidung nicht unterschreiten und das Fünffache des Wertes ihres Interesses nicht überschreiten. Der Wert darf in keinem Fall den Verkehrswert des Wohnungseigentums des Klägers und der auf seiner Seite Beigetretenen übersteigen.	
	(2) Richtet sich eine Klage gegen einzelne Wohnungseigentümer, darf der Streitwert das Fünffache des Wertes ihres Interesses sowie des Interesses der auf ihrer Seite Beigetretenen nicht übersteigen. Absatz 1 Satz 3 gilt entsprechend.	

⊃ Erläuterungen zu den Änderungen des GKG

1. Die Begründung der Bundesregierung zur Gesetzesänderung

Ursprünglich sollte der § 50 WEG den Streitwert enthalten. Davon ließ die Bundes- 776
regierung jedoch ab. Der ursprünglich geplante Text:

„§ 50 WEG 777

(1) Der Streitwert ist auf 50 Prozent des Interesses der Parteien, aller beigeladenen Wohnungseigentümer und, soweit dieser betroffen ist, des Verwalters an der Entscheidung festzusetzen. Er darf das Interesse des Klägers und der auf seiner Seite Beigetretenen an der Entscheidung nicht unterschreiten.

(2) Die Verpflichtung zur Zahlung von Gerichtskosten bemisst sich für den Kläger und die auf seiner Seite Beigetretenen höchstens nach einem Streitwert, der dem fünffachen Wert ihres Interesses an der Entscheidung entspricht; er darf den Verkehrswert ihres Wohneigentums nicht übersteigen. Die Gebühren ihres Rechtsanwalts sind von ihnen ebenfalls nur nach dem gemäß Satz 1 begrenzten Streitwert zu entrichten. Soweit ihnen Kosten des Rechtsstreits auferlegt werden oder von

ihnen übernommen werden, haben sie Kosten nur nach dem gemäß Satz 1 begrenz-
ten Streitwert zu erstatten. Der Rechtsanwalt der in Satz 1 genannten Personen
kann seine Gebühren von dem Gegner nach dem für diesen geltenden Streitwert
(Absatz 1) im eigenen Namen beitreiben, soweit diesem die außergerichtlichen
Kosten seiner Auftraggeber auferlegt oder von diesem übernommen worden sind.

(3) Richtet sich eine Klage gegen einzelne Wohnungseigentümer, gilt Absatz 2 für
den Beklagten und die auf seiner Seite Beigetretenen entsprechend."

778   Aus der **ursprünglichen** Begründung der Bundesregierung[1] zum **geplanten** § 50 WEG:

779   Nach geltendem Recht ist der Geschäftswert grundsätzlich nach dem vollen Interesse aller am Verfahren Beteiligten an der Entscheidung festzusetzen (§ 48 Abs. 3
Satz 1 WEG). Wenn die danach berechneten Kosten zu dem Interesse eines Beteiligten nicht in einem angemessenen Verhältnis stehen, ist der Geschäftswert niedriger
festzusetzen (§ 48 Abs. 3 Satz 2 WEG). Die Praxis der Gerichte ist bei der Wertfest-
setzung in Wohnungseigentumssachen uneinheitlich. Wann und in welchem Umfang eine Herabsetzung des Geschäftswerts entsprechend § 48 Abs. 3 Satz 2 WEG
erfolgt, wird von der Rechtsprechung ohne allgemeine Leitlinie allein nach dem
Einzelfall entschieden.

780   Durch die Erstreckung der ZPO-Regelungen auf Verfahren in Wohnungseigentumssachen wird sich das Kostenrisiko für ein solches Verfahren für die einzelnen Beteiligten erheblich erhöhen: Gerichtskosten sind nicht mehr nach den Regelungen der
Kostenordnung (§ 1 KostO), sondern nach denen des Gerichtskostengesetzes (§ 1
Nr. 1 Buchstabe a GKG) zu erheben. Die Gebühren nach dem Gerichtskostengesetz
sind bei demselben Wert um etwa das Vierfache höher als die Gebühren nach der
Kostenordnung. Im Hinblick darauf, dass nicht mehr der Amtsermittlungsgrundsatz
gemäß § 12 FGG, sondern der Beibringungsgrundsatz der Zivilprozessordnung für
Verfahren in Wohnungseigentumssachen gelten soll, wird für weit mehr Beteiligte
als bisher die Notwendigkeit anwaltlicher Vertretung bestehen. Schließlich kann
eine Partei nicht mehr wie bisher damit rechnen, dass sie im Falle des Unterliegens
die außergerichtlichen Kosten der Gegenseite nicht erstatten muss. Tatsächlich
sehen Gerichte nach derzeitiger Rechtslage in aller Regel davon ab, gemäß § 47
Satz 2 WEG zu bestimmen, dass die außergerichtlichen Kosten ganz oder teilweise
zu erstatten sind. Durch Erstreckung der ZPO-Regelungen wird nunmehr eine unterlegene Partei gemäß § 91 Abs. 1 Satz 1 ZPO in der Regel die außergerichtlichen
Kosten der Gegenseite zu erstatten haben.

781   Die Erhöhung des Kostenrisikos erfordert zum einen klare Vorgaben hinsichtlich
der Streitwertfestsetzung, um den Streitwert und das danach zu berechnende Kostenrisiko für die Beteiligten anders als nach der derzeit uneinheitlichen Praxis eher
kalkulierbar zu machen. Zum anderen ist gerade auch im Hinblick auf die aus dem
Rechtsstaatsprinzip folgende Justizgewährungspflicht ein gegenüber der bisherigen
Regelung des § 48 Abs. 1 Satz 1 WEG grundsätzlich reduzierter Streitwert erforderlich. Denn mit der Justizgewährungspflicht ist es nicht vereinbar, den Rechtssu-

---

1 BT-Drucks. 16/887, S. 41 ff.

chenden durch Vorschriften über die Gerichts- und Rechtsanwaltsgebühren oder deren Handhabung mit einem Kostenrisiko zu belasten, das außer Verhältnis zu seinem Interesse an dem Verfahren steht und die Anrufung des Gerichts bei vernünftiger Abwägung als wirtschaftlich nicht mehr sinnvoll erscheinen lässt[1]. Dabei kann in Verfahren nach dem Wohnungseigentumsgesetz im Unterschied zu anderen Verfahren nach der Zivilprozessordnung jedoch nicht allein das Interesse des Klägers an der Entscheidung maßgebend sein, denn die Rechtskraft des Urteils erstreckt sich nicht allein auf die Parteien, sondern auf alle beigeladenen Wohnungseigentümer sowie in den Fällen des § 43 Nr. 2 und 3 WEG auch auf den Verwalter. Der einzelne Wohnungseigentümer ist daher gehalten, die über sein subjektives Interesse hinausgehende Wirkung des Verfahrens auf die anderen Parteien und Beigeladenen zu bedenken und von der leichtfertigen Erhebung einer Klage abzusehen. Deshalb bleibt Ausgangspunkt für die Streitwertbemessung das gesamte Interesse aller an dem Verfahren Beteiligten. Im Hinblick auf das mit den höheren Gerichtskosten verbundene erhöhte Kostenrisiko wird der Streitwert indessen begrenzt, und zwar auf 50 Prozent des Gesamtinteresses (Satz 1). Dieser Wert berücksichtigt auch, dass die außergerichtlichen Kosten künftig nicht steigen, so dass die Begrenzung bei einer Gesamtbewertung angemessen, aber auch ausreichend erscheint.

Ist allerdings das Interesse auf der Seite des Klägers, einschließlich der ihm Beigetretenen, an der Entscheidung höher, so ist der Wert dieses Interesses maßgebend (Satz 2). Sonst wären die auf der Seite des Klägers Beteiligten in Verfahren nach dem Wohnungseigentumsgesetz gegenüber anderen ZPO-Verfahren besser gestellt, ohne dass es hierfür einen sachlichen Grund gäbe.   782

Absatz 2 berücksichtigt, dass es in verschiedenen Rechtsstreitigkeiten, insbesondere bei Streitigkeiten über die Gültigkeit von Beschlüssen der Wohnungseigentümer gemäß § 43 Nr. 3 WEG, bei einem nach Absatz 1 Satz 1 bemessenen Streitwert für den Kläger und den auf seiner Seite Beigetretenen zu einem Kostenrisiko kommen könnte, das außer Verhältnis zu ihrem Interesse an der Entscheidung des Rechtsstreits stünde und daher die Anrufung des Gerichts bei vernünftiger Abwägung als wirtschaftlich nicht mehr sinnvoll erschiene. Denn das einzelne Interesse des Klägers kann – gerade bei größeren Wohnungseigentümergemeinschaften – deutlich weniger als 50 Prozent des Interesses aller Beteiligten betragen. Für solche Fälle sieht Absatz 2 vor, dass die Pflicht des Klägers zur Zahlung von Gerichtsgebühren, eigenen Rechtsanwaltsgebühren und Erstattung gegnerischer außergerichtlicher Kosten nur nach einem Streitwert bestehen soll, der sich nach dem fünffachen Wert seines Interesses bemisst, höchstens aber dem Wert seines Wohnungseigentums entsprechen darf (Sätze 1 bis 3).   783

In solchen Fällen, in denen das Einzelinteresse des Klägers und des ihm Beigetretenen deutlich geringer ist als 50 Prozent des Interesses sämtlicher Beteiligten, wird das **Gericht** künftig also **getrennt** einen **Streitwert** nach Absatz 1 und einen solchen nach Absatz 2 festzusetzen haben.   784

---

1 BVerfG, Beschl. v. 12.2.1992, 1 BvL 1/89, BVerfGE 85, 337 = MDR 1992, 713 = AnwBl. 1992, 328.

785   Die Regelung des Absatzes 2 ermöglicht den Beteiligten den Zugang zum Gericht –
      wie die bisherige Vorschrift des § 48 Abs. 3 Satz 2 WEG – in vorhersehbarer Weise
      auch in solchen Fällen, in denen das Interesse des Einzelnen an einer gerichtlichen
      Entscheidung deutlich geringer ist als das Interesse aller rechtlich betroffenen Woh-
      nungseigentümer und des Verwalters. Als Vorbild dienen die Regelungen anderer
      Gesetze über die einseitige Streitwertbegrenzung, etwa § 247 AktG und § 144 PatG.
      Die vorgesehene pauschale Begrenzung auf das Fünffache des Einzelinteresses ent-
      spricht der Praxis einiger Oberlandesgerichte zur Herabsetzung des Streitwertes in
      den Fällen des § 48 Abs. 3 Satz 2 WEG[1].

786   Dass die Streitwertbegrenzung gemäß Absatz 2 nur einseitig gilt, hier für den Kläger,
      beruht auf folgender Überlegung: Bei einem nach Absatz 2 Satz 1 nur geringen
      Streitwert könnte es für den Kläger, also den einzelnen Wohnungseigentümer, in
      rechtlich schwierigen und umfangreichen Angelegenheiten nicht immer einfach
      sein, einen Rechtsanwalt zu finden, der für die gesetzlichen Gebühren zur Über-
      nahme des Mandats bereit wäre. In solchen Fällen käme es deshalb mitunter zu
      einer Vergütungsvereinbarung. Dies hätte bei einem einheitlich niedrigen Streitwert
      zur Folge, dass der Kläger, also der etwa einen Beschluss anfechtende Wohnungs-
      eigentümer, auch im Falle des Obsiegens einen Teil seiner Rechtsanwaltskosten
      nicht erstattet bekäme. Auf Grund der einseitigen Streitwertbegrenzung ist hinge-
      gen gewährleistet, dass die Beklagten, also die übrigen Wohnungseigentümer, die
      Aufwendungen des Klägers nach dem höheren Streitwert gemäß Absatz 1 zu erstat-
      ten haben, wenn dieser im Rechtsstreit obsiegt, etwa ein Beschluss der Eigentümer-
      versammlung für ungültig oder nichtig erklärt wird (Satz 4).

787   Die Regelung über die einseitige Streitwertbegrenzung dient im Übrigen auch als
      Sanktion für den Fall, dass die Wohnungseigentümer mit einem Mehrheitsbeschluss
      bewusst gegen rechtliche Vorschriften verstoßen oder sogar willkürlich handeln.

788   Dass andererseits die Beklagten und die auf ihrer Seite Beigetretenen, in der Regel
      also die übrigen Wohnungseigentümer, für den Fall, dass sie im Rechtsstreit obsie-
      gen, die ihnen nach dem Streitwert gemäß Absatz 1 berechneten Rechtsanwaltsge-
      bühren nicht in vollem Umfang erstattet bekommen, ist vertretbar. Jeder einzelne
      Wohnungseigentümer ist selbst nur in einem verhältnismäßig geringen Umfang
      betroffen, da sich die Fälle, die von der Streitwertregel des Absatzes 2 erfasst sein
      werden, überwiegend auf größere Wohnungseigentümergemeinschaften beziehen.
      Zudem tritt auch keine Schlechterstellung gegenüber der derzeitigen Rechtslage ein,
      denn bisher findet eine Erstattung außergerichtlicher Kosten zwischen den Parteien
      eines Verfahrens in Wohnungseigentumssachen nur selten statt, und die Mehrheit
      der Wohnungseigentümer muss ihre außergerichtlichen Gebühren in vielen Fällen
      nach einem Streitwert zahlen, der dem Gesamtinteresse aller Beteiligten entspricht.
      Im Übrigen wird durch § 16 Abs. 8 WEG sichergestellt, dass auch der unterlegene
      Wohnungseigentümer diese Kosten mitzutragen hat, da sie Kosten der Verwaltung
      im Sinne des § 16 Abs. 2 WEG sind, also von allen Wohnungseigentümern zu zahlen
      sind.

---

1 Vgl. OLG Hamm, Beschl. v. 19.5.2000 – 15 W 118/00, WE 2000, 256 = NZM 2001, 549.

Die weitere Begrenzung des Streitwerts auf den Verkehrswert des Wohnungseigen- 789
tums dient der Justizgewährungspflicht für solche Ausnahmefälle, in denen das Fünf-
fache des Eigeninteresses der klagenden Partei zwar geringer ist als 50 Prozent des
Interesses aller an dem Rechtsstreit Beteiligten, gleichwohl der Streitwert nach dem
Fünffachen des Eigeninteresses so hoch ausfiele, dass ein zu dem wirtschaftlichen
Interesse an dem Verfahren unverhältnismäßig hohes Kostenrisiko entstünde.

Absatz 3 gewährleistet, dass die einseitige Streitwertbegrenzung auch einem Beklag- 790
ten zugute kommt, dessen Interesse an der Rechtsverteidigung deutlich geringer als
das der Gesamtheit aller beteiligten Wohnungseigentümer ist.

2. Die Auffassung des Bundesrates[1]

Der Bundesrat lehnte den Vorschlag der Bundesregierung **zum geplanten § 50 WEG** 791
ab und bevorzugte für die Kostenregelung eine Neugestaltung des **Gerichtskostengesetzes**. Er schlug vor, nach § 49 folgenden **§ 49a** einzufügen:

„§ 49a Wohnungseigentumssachen

*Soweit die Klage keine bezifferte Geldforderung betrifft, ist der Streitwert auf
50 Prozent des Interesses der Parteien, aller beigeladenen Wohnungseigentümer
und, soweit dieser betroffen ist, des Verwalters an der Entscheidung festzusetzen.
Er darf das Interesse der Klageparteien und der auf ihrer Seite Beigetretenen an der
Entscheidung nicht unterschreiten. Der Streitwert bemisst sich höchstens nach
dem fünffachen Wert des für die Klagepartei und die auf ihrer Seite Beigetretenen
maßgeblichen Interesses an der Entscheidung und darf den Verkehrswert ihrer
Wohneigentumsanteile nicht übersteigen. "*

Der Bundesrat führte aus: 792

Wegen der Erstreckung der ZPO-Regelungen auf Verfahren in Wohnungseigentumssachen sollten nicht nur die Gerichtskosten, sondern auch die Wertvorschriften
systemgerecht im Gerichtskostengesetz (§ 39 ff. GKG) geregelt werden, wie dies im
ursprünglichen Referentenentwurf (Stand 1. Oktober 2004) des Bundesministeriums
der Justiz vorgesehen war. Im Interesse der Vereinfachung des Kostenrechts erscheint es unverzichtbar, kostenrechtliche Normen nach Möglichkeit ausschließlich in den Kostengesetzen zu regeln. Es wird daher vorgeschlagen, die Regelungen
über den Streitwert (im **ursprünglich** geplanten § 50 WEG) aus dem Wohnungseigentumsgesetz herauszunehmen und in das Gerichtskostengesetz unter einem neuen
§ 49a einzufügen.

Durch § 49a Satz 1 GKG wird zunächst klargestellt, dass für den Streitwert die Höhe 793
der Forderung maßgeblich ist, wenn die Klage eine bezifferte Geldforderung (insbesondere Wohngeld) betrifft. Es wäre gegenüber anderen zivilrechtlichen Verfahren
nicht gerechtfertigt, auch in diesen Fällen nur 50 Prozent des Interesses der Beteiligten zu Grunde zu legen. Im Übrigen wird die Regelung des geplanten § 50 Abs. 1
WEG übernommen. Es erscheint sachgerecht, zur Vermeidung überhöhter Gebüh-

---

1 BT-Drucks. 16/887, Anlage 2, S. 53 ff.

ren für Verfahren nach dem Wohnungseigentumsgesetz, den Streitwert auf 50 Prozent des Interesses der Parteien, aller beigeladenen Wohnungseigentümer und, soweit dieser betroffen ist, des Verwalters an der Entscheidung zu begrenzen.

794   Gleiches gilt für den im Gesetzentwurf enthaltenen Mindeststreitwert (Interesse der Klageparteien und der auf ihrer Seite Beigetretenen an der Entscheidung; geplanter § 50 Abs. 1 Satz 2 WEG). Ist das Interesse auf Seiten der Klagepartei einschließlich der ihr Beigetretenen an der Entscheidung höher als 50 Prozent des Gesamtinteresses, so soll der Wert dieses Interesses maßgebend sein. Anderenfalls wären nämlich die Beteiligten in Verfahren nach dem Wohnungseigentumsgesetz gegenüber den Parteien in anderen ZPO-Verfahren besser gestellt, ohne dass es hierfür einen sachlichen Grund gäbe.

795   Im Hinblick auf die aus dem Rechtsstaatsprinzip folgende Justizgewährungspflicht ist darüber hinaus eine weitere Begrenzung des Streitwerts erforderlich. Mit der Justizgewährungspflicht wäre es nicht vereinbar, den Rechtsuchenden durch die Vorschriften über die Gerichts- und Rechtsanwaltsgebühren mit einem unverhältnismäßigen Kostenrisiko zu belasten[1]. Das einzelne Interesse der Klagepartei kann – gerade bei größeren Wohnungseigentümergemeinschaften – nämlich deutlich weniger als 50 Prozent des Interesses aller Beteiligten betragen. Andererseits kann in Verfahren nach dem Wohnungseigentumsgesetz im Unterschied zu anderen Verfahren nach der Zivilprozessordnung nicht allein das Interesse der Klagepartei an der Entscheidung maßgebend sein, da sich die Rechtskraft des Urteils nicht lediglich auf die Parteien, sondern auf alle beigeladenen Wohnungseigentümer sowie in den Fällen des neuen § 43 Nr. 2 und 3 WEG auch auf den Verwalter erstreckt. Deshalb soll Ausgangspunkt für die Streitwertbemessung das Gesamtinteresse aller an dem Verfahren Beteiligten bleiben. Auch im Hinblick auf das sich aus der künftigen Anwendbarkeit des Gerichtskostengesetzes ergebende erhöhte Kostenrisiko ist der Streitwert jedoch zusätzlich in zweifacher Hinsicht zu begrenzen. Deshalb sieht der geplante § 49a Satz 3 GKG vor, dass der Streitwert höchstens dem fünffachen Wert des für die Klagepartei und die auf ihrer Seite Beigetretenen maßgeblichen Interesses an der Entscheidung entspricht und den Verkehrswert ihrer Wohnungseigentumsanteile nicht übersteigen darf. Damit wird sichergestellt, dass das Kostenrisiko eines klagenden Wohnungseigentümers nicht außer Verhältnis zu seinem Interesse an der Entscheidung des Rechtsstreits steht und in der Folge die Anrufung des Gerichts bei vernünftiger Abwägung wirtschaftlich nicht mehr sinnvoll erschiene.

796   Der Vorschlag, den Streitwert nach Maßgabe des **geplanten** § 50 Abs. 2 und 3 WEG für die klagenden bzw. beklagten Wohnungseigentümer unterschiedlich festzusetzen, ist hingegen abzulehnen.

797   Des Weiteren würde die unterschiedliche doppelte Streitwertfestsetzung (Gesamtstreitwert gemäß dem geplanten § 50 Abs. 1 WEG einerseits und der Streitwert für die Klagepartei und die auf ihrer Seite Beigetretenen gemäß dem geplanten § 50 Abs. 2 Satz 1 WEG andererseits) die Kostenbehandlung erheblich erschweren und in

---

1 BVerfG, Beschl. v. 12.2.1992, 1 BvL 1/89, BVerfGE 85, 337 = MDR 1992, 713 = AnwBl. 1992, 328.

der Sache zu ungerechten Ergebnissen führen: Die vorgeschlagene Regelung in § 50 Abs. 2 Satz 3 WEG ließe eine formularmäßige Kostenausgleichung im Fall des teilweisen Obsiegens und Unterliegens nicht mehr zu. Derzeit können die außergerichtlichen Kosten, die für Kläger und Beklagte im Regelfall aus dem gleichen Streitwert berechnet werden, ohne weiteres addiert und auf die Beteiligten entsprechend ihrer Kostenhaftung verteilt werden. Es ergibt sich ein Erstattungsanspruch für den Kläger oder Beklagten, der in einem Beschluss festgesetzt werden kann. Künftig müssten die Erstattungsansprüche des Klägers (aus dem nach § 50 Abs. 2 Satz 1 bis 3 WEG reduzierten Streitwert), des ihn vertretenden Rechtsanwalts (aus dem nach § 50 Abs. 1, 2 Satz 4 WEG maßgebenden Streitwert unter Berücksichtigung des eigenen Anspruchs des Klägers) und der übrigen Wohnungseigentümer (aus dem Gesamtstreitwert nach § 50 Abs. 1 WEG) getrennt berechnet und zudem in zwei Beschlüssen festgesetzt werden. Eine solche Vorgehensweise dient nicht der Verfahrensvereinfachung und der angestrebten Entlastung der Justiz.

Außerdem würde die beabsichtigte Regelung zu nicht hinnehmbaren Benachteiligungen der übrigen Wohnungseigentümer führen, für die sachliche Gründe nicht erkennbar sind. Mehrheitlich obsiegende Wohnungseigentümer hätten gegen den Gegner eventuell nur einen beschränkten Erstattungsanspruch. Nach derzeitiger Gesetzeslage entscheidet der Richter nach billigem Ermessen, welche Beteiligten die Gerichtskosten zu tragen haben (§ 47 Satz 1 WEG) und ob außergerichtliche Kosten ganz oder teilweise zu erstatten sind (§ 47 Satz 2 WEG); damit wird sichergestellt, dass die Kostenverteilung sachgerecht erfolgt. Demgegenüber würde die im Gesetzentwurf der Bundesregierung enthaltene Regelung die besagte Benachteiligung festschreiben, was im Hinblick auf den Gleichheitssatz auch verfassungsrechtlich problematisch erscheint. Da es sich künftig um Verfahren nach der Zivilprozessordnung handelt, wäre den betroffenen Wohnungseigentümern nur schwer verständlich zu machen, warum sie – anders als Prozessparteien anderer Zivilprozesse – trotz Obsiegens einen Teil der ihnen entstandenen Kosten selbst tragen müssten und warum der Rechtsanwalt des Klägers einen weiter gehenden Vergütungsanspruch gegen sie haben soll. Dies würde bedeuten, dass die beklagte Partei die Prozessführung des Klägers im Fall des Unterliegens in weiterem Umfang finanzieren müsste als in anderen Zivilprozessen; dies ist unserem Rechtssystem fremd. Die dem Gesetzentwurf der Bundesregierung zu Grunde liegende Annahme, dass die Ausnahme des § 50 Abs. 2 WEG überwiegend Streitfälle größerer Wohnungseigentümergemeinschaften betreffe, trifft im Übrigen nicht zu. Auch bei kleinen Wohnungseigentümergemeinschaften können den übrigen Wohnungseigentümern wirtschaftliche Nachteile entstehen, die auch durch die Bestimmung des **geplanten** § 16 Abs. 8 WEG[1] nicht gänzlich beseitigt werden würden.

Es wird nicht verkannt, dass es für die Wohnungseigentümergemeinschaft nicht immer einfach sein könnte, einen Rechtsanwalt zu finden, der für auf der Grundlage

798

799

---

1 Geplant war bei § 16 Abs. 8 die folgende Fassung: „(8) Kosten eines Rechtsstreits gemäß § 43 gehören nur dann zu den Kosten der Verwaltung im Sinne des Absatzes 2, soweit es sich um Kosten handelt, die eine Partei wegen § 50 Abs. 2 Satz 3, Abs. 3 der gegnerischen Partei nicht zu erstatten hat."

von § 49a Satz 3 GKG berechneten gesetzlichen Gebühren zur Übernahme des Mandats bereit wäre, und dass der Verwalter der Wohnungseigentümergemeinschaft gesetzlich **derzeit** nicht ermächtigt ist, mit dem Rechtsanwalt eine **Vergütungsvereinbarung** abzuschließen. Dies rechtfertigt allerdings nicht die vorgeschlagene einseitige Belastung der Wohnungseigentümergemeinschaft. Es erscheint jedoch sinnvoll, eine gesetzliche Ermächtigung für den Verwalter zu schaffen, eine **Vergütungsvereinbarung**[1] mit dem Rechtsanwalt zu treffen, wonach der Rechtsanwalt die ihm zustehenden Gebühren auf einer Streitwertbasis von bis zu 50 Prozent des Interesses der Parteien, aller beigeladenen Wohnungseigentümer und, soweit dieser betroffen ist, des Verwalters an der Entscheidung (§ 49a Satz 1 GKG) abrechnen darf.

800   Die weitere Begründung der Bundesregierung, wonach die einseitige Streitwertbegrenzung auch als **Sanktion** für den Fall diene, dass die Wohnungseigentümer mit einem Mehrheitsbeschluss **bewusst gegen rechtliche Vorschriften verstoßen** oder sogar willkürlich handeln, überzeugt nicht. Zum einen werden auch Wohnungseigentümer „bestraft", die in Übereinstimmung mit Recht und Gesetz gehandelt haben. Zum anderen wird verkannt, dass einzelne Wohnungseigentümer auch aus unsachlichen Gründen die übrigen Wohnungseigentümer mit einer Klage überziehen können und in diesem Fall die Sanktion gerade die „Opfer" einer von vornherein unbegründeten Klage treffen würde.

3. Gegenäußerung der Bundesregierung[2]

801   Die Bundesregierung folgte dem Vorschlag des Bundesrates mit folgenden Änderungen:

1. Der vorgeschlagene § 49a GKG erhält die gesetzlich verwirklichte Fassung.

2. § 16 Abs. 8 WEG erhält die gesetzlich verwirklichte Fassung.

3. Der § 27 Abs. 2 Nr. 5 und **Abs. 3 Nr. 6 WEG** soll wie folgt gefasst werden:

§ 27 Abs. 2 ...

„5. mit einem Rechtsanwalt wegen eines Rechtsstreits gemäß § 43 Nr. 1 oder Nr. 4 zu vereinbaren, dass sich die Gebühren nach einem höheren als dem gesetzlichen Streitwert, höchstens nach einem gemäß § 49a Abs. 1 Satz 1 des Gerichtkostengesetzes bestimmten Streitwert bemessen."

§ 27 Abs. 3 ...

„6. mit einem Rechtsanwalt wegen eines Rechtsstreits gemäß § 43 Nr. 2 eine Vergütung gemäß Absatz 2 Nr. 5 zu vereinbaren;".

a) Zu § 49a GKG

802   • **Zu Absatz 1:** Der Vorschlag des Bundesrates zu § 49a GKG stimmt inhaltlich im Wesentlichen mit den Überlegungen der Bundesregierung zur Regelung des Streitwertes überein. Er bedarf aber der von der Bundesregierung vorgeschlagenen Neu-

---

1 Der Begriff ist falsch – gemeint ist eine „Streitwertvereinbarung"!
2 BT-Drucks. 16/887, Anlage 3, S. 76 f.

fassung. Denn die vom Bundesrat (mit der Eingangsformulierung „Soweit die Klage keine bezifferte Geldforderung betrifft") beabsichtigte Klarstellung, dass die Regelung keine Klagen mit einer **bezifferten Geldforderung** erfasst, ist entbehrlich. Dies folgt bereits aus § 48 Abs. 1 GKG in Verbindung mit § 3 ZPO und auch aus der nunmehr von der Bundesregierung in Satz 2 vorgeschlagenen Regelung. Danach soll der Streitwert das Interesse des Klägers, also die **Höhe der eingeklagten Forderung**, nicht unterschreiten. Die Neufassung ist im Übrigen angezeigt, weil einzelne Formulierungen des Vorschlags des Bundesrates an den Sprachgebrauch des Gerichtskostengesetzes anzupassen sind. Im Einzelnen ist zu bemerken:

- **Zu Satz 1**: Nach übereinstimmender Auffassung von Bundesregierung und Bundes- 803 rat soll der Streitwert grundsätzlich **50 Prozent des Interesses der Parteien** betragen, mindestens jedoch dem Wert des Interesses des Klägers und der auf seiner Seite Beigetretenen entsprechen.

- **Zu den Sätzen 2 und 3**: Um den Justizgewährungsanspruch einzelner Wohnungs- 804 eigentümer – insbesondere bei **Anfechtungsklagen** gegen Beschlüsse größerer Wohnungseigentumsgemeinschaften – zu gewährleisten, ist der Streitwert in seiner Höhe generell begrenzt. Der Streitwert darf danach grundsätzlich den **fünffachen Wert** des **Interesses des Klägers** und der auf seiner Seite **Beigetretenen** sowie den **Verkehrswert** ihres im Grundbuch eingetragenen Wohnungseigentums nicht übersteigen. Mit diesen Begrenzungen greift die Bundesregierung den entsprechenden Vorschlag des Bundesrates auf, den Justizgewährungsanspruch insbesondere für Anfechtungsklagen in hinreichender Weise zu gewährleisten.

Nach der nun vorgeschlagenen Neufassung in Verbindung mit dem neuen § 27 805 Abs. 2 Nr. 5 und Abs. 3 Nr. 6 WEG bedarf es in Übereinstimmung mit dem Vorschlag des Bundesrates und im Unterschied zu dem ursprünglichen Regierungsentwurf **keiner doppelten Streitwertfestsetzung** mehr. Richtiger Standort der Regelung ist jetzt das **Gerichtskostengesetz**, da es sich ausschließlich um eine Wertvorschrift handelt, und nicht mehr wie im Regierungsentwurf um eine mit einer **Kostenerstattungsregelung verbundene Streitwertregelung**, die als besondere Verfahrensvorschrift systematisch zutreffend in das Wohnungseigentumsgesetz eingestellt werden sollte.

- **Zu Absatz 2**: Dieser verfolgt den gleichen Zweck wie der **ursprünglich geplante** 806 § 50 Abs. 3 WEG. Damit wird sichergestellt, dass der Justizgewährungsanspruch auch im Fall der Rechtsverteidigung gewährleistet wird. Der Vorschlag des Bundesrates beschränkt sich im Unterschied hierzu auf die Rechtsverfolgung und ist insoweit nicht ausreichend.

Auf die Bitte des Bundesrates, eine gesetzliche Ermächtigung für den Verwalter zu 807 prüfen, damit dieser im Fall der Klage eines einzelnen Wohnungseigentümers gegen die übrigen mit einem Rechtsanwalt eine **Vergütung** für die Vertretung der übrigen Wohnungseigentümer auf der Streitwertbasis von 50 Prozent ihres Interesses vereinbaren kann, schlägt die Bundesregierung die oben genannten Änderungen vor. Dazu ist zu bemerken:

b) Zur Änderung des § 27 WEG

808   Wie der Bundesrat in seiner Stellungnahme zutreffend ausführt, wird es im Fall der
       Klage eines einzelnen Wohnungseigentümers gegen die übrigen Wohnungseigentü-
       mer für diese nicht immer einfach sein, einen Rechtsanwalt zu finden, der für einen
       im Einzelfall möglicherweise niedrigen Streitwert zur Übernahme des Mandats be-
       reit ist. Ist etwa der Beschluss der Wohnungseigentümer aus einer Gemeinschaft
       mit 100 Eigentümern über eine Sanierungsmaßnahme, die Kosten in Höhe von
       100 000 Euro verursacht, von einem Miteigentümer angefochten, auf den durch die
       Sanierung Kosten in Höhe von 1000 Euro zukämen, beträgt der Streitwert nach der
       zum neuen § 49a GKG vorgeschlagenen Regelung 5000 Euro, nämlich das Fünffache
       seines Interesses von 1000 Euro. Dieser Streitwert würde auch für den Rechtsanwalt
       gelten, der die übrigen, die Sanierungsmaßnahme bejahenden Miteigentümer ver-
       tritt, obwohl deren Interesse an der gerichtlichen Entscheidung 100 000 Euro ent-
       spricht.

809   Es muss im Interesse aller übrigen Wohnungseigentümer möglich sein, dass der
       Verwalter für diese einen Rechtsanwalt beauftragen und mit ihm eine insbesondere
       dem gesteigerten Haftungsrisiko angemessene **Vergütung**[1] vereinbaren kann. Eine
       vorherige Ermächtigung des Verwalters durch einen Beschluss der Wohnungseigen-
       tümer ist in aller Regel aus **Zeitgründen** nicht möglich.

810   Die Bundesregierung will deshalb den Verwalter gesetzlich ermächtigen, wegen
       eines Rechtsstreits über Rechte und Pflichten der Wohnungseigentümer unterein-
       ander und wegen eines Rechtsstreits über die Rechte und Pflichten zwischen der
       Gemeinschaft und den Wohnungseigentümern sowie wegen eines Rechtsstreits
       über die Gültigkeit von Beschlüssen der Wohnungseigentümer (vgl. § 43 Nr. 1, 2
       und 4 WEG) eine **Vergütung** mit einem Rechtsanwalt für die übrigen Wohnungs-
       eigentümer zu vereinbaren. Die Höhe der vereinbarten Vergütung soll auf das be-
       grenzt werden, was der Rechtsanwalt nach dem regelmäßig festzusetzenden Streit-
       wert in Höhe von 50 Prozent des Wertes des Interesses aller Beteiligten erhalten
       würde. Im genannten Beispielsfall könnte der Verwalter eine Vergütung auf der
       Basis eines Streitwertes von bis zu 50 000 Euro mit dem Rechtsanwalt vereinbaren.

c) Zur Neufassung des § 16 Abs. 8 WEG

811   Die Differenz der auf Grund einer Vereinbarung erhöhten Anwaltsvergütung zu der
       gesetzlichen Vergütung können die übrigen Wohnungseigentümer nach der vom
       Bundesrat und in dieser Gegenäußerung vorgeschlagenen Regelung zur Vergütungs-
       vereinbarung auch im Fall des Obsiegens nicht vom Prozessgegner erstattet verlan-
       gen. Eine Regelung, nach der dieses möglich wäre, könnte zu einer verfassungs-
       rechtlich nicht vertretbaren Aushöhlung des Justizgewährungsanspruchs des ein-
       zelnen Wohnungseigentümers führen. Dieser Besonderheit trägt die jetzt vorge-
       schlagene Fassung des § 16 Abs. 8 WEG Rechnung. Danach sollen die durch eine

---

1 Auch hier ist der Begriff verfehlt; es handelt sich um keine Vergütungsvereinbarung, sondern
  um eine Streitwertvereinbarung.

Vergütungsvereinbarung entstehenden **Mehrkosten für die Wohnungseigentümer**
Kosten der Verwaltung sein.

Auch nach der neuen Vorschrift ist es möglich, dass einzelne Wohnungseigentümer   812
im Falle ihres Unterliegens der Gegenseite, also den übrigen beteiligten Wohnungseigentümern, die Kosten nur nach einem beschränkten Streitwert zu erstatten haben. Die übrigen Wohnungseigentümer hingegen haben die Gebühren für anwaltliche Vertretung wegen der Vergütungsvereinbarung nach einem höheren Streitwert
zu entrichten. Dass die obsiegende Mehrheit die Differenz zunächst tragen muss, ist
Besonderheit eines Rechtsstreits innerhalb einer Wohnungseigentümergemeinschaft
und kann entgegen der Meinung des Bundesrates nicht als deren Benachteiligung
gewertet werden. Da die Entscheidung gegen alle Wohnungseigentümer wirkt, ist es
sachgerecht, dass alle Wohnungseigentümer die Differenz zu bezahlen haben. Es
wäre zudem unbillig, wenn einzelne später im Rechtsstreit unterlegene Wohnungseigentümer an den Mehrkosten, die den anderen Miteigentümern durch die Klageerhebung oder Rechtsverteidigung entstehen, nicht beteiligt würden.

4. Die Auffassung des Rechtsausschusses

Der Rechtsausschuss[1] folgte dem Vorschlag des Bundesrates und der Gegenäußerung   813
der Bundesregierung, hat aber bei **§ 27 Abs. 2 Nr. 4 und Abs. 3 Nr. 6 WEG** die Klagen
Dritter zusätzlich einbezogen (entsprechend den Ermächtigungen in § 27 Abs. 2
Nr. 2 und Abs. 3 Nr. 2 WEG).

5. Die Bewertung der gesetzlichen Neuregelung

Vergleiche auch die Ausführungen zu § 27 WEG (Berechtigung des Verwalters,   814
Streitwertvereinbarungen zu treffen).

Die Bundesregierung und der Bundesrat haben Recht mit ihrer Annahme, dass die   815
Wohnungseigentümer durchaus Schwierigkeiten haben könnten, einen Rechtsanwalt zu finden, der das angetragene Mandat übernimmt. Bei den in Wohnungseigentumssachen sachkundigen Rechtsanwälten wird die Neigung, für geringe Streitwerte eventuell umfangreiche und rechtlich komplizierte Rechtsfälle zu übernehmen,
deutlich abnehmen.

Jeder Rechtsanwalt wird sich zukünftig – wie bei allen Mandatsübernahmen, jetzt   816
aber in verschärftem Maße – fragen müssen:

– Wie ist das „Interesse" der Parteien und des Mandanten zu bewerten?
– Wie hoch ist der Verkehrswert des Wohnungseigentums und kann der Verkehrswert überhaupt abgeschätzt werden?
– Ist die eigene Bewertung im Hinblick auf die spätere Streitwertfestsetzung durch
  das Gericht „rechtssicher" oder besteht das Risiko, dass der festgesetzte Wert
  niedriger ist als der angenommene?

---

1 Vgl. BT-Drucks. 16/3843, S. 61.

- Welchen Umfang und welche Schwierigkeiten weist der angetragene Fall auf?

- In welcher Weise und in welchem Umfang bindet der Fall die Arbeitskapazität des Rechtsanwalts/der Rechtsanwältin?

- Welches Haftungsrisiko besteht bei der Übernahme und steht das Haftungsrisiko im Verhältnis zu dem Gebührenaufkommen?

817　Nach der Beantwortung dieser Fragen wird es wohl in Zukunft häufiger zu gesonderten Geschäftswertvereinbarungen kommen, die aber nicht den gesetzlichen Sätzen entsprechen. Diese können deshalb auch nicht vom Verwalter getroffen werden. Dann kann nur die Wohnungseigentümerversammlung zur Entscheidung berufen sein.

VI. Änderungen des Rechtsanwaltsvergütungsgesetzes (RVG)

ALT	NEU
RVG – VV Nr. 3101	**RVG – VV Nr. 3101**

ALT	NEU
1. Endigt der Auftrag, bevor der Rechtsanwalt die Klage, den ein Verfahren einleitenden Antrag oder einen Schriftsatz, der Sachanträge, Sachvortrag, die Zurücknahme der Klage oder die Zurücknahme des Antrags enthält, eingereicht oder bevor er für seine Partei einen gerichtlichen Termin wahrgenommen hat,	1. Endigt der Auftrag, bevor der Rechtsanwalt die Klage, den ein Verfahren einleitenden Antrag oder einen Schriftsatz, der Sachanträge, Sachvortrag, die Zurücknahme der Klage oder die Zurücknahme des Antrags enthält, eingereicht oder bevor er für seine Partei einen gerichtlichen Termin wahrgenommen hat,
2. soweit lediglich beantragt ist, eine Einigung der Parteien oder mit Dritten über in diesem Verfahren nicht rechtshängige Ansprüche zu Protokoll zu nehmen oder festzustellen (§ 278 Abs. 6 ZPO) oder soweit lediglich Verhandlungen vor Gericht zur Einigung über solche Ansprüche geführt werden oder	2. soweit lediglich beantragt ist, eine Einigung der Parteien oder mit Dritten über in diesem Verfahren nicht rechtshängige Ansprüche zu Protokoll zu nehmen oder festzustellen (§ 278 Abs. 6 ZPO) oder soweit lediglich Verhandlungen vor Gericht zur Einigung über solche Ansprüche geführt werden oder
3. soweit in einem Verfahren der freiwilligen Gerichtsbarkeit lediglich ein Antrag gestellt und eine Entscheidung entgegengenommen wird,	3. soweit in einem Verfahren der freiwilligen Gerichtsbarkeit lediglich ein Antrag gestellt und eine Entscheidung entgegengenommen wird,
beträgt die Gebühr 3100 0,8.	beträgt die Gebühr 3100 0,8.
Anmerkung:	**Anmerkung:**
(1) Soweit in den Fällen der Nummer 2 der sich nach § 15 Abs. 3 RVG ergebende Gesamtbetrag der Verfahrensgebühren die Gebühr 3100 übersteigt, wird der übersteigende Betrag auf eine Verfahrensgebühr angerechnet, die wegen desselben Gegenstands in einer anderen Angelegenheit entsteht.	(1) Soweit in den Fällen der Nummer 2 der sich nach § 15 Abs. 3 RVG ergebende Gesamtbetrag der Verfahrensgebühren die Gebühr 3100 übersteigt, wird der übersteigende Betrag auf eine Verfahrensgebühr angerechnet, die wegen desselben Gegenstands in einer anderen Angelegenheit entsteht.
(2) Nummer 3 ist in streitigen Verfahren der freiwilligen Gerichtsbarkeit, insbesondere in Familiensachen, in Verfahren nach § 43 des Wohnungseigentumsgesetzes und in Verfahren nach dem Gesetz über das gerichtliche Verfahren in Landwirtschaftssachen, nicht anzuwenden.	*(2) Nummer 3 ist in streitigen Verfahren der freiwilligen Gerichtsbarkeit, insbesondere in Familiensachen und in Verfahren nach dem Gesetz über das gerichtliche Verfahren in Landwirtschaftssachen, nicht anzuwenden.*

ALT	NEU
RVG – Teil 3, Abschnitt 2	**RVG – Teil 3, Abschnitt 2**
Unterabschnitt 1 – Berufung, bestimmte Beschwerden und Verfahren vor dem Finanzgericht	**Unterabschnitt 1 – Berufung, bestimmte Beschwerden und Verfahren vor dem Finanzgericht**

819 **Vorbemerkung 3.2.1**

(1) Dieser Unterabschnitt ist auch anzuwenden

1. in Verfahren vor dem Finanzgericht,

2. in Verfahren über Beschwerden oder Rechtsbeschwerden gegen die den Rechtszug beendenden Entscheidungen

a) in Familiensachen,

b) in Lebenspartnerschaftssachen,

c) in Verfahren nach § 43 des Wohnungseigentumsgesetzes,

d) in Verfahren nach dem Gesetz über das gerichtliche Verfahren in Landwirtschaftssachen und

e) im Beschlussverfahren vor den Gerichten für Arbeitssachen,

3. ...

Vorbemerkung 3.2.1

(1) Dieser Unterabschnitt ist auch anzuwenden

1. in Verfahren vor dem Finanzgericht,

2. in Verfahren über Beschwerden oder Rechtsbeschwerden gegen die den Rechtszug beendenden Entscheidungen

a) in Familiensachen,

b) in Lebenspartnerschaftssachen,

c) in Verfahren nach dem Gesetz über das gerichtliche Verfahren in Landwirtschaftssachen und

d) im Beschlussverfahren vor den Gerichten für Arbeitssachen,

3. ...

⊃ Erläuterungen zu den Änderungen des RVG

Die Begründung der Bundesregierung zur Gesetzesänderung[1]

820   Es handelt sich bei den Änderungen im RVG um Folgeänderungen zur Änderung des § 43 WEG. Da diese Vorschrift neu gefasst wird und die Vorschriften der ZPO auf Verfahren in Wohnungseigentumssachen erstreckt werden, sind künftig die besonderen Bestimmungen des RVG zu den Verfahren nach § 43 WEG nicht mehr erforderlich. Sie können deshalb entfallen.

---

1 BT-Drucks. 16/887, S. 48.

VII. Änderungen der Zivilprozessordnung (ZPO)

ALT	NEU	
§ 29b ZPO Besonderer Gerichtsstand bei Wohnungseigentum	**§ 29b ZPO Besonderer Gerichtsstand bei Wohnungseigentum**	821
Für Klagen Dritter, die sich gegen Mitglieder oder frühere Mitglieder einer Wohnungseigentümergemeinschaft richten und sich auf das gemeinschaftliche Eigentum, seine Verwaltung oder auf das Sondereigentum beziehen, ist das Gericht zuständig, in dessen Bezirk das Grundstück liegt.	*aufgehoben*	

➲ Erläuterungen zu den Änderungen der ZPO

Äußerung des Rechtsausschusses[1]

Mit der Änderung des **§ 43 Nr. 5 WEG** wird **§ 29b ZPO** in das Wohnungseigentumsgesetz integriert; entsprechend kann die Vorschrift in der Zivilprozessordnung gestrichen werden. Es erscheint vorzugswürdig, die ausschließliche **örtliche Zuständigkeit** des Gerichts, in dessen Bezirk das Grundstück liegt, für alle Wohnungseigentumssachen in nur einer Vorschrift zu konzentrieren. In diesem Zusammenhang wird auch die frühere Unterscheidung zwischen dem ausschließlichen Gerichtsstand nach § 43 WEG und dem besonderen Gerichtsstand nach § 29b ZPO aufgegeben.

---

1 BT-Drucks. 16/3843, S. 58 und 62.

VIII. Textsynopse WEG und andere Vorschriften

ALT	NEU
I. Teil	**I. Teil**

§ 1 Begriffsbestimmungen

§ 1 Begriffsbestimmungen

ALT	NEU
(1) Nach Maßgabe dieses Gesetzes kann an Wohnungen das Wohnungseigentum, an nicht zu Wohnzwecken dienenden Räumen eines Gebäudes das Teileigentum begründet werden.	(1) Nach Maßgabe dieses Gesetzes kann an Wohnungen das Wohnungseigentum, an nicht zu Wohnzwecken dienenden Räumen eines Gebäudes das Teileigentum begründet werden.
(2) Wohnungseigentum ist das Sondereigentum an einer Wohnung in Verbindung mit dem Miteigentumsanteil an dem gemeinschaftlichen Eigentum, zu dem es gehört.	(2) Wohnungseigentum ist das Sondereigentum an einer Wohnung in Verbindung mit dem Miteigentumsanteil an dem gemeinschaftlichen Eigentum, zu dem es gehört.
(3) Teileigentum ist das Sondereigentum an nicht zu Wohnzwecken dienenden Räumen eines Gebäudes in Verbindung mit dem Miteigentumsanteil an dem gemeinschaftlichen Eigentum, zu dem es gehört.	(3) Teileigentum ist das Sondereigentum an nicht zu Wohnzwecken dienenden Räumen eines Gebäudes in Verbindung mit dem Miteigentumsanteil an dem gemeinschaftlichen Eigentum, zu dem es gehört.
(4) Wohnungseigentum und Teileigentum können nicht in der Weise begründet werden, dass das Sondereigentum mit Miteigentum an mehreren Grundstücken verbunden wird.	(4) Wohnungseigentum und Teileigentum können nicht in der Weise begründet werden, dass das Sondereigentum mit Miteigentum an mehreren Grundstücken verbunden wird.
(5) Gemeinschaftliches Eigentum im Sinne dieses Gesetzes sind das Grundstück sowie die Teile, Anlagen und Einrichtungen des Gebäudes, die nicht im Sondereigentum oder im Eigentum eines Dritten stehen.	(5) Gemeinschaftliches Eigentum im Sinne dieses Gesetzes sind das Grundstück sowie die Teile, Anlagen und Einrichtungen des Gebäudes, die nicht im Sondereigentum oder im Eigentum eines Dritten stehen.
(6) Für das Teileigentum gelten die Vorschriften über das Wohnungseigentum entsprechend.	(6) Für das Teileigentum gelten die Vorschriften über das Wohnungseigentum entsprechend.

1. Abschnitt

1. Abschnitt

§ 2 Arten der Begründung

§ 2 Arten der Begründung

ALT	NEU
Wohnungseigentum wird durch die vertragliche Einräumung von Sondereigen-	Wohnungseigentum wird durch die vertragliche Einräumung von Sondereigen-

ALT	NEU

tum (§ 3) oder durch Teilung (§ 8) begründet.

§ 3 Vertragliche Einräumung von Sondereigentum

(1) Das Miteigentum (§ 1008 des Bürgerlichen Gesetzbuches) an einem Grundstück kann durch Vertrag der Miteigentümer in der Weise beschränkt werden, dass jedem der Miteigentümer abweichend von § 93 des Bürgerlichen Gesetzbuches das Sondereigentum an einer bestimmten Wohnung oder an nicht zu Wohnzwecken dienenden bestimmten Räumen in einem auf dem Grundstück errichteten oder zu errichtenden Gebäude eingeräumt wird.

(2) Sondereigentum soll nur eingeräumt werden, wenn die Wohnungen oder sonstigen Räume in sich abgeschlossen sind. Garagenstellplätze gelten als abgeschlossene Räume, wenn ihre Flächen durch dauerhafte Markierungen ersichtlich sind.

(3) Unbeschadet der im Übrigen Bundesgebiet bestehenden Rechtslage wird die Abgeschlossenheit von Wohnungen oder sonstigen Räumen, die vor dem 3. Oktober 1990 bauordnungsrechtlich genehmigt worden sind, in dem in Artikel 3 des Einigungsvertrages bezeichneten Gebiet nicht dadurch ausgeschlossen, dass die Wohnungstrennwände und Wohnungstrenndecken oder die entsprechenden Wände oder Decken bei sonstigen Räumen nicht den bauordnungsrechtlichen Anforderungen entsprechen, die im Zeitpunkt der Erteilung der Bescheinigung nach § 7 Abs. 4 Nr. 2 gelten. Diese Regelung gilt bis zum 31. Dezember 1996.

---

tum (§ 3) oder durch Teilung (§ 8) begründet.

§ 3 Vertragliche Einräumung von Sondereigentum

(1) Das Miteigentum (§ 1008 des Bürgerlichen Gesetzbuches) an einem Grundstück kann durch Vertrag der Miteigentümer in der Weise beschränkt werden, dass jedem der Miteigentümer abweichend von § 93 des Bürgerlichen Gesetzbuches das Sondereigentum an einer bestimmten Wohnung oder an nicht zu Wohnzwecken dienenden bestimmten Räumen in einem auf dem Grundstück errichteten oder zu errichtenden Gebäude eingeräumt wird.

(2) Sondereigentum soll nur eingeräumt werden, wenn die Wohnungen oder sonstigen Räume in sich abgeschlossen sind. Garagenstellplätze gelten als abgeschlossene Räume, wenn ihre Flächen durch dauerhafte Markierungen ersichtlich sind.

(3) aufgehoben

ALT	NEU

§ 4 Formvorschriften

(1) Zur Einräumung und zur Aufhebung des Sondereigentums ist die Einigung der Beteiligten über den Eintritt der Rechtsänderung und die Eintragung in das Grundbuch erforderlich.

(2) Die Einigung bedarf der für die Auflassung vorgeschriebenen Form. Sondereigentum kann nicht unter einer Bedingung oder Zeitbestimmung eingeräumt oder aufgehoben werden.

(3) Für einen Vertrag, durch den sich ein Teil verpflichtet, Sondereigentum einzuräumen, zu erwerben oder aufzuheben, gilt § 311b Abs. 1 des Bürgerlichen Gesetzbuchs entsprechend.

§ 5 Gegenstand und Inhalt des Sondereigentums

(1) Gegenstand des Sondereigentums sind die gemäß § 3 Abs. 1 bestimmten Räume sowie die zu diesen Räumen gehörenden Bestandteile des Gebäudes, die verändert, beseitigt oder eingefügt werden können, ohne dass dadurch das gemeinschaftliche Eigentum oder ein auf Sondereigentum beruhendes Recht eines anderen Wohnungseigentümers über das nach § 14 zulässige Maß hinaus beeinträchtigt oder die äußere Gestaltung des Gebäudes verändert wird.

(2) Teile des Gebäudes, die für dessen Bestand oder Sicherheit erforderlich sind, sowie Anlagen und Einrichtungen, die dem gemeinschaftlichen Gebrauch der Wohnungseigentümer dienen, sind nicht Gegenstand des Sondereigentums, selbst wenn sie sich im Bereich der im Sondereigentum stehenden Räume befinden.

(3) Die Wohnungseigentümer können vereinbaren, dass Bestandteile des Gebäudes, die Gegenstand des Sonder-

§ 4 Formvorschriften

(1) Zur Einräumung und zur Aufhebung des Sondereigentums ist die Einigung der Beteiligten über den Eintritt der Rechtsänderung und die Eintragung in das Grundbuch erforderlich.

(2) Die Einigung bedarf der für die Auflassung vorgeschriebenen Form. Sondereigentum kann nicht unter einer Bedingung oder Zeitbestimmung eingeräumt oder aufgehoben werden.

(3) Für einen Vertrag, durch den sich ein Teil verpflichtet, Sondereigentum einzuräumen, zu erwerben oder aufzuheben, gilt § 311b Abs. 1 des Bürgerlichen Gesetzbuchs entsprechend.

§ 5 Gegenstand und Inhalt des Sondereigentums

(1) Gegenstand des Sondereigentums sind die gemäß § 3 Abs. 1 bestimmten Räume sowie die zu diesen Räumen gehörenden Bestandteile des Gebäudes, die verändert, beseitigt oder eingefügt werden können, ohne dass dadurch das gemeinschaftliche Eigentum oder ein auf Sondereigentum beruhendes Recht eines anderen Wohnungseigentümers über das nach § 14 zulässige Maß hinaus beeinträchtigt oder die äußere Gestaltung des Gebäudes verändert wird.

(2) Teile des Gebäudes, die für dessen Bestand oder Sicherheit erforderlich sind, sowie Anlagen und Einrichtungen, die dem gemeinschaftlichen Gebrauch der Wohnungseigentümer dienen, sind nicht Gegenstand des Sondereigentums, selbst wenn sie sich im Bereich der im Sondereigentum stehenden Räume befinden.

(3) Die Wohnungseigentümer können vereinbaren, dass Bestandteile des Gebäudes, die Gegenstand des Sonder-

ALT	NEU

eigentums sein können, zum gemeinschaftlichen Eigentum gehören.

(4) Vereinbarungen über das Verhältnis der Wohnungseigentümer untereinander können nach den Vorschriften des 2. und 3. Abschnittes zum Inhalt des Sondereigentums gemacht werden.

eigentums sein können, zum gemeinschaftlichen Eigentum gehören.

(4) Vereinbarungen über das Verhältnis der Wohnungseigentümer untereinander können nach den Vorschriften des 2. und 3. Abschnittes zum Inhalt des Sondereigentums gemacht werden. *Ist das Wohnungseigentum mit der Hypothek, Grund- oder Rentenschuld oder der Reallast eines Dritten belastet, so ist dessen nach anderen Rechtsvorschriften notwendige Zustimmung zu der Vereinbarung nur erforderlich, wenn ein Sondernutzungsrecht begründet oder ein mit dem Wohnungseigentum verbundenes Sondernutzungsrecht aufgehoben, geändert oder übertragen wird. Bei der Begründung eines Sondernutzungsrechts ist die Zustimmung des Dritten nicht erforderlich, wenn durch die Vereinbarung gleichzeitig das zu seinen Gunsten belastete Wohnungseigentum mit einem Sondernutzungsrecht verbunden wird.*

§ 6 Unselbständigkeit des Sondereigentums

(1) Das Sondereigentum kann ohne den Miteigentumsanteil, zu dem es gehört, nicht veräußert oder belastet werden.

(2) Rechte an dem Miteigentumsanteil erstrecken sich auf das zu ihm gehörende Sondereigentum.

§ 6 Unselbständigkeit des Sondereigentums

(1) Das Sondereigentum kann ohne den Miteigentumsanteil, zu dem es gehört, nicht veräußert oder belastet werden.

(2) Rechte an dem Miteigentumsanteil erstrecken sich auf das zu ihm gehörende Sondereigentum.

§ 7 Grundbuchvorschriften

(1) Im Falle des § 3 Abs. 1 wird für jeden Miteigentumsanteil von Amts wegen ein besonderes Grundbuchblatt (Wohnungsgrundbuch, Teileigentumsgrundbuch) angelegt. Auf diesem ist das zu dem Miteigentumsanteil gehörende Sondereigentum und als Beschränkung des Miteigentums die Einräumung der zu den anderen Miteigentumsanteilen gehörenden Son-

§ 7 Grundbuchvorschriften

(1) Im Falle des § 3 Abs. 1 wird für jeden Miteigentumsanteil von Amts wegen ein besonderes Grundbuchblatt (Wohnungsgrundbuch, Teileigentumsgrundbuch) angelegt. Auf diesem ist das zu dem Miteigentumsanteil gehörende Sondereigentum und als Beschränkung des Miteigentums die Einräumung der zu den anderen Miteigentumsanteilen gehörenden Son-

ALT	NEU
dereigentumsrechte einzutragen. Das Grundbuchblatt des Grundstücks wird von Amts wegen geschlossen.	dereigentumsrechte einzutragen. Das Grundbuchblatt des Grundstücks wird von Amts wegen geschlossen.
(2) Von der Anlegung besonderer Grundbuchblätter kann abgesehen werden, wenn hiervon Verwirrung nicht zu besorgen ist. In diesem Falle ist das Grundbuchblatt als gemeinschaftliches Wohnungsgrundbuch (Teileigentumsgrundbuch) zu bezeichnen.	(2) Von der Anlegung besonderer Grundbuchblätter kann abgesehen werden, wenn hiervon Verwirrung nicht zu besorgen ist. In diesem Falle ist das Grundbuchblatt als gemeinschaftliches Wohnungsgrundbuch (Teileigentumsgrundbuch) zu bezeichnen.
(3) Zur näheren Bezeichnung des Gegenstandes und des Inhalts des Sondereigentums kann auf die Eintragungsbewilligung Bezug genommen werden.	(3) Zur näheren Bezeichnung des Gegenstandes und des Inhalts des Sondereigentums kann auf die Eintragungsbewilligung Bezug genommen werden.
(4) Der Eintragungsbewilligung sind als Anlagen beizufügen:	(4) Der Eintragungsbewilligung sind als Anlagen beizufügen:
1. eine von der Baubehörde mit Unterschrift und Siegel oder Stempel versehene Bauzeichnung, aus der die Aufteilung des Gebäudes sowie die Lage und Größe der im Sondereigentum und der im gemeinschaftlichen Eigentum stehenden Gebäudeteile ersichtlich ist (Aufteilungsplan); alle zu demselben Wohnungseigentum gehörenden Einzelräume sind mit der jeweils gleichen Nummer zu kennzeichnen;	1. eine von der Baubehörde mit Unterschrift und Siegel oder Stempel versehene Bauzeichnung, aus der die Aufteilung des Gebäudes sowie die Lage und Größe der im Sondereigentum und der im gemeinschaftlichen Eigentum stehenden Gebäudeteile ersichtlich ist (Aufteilungsplan); alle zu demselben Wohnungseigentum gehörenden Einzelräume sind mit der jeweils gleichen Nummer zu kennzeichnen;
2. eine Bescheinigung der Baubehörde, dass die Voraussetzungen des § 3 Abs. 2 vorliegen.	2. eine Bescheinigung der Baubehörde, dass die Voraussetzungen des § 3 Abs. 2 vorliegen.
Wenn in der Eintragungsbewilligung für die einzelnen Sondereigentumsrechte Nummern angegeben werden, sollen sie mit denen des Aufteilungsplanes übereinstimmen.	Wenn in der Eintragungsbewilligung für die einzelnen Sondereigentumsrechte Nummern angegeben werden, sollen sie mit denen des Aufteilungsplanes übereinstimmen. *Die Landesregierungen können durch Rechtsverordnung bestimmen, dass und in welchen Fällen der Aufteilungsplan (Satz 1 Nr. 1) und die Abgeschlossenheit (Satz 1 Nr. 2) von einem öffentlich bestellten oder anerkannten Sachverständigen für das Bauwesen statt von der Baubehörde ausgefertigt und bescheinigt werden. Werden diese Aufga-*

ALT	NEU
	ben von dem Sachverständigen wahrgenommen, so gelten die Bestimmungen der Allgemeinen Verwaltungsvorschrift für die Ausstellung von Bescheinigungen gemäß § 7 Abs. 4 Nr. 2 und § 32 Abs. 2 Nr. 2 des Wohnungseigentumsgesetzes vom 19. März 1974 (BAnz. Nr. 58 vom 23. März 1974) entsprechend. In diesem Fall bedürfen die Anlagen nicht der Form des § 29 der Grundbuchordnung. Die Landesregierungen können die Ermächtigung durch Rechtsverordnung auf die Landesbauverwaltungen übertragen.

(5) Für Teileigentumsgrundbücher gelten die Vorschriften über Wohnungsgrundbücher entsprechend.

(5) Für Teileigentumsgrundbücher gelten die Vorschriften über Wohnungsgrundbücher entsprechend.

§ 8 Teilung durch den Eigentümer

§ 8 Teilung durch den Eigentümer

(1) Der Eigentümer eines Grundstücks kann durch Erklärung gegenüber dem Grundbuchamt das Eigentum an dem Grundstück in Miteigentumsanteile in der Weise teilen, dass mit jedem Anteil das Sondereigentum an einer bestimmten Wohnung oder an nicht zu Wohnzwecken dienenden bestimmten Räumen in einem auf dem Grundstück errichteten oder zu errichtenden Gebäude verbunden ist.

(1) Der Eigentümer eines Grundstücks kann durch Erklärung gegenüber dem Grundbuchamt das Eigentum an dem Grundstück in Miteigentumsanteile in der Weise teilen, dass mit jedem Anteil das Sondereigentum an einer bestimmten Wohnung oder an nicht zu Wohnzwecken dienenden bestimmten Räumen in einem auf dem Grundstück errichteten oder zu errichtenden Gebäude verbunden ist.

(2) Im Falle des Absatzes 1 gelten die Vorschriften des § 3 Abs. 2 und der §§ 5, 6, § 7 Abs. 1, 3 bis 5 entsprechend. Die Teilung wird mit der Anlegung der Wohnungsgrundbücher wirksam.

(2) Im Falle des Absatzes 1 gelten die Vorschriften des § 3 Abs. 2 und der §§ 5, 6, § 7 Abs. 1, 3 bis 5 entsprechend. Die Teilung wird mit der Anlegung der Wohnungsgrundbücher wirksam.

§ 9 Schließung der Wohnungsgrundbücher

§ 9 Schließung der Wohnungsgrundbücher

(1) Die Wohnungsgrundbücher werden geschlossen:

(1) Die Wohnungsgrundbücher werden geschlossen:

1. von Amts wegen, wenn die Sondereigentumsrechte gemäß § 4 aufgehoben werden;

1. von Amts wegen, wenn die Sondereigentumsrechte gemäß § 4 aufgehoben werden;

2. auf Antrag sämtlicher Wohnungseigentümer, wenn alle Sondereigentumsrechte

2. auf Antrag sämtlicher Wohnungseigentümer, wenn alle Sondereigentumsrechte

ALT	NEU

durch völlige Zerstörung des Gebäudes gegenstandslos geworden sind und der Nachweis hierfür durch eine Bescheinigung der Baubehörde erbracht ist;

3. auf Antrag des Eigentümers, wenn sich sämtliche Wohnungseigentumsrechte in einer Person vereinigen.

(2) Ist ein Wohnungseigentum selbständig mit dem Rechte eines Dritten belastet, so werden die allgemeinen Vorschriften, nach denen zur Aufhebung des Sondereigentums die Zustimmung des Dritten erforderlich ist, durch Absatz 1 nicht berührt.

(3) Werden die Wohnungsgrundbücher geschlossen, so wird für das Grundstück ein Grundbuchblatt nach den allgemeinen Vorschriften angelegt; die Sondereigentumsrechte erlöschen, soweit sie nicht bereits aufgehoben sind, mit der Anlegung des Grundbuchblatts.

---

durch völlige Zerstörung des Gebäudes gegenstandslos geworden sind und der Nachweis hierfür durch eine Bescheinigung der Baubehörde erbracht ist;

3. auf Antrag des Eigentümers, wenn sich sämtliche Wohnungseigentumsrechte in einer Person vereinigen.

(2) Ist ein Wohnungseigentum selbständig mit dem Rechte eines Dritten belastet, so werden die allgemeinen Vorschriften, nach denen zur Aufhebung des Sondereigentums die Zustimmung des Dritten erforderlich ist, durch Absatz 1 nicht berührt.

(3) Werden die Wohnungsgrundbücher geschlossen, so wird für das Grundstück ein Grundbuchblatt nach den allgemeinen Vorschriften angelegt; die Sondereigentumsrechte erlöschen, soweit sie nicht bereits aufgehoben sind, mit der Anlegung des Grundbuchblatts.

---

2. Abschnitt

§ 10 Allgemeine Grundsätze

---

2. Abschnitt

§ 10 Allgemeine Grundsätze

(1) Inhaber der Rechte und Pflichten nach den Vorschriften dieses Gesetzes, insbesondere des Sondereigentums und des gemeinschaftlichen Eigentums, sind die Wohnungseigentümer, soweit nicht etwas anderes ausdrücklich bestimmt ist.

---

(1) Das Verhältnis der Wohnungseigentümer untereinander bestimmt sich nach den Vorschriften dieses Gesetzes und, soweit dieses Gesetz keine besonderen Bestimmungen enthält, nach den Vorschriften des Bürgerlichen Gesetzbuches über die Gemeinschaft. Die Wohnungseigentümer können von den Vorschriften dieses Gesetzes abweichende Vereinbarungen treffen, soweit nicht etwas anderes ausdrücklich bestimmt ist.

---

(2) Das Verhältnis der Wohnungseigentümer untereinander bestimmt sich nach den Vorschriften dieses Gesetzes und, soweit dieses Gesetz keine besonderen Bestimmungen enthält, nach den Vorschriften des Bürgerlichen Gesetzbuches über die Gemeinschaft. Die Wohnungseigentümer können von den Vorschriften dieses Gesetzes abweichende Vereinbarungen treffen, soweit nicht etwas anderes ausdrücklich bestimmt ist. *Jeder Wohnungseigentümer kann eine vom Gesetz abweichende Vereinbarung oder*

ALT	NEU
	die Anpassung einer Vereinbarung verlangen, soweit ein Festhalten an der geltenden Regelung aus schwerwiegenden Gründen unter Berücksichtigung aller Umstände des Einzelfalles, insbesondere der Rechte und Interessen der anderen Wohnungseigentümer, unbillig erscheint.
(2) Vereinbarungen, durch die die Wohnungseigentümer ihr Verhältnis untereinander in Ergänzung oder Abweichung von Vorschriften dieses Gesetzes regeln, sowie die Abänderung oder Aufhebung solcher Vereinbarungen wirken gegen den Sondernachfolger eines Wohnungseigentümers nur, wenn sie als Inhalt des Sondereigentums im Grundbuch eingetragen sind.	(3) Vereinbarungen, durch die die Wohnungseigentümer ihr Verhältnis untereinander in Ergänzung oder Abweichung von Vorschriften dieses Gesetzes regeln, sowie die Abänderung oder Aufhebung solcher Vereinbarungen wirken gegen den Sondernachfolger eines Wohnungseigentümers nur, wenn sie als Inhalt des Sondereigentums im Grundbuch eingetragen sind.
(3) Beschlüsse der Wohnungseigentümer gemäß § 23 und Entscheidungen des Richters gemäß § 43 bedürfen zu ihrer Wirksamkeit gegen den Sondernachfolger eines Wohnungseigentümers nicht der Eintragung in das Grundbuch.	(4) Beschlüsse der Wohnungseigentümer gemäß § 23 und *gerichtliche Entscheidungen in einem Rechtsstreit gemäß § 43* bedürfen zu ihrer Wirksamkeit gegen den Sondernachfolger eines Wohnungseigentümers nicht der Eintragung in das Grundbuch. *Dies gilt auch für die gemäß § 23 Abs. 1 auf Grund einer Vereinbarung gefassten Beschlüsse, die vom Gesetz abweichen oder eine Vereinbarung ändern.*
(4) Rechtshandlungen in Angelegenheiten, über die nach diesem Gesetz oder nach einer Vereinbarung der Wohnungseigentümer durch Stimmenmehrheit beschlossen werden kann, wirken, wenn sie auf Grund eines mit solcher Mehrheit gefassten Beschlusses vorgenommen werden, auch für und gegen die Wohnungseigentümer, die gegen den Beschluss gestimmt oder an der Beschlussfassung nicht mitgewirkt haben.	(5) Rechtshandlungen in Angelegenheiten, über die nach diesem Gesetz oder nach einer Vereinbarung der Wohnungseigentümer durch Stimmenmehrheit beschlossen werden kann, wirken, wenn sie auf Grund eines mit solcher Mehrheit gefassten Beschlusses vorgenommen werden, auch für und gegen die Wohnungseigentümer, die gegen den Beschluss gestimmt oder an der Beschlussfassung nicht mitgewirkt haben.
	(6) Die Gemeinschaft der Wohnungseigentümer kann im Rahmen der gesamten Verwaltung des gemeinschaftlichen Eigentums gegenüber Dritten und Woh-

255

ALT	NEU

nungseigentümern selbst Rechte erwerben und Pflichten eingehen. Sie ist Inhaberin der als Gemeinschaft gesetzlich begründeten und rechtsgeschäftlich erworbenen Rechte und Pflichten. Sie übt die gemeinschaftsbezogenen Rechte der Wohnungseigentümer aus und nimmt die gemeinschaftsbezogenen Pflichten der Wohnungseigentümer wahr, ebenso sonstige Rechte und Pflichten der Wohnungseigentümer, soweit diese gemeinschaftlich geltend gemacht werden können oder zu erfüllen sind. Die Gemeinschaft muss die Bezeichnung „Wohnungseigentümergemeinschaft" gefolgt von der bestimmten Angabe des gemeinschaftlichen Grundstücks führen. Sie kann vor Gericht klagen und verklagt werden.

(7) Das Verwaltungsvermögen gehört der Gemeinschaft der Wohnungseigentümer. Es besteht aus den im Rahmen der gesamten Verwaltung des gemeinschaftlichen Eigentums gesetzlich begründeten und rechtsgeschäftlich erworbenen Sachen und Rechten sowie den entstandenen Verbindlichkeiten. Zu dem Verwaltungsvermögen gehören insbesondere die Ansprüche und Befugnisse aus Rechtsverhältnissen mit Dritten und mit Wohnungseigentümern sowie die eingenommenen Gelder. Vereinigen sich sämtliche Wohnungseigentumsrechte in einer Person, geht das Verwaltungsvermögen auf den Eigentümer des Grundstücks über.

(8) Jeder Wohnungseigentümer haftet einem Gläubiger nach dem Verhältnis seines Miteigentumsanteils (§ 16 Abs. 1 Satz 2) für Verbindlichkeiten der Gemeinschaft der Wohnungseigentümer, die während seiner Zugehörigkeit zur Gemeinschaft entstanden oder während dieses Zeitraums fällig geworden sind; für die Haftung nach Veräußerung des Woh-

ALT	NEU
	nungseigentums ist § 160 des Handelsgesetzbuches entsprechend anzuwenden. Er kann gegenüber einem Gläubiger neben den in seiner Person begründeten auch die der Gemeinschaft zustehenden Einwendungen und Einreden geltend machen, nicht aber seine Einwendungen und Einreden gegenüber der Gemeinschaft. Für die Einrede der Anfechtbarkeit und Aufrechenbarkeit ist § 770 des Bürgerlichen Gesetzbuches entsprechend anzuwenden. Die Haftung eines Wohnungseigentümers gegenüber der Gemeinschaft wegen nicht ordnungsmäßiger Verwaltung bestimmt sich nach Satz 1.

§ 11 Unauflöslichkeit der Gemeinschaft

(1) Kein Wohnungseigentümer kann die Aufhebung der Gemeinschaft verlangen. Dies gilt auch für eine Aufhebung aus wichtigem Grund. Eine abweichende Vereinbarung ist nur für den Fall zulässig, dass das Gebäude ganz oder teilweise zerstört wird und eine Verpflichtung zum Wiederaufbau nicht besteht.

(2) Das Recht eines Pfändungsgläubigers (§ 751 des Bürgerlichen Gesetzbuchs) sowie das im Insolvenzverfahren bestehende Recht (§ 84 Abs. 2 der Insolvenzordnung), die Aufhebung der Gemeinschaft zu verlangen, ist ausgeschlossen.

§ 11 Unauflöslichkeit der Gemeinschaft

(1) Kein Wohnungseigentümer kann die Aufhebung der Gemeinschaft verlangen. Dies gilt auch für eine Aufhebung aus wichtigem Grund. Eine abweichende Vereinbarung ist nur für den Fall zulässig, dass das Gebäude ganz oder teilweise zerstört wird und eine Verpflichtung zum Wiederaufbau nicht besteht.

(2) Das Recht eines Pfändungsgläubigers (§ 751 des Bürgerlichen Gesetzbuchs) sowie das im Insolvenzverfahren bestehende Recht (§ 84 Abs. 2 der Insolvenzordnung), die Aufhebung der Gemeinschaft zu verlangen, ist ausgeschlossen.

(3) Ein Insolvenzverfahren über das Verwaltungsvermögen der Gemeinschaft findet nicht statt.

§ 12 Veräußerungsbeschränkung

(1) Als Inhalt des Sondereigentums kann vereinbart werden, dass ein Wohnungseigentümer zur Veräußerung seines Wohnungseigentums der Zustimmung

§ 12 Veräußerungsbeschränkung

(1) Als Inhalt des Sondereigentums kann vereinbart werden, dass ein Wohnungseigentümer zur Veräußerung seines Wohnungseigentums der Zustimmung

ALT	NEU

anderer Wohnungseigentümer oder eines Dritten bedarf.

(2) Die Zustimmung darf nur aus einem wichtigen Grunde versagt werden. Durch Vereinbarung gemäß Absatz 1 kann dem Wohnungseigentümer darüber hinaus für bestimmte Fälle ein Anspruch auf Erteilung der Zustimmung eingeräumt werden.

(3) Ist eine Vereinbarung gemäß Absatz 1 getroffen, so ist eine Veräußerung des Wohnungseigentums und ein Vertrag, durch den sich der Wohnungseigentümer zu einer solchen Veräußerung verpflichtet, unwirksam, solange nicht die erforderliche Zustimmung erteilt ist. Einer rechtsgeschäftlichen Veräußerung steht eine Veräußerung im Wege der Zwangsvollstreckung oder durch den Insolvenzverwalter gleich.

anderer Wohnungseigentümer oder eines Dritten bedarf.

(2) Die Zustimmung darf nur aus einem wichtigen Grunde versagt werden. Durch Vereinbarung gemäß Absatz 1 kann dem Wohnungseigentümer darüber hinaus für bestimmte Fälle ein Anspruch auf Erteilung der Zustimmung eingeräumt werden.

(3) Ist eine Vereinbarung gemäß Absatz 1 getroffen, so ist eine Veräußerung des Wohnungseigentums und ein Vertrag, durch den sich der Wohnungseigentümer zu einer solchen Veräußerung verpflichtet, unwirksam, solange nicht die erforderliche Zustimmung erteilt ist. Einer rechtsgeschäftlichen Veräußerung steht eine Veräußerung im Wege der Zwangsvollstreckung oder durch den Insolvenzverwalter gleich.

(4) Die Wohnungseigentümer können durch Stimmenmehrheit beschließen, dass eine Veräußerungsbeschränkung gemäß Absatz 1 aufgehoben wird. Diese Befugnis kann durch Vereinbarung der Wohnungseigentümer nicht eingeschränkt oder ausgeschlossen werden. Ist ein Beschluss gemäß Satz 1 gefasst, kann die Veräußerungsbeschränkung im Grundbuch gelöscht werden. Der Bewilligung gemäß § 19 der Grundbuchordnung bedarf es nicht, wenn der Beschluss gemäß Satz 1 nachgewiesen wird. Für diesen Nachweis ist § 26 Abs. 4 entsprechend anzuwenden.

§ 13 Rechte des Wohnungseigentümers

(1) Jeder Wohnungseigentümer kann, soweit nicht das Gesetz oder Rechte Dritter entgegenstehen, mit den im Sondereigentum stehenden Gebäudeteilen nach Belieben verfahren, insbesondere diese bewohnen, vermieten, verpachten oder in

§ 13 Rechte des Wohnungseigentümers

(1) Jeder Wohnungseigentümer kann, soweit nicht das Gesetz oder Rechte Dritter entgegenstehen, mit den im Sondereigentum stehenden Gebäudeteilen nach Belieben verfahren, insbesondere diese bewohnen, vermieten, verpachten oder in

ALT	NEU

sonstiger Weise nutzen, und andere von Einwirkungen ausschließen.

(2) Jeder Wohnungseigentümer ist zum Mitgebrauch des gemeinschaftlichen Eigentums nach Maßgabe der §§ 14, 15 berechtigt. An den sonstigen Nutzungen des gemeinschaftlichen Eigentums gebührt jedem Wohnungseigentümer ein Anteil nach Maßgabe des § 16.

§ 14 Pflichten des Wohnungseigentümers

Jeder Wohnungseigentümer ist verpflichtet:

1. die im Sondereigentum stehenden Gebäudeteile so instand zu halten und von diesen sowie von dem gemeinschaftlichen Eigentum nur in solcher Weise Gebrauch zu machen, dass dadurch keinem der anderen Wohnungseigentümer über das bei einem geordneten Zusammenleben unvermeidliche Maß hinaus ein Nachteil erwächst;

2. für die Einhaltung der in Nummer 1 bezeichneten Pflichten durch Personen zu sorgen, die seinem Hausstand oder Geschäftsbetrieb angehören oder denen er sonst die Benutzung der in Sonder- oder Miteigentum stehenden Grundstücks- oder Gebäudeteile überlässt;

3. Einwirkungen auf die im Sondereigentum stehenden Gebäudeteile und das gemeinschaftliche Eigentum zu dulden, soweit sie auf einem nach Nummer 1, 2 zulässigen Gebrauch beruhen;

4. das Betreten und die Benutzung der im Sondereigentum stehenden Gebäudeteile zu gestatten, soweit dies zur Instandhaltung und Instandsetzung des gemeinschaftlichen Eigentums erforderlich ist; der hierdurch entstehende Schaden ist zu ersetzen.

sonstiger Weise nutzen, und andere von Einwirkungen ausschließen.

(2) Jeder Wohnungseigentümer ist zum Mitgebrauch des gemeinschaftlichen Eigentums nach Maßgabe der §§ 14, 15 berechtigt. An den sonstigen Nutzungen des gemeinschaftlichen Eigentums gebührt jedem Wohnungseigentümer ein Anteil nach Maßgabe des § 16.

§ 14 Pflichten des Wohnungseigentümers

Jeder Wohnungseigentümer ist verpflichtet:

1. die im Sondereigentum stehenden Gebäudeteile so instand zu halten und von diesen sowie von dem gemeinschaftlichen Eigentum nur in solcher Weise Gebrauch zu machen, dass dadurch keinem der anderen Wohnungseigentümer über das bei einem geordneten Zusammenleben unvermeidliche Maß hinaus ein Nachteil erwächst;

2. für die Einhaltung der in Nummer 1 bezeichneten Pflichten durch Personen zu sorgen, die seinem Hausstand oder Geschäftsbetrieb angehören oder denen er sonst die Benutzung der in Sonder- oder Miteigentum stehenden Grundstücks- oder Gebäudeteile überlässt;

3. Einwirkungen auf die im Sondereigentum stehenden Gebäudeteile und das gemeinschaftliche Eigentum zu dulden, soweit sie auf einem nach Nummer 1, 2 zulässigen Gebrauch beruhen;

4. das Betreten und die Benutzung der im Sondereigentum stehenden Gebäudeteile zu gestatten, soweit dies zur Instandhaltung und Instandsetzung des gemeinschaftlichen Eigentums erforderlich ist; der hierdurch entstehende Schaden ist zu ersetzen.

ALT	NEU

§ 15 Gebrauchsregelung

(1) Die Wohnungseigentümer können den Gebrauch des Sondereigentums und des gemeinschaftlichen Eigentums durch Vereinbarung regeln.

(2) Soweit nicht eine Vereinbarung nach Absatz 1 entgegensteht, können die Wohnungseigentümer durch Stimmenmehrheit einen der Beschaffenheit der im Sondereigentum stehenden Gebäudeteile und des gemeinschaftlichen Eigentums entsprechenden ordnungsmäßigen Gebrauch beschließen.

(3) Jeder Wohnungseigentümer kann einen Gebrauch der im Sondereigentum stehenden Gebäudeteile und des gemeinschaftlichen Eigentums verlangen, der dem Gesetz, den Vereinbarungen und Beschlüssen und, soweit sich die Regelung hieraus nicht ergibt, dem Interesse der Gesamtheit der Wohnungseigentümer nach billigem Ermessen entspricht.

§ 16 Nutzungen, Lasten und Kosten

(1) Jedem Wohnungseigentümer gebührt ein seinem Anteil entsprechender Bruchteil der Nutzungen des gemeinschaftlichen Eigentums. Der Anteil bestimmt sich nach dem gemäß § 47 der Grundbuchordnung im Grundbuch eingetragenen Verhältnis der Miteigentumsanteile.

(2) Jeder Wohnungseigentümer ist den anderen Wohnungseigentümern gegenüber verpflichtet, die Lasten des gemeinschaftlichen Eigentums sowie die Kosten der Instandhaltung, Instandsetzung, sonstigen Verwaltung und eines gemeinschaftlichen Gebrauchs des gemeinschaftlichen Eigentums nach dem Verhältnis seines Anteils (Absatz 1 Satz 2) zu tragen.

---

§ 15 Gebrauchsregelung

(1) Die Wohnungseigentümer können den Gebrauch des Sondereigentums und des gemeinschaftlichen Eigentums durch Vereinbarung regeln.

(2) Soweit nicht eine Vereinbarung nach Absatz 1 entgegensteht, können die Wohnungseigentümer durch Stimmenmehrheit einen der Beschaffenheit der im Sondereigentum stehenden Gebäudeteile und des gemeinschaftlichen Eigentums entsprechenden ordnungsmäßigen Gebrauch beschließen.

(3) Jeder Wohnungseigentümer kann einen Gebrauch der im Sondereigentum stehenden Gebäudeteile und des gemeinschaftlichen Eigentums verlangen, der dem Gesetz, den Vereinbarungen und Beschlüssen und, soweit sich die Regelung hieraus nicht ergibt, dem Interesse der Gesamtheit der Wohnungseigentümer nach billigem Ermessen entspricht.

§ 16 Nutzungen, Lasten und Kosten

(1) Jedem Wohnungseigentümer gebührt ein seinem Anteil entsprechender Bruchteil der Nutzungen des gemeinschaftlichen Eigentums. Der Anteil bestimmt sich nach dem gemäß § 47 der Grundbuchordnung im Grundbuch eingetragenen Verhältnis der Miteigentumsanteile.

(2) Jeder Wohnungseigentümer ist den anderen Wohnungseigentümern gegenüber verpflichtet, die Lasten des gemeinschaftlichen Eigentums sowie die Kosten der Instandhaltung, Instandsetzung, sonstigen Verwaltung und eines gemeinschaftlichen Gebrauchs des gemeinschaftlichen Eigentums nach dem Verhältnis seines Anteils (Absatz 1 Satz 2) zu tragen.

ALT	NEU
	(3) Die Wohnungseigentümer können abweichend von Absatz 2 durch Stimmenmehrheit beschließen, dass die Betriebskosten des gemeinschaftlichen Eigentums oder des Sondereigentums im Sinne des § 556 Abs. 1 des Bürgerlichen Gesetzbuches, die nicht unmittelbar gegenüber Dritten abgerechnet werden, und die Kosten der Verwaltung nach Verbrauch oder Verursachung erfasst und nach diesem oder nach einem anderen Maßstab verteilt werden, soweit dies ordnungsmäßiger Verwaltung entspricht.
	(4) Die Wohnungseigentümer können im Einzelfall zur Instandhaltung oder Instandsetzung im Sinne des § 21 Abs. 5 Nr. 2 oder zu baulichen Veränderungen oder Aufwendungen im Sinne des § 22 Abs. 1 und 2 durch Beschluss die Kostenverteilung abweichend von Absatz 2 regeln, wenn der abweichende Maßstab dem Gebrauch oder der Möglichkeit des Gebrauchs durch die Wohnungseigentümer Rechnung trägt. Der Beschluss zur Regelung der Kostenverteilung nach Satz 1 bedarf einer Mehrheit von drei Viertel aller stimmberechtigten Wohnungseigentümer im Sinne des § 25 Abs. 2 und mehr als der Hälfte aller Miteigentumsanteile.
	(5) Die Befugnisse im Sinne der Absätze 3 und 4 können durch Vereinbarung der Wohnungseigentümer nicht eingeschränkt oder ausgeschlossen werden.
(3) Ein Wohnungseigentümer, der einer Maßnahme nach § 22 Abs. 1 nicht zugestimmt hat, ist nicht berechtigt, einen Anteil an Nutzungen, die auf einer solchen Maßnahme beruhen, zu beanspruchen; er ist nicht verpflichtet, Kosten, die durch eine solche Maßnahme verursacht sind, zu tragen.	(6) Ein Wohnungseigentümer, der einer Maßnahme nach § 22 Abs. 1 nicht zugestimmt hat, ist nicht berechtigt, einen Anteil an Nutzungen, die auf einer solchen Maßnahme beruhen, zu beanspruchen; er ist nicht verpflichtet, Kosten, die durch eine solche Maßnahme verursacht sind, zu tragen. *Satz 1 ist bei einer Kostenverteilung gemäß Absatz 4 nicht anzuwenden.*

261

ALT	NEU
(4) Zu den Kosten der Verwaltung im Sinne des Absatzes 2 gehören insbesondere Kosten eines Rechtsstreits gemäß § 18 und der Ersatz des Schadens im Falle des § 14 Nr. 4.	(7) Zu den Kosten der Verwaltung im Sinne des Absatzes 2 gehören insbesondere Kosten eines Rechtsstreits gemäß § 18 und der Ersatz des Schadens im Falle des § 14 Nr. 4.
(5) Kosten eines Verfahrens nach § 43 gehören nicht zu den Kosten der Verwaltung im Sinne des Absatzes 2.	*(8) Kosten eines Rechtsstreits gemäß § 43 gehören nur dann zu den Kosten der Verwaltung im Sinne des Absatzes 2, wenn es sich um Mehrkosten gegenüber der gesetzlichen Vergütung eines Rechtsanwalts auf Grund einer Vereinbarung über die Vergütung (§ 27 Abs. 2 Nr. 4, Abs. 3 Nr. 6) handelt.*

§ 17 Anteil bei Aufhebung der Gemeinschaft

Im Falle der Aufhebung der Gemeinschaft bestimmt sich der Anteil der Miteigentümer nach dem Verhältnis des Wertes ihrer Wohnungseigentumsrechte zurzeit der Aufhebung der Gemeinschaft. Hat sich der Wert eines Miteigentumsanteils durch Maßnahmen verändert, denen der Wohnungseigentümer gemäß § 22 Abs. 1 nicht zugestimmt hat, so bleibt eine solche Veränderung bei der Berechnung des Wertes dieses Anteils außer Betracht.	Im Falle der Aufhebung der Gemeinschaft bestimmt sich der Anteil der Miteigentümer nach dem Verhältnis des Wertes ihrer Wohnungseigentumsrechte zurzeit der Aufhebung der Gemeinschaft. Hat sich der Wert eines Miteigentumsanteils durch Maßnahmen verändert, *deren Kosten der Wohnungseigentümer nicht getragen hat,* so bleibt eine solche Veränderung bei der Berechnung des Wertes dieses Anteils außer Betracht.

§ 18 Entziehung des Wohnungseigentums

(1) Hat ein Wohnungseigentümer sich einer so schweren Verletzung der ihm gegenüber anderen Wohnungseigentümern obliegenden Verpflichtungen schuldig gemacht, dass diesen die Fortsetzung der Gemeinschaft mit ihm nicht mehr zugemutet werden kann, so können die anderen Wohnungseigentümer von ihm die Veräußerung seines Wohnungseigentums verlangen.	(1) Hat ein Wohnungseigentümer sich einer so schweren Verletzung der ihm gegenüber anderen Wohnungseigentümern obliegenden Verpflichtungen schuldig gemacht, dass diesen die Fortsetzung der Gemeinschaft mit ihm nicht mehr zugemutet werden kann, so können die anderen Wohnungseigentümer von ihm die Veräußerung seines Wohnungseigentums verlangen. *Die Ausübung des Entziehungsrechts steht der Gemeinschaft der Wohnungseigentümer zu, soweit es*

ALT	NEU

sich nicht um eine Gemeinschaft handelt, die nur aus zwei Wohnungseigentümern besteht.

ALT

(2) Die Voraussetzungen des Absatzes 1 liegen insbesondere vor, wenn

1. der Wohnungseigentümer trotz Abmahnung wiederholt gröblich gegen die ihm nach § 14 obliegenden Pflichten verstößt;

2. der Wohnungseigentümer sich mit der Erfüllung seiner Verpflichtungen zur Lasten- und Kostentragung (§ 16 Abs. 2) in Höhe eines Betrages, der drei vom Hundert des Einheitswertes seines Wohnungseigentums übersteigt, länger als drei Monate in Verzug befindet.

(3) Über das Verlangen nach Absatz 1 beschließen die Wohnungseigentümer durch Stimmenmehrheit. Der Beschluss bedarf einer Mehrheit von mehr als der Hälfte der stimmberechtigten Wohnungseigentümer. Die Vorschriften des § 25 Abs. 3, 4 sind in diesem Falle nicht anzuwenden.

(4) Der in Absatz 1 bestimmte Anspruch kann durch Vereinbarung der Wohnungseigentümer nicht eingeschränkt oder ausgeschlossen werden.

§ 19 Wirkung des Urteils

(1) Das Urteil, durch das ein Wohnungseigentümer zur Veräußerung seines Wohnungseigentums verurteilt wird, ersetzt die für die freiwillige Versteigerung des Wohnungseigentums und für die Übertragung des Wohnungseigentums auf den Ersteher erforderlichen Erklärungen. Aus dem Urteil findet zu Gunsten des Erstehers die Zwangsvollstreckung auf Räumung und Herausgabe statt. Die Vorschriften des § 93 Abs. 1 Satz 2 und 3 des Gesetzes über die Zwangsversteigerung und Zwangsverwaltung gelten entsprechend.

NEU

(2) Die Voraussetzungen des Absatzes 1 liegen insbesondere vor, wenn

1. der Wohnungseigentümer trotz Abmahnung wiederholt gröblich gegen die ihm nach § 14 obliegenden Pflichten verstößt;

2. der Wohnungseigentümer sich mit der Erfüllung seiner Verpflichtungen zur Lasten- und Kostentragung (§ 16 Abs. 2) in Höhe eines Betrages, der drei vom Hundert des Einheitswertes seines Wohnungseigentums übersteigt, länger als drei Monate in Verzug befindet.

(3) Über das Verlangen nach Absatz 1 beschließen die Wohnungseigentümer durch Stimmenmehrheit. Der Beschluss bedarf einer Mehrheit von mehr als der Hälfte der stimmberechtigten Wohnungseigentümer. Die Vorschriften des § 25 Abs. 3, 4 sind in diesem Falle nicht anzuwenden.

(4) Der in Absatz 1 bestimmte Anspruch kann durch Vereinbarung der Wohnungseigentümer nicht eingeschränkt oder ausgeschlossen werden.

§ 19 Wirkung des Urteils

(1) Das Urteil, durch das ein Wohnungseigentümer zur Veräußerung seines Wohnungseigentums verurteilt wird, *berechtigt jeden Miteigentümer zur Zwangsvollstreckung entsprechend den Vorschriften des Ersten Abschnitts des Gesetzes über die Zwangsversteigerung und die Zwangsverwaltung. Die Ausübung dieses Rechts steht der Gemeinschaft der Wohnungseigentümer zu, soweit es sich nicht um eine Gemeinschaft handelt, die nur aus zwei Wohnungseigentümern besteht.*

ALT	NEU

(2) Der Wohnungseigentümer kann im Falle des § 18 Abs. 2 Nr. 2 bis zur Erteilung des Zuschlags die in Absatz 1 bezeichnete Wirkung des Urteils dadurch abwenden, dass er die Verpflichtungen, wegen deren Nichterfüllung er verurteilt ist, einschließlich der Verpflichtung zum Ersatz der durch den Rechtsstreit und das Versteigerungsverfahren entstandenen Kosten sowie die fälligen weiteren Verpflichtungen zur Lasten- und Kostentragung erfüllt.

(3) Ein gerichtlicher oder vor einer Gütestelle geschlossener Vergleich, durch den sich der Wohnungseigentümer zur Veräußerung seines Wohnungseigentums verpflichtet, steht dem in Absatz 1 bezeichneten Urteil gleich.

3. Abschnitt

§ 20 Gliederung der Verwaltung

(1) Die Verwaltung des gemeinschaftlichen Eigentums obliegt den Wohnungseigentümern nach Maßgabe der §§ 21 bis 25 und dem Verwalter nach Maßgabe der §§ 26 bis 28, im Falle der Bestellung eines Verwaltungsbeirats auch diesem nach Maßgabe des § 29.

(2) Die Bestellung eines Verwalters kann nicht ausgeschlossen werden.

§ 21 Verwaltung durch die Wohnungseigentümer

(1) Soweit nicht in diesem Gesetz oder durch Vereinbarung der Wohnungseigentümer etwas anderes bestimmt ist, steht die Verwaltung des gemeinschaftlichen Eigentums den Wohnungseigentümern gemeinschaftlich zu.

(2) Jeder Wohnungseigentümer ist berechtigt, ohne Zustimmung der anderen Wohnungseigentümer die Maßnahmen zu treffen, die zur Abwendung eines dem

---

(2) Der Wohnungseigentümer kann im Falle des § 18 Abs. 2 Nr. 2 bis zur Erteilung des Zuschlags die in Absatz 1 bezeichnete Wirkung des Urteils dadurch abwenden, dass er die Verpflichtungen, wegen deren Nichterfüllung er verurteilt ist, einschließlich der Verpflichtung zum Ersatz der durch den Rechtsstreit und das Versteigerungsverfahren entstandenen Kosten sowie die fälligen weiteren Verpflichtungen zur Lasten- und Kostentragung erfüllt.

(3) Ein gerichtlicher oder vor einer Gütestelle geschlossener Vergleich, durch den sich der Wohnungseigentümer zur Veräußerung seines Wohnungseigentums verpflichtet, steht dem in Absatz 1 bezeichneten Urteil gleich.

3. Abschnitt

§ 20 Gliederung der Verwaltung

(1) Die Verwaltung des gemeinschaftlichen Eigentums obliegt den Wohnungseigentümern nach Maßgabe der §§ 21 bis 25 und dem Verwalter nach Maßgabe der §§ 26 bis 28, im Falle der Bestellung eines Verwaltungsbeirats auch diesem nach Maßgabe des § 29.

(2) Die Bestellung eines Verwalters kann nicht ausgeschlossen werden.

§ 21 Verwaltung durch die Wohnungseigentümer

(1) Soweit nicht in diesem Gesetz oder durch Vereinbarung der Wohnungseigentümer etwas anderes bestimmt ist, steht die Verwaltung des gemeinschaftlichen Eigentums den Wohnungseigentümern gemeinschaftlich zu.

(2) Jeder Wohnungseigentümer ist berechtigt, ohne Zustimmung der anderen Wohnungseigentümer die Maßnahmen zu treffen, die zur Abwendung eines dem

ALT	NEU

gemeinschaftlichen Eigentum unmittelbar drohenden Schadens notwendig sind.

(3) Soweit die Verwaltung des gemeinschaftlichen Eigentums nicht durch Vereinbarung der Wohnungseigentümer geregelt ist, können die Wohnungseigentümer eine der Beschaffenheit des gemeinschaftlichen Eigentums entsprechende ordnungsgemäße Verwaltung durch Stimmenmehrheit beschließen.

(4) Jeder Wohnungseigentümer kann eine Verwaltung verlangen, die den Vereinbarungen und Beschlüssen und, soweit solche nicht bestehen, dem Interesse der Gesamtheit der Wohnungseigentümer nach billigem Ermessen entspricht.

(5) Zu einer ordnungsmäßigen, dem Interesse der Gesamtheit der Wohnungseigentümer entsprechenden Verwaltung gehört insbesondere:

1. die Aufstellung einer Hausordnung;

2. die ordnungsmäßige Instandhaltung und Instandsetzung des gemeinschaftlichen Eigentums;

3. die Feuerversicherung des gemeinschaftlichen Eigentums zum Neuwert sowie die angemessene Versicherung der Wohnungseigentümer gegen Haus- und Grundbesitzerhaftpflicht;

4. die Ansammlung einer angemessenen Instandhaltungsrückstellung;

5. die Aufstellung eines Wirtschaftsplans (§ 28);

6. die Duldung aller Maßnahmen, die zur Herstellung einer Fernsprechteilnehmereinrichtung, einer Rundfunkempfangsanlage oder eines Energieversorgungsanschlusses zu Gunsten eines Wohnungseigentümers erforderlich sind.

(6) Der Wohnungseigentümer, zu dessen Gunsten eine Maßnahme der in Absatz 5

---

gemeinschaftlichen Eigentum unmittelbar drohenden Schadens notwendig sind.

(3) Soweit die Verwaltung des gemeinschaftlichen Eigentums nicht durch Vereinbarung der Wohnungseigentümer geregelt ist, können die Wohnungseigentümer eine der Beschaffenheit des gemeinschaftlichen Eigentums entsprechende ordnungsgemäße Verwaltung durch Stimmenmehrheit beschließen.

(4) Jeder Wohnungseigentümer kann eine Verwaltung verlangen, die den Vereinbarungen und Beschlüssen und, soweit solche nicht bestehen, dem Interesse der Gesamtheit der Wohnungseigentümer nach billigem Ermessen entspricht.

(5) Zu einer ordnungsmäßigen, dem Interesse der Gesamtheit der Wohnungseigentümer entsprechenden Verwaltung gehört insbesondere:

1. die Aufstellung einer Hausordnung;

2. die ordnungsmäßige Instandhaltung und Instandsetzung des gemeinschaftlichen Eigentums;

3. die Feuerversicherung des gemeinschaftlichen Eigentums zum Neuwert sowie die angemessene Versicherung der Wohnungseigentümer gegen Haus- und Grundbesitzerhaftpflicht;

4. die Ansammlung einer angemessenen Instandhaltungsrückstellung;

5. die Aufstellung eines Wirtschaftsplans (§ 28);

6. die Duldung aller Maßnahmen, die zur Herstellung einer Fernsprechteilnehmereinrichtung, einer Rundfunkempfangsanlage oder eines Energieversorgungsanschlusses zu Gunsten eines Wohnungseigentümers erforderlich sind.

(6) Der Wohnungseigentümer, zu dessen Gunsten eine Maßnahme der in Absatz 5

265

ALT	NEU

Nr. 6 bezeichneten Art getroffen wird, ist zum Ersatz des hierdurch entstehenden Schadens verpflichtet.

Nr. 6 bezeichneten Art getroffen wird, ist zum Ersatz des hierdurch entstehenden Schadens verpflichtet.

(7) Die Wohnungseigentümer können die Regelung der Art und Weise von Zahlungen, der Fälligkeit und der Folgen des Verzugs sowie der Kosten für eine besondere Nutzung des gemeinschaftlichen Eigentums oder für einen besonderen Verwaltungsaufwand mit Stimmenmehrheit beschließen.

(8) Treffen die Wohnungseigentümer eine nach dem Gesetz erforderliche Maßnahme nicht, so kann an ihrer Stelle das Gericht in einem Rechtsstreit gemäß § 43 nach billigem Ermessen entscheiden, soweit sich die Maßnahme nicht aus dem Gesetz, einer Vereinbarung oder einem Beschluss der Wohnungseigentümer ergibt.

§ 22 Besondere Aufwendungen, Wiederaufbau

(1) Bauliche Veränderungen und Aufwendungen, die über die ordnungsmäßige Instandhaltung oder Instandsetzung des gemeinschaftlichen Eigentums hinausgehen, können nicht gemäß § 21 Abs. 3 beschlossen oder gemäß § 21 Abs. 4 verlangt werden. Die Zustimmung eines Wohnungseigentümers zu solchen Maßnahmen ist insoweit nicht erforderlich, als durch die Veränderung dessen Rechte nicht über das in § 14 bestimmte Maß hinaus beeinträchtigt werden.

§ 22 Besondere Aufwendungen, Wiederaufbau

(1) Bauliche Veränderungen und Aufwendungen, die über die ordnungsmäßige Instandhaltung oder Instandsetzung des gemeinschaftlichen Eigentums hinausgehen, *können beschlossen oder verlangt werden, wenn jeder Wohnungseigentümer zustimmt, dessen Rechte durch die Maßnahmen über das in § 14 Nr. 1 bestimmte Maß hinaus beeinträchtigt werden. Die Zustimmung ist nicht erforderlich, soweit die Rechte eines Wohnungseigentümers nicht in der in Satz 1 bezeichneten Weise beeinträchtigt werden.*

(2) Maßnahmen gemäß Absatz 1 Satz 1, die der Modernisierung entsprechend § 559 Abs. 1 des Bürgerlichen Gesetzbuches oder der Anpassung des gemeinschaftlichen Eigentums an den Stand der Technik dienen, die Eigenart der Wohnanlage nicht ändern und keinen Woh-

ALT	NEU

nungseigentümer gegenüber anderen unbillig beeinträchtigen, können abweichend von Absatz 1 durch eine Mehrheit von drei Viertel aller stimmberechtigten Wohnungseigentümer im Sinne des § 25 Abs. 2 und mehr als der Hälfte aller Miteigentumsanteile beschlossen werden. Die Befugnis im Sinne des Satzes 1 kann durch Vereinbarung der Wohnungseigentümer nicht eingeschränkt oder ausgeschlossen werden.

(3) Für Maßnahmen der modernisierenden Instandsetzung im Sinne des § 21 Abs. 5 Nr. 2 verbleibt es bei den Vorschriften des § 21 Abs. 3 und 4.

(2) Ist das Gebäude zu mehr als der Hälfte seines Wertes zerstört und ist der Schaden nicht durch eine Versicherung oder in anderer Weise gedeckt, so kann der Wiederaufbau nicht gemäß § 21 Abs. 3 beschlossen oder gemäß § 21 Abs. 4 verlangt werden.

(4) Ist das Gebäude zu mehr als der Hälfte seines Wertes zerstört und ist der Schaden nicht durch eine Versicherung oder in anderer Weise gedeckt, so kann der Wiederaufbau nicht gemäß § 21 Abs. 3 beschlossen oder gemäß § 21 Abs. 4 verlangt werden.

§ 23 Wohnungseigentümerversammlung

(1) Angelegenheiten, über die nach diesem Gesetz oder nach einer Vereinbarung der Wohnungseigentümer die Wohnungseigentümer durch Beschluss entscheiden können, werden durch Beschlussfassung in einer Versammlung der Wohnungseigentümer geordnet.

§ 23 Wohnungseigentümerversammlung

(1) Angelegenheiten, über die nach diesem Gesetz oder nach einer Vereinbarung der Wohnungseigentümer die Wohnungseigentümer durch Beschluss entscheiden können, werden durch Beschlussfassung in einer Versammlung der Wohnungseigentümer geordnet.

(2) Zur Gültigkeit eines Beschlusses ist erforderlich, dass der Gegenstand bei der Einberufung bezeichnet ist.

(2) Zur Gültigkeit eines Beschlusses ist erforderlich, dass der Gegenstand bei der Einberufung bezeichnet ist.

(3) Auch ohne Versammlung ist ein Beschluss gültig, wenn alle Wohnungseigentümer ihre Zustimmung zu diesem Beschluss schriftlich erklären.

(3) Auch ohne Versammlung ist ein Beschluss gültig, wenn alle Wohnungseigentümer ihre Zustimmung zu diesem Beschluss schriftlich erklären.

(4) Ein Beschluss ist nur ungültig, wenn er gemäß § 43 Abs. 1 Nr. 4 für ungültig erklärt ist. Der Antrag auf eine solche Entscheidung kann nur binnen eines Mo-

(4) Ein Beschluss, der gegen eine Rechtsvorschrift verstößt, auf deren Einhaltung rechtswirksam nicht verzichtet werden kann, ist nichtig. Im Übrigen ist

ALT	NEU

nats seit der Beschlussfassung gestellt werden, es sei denn, dass der Beschluss gegen eine Rechtsvorschrift verstößt, auf deren Einhaltung rechtswirksam nicht verzichtet werden kann.

ein Beschluss gültig, solange er nicht durch rechtskräftiges Urteil für ungültig erklärt ist.

§ 24 Einberufung, Vorsitz, Niederschrift

§ 24 Einberufung, Vorsitz, Niederschrift

(1) Die Versammlung der Wohnungseigentümer wird von dem Verwalter mindestens einmal im Jahre einberufen.

(1) Die Versammlung der Wohnungseigentümer wird von dem Verwalter mindestens einmal im Jahre einberufen.

(2) Die Versammlung der Wohnungseigentümer muss von dem Verwalter in den durch Vereinbarung der Wohnungseigentümer bestimmten Fällen, im Übrigen dann einberufen werden, wenn dies schriftlich unter Angabe des Zweckes und der Gründe von mehr als einem Viertel der Wohnungseigentümer verlangt wird.

(2) Die Versammlung der Wohnungseigentümer muss von dem Verwalter in den durch Vereinbarung der Wohnungseigentümer bestimmten Fällen, im Übrigen dann einberufen werden, wenn dies schriftlich unter Angabe des Zweckes und der Gründe von mehr als einem Viertel der Wohnungseigentümer verlangt wird.

(3) Fehlt ein Verwalter oder weigert er sich pflichtwidrig, die Versammlung der Wohnungseigentümer einzuberufen, so kann die Versammlung auch, falls ein Verwaltungsbeirat bestellt ist, von dessen Vorsitzenden oder seinem Vertreter einberufen werden.

(3) Fehlt ein Verwalter oder weigert er sich pflichtwidrig, die Versammlung der Wohnungseigentümer einzuberufen, so kann die Versammlung auch, falls ein Verwaltungsbeirat bestellt ist, von dessen Vorsitzenden oder seinem Vertreter einberufen werden.

(4) Die Einberufung erfolgt in Textform. Die Frist der Einberufung soll, sofern nicht ein Fall besonderer Dringlichkeit vorliegt, mindestens eine Woche betragen.

(4) Die Einberufung erfolgt in Textform. Die Frist der Einberufung soll, sofern nicht ein Fall besonderer Dringlichkeit vorliegt, mindestens *zwei Wochen* betragen.

(5) Den Vorsitz in der Wohnungseigentümerversammlung führt, sofern diese nichts anderes beschließt, der Verwalter.

(5) Den Vorsitz in der Wohnungseigentümerversammlung führt, sofern diese nichts anderes beschließt, der Verwalter.

(6) Über die in der Versammlung gefassten Beschlüsse ist eine Niederschrift aufzunehmen. Die Niederschrift ist von dem Vorsitzenden und einem Wohnungseigentümer und, falls ein Verwaltungsbeirat bestellt ist, auch von dessen Vorsitzenden oder seinem Vertreter zu unterschreiben. Jeder Wohnungs-

(6) Über die in der Versammlung gefassten Beschlüsse ist eine Niederschrift aufzunehmen. Die Niederschrift ist von dem Vorsitzenden und einem Wohnungseigentümer und, falls ein Verwaltungsbeirat bestellt ist, auch von dessen Vorsitzenden oder seinem Vertreter zu unterschreiben. Jeder Wohnungs-

ALT	NEU
eigentümer ist berechtigt, die Niederschriften einzusehen.	eigentümer ist berechtigt, die Niederschriften einzusehen.

(7) Es ist eine Beschluss-Sammlung zu führen. Die Beschluss-Sammlung enthält nur den Wortlaut

1. der in der Versammlung der Wohnungseigentümer verkündeten Beschlüsse mit Angabe von Ort und Datum der Versammlung,

2. der schriftlichen Beschlüsse mit Angabe von Ort und Datum der Verkündung und

3. der Urteilsformeln der gerichtlichen Entscheidungen in einem Rechtsstreit gemäß § 43 mit Angabe ihres Datums, des Gerichts und der Parteien,
soweit diese Beschlüsse und gerichtlichen Entscheidungen nach dem[1]
(einsetzen: Datum des ersten Tages des vierten auf die Verkündung folgenden Kalendermonats)
ergangen sind. Die Beschlüsse und gerichtlichen Entscheidungen sind fortlaufend einzutragen und zu nummerieren. Sind sie angefochten oder aufgehoben worden, so ist dies anzumerken. Im Falle einer Aufhebung kann von einer Anmerkung abgesehen und die Eintragung gelöscht werden. Eine Eintragung kann auch gelöscht werden, wenn sie aus einem anderen Grund für die Wohnungseigentümer keine Bedeutung mehr hat. Die Eintragungen, Vermerke und Löschungen gemäß den Sätzen 3 bis 6 sind unverzüglich zu erledigen und mit Datum zu versehen. Einem Wohnungseigentümer oder einem Dritten, den ein Wohnungseigentümer ermächtigt hat, ist auf sein Verlangen Einsicht in die Beschluss-Sammlung zu geben.

---

1 Die Datumsangabe konnte bei Redaktionsschluss leider noch nicht konkretisiert werden, vgl. auch Rz. 772.

ALT	NEU
	(8) Die Beschluss-Sammlung ist von dem Verwalter zu führen. Fehlt ein Verwalter, so ist der Vorsitzende der Wohnungseigentümerversammlung verpflichtet, die Beschluss-Sammlung zu führen, sofern die Wohnungseigentümer durch Stimmenmehrheit keinen anderen für diese Aufgabe bestellt haben.

§ 25 Mehrheitsbeschluss

(1) Für die Beschlussfassung in Angelegenheiten, über die die Wohnungseigentümer durch Stimmenmehrheit beschließen, gelten die Vorschriften der Absätze 2 bis 5.

(2) Jeder Wohnungseigentümer hat eine Stimme. Steht ein Wohnungseigentum mehreren gemeinschaftlich zu, so können sie das Stimmrecht nur einheitlich ausüben.

(3) Die Versammlung ist nur beschlussfähig, wenn die erschienenen stimmberechtigten Wohnungseigentümer mehr als die Hälfte der Miteigentumsanteile, berechnet nach der im Grundbuch eingetragenen Größe dieser Anteile, vertreten.

(4) Ist eine Versammlung nicht gemäß Absatz 3 beschlussfähig, so beruft der Verwalter eine neue Versammlung mit dem gleichen Gegenstand ein. Diese Versammlung ist ohne Rücksicht auf die Höhe der vertretenen Anteile beschlussfähig; hierauf ist bei der Einberufung hinzuweisen.

(5) Ein Wohnungseigentümer ist nicht stimmberechtigt, wenn die Beschlussfassung die Vornahme eines auf die Verwaltung des gemeinschaftlichen Eigentums bezüglichen Rechtsgeschäfts mit ihm oder die Einleitung oder Erledigung eines Rechtsstreits der anderen Wohnungseigentümer gegen ihn betrifft oder wenn er nach § 18 rechtskräftig verurteilt ist.

§ 25 Mehrheitsbeschluss

(1) Für die Beschlussfassung in Angelegenheiten, über die die Wohnungseigentümer durch Stimmenmehrheit beschließen, gelten die Vorschriften der Absätze 2 bis 5.

(2) Jeder Wohnungseigentümer hat eine Stimme. Steht ein Wohnungseigentum mehreren gemeinschaftlich zu, so können sie das Stimmrecht nur einheitlich ausüben.

(3) Die Versammlung ist nur beschlussfähig, wenn die erschienenen stimmberechtigten Wohnungseigentümer mehr als die Hälfte der Miteigentumsanteile, berechnet nach der im Grundbuch eingetragenen Größe dieser Anteile, vertreten.

(4) Ist eine Versammlung nicht gemäß Absatz 3 beschlussfähig, so beruft der Verwalter eine neue Versammlung mit dem gleichen Gegenstand ein. Diese Versammlung ist ohne Rücksicht auf die Höhe der vertretenen Anteile beschlussfähig; hierauf ist bei der Einberufung hinzuweisen.

(5) Ein Wohnungseigentümer ist nicht stimmberechtigt, wenn die Beschlussfassung die Vornahme eines auf die Verwaltung des gemeinschaftlichen Eigentums bezüglichen Rechtsgeschäfts mit ihm oder die Einleitung oder Erledigung eines Rechtsstreits der anderen Wohnungseigentümer gegen ihn betrifft oder wenn er nach § 18 rechtskräftig verurteilt ist.

ALT	NEU

§ 26 Bestellung und Abberufung des Verwalters

§ 26 Bestellung und Abberufung des Verwalters

(1) Über die Bestellung und Abberufung des Verwalters beschließen die Wohnungseigentümer mit Stimmenmehrheit. Die Bestellung darf auf höchstens fünf Jahre vorgenommen werden. Die Abberufung des Verwalters kann auf das Vorliegen eines wichtigen Grundes beschränkt werden. Andere Beschränkungen der Bestellung oder Abberufung des Verwalters sind nicht zulässig.

(1) Über die Bestellung und Abberufung des Verwalters beschließen die Wohnungseigentümer mit Stimmenmehrheit. Die Bestellung darf auf höchstens fünf Jahre vorgenommen werden, *im Falle der ersten Bestellung nach der Begründung von Wohnungseigentum aber auf höchstens drei Jahre.* Die Abberufung des Verwalters kann auf das Vorliegen eines wichtigen Grundes beschränkt werden. *Ein wichtiger Grund liegt regelmäßig vor, wenn der Verwalter die Beschluss-Sammlung nicht ordnungsmäßig führt.* Andere Beschränkungen der Bestellung oder Abberufung des Verwalters sind nicht zulässig.

(2) Die wiederholte Bestellung ist zulässig; sie bedarf eines erneuten Beschlusses der Wohnungseigentümer, der frühestens ein Jahr vor Ablauf der Bestellungszeit gefasst werden kann.

(2) Die wiederholte Bestellung ist zulässig; sie bedarf eines erneuten Beschlusses der Wohnungseigentümer, der frühestens ein Jahr vor Ablauf der Bestellungszeit gefasst werden kann.

(3) Fehlt ein Verwalter, so ist ein solcher in dringenden Fällen bis zur Behebung des Mangels auf Antrag eines Wohnungseigentümers oder eines Dritten, der ein berechtigtes Interesse an der Bestellung eines Verwalters hat, durch den Richter zu bestellen.

(3) aufgehoben

(4) Soweit die Verwaltereigenschaft durch eine öffentlich beglaubigte Urkunde nachgewiesen werden muss, genügt die Vorlage einer Niederschrift über den Bestellungsbeschluss, bei der die Unterschriften der in § 24 Abs. 6 bezeichneten Personen öffentlich beglaubigt sind.

(4) Soweit die Verwaltereigenschaft durch eine öffentlich beglaubigte Urkunde nachgewiesen werden muss, genügt die Vorlage einer Niederschrift über den Bestellungsbeschluss, bei der die Unterschriften der in § 24 Abs. 6 bezeichneten Personen öffentlich beglaubigt sind.

§ 27 Aufgaben und Befugnisse des Verwalters

§ 27 Aufgaben und Befugnisse des Verwalters

(1) Der Verwalter ist berechtigt und verpflichtet:

(1) Der Verwalter ist *gegenüber den Wohnungseigentümern und gegenüber der Gemeinschaft der Wohnungseigentümer* berechtigt und verpflichtet,

271

ALT	NEU

1. Beschlüsse der Wohnungseigentümer durchzuführen und für die Durchführung der Hausordnung zu sorgen;

2. die für die ordnungsmäßige Instandhaltung und Instandsetzung des gemeinschaftlichen Eigentums erforderlichen Maßnahmen zu treffen;

3. in dringenden Fällen sonstige zur Erhaltung des gemeinschaftlichen Eigentums erforderliche Maßnahmen zu treffen;

(Regelung bisher in § 27 Abs. 2 Nr. 1)

---

1. Beschlüsse der Wohnungseigentümer durchzuführen und für die Durchführung der Hausordnung zu sorgen;

2. die für die ordnungsmäßige Instandhaltung und Instandsetzung des gemeinschaftlichen Eigentums erforderlichen Maßnahmen zu treffen;

3. in dringenden Fällen sonstige zur Erhaltung des gemeinschaftlichen Eigentums erforderliche Maßnahmen zu treffen;

4. Lasten- und Kostenbeiträge, Tilgungsbeträge und Hypothekenzinsen anzufordern, in Empfang zu nehmen und abzuführen, soweit es sich um gemeinschaftliche Angelegenheiten der Wohnungseigentümer handelt;

(Regelung bisher in § 27 Abs. 2 Nr. 2)

5. alle Zahlungen und Leistungen zu bewirken und entgegenzunehmen, die mit der laufenden Verwaltung des gemeinschaftlichen Eigentums zusammenhängen;

---

4. gemeinschaftliche Gelder zu verwalten.

6. eingenommene Gelder zu verwalten;

---

7. die Wohnungseigentümer unverzüglich darüber zu unterrichten, dass ein Rechtsstreit gemäß § 43 anhängig ist.

(Regelung bisher in § 27 Abs. 2 Nr. 6)

8. die Erklärungen abzugeben, die zur Vornahme der in § 21 Abs. 5 Nr. 6 bezeichneten Maßnahmen erforderlich sind.

---

(2) Der Verwalter ist berechtigt, im Namen aller Wohnungseigentümer und mit Wirkung für und gegen sie:

1. Lasten- und Kostenbeiträge, Tilgungsbeträge und Hypothekenzinsen anzufordern, in Empfang zu nehmen und abzuführen, soweit es sich um gemeinschaftliche Angelegenheiten der Wohnungseigentümer handelt;

2. alle Zahlungen und Leistungen zu bewirken und entgegenzunehmen, die mit der laufenden Verwaltung des gemeinschaftlichen Eigentums zusammenhängen;

(2) Der Verwalter ist berechtigt, im Namen aller Wohnungseigentümer und mit Wirkung für und gegen sie

ALT	NEU
3. Willenserklärungen und Zustellungen entgegenzunehmen, soweit sie an alle Wohnungseigentümer in dieser Eigenschaft gerichtet sind;	1. Willenserklärungen und Zustellungen entgegenzunehmen, soweit sie an alle Wohnungseigentümer in dieser Eigenschaft gerichtet sind;
4. Maßnahmen zu treffen, die zur Wahrung einer Frist oder zur Abwendung eines sonstigen Rechtsnachteils erforderlich sind;	2. Maßnahmen zu treffen, die zur Wahrung einer Frist oder zur Abwendung eines sonstigen Rechtsnachteils erforderlich sind, *insbesondere einen gegen die Wohnungseigentümer gerichteten Rechtsstreit gemäß § 43 Nr. 1, Nr. 4 oder Nr. 5 im Erkenntnis- und Vollstreckungsverfahren zu führen;*
5. Ansprüche gerichtlich und außergerichtlich geltend zu machen, sofern er hierzu durch Beschluss der Wohnungseigentümer ermächtigt ist;	3. Ansprüche gerichtlich und außergerichtlich geltend zu machen, sofern er hierzu durch *Vereinbarung oder* Beschluss *mit Stimmenmehrheit* der Wohnungseigentümer ermächtigt ist;
6. die Erklärungen abzugeben, die zur Vornahme der in § 21 Abs. 5 Nr. 6 bezeichneten Maßnahmen erforderlich sind.	
	4. *mit einem Rechtsanwalt wegen eines Rechtsstreits gemäß § 43 Nr. 1, Nr. 4 oder Nr. 5 zu vereinbaren, dass sich die Gebühren nach einem höheren als dem gesetzlichen Streitwert, höchstens nach einem gemäß § 49a Abs. 1 Satz 1 des Gerichtskostengesetzes bestimmten Streitwert bemessen.*
	(3) Der Verwalter ist berechtigt, im Namen der Gemeinschaft der Wohnungseigentümer und mit Wirkung für und gegen sie
	1. Willenserklärungen und Zustellungen entgegenzunehmen;
	2. Maßnahmen zu treffen, die zur Wahrung einer Frist oder zur Abwendung eines sonstigen Rechtsnachteils erforderlich sind, insbesondere einen gegen die Gemeinschaft gerichteten Rechtsstreit gemäß § 43 Nr. 2 oder Nr. 5 im Erkenntnis- und Vollstreckungsverfahren zu führen;
	3. die laufenden Maßnahmen der erforderlichen ordnungsmäßigen Instandhal-

ALT	NEU
	tung und Instandsetzung gemäß Absatz 1 Nr. 2 zu treffen;
	4. die Maßnahmen gemäß Absatz 1 Nr. 3 bis Nr. 5 und Nr. 8 zu treffen;
	5. im Rahmen der Verwaltung der eingenommenen Gelder gemäß Absatz 1 Nr. 6 Konten zu führen;
	6. mit einem Rechtsanwalt wegen eines Rechtsstreits gemäß § 43 Nr. 2 oder Nr. 5 eine Vergütung gemäß Absatz 2 Nr. 4 zu vereinbaren;
	7. sonstige Rechtsgeschäfte und Rechtshandlungen vorzunehmen, soweit er hierzu durch Vereinbarung oder Beschluss der Wohnungseigentümer mit Stimmenmehrheit ermächtigt ist.
	Fehlt ein Verwalter oder ist er zur Vertretung nicht berechtigt, so vertreten alle Wohnungseigentümer die Gemeinschaft. Die Wohnungseigentümer können durch Beschluss mit Stimmenmehrheit einen oder mehrere Wohnungseigentümer zur Vertretung ermächtigen.
(3) Die dem Verwalter nach den Absätzen 1, 2 zustehenden Aufgaben und Befugnisse können durch Vereinbarung der Wohnungseigentümer nicht eingeschränkt werden.	(4) Die dem Verwalter nach den Absätzen 1 bis 3 zustehenden Aufgaben und Befugnisse können durch Vereinbarung der Wohnungseigentümer nicht eingeschränkt *oder ausgeschlossen* werden.
(4) Der Verwalter ist verpflichtet, Gelder der Wohnungseigentümer von seinem Vermögen gesondert zu halten. Die Verfügung über solche Gelder kann von der Zustimmung eines Wohnungseigentümers oder eines Dritten abhängig gemacht werden.	(5) Der Verwalter ist verpflichtet, *eingenommene Gelder* von seinem Vermögen gesondert zu halten. Die Verfügung über solche Gelder kann *durch Vereinbarung oder Beschluss der Wohnungseigentümer mit Stimmenmehrheit* von der Zustimmung eines Wohnungseigentümers oder eines Dritten abhängig gemacht werden.
(5) Der Verwalter kann von den Wohnungseigentümern die Ausstellung einer Vollmachtsurkunde verlangen, aus der der Umfang seiner Vertretungsmacht ersichtlich ist.	(6) Der Verwalter kann von den Wohnungseigentümern die Ausstellung einer Vollmachts- *und Ermächtigungsurkunde* verlangen, aus der der Umfang seiner Vertretungsmacht ersichtlich ist.

ALT	NEU

§ 28 Wirtschaftsplan, Rechnungslegung

(1) Der Verwalter hat jeweils für ein Kalenderjahr einen Wirtschaftsplan aufzustellen. Der Wirtschaftsplan enthält:

1. die voraussichtlichen Einnahmen und Ausgaben bei der Verwaltung des gemeinschaftlichen Eigentums;

2. die anteilmäßige Verpflichtung der Wohnungseigentümer zur Lasten- und Kostentragung;

3. die Beitragsleistung der Wohnungseigentümer zu der in § 21 Abs. 5 Nr. 4 vorgesehenen Instandhaltungsrückstellung.

(2) Die Wohnungseigentümer sind verpflichtet, nach Abruf durch den Verwalter dem beschlossenen Wirtschaftsplan entsprechende Vorschüsse zu leisten.

(3) Der Verwalter hat nach Ablauf des Kalenderjahres eine Abrechnung aufzustellen.

(4) Die Wohnungseigentümer können durch Mehrheitsbeschluss jederzeit von dem Verwalter Rechnungslegung verlangen.

(5) Über den Wirtschaftsplan, die Abrechnung und die Rechnungslegung des Verwalters beschließen die Wohnungseigentümer durch Stimmenmehrheit.

§ 29 Verwaltungsbeirat

(1) Die Wohnungseigentümer können durch Stimmenmehrheit die Bestellung eines Verwaltungsbeirats beschließen. Der Verwaltungsbeirat besteht aus einem Wohnungseigentümer als Vorsitzenden und zwei weiteren Wohnungseigentümern als Beisitzern.

(2) Der Verwaltungsbeirat unterstützt den Verwalter bei der Durchführung seiner Aufgaben.

---

§ 28 Wirtschaftsplan, Rechnungslegung

(1) Der Verwalter hat jeweils für ein Kalenderjahr einen Wirtschaftsplan aufzustellen. Der Wirtschaftsplan enthält:

1. die voraussichtlichen Einnahmen und Ausgaben bei der Verwaltung des gemeinschaftlichen Eigentums;

2. die anteilmäßige Verpflichtung der Wohnungseigentümer zur Lasten- und Kostentragung;

3. die Beitragsleistung der Wohnungseigentümer zu der in § 21 Abs. 5 Nr. 4 vorgesehenen Instandhaltungsrückstellung.

(2) Die Wohnungseigentümer sind verpflichtet, nach Abruf durch den Verwalter dem beschlossenen Wirtschaftsplan entsprechende Vorschüsse zu leisten.

(3) Der Verwalter hat nach Ablauf des Kalenderjahres eine Abrechnung aufzustellen.

(4) Die Wohnungseigentümer können durch Mehrheitsbeschluss jederzeit von dem Verwalter Rechnungslegung verlangen.

(5) Über den Wirtschaftsplan, die Abrechnung und die Rechnungslegung des Verwalters beschließen die Wohnungseigentümer durch Stimmenmehrheit.

§ 29 Verwaltungsbeirat

(1) Die Wohnungseigentümer können durch Stimmenmehrheit die Bestellung eines Verwaltungsbeirats beschließen. Der Verwaltungsbeirat besteht aus einem Wohnungseigentümer als Vorsitzenden und zwei weiteren Wohnungseigentümern als Beisitzern.

(2) Der Verwaltungsbeirat unterstützt den Verwalter bei der Durchführung seiner Aufgaben.

ALT	NEU

(3) Der Wirtschaftsplan, die Abrechnung über den Wirtschaftsplan, Rechnungslegungen und Kostenanschläge sollen, bevor über sie die Wohnungseigentümerversammlung beschließt, vom Verwaltungsbeirat geprüft und mit dessen Stellungnahme versehen werden.

(4) Der Verwaltungsbeirat wird von dem Vorsitzenden nach Bedarf einberufen.

4. Abschnitt

§§ 30–42
betreffen Wohnungserbbaurecht

(nicht abgedruckt!)

III. Teil

1. Abschnitt

Verfahren der freiwilligen Gerichtsbarkeit in Wohnungseigentumssachen

§ 43 Entscheidung durch den Richter

(1) Das Amtsgericht, in dessen Bezirk das Grundstück liegt, entscheidet im Verfahren der freiwilligen Gerichtsbarkeit:

1. auf Antrag eines Wohnungseigentümers über die sich aus der Gemeinschaft der Wohnungseigentümer und aus der Verwaltung des gemeinschaftlichen Eigentums ergebenden Rechte und Pflichten der Wohnungseigentümer untereinander mit Ausnahme der Ansprüche im Falle der Aufhebung der Gemeinschaft (§ 17) und auf Entziehung des Wohnungseigentums (§§ 18, 19);

2. auf Antrag eines Wohnungseigentümers oder des Verwalters über die Rechte und Pflichten des Verwalters bei der Verwaltung des gemeinschaftlichen Eigentums;

---

(3) Der Wirtschaftsplan, die Abrechnung über den Wirtschaftsplan, Rechnungslegungen und Kostenanschläge sollen, bevor über sie die Wohnungseigentümerversammlung beschließt, vom Verwaltungsbeirat geprüft und mit dessen Stellungnahme versehen werden.

(4) Der Verwaltungsbeirat wird von dem Vorsitzenden nach Bedarf einberufen.

4. Abschnitt

§§ 30–42
betreffen Wohnungserbbaurecht

(nicht abgedruckt!)

III. Teil

Im III. Teil wird der 1. Abschnitt mit der Überschrift gestrichen.

Die bisherigen §§ 43 bis 50 werden durch die folgenden §§ 43 bis 50 ersetzt.

§ 43 Zuständigkeit

Das Gericht, in dessen Bezirk das Grundstück liegt, ist ausschließlich zuständig für

1. Streitigkeiten über die sich aus der Gemeinschaft der Wohnungseigentümer und aus der Verwaltung des gemeinschaftlichen Eigentums ergebenden Rechte und Pflichten der Wohnungseigentümer untereinander;

2. Streitigkeiten über die Rechte und Pflichten zwischen der Gemeinschaft der Wohnungseigentümer und Wohnungseigentümern;

3. Streitigkeiten über die Rechte und Pflichten des Verwalters bei der Verwaltung des gemeinschaftlichen Eigentums;

4. Streitigkeiten über die Gültigkeit von Beschlüssen der Wohnungseigentümer;

ALT	NEU

3. auf Antrag eines Wohnungseigentümers oder Dritten über die Bestellung eines Verwalters im Falle des § 26 Abs. 3;

4. auf Antrag eines Wohnungseigentümers oder des Verwalters über die Gültigkeit von Beschlüssen der Wohnungseigentümer.

(2) Der Richter entscheidet, soweit sich die Regelung nicht aus dem Gesetz, einer Vereinbarung oder einem Beschluss der Wohnungseigentümer ergibt, nach billigem Ermessen.

(3) Für das Verfahren gelten die besonderen Vorschriften der §§ 44 bis 50.

(4) An dem Verfahren Beteiligte sind:

1. in den Fällen des Absatzes 1 Nr. 1 sämtliche Wohnungseigentümer;

2. in den Fällen des Absatzes 1 Nr. 2 und 4 die Wohnungseigentümer und der Verwalter;

3. im Falle des Absatzes 1 Nr. 3 die Wohnungseigentümer und der Dritte.

§ 44 Allgemeine Verfahrensgrundsätze

(1) Der Richter soll mit den Beteiligten in der Regel mündlich verhandeln und hierbei darauf hinwirken, dass sie sich gütlich einigen.

(2) Kommt eine Einigung zu Stande, so ist hierüber eine Niederschrift aufzunehmen, und zwar nach den Vorschriften, die für die Niederschrift über einen Vergleich im bürgerlichen Rechtsstreit gelten.

(3) Der Richter kann für die Dauer des Verfahrens einstweilige Anordnungen treffen. Diese können selbständig nicht angefochten werden.

(4) In der Entscheidung soll der Richter die Anordnungen treffen, die zu ihrer Durchführung erforderlich sind. Die Entscheidung ist zu begründen.

5. Klagen Dritter, die sich gegen die Gemeinschaft der Wohnungseigentümer oder gegen Wohnungseigentümer richten und sich auf das gemeinschaftliche Eigentum, seine Verwaltung oder das Sondereigentum beziehen;

6. Mahnverfahren, wenn die Gemeinschaft der Wohnungseigentümer Antragstellerin ist. Insoweit ist § 689 Abs. 2 der Zivilprozessordnung nicht anzuwenden.

§ 44 Bezeichnung der Wohnungseigentümer in der Klageschrift

(1) Wird die Klage durch oder gegen alle Wohnungseigentümer mit Ausnahme des Gegners erhoben, so genügt für ihre nähere Bezeichnung in der Klageschrift die bestimmte Angabe des gemeinschaftlichen Grundstücks; wenn die Wohnungseigentümer Beklagte sind, sind in der Klageschrift außerdem der Verwalter und der gemäß § 45 Abs. 2 Satz 1 bestellte Ersatzzustellungsvertreter zu bezeichnen. Die namentliche Bezeichnung der Wohnungseigentümer hat spätestens bis zum Schluss der mündlichen Verhandlung zu erfolgen.

(2) Sind an dem Rechtsstreit nicht alle Wohnungseigentümer als Partei beteiligt, so sind die übrigen Wohnungseigentümer

ALT	NEU

entsprechend Absatz 1 von dem Kläger zu bezeichnen. Der namentlichen Bezeichnung der übrigen Wohnungseigentümer bedarf es nicht, wenn das Gericht von ihrer Beiladung gemäß § 48 Abs. 1 Satz 1 absieht.

§ 45 Rechtsmittel, Rechtskraft

(1) Gegen die Entscheidung des Amtsgerichts ist die sofortige Beschwerde, gegen die Entscheidung des Beschwerdegerichts die sofortige weitere Beschwerde zulässig, wenn der Wert des Gegenstandes der Beschwerde oder der weiteren Beschwerde 750 Euro übersteigt.

(2) Die Entscheidung wird mit der Rechtskraft wirksam. Sie ist für alle Beteiligten bindend.

(3) Aus rechtskräftigen Entscheidungen, gerichtlichen Vergleichen und einstweiligen Anordnungen findet die Zwangsvollstreckung nach den Vorschriften der Zivilprozessordnung statt.

(4) Haben sich die tatsächlichen Verhältnisse wesentlich geändert, so kann der Richter auf Antrag eines Beteiligten seine Entscheidung oder einen gerichtlichen Vergleich ändern, soweit dies zur Vermeidung einer unbilligen Härte notwendig ist.

§ 45 Zustellung

(1) Der Verwalter ist Zustellungsvertreter der Wohnungseigentümer, wenn diese Beklagte oder gemäß § 48 Abs. 1 Satz 1 beizuladen sind, es sei denn, dass er als Gegner der Wohnungseigentümer an dem Verfahren beteiligt ist oder auf Grund des Streitgegenstandes die Gefahr besteht, der Verwalter werde die Wohnungseigentümer nicht sachgerecht unterrichten.

(2) Die Wohnungseigentümer haben für den Fall, dass der Verwalter als Zustellungsvertreter ausgeschlossen ist, durch Beschluss mit Stimmenmehrheit einen Ersatzzustellungsvertreter sowie dessen Vertreter zu bestellen, auch wenn ein Rechtsstreit noch nicht anhängig ist. Der Ersatzzustellungsvertreter tritt in die dem Verwalter als Zustellungsvertreter der Wohnungseigentümer zustehenden Aufgaben und Befugnisse ein, sofern das Gericht die Zustellung an ihn anordnet; Absatz 1 gilt entsprechend.

(3) Haben die Wohnungseigentümer entgegen Absatz 2 Satz 1 keinen Ersatzzustellungsvertreter bestellt oder ist die Zustellung nach den Absätzen 1 und 2 aus sonstigen Gründen nicht ausführbar, kann das Gericht einen Ersatzzustellungsvertreter bestellen.

§ 46 Verhältnis zu Rechtsstreitigkeiten

(1) Werden in einem Rechtsstreit Angelegenheiten anhängig gemacht, über die nach § 43 Abs. 1 im Verfahren der freiwil-

§ 46 Anfechtungsklage

(1) Die Klage eines oder mehrerer Wohnungseigentümer auf Erklärung der Ungültigkeit eines Beschlusses der Woh-

ALT	NEU

ligen Gerichtsbarkeit zu entscheiden ist, so hat das Prozessgericht die Sache insoweit an das nach § 43 Abs. 1 zuständige Amtsgericht zur Erledigung im Verfahren der freiwilligen Gerichtsbarkeit abzugeben. Der Abgabebeschluss kann nach Anhörung der Parteien ohne mündliche Verhandlung ergehen. Er ist für das in ihm bezeichnete Gericht bindend.

(2) Hängt die Entscheidung eines Rechtsstreits vom Ausgang eines in § 43 Abs. 1 bezeichneten Verfahrens ab, so kann das Prozessgericht anordnen, dass die Verhandlung bis zur Erledigung dieses Verfahrens ausgesetzt wird.

§ 46a Mahnverfahren

(1) Zahlungsansprüche, über die nach § 43 Abs. 1 zu entscheiden ist, können nach den Vorschriften der Zivilprozessordnung im Mahnverfahren geltend gemacht werden. Ausschließlich zuständig im Sinne des § 689 Abs. 2 der Zivilprozessordnung ist das Amtsgericht, in dessen Bezirk das Grundstück liegt. § 690 Abs. 1 Nr. 5 der Zivilprozessordnung gilt mit der Maßgabe, dass das nach § 43 Abs. 1 zuständige Gericht der freiwilligen Gerichtsbarkeit zu bezeichnen ist. Mit Eingang der Akten bei diesem Gericht nach § 696 Abs. 1 Satz 4 oder § 700 Abs. 3 Satz 2 der Zivilprozessordnung gilt der Antrag auf Erlass des Mahnbescheids als Antrag nach § 43 Abs. 1.

(2) Im Falle des Widerspruchs setzt das Gericht der freiwilligen Gerichtsbarkeit dem Antragsteller eine Frist für die Begründung des Antrags. Vor Eingang der Begründung wird das Verfahren nicht fortgeführt. Der Widerspruch kann bis zum Ablauf einer Frist von zwei Wochen seit Zustellung der Begründung zurückgenommen werden; § 699 Abs. 1 Satz 3 der Zivilprozessordnung ist anzuwenden.

nungseigentümer ist gegen die übrigen Wohnungseigentümer und die Klage des Verwalters ist gegen die Wohnungseigentümer zu richten. Sie muss innerhalb eines Monats nach der Beschlussfassung erhoben und innerhalb zweier Monate nach der Beschlussfassung begründet werden. Die §§ 233 bis 238 der Zivilprozessordnung gelten entsprechend.

(2) Hat der Kläger erkennbar eine Tatsache übersehen, aus der sich ergibt, dass der Beschluss nichtig ist, so hat das Gericht darauf hinzuweisen.

§ 46a (fortgefallen)

ALT	NEU

(3) Im Falle des Einspruchs setzt das Gericht der freiwilligen Gerichtsbarkeit dem Antragsteller eine Frist für die Begründung des Antrags, wenn der Einspruch nicht als unzulässig verworfen wird. §§ 339, 340 Abs. 1, 2 und § 341 Abs. 1 der Zivilprozessordnung sind anzuwenden. Vor Eingang der Begründung wird das Verfahren vorbehaltlich einer Maßnahme nach § 44 Abs. 3 nicht fortgeführt. Geht die Begründung bis zum Ablauf der Frist nicht ein, wird die Zwangsvollstreckung auf Antrag des Antragsgegners eingestellt. Bereits getroffene Vollstreckungsmaßregeln können aufgehoben werden. Für die Zurücknahme des Einspruchs gelten Absatz 2 Satz 3 erster Halbsatz und § 346 der Zivilprozessordnung entsprechend. Entscheidet das Gericht in der Sache, ist § 343 der Zivilprozessordnung anzuwenden. Das Gericht der freiwilligen Gerichtsbarkeit entscheidet über die Zulässigkeit des Einspruchs und in der Sache durch Beschluss, gegen den die sofortige Beschwerde nach § 45 Abs. 1 stattfindet.

§ 47 Kostenentscheidung

Welche Beteiligten die Gerichtskosten zu tragen haben, bestimmt der Richter nach billigem Ermessen. Er kann dabei auch bestimmen, dass die außergerichtlichen Kosten ganz oder teilweise zu erstatten sind.

§ 47 Prozessverbindung

Mehrere Prozesse, in denen Klagen auf Erklärung oder Feststellung der Ungültigkeit desselben Beschlusses der Wohnungseigentümer erhoben werden, sind zur gleichzeitigen Verhandlung und Entscheidung zu verbinden. Die Verbindung bewirkt, dass die Kläger der vorher selbstständigen Prozesse als Streitgenossen anzusehen sind.

§ 48 Kosten des Verfahrens

(1) Für das gerichtliche Verfahren wird die volle Gebühr erhoben. Kommt es zur gerichtlichen Entscheidung, so erhöht sich die Gebühr auf das Dreifache der

§ 48 Beiladung, Wirkung des Urteils

(1) Richtet sich die Klage eines Wohnungseigentümers, der in einem Rechtsstreit gemäß § 43 Nr. 1 oder Nr. 3 einen ihm allein zustehenden Anspruch geltend

ALT	NEU

vollen Gebühr. Wird der Antrag zurückgenommen, bevor es zu einer Entscheidung oder einer vom Gericht vermittelten Einigung gekommen ist, so ermäßigt sich die Gebühr auf die Hälfte der vollen Gebühr. Ist ein Mahnverfahren vorausgegangen (§ 46a), wird die nach dem Gerichtskostengesetz zu erhebende Gebühr für das Verfahren über den Antrag auf Erlass eines Mahnbescheids auf die Gebühr für das gerichtliche Verfahren angerechnet; die Anmerkung zu Nummer 1210 des Kostenverzeichnisses zum Gerichtskostengesetz gilt entsprechend. § 12 Abs. 3 Satz 3 des Gerichtskostengesetzes ist nicht anzuwenden.

(2) Sind für Teile des Gegenstands verschiedene Gebührensätze anzuwenden, so sind die Gebühren für die Teile gesondert zu berechnen; die aus dem Gesamtbetrag der Wertteile nach dem höchsten Gebührensatz berechnete Gebühr darf jedoch nicht überschritten werden.

(3) Der Richter setzt den Geschäftswert nach dem Interesse der Beteiligten an der Entscheidung von Amts wegen fest. Der Geschäftswert ist niedriger festzusetzen, wenn die nach Satz 1 berechneten Kosten des Verfahrens zu dem Interesse eines Beteiligten nicht in einem angemessenen Verhältnis stehen.

(4) Im Verfahren über die Beschwerde gegen eine den Rechtszug beendende Entscheidung werden die gleichen Gebühren wie im ersten Rechtszug erhoben.

macht, nur gegen einen oder einzelne Wohnungseigentümer oder nur gegen den Verwalter, so sind die übrigen Wohnungseigentümer beizuladen, es sei denn, dass ihre rechtlichen Interessen erkennbar nicht betroffen sind. Soweit in einem Rechtsstreit gemäß § 43 Nr. 3 oder Nr. 4 der Verwalter nicht Partei ist, ist er ebenfalls beizuladen.

(2) Die Beiladung erfolgt durch Zustellung der Klageschrift, der die Verfügungen des Vorsitzenden beizufügen sind. Die Beigeladenen können der einen oder anderen Partei zu deren Unterstützung beitreten. Veräußert ein beigeladener Wohnungseigentümer während des Prozesses sein Wohnungseigentum, ist § 265 Abs. 2 der Zivilprozessordnung entsprechend anzuwenden.

(3) Über die in § 325 der Zivilprozessordnung angeordneten Wirkungen hinaus wirkt das rechtskräftige Urteil auch für und gegen alle beigeladenen Wohnungseigentümer und ihre Rechtsnachfolger sowie den beigeladenen Verwalter.

(4) Wird durch das Urteil eine Anfechtungsklage als unbegründet abgewiesen, so kann auch nicht mehr geltend gemacht werden, der Beschluss sei nichtig.

§ 49

Bereits vor der Reform aufgehoben

§ 49 Kostenentscheidung

(1) Wird gemäß § 21 Abs. 8 nach billigem Ermessen entschieden, so können auch die Prozesskosten nach billigem Ermessen verteilt werden.

(2) Dem Verwalter können Prozesskosten auferlegt werden, soweit die Tätigkeit

ALT	NEU

des Gerichts durch ihn veranlasst wurde und ihn ein grobes Verschulden trifft, auch wenn er nicht Partei des Rechtsstreits ist.

§ 50 Kosten des Verfahrens vor dem Prozessgericht

Gibt das Prozessgericht die Sache nach § 46 an das Amtsgericht ab, so ist das bisherige Verfahren vor dem Prozessgericht für die Erhebung der Gerichtskosten als Teil des Verfahrens vor dem übernehmenden Gericht zu behandeln.

§ 50 Kostenerstattung

Den Wohnungseigentümern sind als zur zweckentsprechenden Rechtsverfolgung oder Rechtsverteidigung notwendigen Kosten nur die Kosten eines bevollmächtigten Rechtsanwalts zu erstatten, wenn nicht aus Gründen, die mit dem Gegenstand des Rechtsstreits zusammenhängen, eine Vertretung durch mehrere bevollmächtigte Rechtsanwälte geboten war.

2. Abschnitt
Zuständigkeit für Rechtsstreitigkeiten

Der 2. und 3. Abschnitt mit den §§ 51 bis 58 sowie § 59 werden aufgehoben.

§ 51 Zuständigkeit für die Klage auf Entziehung des Wohnungseigentums

Das Amtsgericht, in dessen Bezirk das Grundstück liegt, ist ohne Rücksicht auf den Wert des Streitgegenstandes für Rechtsstreitigkeiten zwischen Wohnungseigentümern wegen Entziehung des Wohnungseigentums (§ 18) zuständig.

§ 52 betrifft Dauerwohnrecht

3. Abschnitt

Der 2. und 3. Abschnitt mit den §§ 51 bis 58 sowie § 59 werden aufgehoben.

§ 53 Zuständigkeit, Verfahren

(1) Für die freiwillige Versteigerung des Wohnungseigentums im Falle des § 19 ist jeder Notar zuständig, in dessen Amtsbezirk das Grundstück liegt.

(2) Das Verfahren bestimmt sich nach den Vorschriften der §§ 54 bis 58. Für die

ALT	NEU

durch die Versteigerung veranlassten Beurkundungen gelten die allgemeinen Vorschriften.

§ 54 Antrag, Versteigerungsbedingungen

(1) Die Versteigerung erfolgt auf Antrag eines jeden der Wohnungseigentümer, die das Urteil gemäß § 19 erwirkt haben.

(2) In dem Antrag sollen das Grundstück, das zu versteigernde Wohnungseigentum und das Urteil, auf Grund dessen die Versteigerung erfolgt, bezeichnet sein. Dem Antrag soll eine beglaubigte Abschrift des Wohnungsgrundbuches und ein Auszug aus dem amtlichen Verzeichnis der Grundstücke beigefügt werden.

(3) Die Versteigerungsbedingungen stellt der Notar nach billigem Ermessen fest; die Antragsteller und der verurteilte Wohnungseigentümer sind vor der Feststellung zu hören.

§ 55 Terminsbestimmung

(1) Der Zeitraum zwischen der Anberaumung des Termins und dem Termin soll nicht mehr als drei Monate betragen. Zwischen der Bekanntmachung der Terminsbestimmung und dem Termin soll in der Regel ein Zeitraum von sechs Wochen liegen.

(2) Die Terminsbestimmung soll enthalten:

1. die Bezeichnung des Grundstücks und des zu versteigernden Wohnungseigentums;

2. Zeit und Ort der Versteigerung;

3. die Angabe, dass die Versteigerung eine freiwillige ist;

4. die Bezeichnung des verurteilten Wohnungseigentümers sowie die Angabe des Wohnungsgrundbuchblattes;

ALT	NEU

5. die Angabe des Ortes, wo die festgestellten Versteigerungsbedingungen eingesehen werden können.

(3) Die Terminsbestimmung ist öffentlich bekannt zu geben:

1. durch einmalige, auf Verlangen des verurteilten Wohnungseigentümers mehrmalige Einrückung in das Blatt, das für Bekanntmachungen des nach § 43 zuständigen Amtsgerichts bestimmt ist;

2. durch Anschlag der Terminsbestimmung in der Gemeinde, in deren Bezirk das Grundstück liegt, an die für amtliche Bekanntmachungen bestimmte Stelle;

3. durch Anschlag an die Gerichtstafel des nach § 43 zuständigen Amtsgerichts.

(4) Die Terminsbestimmung ist dem Antragsteller und dem verurteilten Wohnungseigentümer mitzuteilen.

(5) Die Einsicht der Versteigerungsbedingungen und der in § 54 Abs. 2 bezeichneten Urkunden ist jedem gestattet.

§ 56 Versteigerungstermin

(1) In dem Versteigerungstermin werden nach dem Aufruf der Sache die Versteigerungsbedingungen und die das zu versteigernde Wohnungseigentum betreffenden Nachweisungen bekannt gemacht. Hierauf fordert der Notar zur Abgabe von Geboten auf.

(2) Der verurteilte Wohnungseigentümer ist zur Abgabe von Geboten weder persönlich noch durch einen Stellvertreter berechtigt. Ein gleichwohl erfolgtes Gebot gilt als nicht abgegeben. Die Abtretung des Rechtes aus dem Meistgebot an den verurteilten Wohnungseigentümer ist nichtig.

(3) Hat nach den Versteigerungsbedingungen ein Bieter durch Hinterlegung von Geld oder Wertpapieren Sicherheit zu leisten, so gilt in dem Verhältnis zwischen

den Beteiligten die Übergabe an den Notar als Hinterlegung.

§ 57 Zuschlag

(1) Zwischen der Aufforderung zur Abgabe von Geboten und dem Zeitpunkt, in
welchem die Versteigerung geschlossen
wird, soll unbeschadet des § 53 Abs. 2
Satz 3 mindestens eine Stunde liegen.
Die Versteigerung soll so lange fortgesetzt werden, bis ungeachtet der Aufforderung des Notars ein Gebot nicht mehr
abgegeben wird.

(2) Der Notar hat das Letzte Gebot mittels dreimaligen Aufrufs zu verkünden
und, soweit tunlich, den Antragsteller und
den verurteilten Wohnungseigentümer
über den Zuschlag zu hören.

(3) Bleibt das abgegebene Meistgebot
hinter sieben Zehnteln des Einheitswertes
des versteigerten Wohnungseigentums
zurück, so kann der verurteilte Wohnungseigentümer bis zum Schluss der Verhandlung über den Zuschlag (Absatz 2) die
Versagung des Zuschlags verlangen.

(4) Wird der Zuschlag nach Absatz 3 versagt, so hat der Notar von Amts wegen
einen neuen Versteigerungstermin zu bestimmen. Der Zeitraum zwischen den beiden Terminen soll sechs Wochen nicht
übersteigen, sofern die Antragsteller nicht
einer längeren Frist zustimmen.

(5) In dem neuen Termin kann der Zuschlag nicht nach Absatz 3 versagt werden.

§ 58 Rechtsmittel

(1) Gegen die Verfügung des Notars,
durch die die Versteigerungsbedingungen
festgesetzt werden, sowie gegen die Entscheidung des Notars über den Zuschlag
findet das Rechtsmittel der sofortigen Beschwerde mit aufschiebender Wirkung

ALT	NEU

statt. Über die sofortige Beschwerde entscheidet das Landgericht, in dessen Bezirk das Grundstück liegt. Eine weitere Beschwerde ist nicht zulässig.

(2) Für die sofortige Beschwerde und das Verfahren des Beschwerdegerichts gelten die Vorschriften des Reichsgesetzes über die Angelegenheiten der freiwilligen Gerichtsbarkeit.

IV. Teil
Ergänzende Bestimmungen

§ 59 Ausführungsbestimmungen für die Baubehörden

Das Bundesministerium für Verkehr, Bau- und Wohnungswesen erlässt im Einvernehmen mit dem Bundesministerium der Justiz Richtlinien für die Baubehörden über die Bescheinigung gemäß § 7 Abs. 4 Nr. 2, § 32 Abs. 2 Nr. 2.

§ 60 Ehewohnung

Die Vorschriften der Verordnung über die Behandlung der Ehewohnung und des Hausrats (Sechste Durchführungsverordnung zum Ehegesetz) vom 21. Oktober 1944 (Reichsgesetzbl. I S. 256) gelten entsprechend, wenn die Ehewohnung im Wohnungseigentum eines oder beider Ehegatten steht oder wenn einem oder beiden Ehegatten das Dauerwohnrecht an der Ehewohnung zusteht.

§ 61

Fehlt eine nach § 12 erforderliche Zustimmung, so sind die Veräußerung und das zugrundeliegende Verpflichtungsgeschäft unbeschadet der sonstigen Voraussetzungen wirksam, wenn die Eintragung der Veräußerung oder einer Auflassungsvormerkung in das Grundbuch vor dem 15. Januar 1994 erfolgt ist und es sich um die erstmalige Veräußerung dieses

---

IV. Teil
Ergänzende Bestimmungen

§ 59 aufgehoben

§ 60 Ehewohnung

Die Vorschriften der Verordnung über die Behandlung der Ehewohnung und des Hausrats (Sechste Durchführungsverordnung zum Ehegesetz) vom 21. Oktober 1944 (Reichsgesetzbl. I S. 256) gelten entsprechend, wenn die Ehewohnung im Wohnungseigentum eines oder beider Ehegatten steht oder wenn einem oder beiden Ehegatten das Dauerwohnrecht an der Ehewohnung zusteht.

§ 61

Fehlt eine nach § 12 erforderliche Zustimmung, so sind die Veräußerung und das zugrundeliegende Verpflichtungsgeschäft unbeschadet der sonstigen Voraussetzungen wirksam, wenn die Eintragung der Veräußerung oder einer Auflassungsvormerkung in das Grundbuch vor dem 15. Januar 1994 erfolgt ist und es sich um die erstmalige Veräußerung dieses

ALT	NEU
Wohnungseigentums nach seiner Begründung handelt, es sei denn, dass eine rechtskräftige gerichtliche Entscheidung entgegensteht. Das Fehlen der Zustimmung steht in diesen Fällen dem Eintritt der Rechtsfolgen des § 878 Bürgerlichen Gesetzbuchs nicht entgegen. Die Sätze 1 und 2 gelten entsprechend in den Fällen der §§ 30 und 35 des Wohnungseigentumsgesetzes.	Wohnungseigentums nach seiner Begründung handelt, es sei denn, dass eine rechtskräftige gerichtliche Entscheidung entgegensteht. Das Fehlen der Zustimmung steht in diesen Fällen dem Eintritt der Rechtsfolgen des § 878 Bürgerlichen Gesetzbuchs nicht entgegen. Die Sätze 1 und 2 gelten entsprechend in den Fällen der §§ 30 und 35 des Wohnungseigentumsgesetzes.

§ 62

aufgehoben

§ 62 Übergangsvorschrift[1]

(1) Für die am (...) bei Gericht anhängigen Verfahren in Wohnungseigentums- oder in Zwangsversteigerungssachen oder für die bei einem Notar beantragten freiwilligen Versteigerungen sind die durch Artikel 1 und 2 des Gesetzes vom (...) (BGBl. I S. [...]) geänderten Vorschriften des dritten Teils dieses Gesetzes sowie die des Gesetzes über die Zwangsversteigerung und die Zwangsverwaltung in ihrer bis dahin geltenden Fassung weiter anzuwenden.

(2) In Wohnungseigentumssachen nach § 43 Nr. 1 bis Nr. 4 finden die Bestimmungen über die Nichtzulassungsbeschwerde (§ 543 Abs. 1 Nr. 2, § 544 der Zivilprozessordnung) keine Anwendung, soweit die anzufechtende Entscheidung vor dem (...) verkündet worden ist.

§ 63 Überleitung bestehender Rechtsverhältnisse

(1) Werden Rechtsverhältnisse, mit denen ein Rechtserfolg bezweckt wird, der den durch dieses Gesetz geschaffenen Rechtsformen entspricht, in solche Rechtsformen umgewandelt, so ist als Geschäftswert für die Berechnung der

§ 63 Überleitung bestehender Rechtsverhältnisse

(1) Werden Rechtsverhältnisse, mit denen ein Rechtserfolg bezweckt wird, der den durch dieses Gesetz geschaffenen Rechtsformen entspricht, in solche Rechtsformen umgewandelt, so ist als Geschäftswert für die Berechnung der

---

1 Durch den angesprochenen Fehler des Gesetzgebers (vgl. Rz. 772) ist die genaue Datierung bei Redaktionsschluss noch offen gewesen.

ALT	NEU

hierdurch veranlassten Gebühren der Gerichte und Notare im Falle des Wohnungseigentums ein Fünfundzwanzigstel
des Einheitswerts des Grundstücks, im
Falle des Dauerwohnrechts ein Fünfundzwanzigstel des Wertes des Rechts anzunehmen.

(2) gegenstandslos [ehemals Überlei-
tungsvorschrift für altes WEG]

(3) Durch Landesgesetz können Vorschriften zur Überleitung bestehender, auf
Landesrecht beruhender Rechtsverhältnisse in die durch dieses Gesetz geschaffenen Rechtsformen getroffen werden.

§ 10 ZVG [Rangordnung der Rechte]

(1) Ein Recht auf Befriedigung aus dem
Grundstücke gewähren nach folgender
Rangordnung, bei gleichem Range nach
dem Verhältnis ihrer Beträge:

1. der Anspruch eines die Zwangsverwaltung betreibenden Gläubigers auf Ersatz
seiner Ausgaben zur Erhaltung oder nötigen Verbesserung des Grundstücks, im
Falle der Zwangsversteigerung jedoch
nur, wenn die Verwaltung bis zum Zuschlage fortdauert und die Ausgaben
nicht aus den Nutzungen des Grundstücks erstattet werden können;

1a. im Falle einer Zwangsversteigerung,
bei der das Insolvenzverfahren über das
Vermögen des Schuldners eröffnet ist,
die zur Insolvenzmasse gehörenden Ansprüche auf Ersatz der Kosten der Feststellung der beweglichen Gegenstände,
auf die sich die Versteigerung erstreckt;
diese Kosten sind nur zu erheben, wenn
ein Insolvenzverwalter bestellt ist, und
pauschal mit vier vom Hundert des Wertes anzusetzen, der nach § 74a Abs. 5
Satz 2 festgesetzt worden ist;

2. bei einem land- oder forstwirtschaftlichen Grundstücke die Ansprüche der zur

---

hierdurch veranlassten Gebühren der Gerichte und Notare im Falle des Wohnungseigentums ein Fünfundzwanzigstel
des Einheitswerts des Grundstücks, im
Falle des Dauerwohnrechts ein Fünfundzwanzigstel des Wertes des Rechts anzunehmen.

(2) gegenstandslos [ehemals Überlei-
tungsvorschrift für altes WEG]

(3) Durch Landesgesetz können Vorschriften zur Überleitung bestehender, auf
Landesrecht beruhender Rechtsverhältnisse in die durch dieses Gesetz geschaffenen Rechtsformen getroffen werden.

§ 10 ZVG [Rangordnung der Rechte]

(1) Ein Recht auf Befriedigung aus dem
Grundstücke gewähren nach folgender
Rangordnung, bei gleichem Range nach
dem Verhältnis ihrer Beträge:

1. der Anspruch eines die Zwangsverwaltung betreibenden Gläubigers auf Ersatz
seiner Ausgaben zur Erhaltung oder nötigen Verbesserung des Grundstücks, im
Falle der Zwangsversteigerung jedoch
nur, wenn die Verwaltung bis zum Zuschlage fortdauert und die Ausgaben
nicht aus den Nutzungen des Grundstücks erstattet werden können;

1a. im Falle einer Zwangsversteigerung,
bei der das Insolvenzverfahren über das
Vermögen des Schuldners eröffnet ist,
die zur Insolvenzmasse gehörenden Ansprüche auf Ersatz der Kosten der Feststellung der beweglichen Gegenstände,
auf die sich die Versteigerung erstreckt;
diese Kosten sind nur zu erheben, wenn
ein Insolvenzverwalter bestellt ist, und
pauschal mit vier vom Hundert des Wertes anzusetzen, der nach § 74a Abs. 5
Satz 2 festgesetzt worden ist;

*2. bei Vollstreckung in ein Wohnungs-
eigentum die daraus fälligen Ansprüche*

ALT	NEU
Bewirtschaftung des Grundstücks oder zum Betrieb eines mit dem Grundstücke verbundenen land- oder forstwirtschaftlichen Nebengewerbes angenommenen, in einem Dienst- oder Arbeitsverhältnisse stehenden Personen, insbesondere des Gesindes, der Wirtschafts- und Forstbeamten, auf Lohn, Kostgeld und andere Bezüge wegen der laufenden und der aus dem letzten Jahre rückständigen Beträge;	*auf Zahlung der Beiträge zu den Lasten und Kosten des gemeinschaftlichen Eigentums oder des Sondereigentums, die nach den §§ 16 Abs. 2, § 28 Abs. 2 und 5 des Wohnungseigentumsgesetzes geschuldet werden, einschließlich der Vorschüsse und Rückstellungen sowie der Rückgriffsansprüche einzelner Wohnungseigentümer. Das Vorrecht erfasst die laufenden und die rückständigen Beträge aus dem Jahr der Beschlagnahme und den letzten zwei Jahren. Das Vorrecht einschließlich aller Nebenleistungen ist begrenzt auf Beträge in Höhe von nicht mehr als fünf vom Hundert des nach § 74a Abs. 5 festgesetzten Wertes. Die Anmeldung erfolgt durch die Gemeinschaft der Wohnungseigentümer. Rückgriffsansprüche einzelner Wohnungseigentümer werden von diesen angemeldet;*
3. die Ansprüche auf Entrichtung der öffentlichen Lasten des Grundstücks wegen der aus den letzten vier Jahren rückständigen Beträge; wiederkehrende Leistungen, insbesondere Grundsteuern, Zinsen, Zuschläge oder Rentenleistungen, sowie Beträge, die zur allmählichen Tilgung einer Schuld als Zuschlag zu den Zinsen zu entrichten sind, genießen dieses Vorrecht nur für die laufenden Beträge und für die Rückstände aus den letzten zwei Jahren. Untereinander stehen öffentliche Grundstückslasten, gleichviel ob sie auf Bundes oder Landesrecht beruhen, im Range gleich. Die Vorschriften des § 112 Abs. 1 und der §§ 113 und 116 des Gesetzes über den Lastenausgleich vom 14. August 1952 (Bundesgesetzbl. I S. 446) bleiben unberührt;	3. die Ansprüche auf Entrichtung der öffentlichen Lasten des Grundstücks wegen der aus den letzten vier Jahren rückständigen Beträge; wiederkehrende Leistungen, insbesondere Grundsteuern, Zinsen, Zuschläge oder Rentenleistungen, sowie Beträge, die zur allmählichen Tilgung einer Schuld als Zuschlag zu den Zinsen zu entrichten sind, genießen dieses Vorrecht nur für die laufenden Beträge und für die Rückstände aus den letzten zwei Jahren. Untereinander stehen öffentliche Grundstückslasten, gleichviel ob sie auf Bundes oder Landesrecht beruhen, im Range gleich. Die Vorschriften des § 112 Abs. 1 und der §§ 113 und 116 des Gesetzes über den Lastenausgleich vom 14. August 1952 (Bundesgesetzbl. I S. 446) bleiben unberührt;
4. die Ansprüche aus Rechten an dem Grundstück, soweit sie nicht infolge der Beschlagnahme dem Gläubiger gegenüber unwirksam sind, einschließlich der	4. die Ansprüche aus Rechten an dem Grundstück, soweit sie nicht infolge der Beschlagnahme dem Gläubiger gegenüber unwirksam sind, einschließlich der

ALT	NEU
Ansprüche auf Beträge, die zur allmählichen Tilgung einer Schuld als Zuschlag zu den Zinsen zu entrichten sind; Ansprüche auf wiederkehrende Leistungen, insbesondere Zinsen, Zuschläge, Verwaltungskosten oder Rentenleistungen, genießen das Vorrecht dieser Klasse nur wegen der laufenden und der aus den letzten zwei Jahren rückständigen Beträge;	Ansprüche auf Beträge, die zur allmählichen Tilgung einer Schuld als Zuschlag zu den Zinsen zu entrichten sind; Ansprüche auf wiederkehrende Leistungen, insbesondere Zinsen, Zuschläge, Verwaltungskosten oder Rentenleistungen, genießen das Vorrecht dieser Klasse nur wegen der laufenden und der aus den letzten zwei Jahren rückständigen Beträge;
5. der Anspruch des Gläubigers, soweit er nicht in einer der vorhergehenden Klassen zu befriedigen ist;	5. der Anspruch des Gläubigers, soweit er nicht in einer der vorhergehenden Klassen zu befriedigen ist;
6. die Ansprüche der vierten Klasse, soweit sie infolge der Beschlagnahme dem Gläubiger gegenüber unwirksam sind;	6. die Ansprüche der vierten Klasse, soweit sie infolge der Beschlagnahme dem Gläubiger gegenüber unwirksam sind;
7. die Ansprüche der dritten Klasse wegen der älteren Rückstände;	7. die Ansprüche der dritten Klasse wegen der älteren Rückstände;
8. die Ansprüche der vierten Klasse wegen der älteren Rückstände.	8. die Ansprüche der vierten Klasse wegen der älteren Rückstände.
(2) Das Recht auf Befriedigung aus dem Grundstücke besteht auch für die Kosten der Kündigung und der die Befriedigung aus dem Grundstück bezweckenden Rechtsverfolgung.	(2) Das Recht auf Befriedigung aus dem Grundstücke besteht auch für die Kosten der Kündigung und der die Befriedigung aus dem Grundstück bezweckenden Rechtsverfolgung.
	(3) Zur Vollstreckung mit dem Range nach Absatz 1 Nr. 2 müssen die dort genannten Beträge die Höhe des Verzugsbetrages nach § 18 Abs. 2 Nr. 2 des Wohnungseigentumsgesetzes übersteigen. Für die Vollstreckung genügt ein Titel, aus dem die Verpflichtung des Schuldners zur Zahlung, die Art und der Bezugszeitraum des Anspruchs sowie seine Fälligkeit zu erkennen sind. Soweit die Art und der Bezugszeitraum des Anspruchs sowie seine Fälligkeit nicht aus dem Titel zu erkennen sind, sind sie in sonst geeigneter Weise glaubhaft zu machen.

ALT	NEU
§ 45 ZVG	**§ 45 ZVG [Glaubhaftmachung der Ansprüche]**

(1) Ein Recht ist bei der Feststellung des geringsten Gebots insoweit, als es zurzeit der Eintragung des Versteigerungsvermerks aus dem Grundbuch ersichtlich war, nach dem Inhalt des Grundbuchs, im Übrigen nur dann zu berücksichtigen, wenn es rechtzeitig angemeldet und, falls der Gläubiger widerspricht, glaubhaft gemacht wird.

(2) Von wiederkehrenden Leistungen, die nach dem Inhalt des Grundbuchs zu entrichten sind, brauchen die laufenden Beträge nicht angemeldet, die rückständigen nicht glaubhaft gemacht zu werden.

---

(1) Ein Recht ist bei der Feststellung des geringsten Gebots insoweit, als es zurzeit der Eintragung des Versteigerungsvermerks aus dem Grundbuch ersichtlich war, nach dem Inhalt des Grundbuchs, im Übrigen nur dann zu berücksichtigen, wenn es rechtzeitig angemeldet und, falls der Gläubiger widerspricht, glaubhaft gemacht wird.

(2) Von wiederkehrenden Leistungen, die nach dem Inhalt des Grundbuchs zu entrichten sind, brauchen die laufenden Beträge nicht angemeldet, die rückständigen nicht glaubhaft gemacht zu werden.

(3) Ansprüche der Wohnungseigentümer nach § 10 Abs. 1 Nr. 2 sind bei der Anmeldung durch einen entsprechenden Titel oder durch die Niederschrift der Beschlüsse der Wohnungseigentümer einschließlich ihrer Anlagen oder in sonst geeigneter Weise glaubhaft zu machen. Aus dem Vorbringen müssen sich die Zahlungspflicht, die Art und der Bezugszeitraum des Anspruchs sowie seine Fälligkeit ergeben.

---

§ 52 ZVG	**§ 52 ZVG [Bestehenbleiben von Rechten]**

(1) Ein Recht bleibt insoweit bestehen, als es bei der Feststellung des geringsten Gebots berücksichtigt und nicht durch Zahlung zu decken ist. Im Übrigen erlöschen die Rechte.

(2) Das Recht auf eine der in den §§ 912 bis 917 des Bürgerlichen Gesetzbuchs bezeichneten Renten bleibt auch dann bestehen, wenn es bei der Feststellung des geringsten Gebots nicht berücksichtigt ist. Satz 1 ist entsprechend auf den Erbbauzins anzuwenden, wenn nach § 9 Abs. 3 der Verordnung über das Erbbaurecht das

---

(1) Ein Recht bleibt insoweit bestehen, als es bei der Feststellung des geringsten Gebots berücksichtigt und nicht durch Zahlung zu decken ist. Im Übrigen erlöschen die Rechte.

(2) Das Recht auf eine der in den §§ 912 bis 917 des Bürgerlichen Gesetzbuchs bezeichneten Renten bleibt auch dann bestehen, wenn es bei der Feststellung des geringsten Gebots nicht berücksichtigt ist. Satz 1 ist entsprechend anzuwenden auf
a) den Erbbauzins, wenn nach § 9 Abs. 3 der Verordnung über das Erbbaurecht das

ALT	NEU
Bestehenbleiben des Erbbauzinses als Inhalt der Reallast vereinbart worden ist.	Bestehenbleiben des Erbbauzinses als Inhalt der Reallast vereinbart worden ist;
	b) Grunddienstbarkeiten und beschränkte persönliche Dienstbarkeiten, die auf dem Grundstück als Ganzem lasten, wenn in ein Wohnungseigentum mit dem Rang nach § 10 Abs. 1 Nr. 2 vollstreckt wird, und diesen kein anderes Recht der Rangklasse 4 vorgeht, aus dem die Versteigerung betrieben werden kann.

§ 156 ZVG	**§ 156 ZVG [Laufende Beiträge zu den Lasten und Kosten]**
(1) Die laufenden Beträge der öffentlichen Lasten sind von dem Verwalter ohne weiteres Verfahren zu berichtigen.	(1) Die laufenden Beträge der öffentlichen Lasten sind von dem Verwalter ohne weiteres Verfahren zu berichtigen. *Dies gilt auch bei der Vollstreckung in ein Wohnungseigentum für die laufenden Beträge der daraus fälligen Ansprüche auf Zahlung der Beiträge zu den Lasten und Kosten des gemeinschaftlichen Eigentums oder des Sondereigentums, die nach den §§ 16 Abs. 2, 28 Abs. 2 und 5 des Wohnungseigentumsgesetzes geschuldet werden, einschließlich der Vorschüsse und Rückstellungen sowie der Rückgriffsansprüche einzelner Wohnungseigentümer. Die Vorschrift des § 10 Abs. 1 Nr. 2 Satz 3 findet keine Anwendung.*
(2) Ist zu erwarten, dass auch auf andere Ansprüche Zahlungen geleistet werden können, so wird nach dem Eingang der im § 19 Abs. 2 bezeichneten Mitteilungen des Grundbuchamts der Verteilungstermin bestimmt. In dem Termin wird der Teilungsplan für die ganze Dauer des Verfahrens aufgestellt. Die Terminsbestimmung ist den Beteiligten sowie dem Verwalter zuzustellen. Die Vorschriften des § 105 Abs. 2 Satz 2, des § 113 Abs. 1 und der §§ 114, 115, 124, 126 finden entsprechende Anwendung.	(2) Ist zu erwarten, dass auch auf andere Ansprüche Zahlungen geleistet werden können, so wird nach dem Eingang der im § 19 Abs. 2 bezeichneten Mitteilungen des Grundbuchamts der Verteilungstermin bestimmt. In dem Termin wird der Teilungsplan für die ganze Dauer des Verfahrens aufgestellt. Die Terminsbestimmung ist den Beteiligten sowie dem Verwalter zuzustellen. Die Vorschriften des § 105 Abs. 2 Satz 2, des § 113 Abs. 1 und der §§ 114, 115, 124, 126 finden entsprechende Anwendung.

ALT	NEU
§ 23 GVG [Zuständigkeit in Zivilstreitigkeiten]	**§ 23 GVG [Zuständigkeit in Zivilstreitigkeiten – AG]**

ALT

§ 23 GVG [Zuständigkeit in Zivilstreitigkeiten]

Die Zuständigkeit der Amtsgerichte umfasst in bürgerlichen Rechtsstreitigkeiten, soweit sie nicht ohne Rücksicht auf den Wert des Streitgegenstandes den Landgerichten zugewiesen sind:

1. Streitigkeiten über Ansprüche, deren Gegenstand an Geld oder Geldeswert die Summe von fünftausend Euro nicht übersteigt;

2. ohne Rücksicht auf den Wert des Streitgegenstandes:

a) Streitigkeiten über Ansprüche aus einem Mietverhältnis über Wohnraum oder über den Bestand eines solchen Mietverhältnisses; diese Zuständigkeit ist ausschließlich;

b) Streitigkeiten zwischen Reisenden und Wirten, Fuhrleuten, Schiffern oder Auswanderungsexpedienten in den Einschiffungshäfen, die über Wirtszechen, Fuhrlohn, Überfahrtsgelder, Beförderung der Reisenden und ihrer Habe und über Verlust und Beschädigung der letzteren, sowie Streitigkeiten zwischen Reisenden und Handwerkern, die aus Anlass der Reise entstanden sind;

c) weggefallen

d) Streitigkeiten wegen Wildschadens;

e) weggefallen

f) weggefallen

g) Ansprüche aus einem mit der Überlassung eines Grundstücks in Verbindung stehenden Leibgedings-, Leibzuchts-, Altenteils- oder Auszugsvertrag;

h) das Aufgebotsverfahren.

NEU

§ 23 GVG [Zuständigkeit in Zivilstreitigkeiten – AG]

Die Zuständigkeit der Amtsgerichte umfasst in bürgerlichen Rechtsstreitigkeiten, soweit sie nicht ohne Rücksicht auf den Wert des Streitgegenstandes den Landgerichten zugewiesen sind:

1. Streitigkeiten über Ansprüche, deren Gegenstand an Geld oder Geldeswert die Summe von fünftausend Euro nicht übersteigt;

2. ohne Rücksicht auf den Wert des Streitgegenstandes:

a) Streitigkeiten über Ansprüche aus einem Mietverhältnis über Wohnraum oder über den Bestand eines solchen Mietverhältnisses; diese Zuständigkeit ist ausschließlich;

b) Streitigkeiten zwischen Reisenden und Wirten, Fuhrleuten, Schiffern oder Auswanderungsexpedienten in den Einschiffungshäfen, die über Wirtszechen, Fuhrlohn, Überfahrtsgelder, Beförderung der Reisenden und ihrer Habe und über Verlust und Beschädigung der letzteren, sowie Streitigkeiten zwischen Reisenden und Handwerkern, die aus Anlass der Reise entstanden sind;

c) Streitigkeiten nach § 43 Nr. 1 bis Nr. 4 und Nr. 6 des Wohnungseigentumsgesetzes; diese Zuständigkeit ist ausschließlich.

d) Streitigkeiten wegen Wildschadens;

e) weggefallen

f) weggefallen

g) Ansprüche aus einem mit der Überlassung eines Grundstücks in Verbindung stehenden Leibgedings-, Leibzuchts-, Altenteils- oder Auszugsvertrag;

h) das Aufgebotsverfahren.

ALT	NEU

§ 72 GVG

Die Zivilkammern, einschließlich der Kammern für Handelssachen, sind die Berufungs- und Beschwerdegerichte in den vor den Amtsgerichten verhandelten bürgerlichen Rechtsstreitigkeiten, soweit nicht die Zuständigkeit der Oberlandesgerichte begründet ist.

§ 72 GVG [Zuständigkeit in Zivilstreitigkeiten – LG]

(1) Die Zivilkammern, einschließlich der Kammern für Handelssachen, sind die Berufungs- und Beschwerdegerichte in den vor den Amtsgerichten verhandelten bürgerlichen Rechtsstreitigkeiten, soweit nicht die Zuständigkeit der Oberlandesgerichte begründet ist.

(2) In Streitigkeiten nach § 43 Nr. 1 bis Nr. 4 und Nr. 6 des Wohnungseigentumsgesetzes ist das Landgericht am Sitz des Oberlandesgerichts gemeinsames Berufungs- und Beschwerdegericht für den Bezirk des Oberlandesgerichts. Dies gilt auch für die in § 119 Abs. 1 Nr. 1 Buchstabe b und c genannten Sachen. Die Landesregierungen werden ermächtigt, durch Rechtsverordnung an Stelle dieses Gerichts ein anderes Landgericht im Bezirk des Oberlandesgerichts zu bestimmen. Sie können die Ermächtigung auf die Landesjustizverwaltungen übertragen.

Auf Grund des Änderungsbeschlusses des Deutschen Bundestages und des Bundesrats (vgl. im Einzelnen Rz. 772) lautet Absatz 2 **Satz 1** nunmehr:

(2) In Streitigkeiten nach § 43 Nr. 1 bis 4 und 6 des Wohnungseigentumsgesetzes ist das für den Sitz des Oberlandesgerichts zuständige Landgericht gemeinsames Berufungs- und Beschwerdegericht für den Bezirk des Oberlandesgerichts, in dem das Amtsgericht seinen Sitz hat.

§ 119 GVG [Zuständigkeit in Zivilstreitigkeiten]

(1) Die Oberlandesgerichte sind in bürgerlichen Rechtsstreitigkeiten ferner zuständig für die Verhandlung und Entscheidung über die Rechtsmittel:

§ 119 GVG [Zuständigkeit in Zivilstreitigkeiten – OLG]

Änderungsabsicht aufgegeben!

(1) Die Oberlandesgerichte sind in bürgerlichen Rechtsstreitigkeiten ferner zuständig für die Verhandlung und Entscheidung über die Rechtsmittel:

ALT	NEU
1. der Berufung und der Beschwerde gegen Entscheidungen der Amtsgerichte	1. der Berufung und der Beschwerde gegen Entscheidungen der Amtsgerichte
a) in den von den Familiengerichten entschiedenen Sachen;	a) in den von den Familiengerichten entschiedenen Sachen;
b) in Streitigkeiten über Ansprüche, die von einer oder gegen eine Partei erhoben werden, die ihren allgemeinen Gerichtsstand im Zeitpunkt der Rechtshängigkeit in erster Instanz außerhalb des Geltungsbereiches dieses Gesetzes hatte;	b) in Streitigkeiten über Ansprüche, die von einer oder gegen eine Partei erhoben werden, die ihren allgemeinen Gerichtsstand im Zeitpunkt der Rechtshängigkeit in erster Instanz außerhalb des Geltungsbereiches dieses Gesetzes hatte;
c) in denen das Amtsgericht ausländisches Recht angewendet und dies in den Entscheidungsgründen ausdrücklich festgestellt hat;	c) in denen das Amtsgericht ausländisches Recht angewendet und dies in den Entscheidungsgründen ausdrücklich festgestellt hat;
2. der Berufung und der Beschwerde gegen Entscheidungen der Landgerichte.	2. der Berufung und der Beschwerde gegen Entscheidungen der Landgerichte.
(2) § 23b Abs. 1 und 2 gilt entsprechend.	(2) § 23b Abs. 1 und 2 gilt entsprechend.
(3) Durch Landesgesetz kann bestimmt werden, dass die Oberlandesgerichte über Absatz 1 hinaus für alle Berufungen und Beschwerden gegen amtsgerichtliche Entscheidungen zuständig sind. Das Nähere regelt das Landesrecht; es kann von der Befugnis nach Satz 1 in beschränktem Umfang Gebrauch machen, insbesondere die Bestimmung auf die Entscheidungen einzelner Amtsgerichte oder bestimmter Sachen beschränken.	(3) Durch Landesgesetz kann bestimmt werden, dass die Oberlandesgerichte über Absatz 1 hinaus für alle Berufungen und Beschwerden gegen amtsgerichtliche Entscheidungen zuständig sind. Das Nähere regelt das Landesrecht; es kann von der Befugnis nach Satz 1 in beschränktem Umfang Gebrauch machen, insbesondere die Bestimmung auf die Entscheidungen einzelner Amtsgerichte oder bestimmter Sachen beschränken.
(4) Soweit eine Bestimmung nach Absatz 3 Satz 1 getroffen wird, hat das Landesgesetz zugleich Regelungen zu treffen, die eine Belehrung über das zuständige Rechtsmittelgericht in der angefochtenen Entscheidung sicherstellen.	(4) Soweit eine Bestimmung nach Absatz 3 Satz 1 getroffen wird, hat das Landesgesetz zugleich Regelungen zu treffen, die eine Belehrung über das zuständige Rechtsmittelgericht in der angefochtenen Entscheidung sicherstellen.
(5) Bestimmungen nach Absatz 3 gelten nur für Berufungen und Beschwerden, die vor dem 1. Januar 2008 eingelegt werden. ...	(5) Bestimmungen nach Absatz 3 gelten nur für Berufungen und Beschwerden, die vor dem 1. Januar 2008 eingelegt werden. ...

ALT	NEU
§ 49a bisher nicht vorhanden	**§ 49a GKG Wohnungseigentums-sachen**

NEU

(1) Der Streitwert ist auf 50 Prozent des Interesses der Parteien und aller Beigeladenen an der Entscheidung festzusetzen. Er darf das Interesse des Klägers und der auf seiner Seite Beigetretenen an der Entscheidung nicht unterschreiten und das Fünffache des Wertes ihres Interesses nicht überschreiten. Der Wert darf in keinem Fall den Verkehrswert des Wohnungseigentums des Klägers und der auf seiner Seite Beigetretenen übersteigen.

(2) Richtet sich eine Klage gegen einzelne Wohnungseigentümer, darf der Streitwert das Fünffache des Wertes ihres Interesses sowie des Interesses der auf ihrer Seite Beigetretenen nicht übersteigen. Absatz 1 Satz 3 gilt entsprechend.

RVG – VV Nr. 3101

1. Endigt der Auftrag, bevor der Rechtsanwalt die Klage, den ein Verfahren einleitenden Antrag oder einen Schriftsatz, der Sachanträge, Sachvortrag, die Zurücknahme der Klage oder die Zurücknahme des Antrags enthält, eingereicht oder bevor er für seine Partei einen gerichtlichen Termin wahrgenommen hat,

2. soweit lediglich beantragt ist, eine Einigung der Parteien oder mit Dritten über in diesem Verfahren nicht rechtshängige Ansprüche zu Protokoll zu nehmen oder festzustellen (§ 278 Abs. 6 ZPO) oder soweit lediglich Verhandlungen vor Gericht zur Einigung über solche Ansprüche geführt werden oder

3. soweit in einem Verfahren der freiwilligen Gerichtsbarkeit lediglich ein Antrag gestellt und eine Entscheidung entgegengenommen wird,

beträgt die Gebühr 3100   0,8.

RVG – VV Nr. 3101

1. Endigt der Auftrag, bevor der Rechtsanwalt die Klage, den ein Verfahren einleitenden Antrag oder einen Schriftsatz, der Sachanträge, Sachvortrag, die Zurücknahme der Klage oder die Zurücknahme des Antrags enthält, eingereicht oder bevor er für seine Partei einen gerichtlichen Termin wahrgenommen hat,

2. soweit lediglich beantragt ist, eine Einigung der Parteien oder mit Dritten über in diesem Verfahren nicht rechtshängige Ansprüche zu Protokoll zu nehmen oder festzustellen (§ 278 Abs. 6 ZPO) oder soweit lediglich Verhandlungen vor Gericht zur Einigung über solche Ansprüche geführt werden oder

3. soweit in einem Verfahren der freiwilligen Gerichtsbarkeit lediglich ein Antrag gestellt und eine Entscheidung entgegengenommen wird,

beträgt die Gebühr 3100   0,8.

ALT	**NEU**

Anmerkung:

(1) Soweit in den Fällen der Nummer 2 der sich nach § 15 Abs. 3 RVG ergebende Gesamtbetrag der Verfahrensgebühren die Gebühr 3100 übersteigt, wird der übersteigende Betrag auf eine Verfahrensgebühr angerechnet, die wegen desselben Gegenstands in einer anderen Angelegenheit entsteht.

(2) Nummer 3 ist in streitigen Verfahren der freiwilligen Gerichtsbarkeit, insbesondere in Familiensachen, in Verfahren nach § 43 des Wohnungseigentumsgesetzes und in Verfahren nach dem Gesetz über das gerichtliche Verfahren in Landwirtschaftssachen, nicht anzuwenden.

RVG – Teil 3, Abschnitt 2

Unterabschnitt 1 – Berufung, bestimmte Beschwerden und Verfahren vor dem Finanzgericht

Vorbemerkung 3.2.1

(1) Dieser Unterabschnitt ist auch anzuwenden

1. in Verfahren vor dem Finanzgericht,

2. in Verfahren über Beschwerden oder Rechtsbeschwerden gegen die den Rechtszug beendenden Entscheidungen

a) in Familiensachen,

b) in Lebenspartnerschaftssachen,

c) in Verfahren nach § 43 des Wohnungseigentumsgesetzes,

d) in Verfahren nach dem Gesetz über das gerichtliche Verfahren in Landwirtschaftssachen und

e) im Beschlussverfahren vor den Gerichten für Arbeitssachen,

3. ...

Anmerkung:

(1) Soweit in den Fällen der Nummer 2 der sich nach § 15 Abs. 3 RVG ergebende Gesamtbetrag der Verfahrensgebühren die Gebühr 3100 übersteigt, wird der übersteigende Betrag auf eine Verfahrensgebühr angerechnet, die wegen desselben Gegenstands in einer anderen Angelegenheit entsteht.

(2) Nummer 3 ist in streitigen Verfahren der freiwilligen Gerichtsbarkeit, insbesondere in Familiensachen und in Verfahren nach dem Gesetz über das gerichtliche Verfahren in Landwirtschaftssachen, nicht anzuwenden.

RVG – Teil 3, Abschnitt 2

Unterabschnitt 1 – Berufung, bestimmte Beschwerden und Verfahren vor dem Finanzgericht

Vorbemerkung 3.2.1

(1) Dieser Unterabschnitt ist auch anzuwenden

1. in Verfahren vor dem Finanzgericht,

2. in Verfahren über Beschwerden oder Rechtsbeschwerden gegen die den Rechtszug beendenden Entscheidungen

a) in Familiensachen,

b) in Lebenspartnerschaftssachen,

c) in Verfahren nach dem Gesetz über das gerichtliche Verfahren in Landwirtschaftssachen und

d) im Beschlussverfahren vor den Gerichten für Arbeitssachen,

3. ...

ALT	NEU

§ 29b ZPO Besonderer Gerichtsstand bei Wohnungseigentum

§ 29b ZPO Besonderer Gerichtsstand bei Wohnungseigentum

Für Klagen Dritter, die sich gegen Mitglieder oder frühere Mitglieder einer Wohnungseigentümergemeinschaft richten und sich auf das gemeinschaftliche Eigentum, seine Verwaltung oder auf das Sondereigentum beziehen, ist das Gericht zuständig, in dessen Bezirk das Grundstück liegt.

aufgehoben

Stichwortverzeichnis

Die Zahlen verweisen auf die Randziffern.